本书为国家社科基金后期资助项目（项目号：14FYY024）成果

汉语动态范畴的历时发展研究

A study on diachronic development of Chinese dynamic categories

杜道流 著

人民出版社

国家社科基金后期资助项目
出版说明

　　后期资助项目是国家社科基金项目主要类别之一,旨在鼓励广大人文社会科学工作者潜心治学,扎实研究,多出优秀成果,进一步发挥国家社科基金在繁荣发展哲学社会科学中的示范引导作用。后期资助项目主要资助已基本完成且尚未出版的人文社会科学基础研究的优秀学术成果,以资助学术专著为主,也资助少量学术价值较高的资料汇编和学术含量较高的工具书。为扩大后期资助项目的学术影响,促进成果转化,全国哲学社会科学规划办公室按照"统一设计、统一标识、统一版式、形成系列"的总体要求,组织出版国家社科基金后期资助项目成果。

全国哲学社会科学规划办公室

2014 年 7 月

目　录

绪　论

一、本课题研究的意义

本课题打算从历时的角度对汉语动态范畴的演变和发展状况进行系统性的研究。

汉语的动态范畴(亦称"时态"范畴或"时体"范畴)是汉语中十分重要的语法范畴,因其形式和意义的复杂性和语用表现的多样性而引起研究者浓厚的兴趣。因而,与汉语动态范畴有关的问题历来是汉语语法学界关注的热点问题。

研究动态范畴,可以有两个基本的角度——"共时"角度和"历时"角度。共时研究主要侧重范畴的类型、语法意义、语法特征、标记手段、语用表现等方面的探讨和分析;历时研究则主要侧重范畴的产生、发展以及范畴标记手段的语法化及整合或分化等方面的研究。从二者的关系来看,历时研究为共时研究提供解释依据。然从我们收集到的资料来看,以往人们对动态范畴的研究大多是从共时角度入手的,并且关注重点也主要集中在现代汉语方面。关于现代汉语的动态范畴方面的研究成果也最为丰富,仅20世纪80年代以来在国内外公开发表的相关论文及论著就有300余篇(部),这些成果涉及到动态范畴研究的各个方面。既有对现代汉语的动态范畴的理论探讨,又有对某个具体的动态范畴或动态助词进行的专项研究;也有将汉语动态范畴和英语相关范畴进行比较的研究;还有对现代汉语动态范畴进行全面系统的考察。相比而言,对近代汉语的动态范畴方面的共时研究和从历时的角度考察汉语的动态问题的研究成果较少。这就在一定程度上影响了人们对现代汉语动态范畴认识的深刻性和对相关问题解释的可信度。从某种意义上说,某个语法问题之所以成为热点,可能恰恰是因为对该问题的已有研究不能令人满意,热度越高,往往分歧越大,这又会促使人们寻找新的理论或新的角度,以期待新的突破。

从以往的研究成果看,目前关于汉语动态范畴的共时研究存在较大的分歧,争议的焦点是汉语到底有没有"时"范畴。此外,人们对现代汉语动态范畴的次类数目和标记方式等方面的看法也不一致。我们认为要解决这些分歧,有必要从历时平面寻找有充分的具有说服力的理据。然而,目前对汉语动态范畴的历时研究主要集中在个别动态范畴的演变和单个动态助词的语法化方面,缺少对汉语动态范畴发展的整体的和系统的研究,因此,就无法揭示汉语动态范畴演变的系统规律,也无法揭示和解释汉语动态助词在历时发展过程中存在的功能分化和功能交叉现象,其结果自然是不足以为共时研究提供充分的解释依据。本课题的研究就是要为解决这些问题作出努力,以期概括出汉语动态范畴的演变和发展的路径,揭示汉语动态范畴演变的机制和动因,这样不仅可以丰富汉语动态范畴历时研究的理论和成果,还可以为汉语动态范畴的共时研究提供解释依据,目前共时研究中存在的一些分歧,可望通过本课题的研究得到部分的解决;另外,本课题的研究成果还可以直接应用到关于汉语动态范畴的教学中去,提高汉语教学的质量和效率。

二、本课题关注的焦点

从历史的角度看,汉语动态范畴是从无到有发展起来的。目前学界一般认为,汉语的动态范畴萌芽于魏晋六朝,隋唐时期初步出现系统化特征,在宋元时期得到较大的发展,到明清时期逐渐定型。

基于以上认识并结合能够掌握的语料来源,本课题将重点考察内容分为以下几个阶段:(1)唐五代时期汉语动态范畴系统考察;(2)宋代汉语动态范畴系统考察;(3)元代汉语动态范畴系统考察;(4)明清时期汉语动态范畴系统考察。

根据以上分期,我们将选取各个历史时期能够体现当时口语特点的代表性文献进行断代的研究,以专书为依据,总结出每一部著作中所体现出的汉语动态范畴系统;然后再对已经归纳出的各个时期的动态范畴系统进行比较分析,找出其中的区别和联系,理清其中的发展线索和脉络;最后再对各次类范畴标记手段的发展变化进行逐一考察。

通过以上的研究我们期望能够解决以下两个方面的核心问题:(1)理清汉语动态范畴演变和发展的脉络,概括出其中的特点和规律;(2)对汉语中主要动态助词的功能演变和发展情况进行充分的描写,归纳总结各动态助词语法化的模式和机制、探讨促使其演变和发展的动因,并对在历时发展过程中各动态助词之间存在的功能分化与整合情况给以合理的解释。

三、本课题考察的重点文献

（一）《敦煌变文》

敦煌变文是唐代兴起的一种说唱文学,最初是寺院里以通俗语言解说佛经的俗讲,连说带唱。"变"为佛教用语,指"经变"。佛教东传,翻译注释大量涌现,但一般民众仍难接受,所以约东晋以来,有些和尚就用浅近的方法如"唱导"来传教。其留下的底本称之为"讲经稿"。后来则逐渐演变为趋向于以故事为主题的形式,佛经内容本身则成为故事的素材,这些以佛经的内容为题材写成的文学作品即变文。后来内容范围扩大,也演唱民间传说和历史故事。1899年敦煌千佛洞石室里从佛经中发现大量唐代变文钞本,即"敦煌变文"。

敦煌变文从面世到现在,经过了三次比较大的汇集和整理,这就是王重民、王庆菽等人汇集的《敦煌变文集》、潘重规整理和增补《敦煌变文集新书》及黄征、张涌泉校勘和注释的《敦煌变文校注》。

《敦煌变文集》是王重民、王庆菽、向达、周一良、启功、曾毅公等人编校的国内最早的一部关于"敦煌变文"的作品汇集,由人民文学出版社1957年出版。据出版说明介绍,此书系"将国内外公私收藏的变文之类的东西,尽可能地分别拍摄照片或抄写,根据187个写本,录过之后,经过互校,编选了七十八种",因此,校录文字基本上保存写本原貌。

《敦煌变文集》按故事内容和作品形式编排为八卷,一至三卷为说唱体、只说不唱或对话体,内容为历史故事或民间传说,如《伍子胥变文》《孟姜女变文》《王昭君变文》《董永变文》等;四至六卷为佛祖释迦牟尼的故事、佛家讲经文和佛经故事,如《太子成道变文》《妙法莲华经讲经文》等;第七卷为"押座文"和一些短文,如《维摩经押座文》《百鸟名》等;第八卷只有《搜神记》和《孝子传》两篇故事。

《敦煌变文集新书》(台湾"中国文化大学"中文研究所1984年版;文津出版社1994年版)。该书的编次和《敦煌变文集》颇有不同。新书是根据变文的发展过程和变文的形式与内容来排列的。早期的变文居前,孳生的变文置后。变文的形式和内容大约可分成两大类:第一类是讲唱佛经和佛家故事的,第二类是讲唱中国历史故事的。第一类又可分成三种:第一种是按照佛经的经文,先作通俗的讲解,再用唱词重复解说一遍;第二种是讲说释迦牟尼太子出家成佛的故事;第三种是讲佛弟子和佛教的故事。后两种还是有说有唱。第二类也可分为三种，但不以故事内容分，而是按形式分的。第一种有说有唱，第二种有说无唱或有唱无说，第三种是对话体。这是按变文的产生、发展以及转变为话本的大致过程来排列次序的。此外，又增加了新发现的一些篇目，共辑录86种作品。

黄征、张涌泉二位先生所著的《敦煌变文校注》（中华书局1997年版）在前两本著作的基础之上，结合学界已有的变文研究成果进行兼收并蓄同时融合编著者自己的研究体会，通过逐一核对原卷，对《敦煌变文集》作了较为详尽的校勘、注释工作，是目前"敦煌变文"研究成果的集大成者。本课题主要以该书为考察对象。

（二）《朱子语类》

《朱子语类》（简称《语类》）是南宋理学家朱熹（1130—1200）语录的汇集，主要记录朱熹教育教学过程中的师生问答。《语类》卷首言明："晦庵朱先生所与门人问答，门人退而私窃记之。先生没，其书始出。"可见，该书内容为朱熹门人所记的日常语录，在朱熹生前可能是私相传抄或分散保存的。

根据杨永龙（2001）的考证和研究，朱熹去世后，即有学者或朱熹的门人弟子着手搜集刊印朱子的语录，最早将朱熹语录搜集、汇编成册者是四川学者李道传。据池州刊《朱子语录·后序》记载，李道传"博求先生之遗书"，收集到33家记录，多为反映原始记录的"初本"，于嘉定八年（1215）在池州刊印，定名为《朱子语录》。此后，其弟子李性传又寻访到42家记录，也多为"初本"，按照池州刊本的编排体例，"去其重复，正其讹谬，第其岁月"，于嘉熙二年（1238）在饶州刊印发行，这便是《朱子语录续录》；后建安蔡杭根据再访得23家记录，于淳佑九年（1249）编成《朱子语后录》。以上三部语录，收集有87家记录，均按记录者编排卷次。据《朱子语类后序》记载：嘉定十二年（1219），莆田黄士毅又对池州刊《朱子语录》进行了整理，不仅在内容上增多了38家记录，同时"既以类分，遂可缮写，而略为义例，以为先后之次第"，对语类按主题进行分门别类重新编排，刊印于眉州，定名《朱子语类》；淳佑十二年（1252），东阳王又收集了一些朱子语类，编了一部《朱子语续类》，在徽州刊印，此后，朱熹语录以"三录二类"5个文本并行于世。不过，这三录二类是按两个编排体系安排的，内容也不相统一，不利于学者习读，尤其不利于对朱熹思想的研究和传播，因而需要有一个能够将三录二类内容和体例的优点集中的新版本。

景定四年（1263），黎靖德综合了以上诸本内容，整合了97家所记语录，编辑成新的《朱子语类》。两年后，天台学者吴坚又将自己数十年积累所得的65家记录整理成书,在建州刊印,取名《朱子语别录》。黎靖德又选取该书中所出现的新条目编入新的《朱子语类》中,宗咸淳六年(1270)编印出《朱子语类大全》,全书共140卷,后世仍简称作《朱子语类》。

该书作为语录体,尽管记录的未必是朱熹的原话,但明显体现的是当时的口语,基本上能够反映南宋时期口头语言的概貌,可以作为我们研究当时语言状况的重要文献。本课题研究以中华书局1986年出版的宋代黎靖德编著、今人王星贤校点本为主要依据,同时参考岳麓书社1996年出版的杨绳其和周娴君根据《四库全书》文渊阁本校点的版本。

(三)《元刊杂剧三十种》

杂剧是元代新兴的一种艺术形式,融合了戏院本和诸宫调的特色形成了以唱为主、说唱结合的一种舞台表演艺术。由于元杂剧以普通百姓为观众对象,所以表演的唱词和宾白语辞都较为通俗,具有鲜明的口语性特点,是我们研究元代口语的重要语料。

由于元杂剧大多是采用民间表演的形式,作品多为口耳相传的方式流传的,所以通过书面记录或刊印刻下来的早期作品非常有限。现存《元刊杂剧三十种》被认为是当时留下来唯一的刊本,该书因清代藏书家黄丕烈的收藏而得以存世,该书是我们研究元代语言面貌的宝贵资料。但是该书的原始版本错别字较多,一些简写也不太规范,文字脱漏情况比较严重,不便于普通读者的阅读。因此,陆续有一些学者对原书进行整理和校对。下面我们简要介绍一下后人对《元刊杂剧三十种》进行校对、整理和刊印的大致情况。

1914年,根据日本京都文科大学的请求,湖北书商陶子林对黄丕烈藏本进行复刻,标名为《覆元椠古今杂剧三十种》,分五册刊印。1924年,由王国维作序,上海的中国书店对石刻版照相发行,使该版本成为通行读物。1962年,台湾学者郑骞对流通的版本进行了校对和整理,更名为《校订元刊杂剧三十种》,每剧后均附有"校勘记",此外,还增录了流传于元末的《王粲登楼》一剧的节略本,为人们对元刊杂剧的研究提供了较为完备的底本。

1980年,大陆学者徐沁君在郑骞本基础上进行了重新校订,以《新校元刊杂剧三十种》为书名,由中华书局出版。该书参校了《覆元椠古今杂剧三十种》《脉望馆钞校本古今杂剧》《古今戏曲丛刊》以及《元曲选》等诸多文本,对郑本进行了较为全面的整理和校对。"新校"不仅保留"元刊"自身的特点,还为每个剧目增添了"楔子"和"折数",同时在每折套曲前面增添了"宫调"。为了方便读者了解剧情,该书还在每种杂剧之前编写了剧情说明、列出了剧中人物表。

　　不难看出,徐精心整理校订的《新校元刊杂剧三十种》(本书简称《三十种》),是目前为止最为完善的版本。因此,本课题研究以此本为主要考察对象。

(四)《老乞大》

　　《老乞大》是古代朝鲜学习汉语的口语教科书。关于书名,李泰洙(2003)解释是:"'乞大'据说是蒙古语的译音,就是'契丹',指中国,'老乞大'就是'中国通'的意思。"该书和另一部教材《朴通事》都是朝鲜时代进行汉语学习的主要教科书,合称"老朴",两书为姊妹篇。

　　《老乞大》共有108篇课文,主要内容包括"旅途见闻""客店食宿""学习汉语""两地风俗""谈论物价""闲话家常""水旱灾害""盗贼命案""探亲访友""请客送礼""洽谈生意""买卖契约""看病服药""生老病死""人生哲理""看命算卦""采买物品""选购典籍"等。该书具有多方面的研究价值。就语言而言,《老乞大》从成书到传抄、印行,经过多次修订、翻译和注释,出现了多个版本,时间跨度经历了中国的元、明、清三个朝代,因此反映了这数百年历史时期汉语在口语方面的各种变化,是研究中国近代汉语口语发展变化的宝贵资料。

　　关于《老乞大》的著者和著作年代,学术界比较一致的意见是:它编写于元代,明初对内容进行了修改。大约16世纪前期,朝鲜著名语言学家崔世珍用世宗大王御制的《训民正音》的谚文符号给每个汉字作了注音,同时用谚文将书中的每句话翻译成朝鲜语,使其成为"谚解"本,被称为《翻译老乞大》。据说他所依据的汉文底本应是经过中国派驻朝鲜的使臣葛贵等人于1483年修改过的文术。《李朝实录》记载:成宗14年(1483)9月,"先是命迎接都监郎厅房贵和从头目葛贵校正《老乞大》《朴通事》。至是又欲质《直解小学》,贵曰:'头目金广妒我,疑副使听谗,故我欲先还,恐难雠校。若使人谢改正《朴通事》《老乞大》之意,以回副使之心,则我亦保全矣。'"该修改本中的语言跟后来发现的被认定为"古本"或"旧本"已存在很大的差异,基本上体现出明代初期北方话的口语特征;其中也许还夹杂一些南方方言口语成分,《李朝实录》在相同条目下还有记载:"上语副使(金兴)曰:'我国至诚事大,但语音不同,必学得字音正,然后语音亦正。今幸头目官真是好秀才,予欲令质问字韵,请大人使秀才教训。'副使曰:'我虽不言,彼必尽心矣。'命召葛贵赐酒,谓曰:'汝尽心教诲,予深嘉悦。'贵启曰:'俺南方人,字韵不正,恐有差误。'"这里葛贵就以南方人自称。崔世珍所作的"谚解本"后来又出了两种修改版本,除了少量用字差异外,这两种本子的汉文本部分和《翻译老乞大》大体一致,因此是研究元末明初汉语的珍贵资料。

此外还有刊行于相当于中国清代时的两种本子《老乞大新释(译)》及《重刊老乞大》。《老乞大新释》由朝鲜人边宪编成,全书不分卷,于1761年(朝鲜英祖三十七年,清乾隆二十六年)刊行。书前有"弘文馆提学"洪启禧作的序,序中说明此书为奉英祖之命所作,由"以善华语名"的译士边宪利用出使中国的机会在北京"燕馆"修订完成,因地利之便,很可能邀请中国人进行过审定;该书修订的宗旨是"逐条改正,别其同异,务令适乎时、便于俗","今此新释,以便于通话为主,故往往有旧用正音而今反从俗者,亦不得已也"。也就是说,该书所采用的汉语是当时通行的地道口语,因此较之《老乞大谚解》,语言面貌有相当大的改动。在现存的诸版本中,《老乞大新释》中的语言是最贴近当时的实际口语的,因此,应该是清代早期北京口语的真实记录,对研究这个时期的语言来说,具有极高的语料价值。《重刊老乞大》由朝鲜人李洙等奉正祖之命编纂而成,分上、下卷,于1795年(正祖十九年)刊行(同时继续刊行"谚解"本)。该书是现存的《老乞大》各种版本中成书最晚的一种,成书时间和《老乞大新释》之间只隔了34年,二者语言总体相差不太大,但比《新释》本保守一些,有少数地方又恢复成《谚解》本的旧貌,如《新释》本有很多句末语气词"呢",在《重刊》本中大多又删去了。可能是正祖觉得先前英祖时修订《新释》口语化太过,因此认为有重修必要才组织编写的,否则,短短三十几年,语言的变化还不至于那么大,需要把教材再重新改写一遍。

1998年韩国大邱有一个重要的发现,韩国南权熙教授在整理一私人藏书者的藏书时发现了另一个本子,被认为是传世至今的《老乞大》诸版本中最早的文本,研究者们推测该版本可能就是崔世珍在翻译《老乞大》时所参考的"旧本",应该与《老乞大》的初始版本非常接近。经研究认定此本约刊刻于朝鲜世宗朝,其内容为元代本,称为古本《老乞大》,反映的是元代后期的北方地区官话。在此之前,关于《老乞大》的研究成果多是以"谚解本"为蓝本,因为此种版本流传广泛,方便易得。古本被发现后,李泰洙等一些学者遂从语言的角度对此进行了研究。

这四种版本的《老乞大》,内容基本相同,但是语言有差异,是因时代的发展语言的变化而进行不断修订的结果。因此,对研究14世纪中期至18世纪末期其间大约400多年的汉语口语的发展变化及现代汉民族共同语的形成过程有着独特的语料价值,这种资料对汉语史研究来说,实在是不可多得的。我们打算以刊行于元明清三个朝代的四个本子为依托,考察其中典型动态助词的发展轨迹。这四个本子依次是相当于元代的古本《老乞大》（约 1423—1434），相当于明代的改本《老乞大谚解》（约 1515），相当于清代的刻本《老乞大新释》（1761）和《重刊老乞大》（1795）。

四、本课题的理论和方法

本课题以语法化学说为理论基础。

语法化（grammaticalization）是人类语言发展过程中普遍存在的一种现象。"语法化"现象，中国的传统语言学通常将其称为"实词虚化"。汉语动态范畴从无到有逐渐发展，与汉语动态助词的语法化密不可分。

从中国语言学史来看，前人对语法化现象早有关注。不过，历代学者对实词虚化的研究倾向于做详细的个案溯源，虚词研究的著作虽多得不可胜数，却基本上以"解释"为主。这些著作通常是用来解释古代或近代汉语虚词意义和用法的工具书，尚未形成完整、系统的理论。在具体考证中主要关注虚词出现的语句环境，考察虚词在上下文或具体的语言环境中的语义表现。宋金以降，有不少训诂家或辞章家都对"实字"和"虚字"进行过辨析，记录和保留下了大量非常宝贵的真实的语言材料。早在元代，中国学者周伯琦就在《六书正伪》中提出了这样的说法："大抵古人制字，皆从事物上起。今之虚字，皆古之实字。"不过，"语法化"这一术语最早由法国语言学家 A.Meillet（1912）提出，Meillet 将之定义为"自主词向语法成分转化"的一种语言现象。Hopper and Traugott 则提出："'语法化'无论是从历时还是共时的角度来看，都是研究语言结构及其使用之间关系的理论。"Matisoff（1991）认为，grammatiealization 用汉语表达就叫"虚化"。Hyman（1984）曾把"语法化"限定为语用法（pragmatics）经过约定俗成变为语法的过程"。也有人把"语法化"的范围扩大，如 Levioson（1983）的定义是"在语言的词汇、词法、句法、语音等方面用编码来区分语义"，但这样的定义并不通行。而中国的几位学者是这样定义的：沈家煊（1994）指出："'语法化'（grammaticalization）通常指语言中意义实在的词转化为无实在意义、表语法功能的成分的这样一种过程或现象"；石毓智（2001）认为："'语法化'指的是一种新兴的语法手段产生的历时过程，语法手段包括语法标记和语法结构两大类"；马清华（2003）则认为"语法化"其实就是"词汇语法化"的缩略说法。吴福祥（2003）的解释是："'语法化'（grammaticalization）指的是语法范畴和语法成分产生和形成的过程或现象典型的语法化现象是语言中意义实在的词语或结构式变成无实在意义、仅表语法功能的语法成分，或者一个不太虚的语法成分变成一个更虚的语法成分。"

　　一般来说,研究语法化通常有两种主要方法。一种是历时法,即调查某种语法形式或语法手段的历史发展源流并找出它们常规的变化路径。就此而言,语法化通常被包括在语言变化研究的范围之内,主要关注的通常是某个或某些特定的词汇项如何通过变化而成为语法项目,或某个语法项目如何变得更加"虚化"或"语法化"。另一种方法为共时法,把语法化主要看作是一个句法的、话语的"语用现象"。共时研究主要从语言使用的动态(fluid)模式入手。吴福祥(2004)曾对此前国内语法化研究的进展进行过简单的综述,指出到当时为止,"汉语语法化的研究主要是在两个方面进行的,一是'基于词汇/结构式'的历时语法研究,即研究词汇语素或结构式是如何演变为语法语素的;另一个方面是'基于话语/语用'的共时语法化研究,即研究篇章成分或语用法是如何凝固为语法成分的。"

　　尽管学界关于语法化问题的讨论还存在分歧,但目前得到多数人认可的语法化问题至少应包括三方面:1. 实词虚化问题;2. 句法化问题;3. 词汇化问题。

　　语法化研究主要是从语言的历时变化来观照语言的共时现象,依照语言演变的内在规律来解释语法现象和规则,寻找语言发展动因以及探究语言变化在现代语言形成过程中的作用。目前很多学者把研究的目光关注在语言与人的认知之间关系研究方面,认为语法化过程中语义演变主要是在人们日常使用语言的过程中发生的,有许多语言以外的因素,如认知方式、语用推理等都会对其产生影响,表明语言本身不是一个自主的系统。这些外在因素的存在,决定语言演变不是任意发生的,所有的发展变化几乎都有理据可寻。

　　语法化过程的一个主要特点就是,语义演变大多会呈现"主观化"的倾向。在日常交际中,人们说话时往往不仅要表达"命题义"而且要表达一种"言者义",正是这"言者义"表现出语言的"主观性(subjectivity)"。所谓语言的"主观性",指的是"说话人在说出一段话的同时表明自己对这段话的立场、态度和感情,从而在话语中留下'自我'的印记。""如果这种主观性在语言中用明确的结构形式加以编码,或者一个语言形式经过演变而获得主观性的表达功能,则称之主观化(subjectivization)。"(沈家煊 2001)

　　Traugott(1991)最早将"主观化"纳入"语法化"的研究框架,并从"语法化"的角度对"主观化"作出定义:"主观化"指的是"意义变得越来越植根于说话人对命题内容的主观信念和态度"这样一种"语义—语用"演变过程。人们在会话的过程中,说话人总是在不断地把自己说话的目的和动机以及说话时的态度和感情等信息传递给对方,使得话语带有浓厚的主观色彩。语义表达主观化现象在各种语言(如英语、汉语等)的演变中普遍存在,成为"语法化"的重要机制和典型特征。

"语法化"中的"语义主观化"主要表现在这样三个相互叠加的方面:由外在的描写转入内在的评估,扩展到语篇、元语言用法,言者的判断内容持续介入。这三个方面是紧密联系的,并不是孤立的存在。这三个方面的叠加,恰好说明"语法化"是在意义不断"主观化"的过程中行进的,是一个渐变的过程。

刘坚、曹广顺、吴福祥等(1995)曾从理论角度对诱发汉语词汇语法化的因素和机制进行了初步归纳。沈家煊(1994)认为,"语法化的原因和条件主要表现在以下四个方面:(一)语用原因,从语言交流信息所要满足的条件出发来寻找语法化的原因。(二)心理原因,从认知心理的角度来寻找原因。(三)语言接触因素,语法成分的借用和仿造现象。(四)语言内部结构的制约。"吴福祥(2004)认为,"频率和重复、语言接触、主观化都是语法化的重要机制。"

马清华(2001)在《词汇语法化的动因》中把国内学者提出的诱发语法化的动因归纳为:(1)解惠全(1987)的"实词虚化要以意义为依据,以句法地位的固定为途径";(2)孙朝奋(1994)的"上下文诱发新解释、重新分析、词义自身特点";(3)刘坚、曹广顺、吴福祥(1995)的"重新分析、句法位置变化、语境影响(主要指句法环境)、词义变化";(4)沈家煊(1998)的"隐喻、推理、泛化、和谐、吸收";(5)石毓智等(2001)的"类推、重新分析";(6)刘丹青(2001)的"叠加"。并对词义变化的动因做过归纳,认为现实作用力、心理力量(包括认识和态度、激情、情感联想、通感、认知联想、求新和猎奇、注意、附会)、语言接触、语言内部力量(包括经济性原则、习惯组合、词义磨损、表达力更新和加强、词类分配、体系调整)是推动词义变化的四种力量。

"单向性"是语法化问题中讨论非常热烈的一个话题。这是"语法化"理论中关于语言历时演变的一个最为重要的假设。"所谓单向性,指的是语法化的演变过程是以'词汇成分>语法成分'或'较少语法化>较多语法化'这种特定方向进行的。"

Haspelmath断言:"语法化即词汇范畴成为功能范畴的演变,是压倒性不可逆的。典型的功能范畴从不会变成典型的词汇范畴,一些违背语法化普遍方向的次要演变是极其罕见的。""语法化是不可逆的,只有极为罕见的例外。"

关于"单向性",目前学界多数学者持如下意见:(1)单向性只是语法化演变的一个较为强烈的倾向,而不是绝对的原则;(2) 单向性的假设显示出的"形态—句法"演变的普遍性制约,是对整个人类语言演变的共性的概括,因而无论在理论上还是实践上都具有比较重要的价值。

由于受到语言使用情况的影响,无论是哪种语言的语法,都总是处于不断演变发展和变化之中,汉语语法化也是一个动态过程。我们应该研究其动态,摸清其规律,从共时和历时等不同的角度来进行阐述,以达到能解释现有的语法现象的目的。

本课题主要采用文献调查法进行研究。主要是以专书为对象就对有关问题的用例进行穷尽性调查、统计,然后开展定量和定性分析。

对动态助词的语法化状况的考察是本课题研究的重点,在操作上采用以共时研究为基础,共时和历时研究相结合的方法。具体的做法是,先以专书为基础进行共时平面的考察,最后再在以文献的历史顺序进行分析以说明动态范畴和动态助词的历时发展和演变情况。

第一章　汉语动态范畴研究概况

第一节　汉语动态范畴理论探讨

一、理 论 来 源

汉语语法研究中,最早谈到动态范畴的是黎锦熙。20世纪20年代,黎锦熙出版了我国第一部研究现代汉语语法学专著《新著国语文法》,该书是以英语语法理论为基础构建汉语语法体系的,尽管在书中作者并没有提出明确的汉语动态范畴的概念,但对现代汉语里的一些常用动态助词的语法作用参照英语的时体观念进行了解释,如认为"了"表完成,"这是国语中动词的 Perfect"。"着"等表持续,"这是国语中动词的 Continuous"。黎锦熙先生这些说法对后来的汉语动态范畴研究一直产生着深刻的影响。可见,汉语中有关动态范畴研究理论的直接源头是英语语法中相关的理论体系。

在我们熟悉的现代英语语法理论中,人们把时体范畴分成"时(tense)"和"体(aspect)"两个方面。事实上,这种区分是比较晚的,早期英语语法继承了古希腊和古罗马的做法,将"时体"作为整体来考察(即传统意义上的"时态 tense")。大约在19世纪中叶,受俄语语法研究的影响,"体(aspect)"范畴逐渐从时范畴中独立出来,形成独立的研究领域。

关于"时"问题,Reichenbach（1947）对英语的时制系统进行过详细的描写,影响比较大。通过对大量的实际英语语料的分析,Reiehenbach 将与表达时间相关的因素分为:事件时间 E（point of event）、参照时间 R（point of reference）、说话时间 S（point of speech）,并讨论了三者之间的相互关系。他的理论虽是用来描写英语的时间系统,但对汉语语法研究产生了重要影响。

关于"体"的问题,Vendler（1967）根据动词的时间特征所做的动词分类是"体"研究的经典文献。根据他的观点,动词可分四类:活动动词（activities）、完成动词（accomplishments）、结果动词（achievements）以及状态动词（states）。Vendler 的四分法受到语言学界的广泛关注。在分类时他认为有两个性质起着非常重要的作用:一是事件是否有自然的终点(是否

有界);另一个是事件是在进行中还是在发展中(是动态还是阶段)。由这四类动词所构成的事件的特征如下表:

	[± 阶段]	[± 有界]
状态(states)	-	-
活动(activities)	+	-
结果(achievements)	-	+
完成(accomplishments)	+	+

20世纪70年代以后,西方语法学界在时体研究上有很大发展,也产生了一些重大分歧,产生了多种理论体系,这一时期的研究达到高潮。这以后,关于两大范畴、关于它们之间的互动关系,西方语法学界不断取得新的进步。90年代以后,从人类认知的新视角、从语言类型学、从自动信息处理的角度,对时、体进行研究的风气渐渐高涨起来,取得了丰硕的成果。

目前,在汉语语法学界,关于时(tense)和体(aspect)的界定,人们普遍接受的主要是 Bernaard Comrie 在1976年的 Aspect 和1985年的 Tense 两书中所做的定义。Comrie(1985)借用的是 Reichenbach(1947)的三个时间的方法,并进行了修改,根据三者的搭配,将相对时和绝对时统一表现出来。Comrie(1976)给时制与体的定义及分类对以后时体方面的研究有很大的影响。他认为,时制有绝对时制及相对时制之分。Comrie 指出,体是观察情状内部时间结构的方法。他的体系是建立在二分对立的基础上。如下:

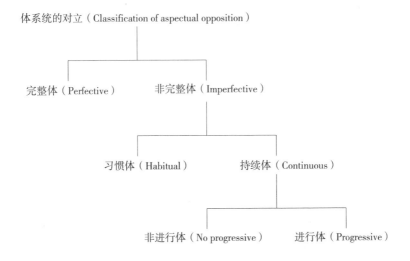

Smith（1991）在 Vendler（1957）、Comrie（1976）等研究的基础上，提出了一个体貌普遍理论——双部理论(two-component theory)。第一部分是由词汇手段表现出来的情状类型或情状体(situation aspect)，基本的情状类型分为五类，即状态(state)、活动(activity)、结束(accomplishment)、达成(achievement) 和一次性情状(semelfactive，如咳嗽、跳、敲等)。第二部分是由语法手段标记出来的视点或视点体((Viewponit Aspect)，如完整体(Perfective viewpoint)、未完整体(Imperfective viewpoint)、中性体(neutral viewpoint) 等。完整体是把一个情状当作封闭的整体来表述，它的观察视野包括情状的起点和终点。未完整体只是观察和表述情状的一部分，不涉及情状的终点。中性体是指句子不加体标记，并有不同于前两者的意义。由于 Smith（1991）的影响，把情状类型直接纳入体貌的研究范围，这已经成为国外体貌研究的共识。

二、对汉语动态范畴的理论思考

（一）对现代汉语时、体范畴的认识

国内对现代汉语时、体的专门研究起步较晚。陈望道于 1938 年对"延续"和"存续"问题进行过讨论，高名凯在 1946 年发表了《动词之态》一文。吕叔湘先生（1942）的《中国文法要略·表达论：范畴》中的"时间"一章，专门讨论时范畴，他使用了"基点"这一概念，并建议把"三时"(现在、过去、将来) 的观念改造为"基点时""基点前""基点后"，并指出基点包含说话的时刻是"绝对基点"，不包含的是"相对基点"。吕叔湘搭起的这个理论体系，在相当长的时间里为汉语学界普遍接受。不过历年来汉语学界研究体的甚多，而常把时间问题当成词汇现象放在一边。早期的汉语语法论著中，时制问题很少见到系统的论述，汉语时系统研究呈现相对贫乏的状况。

大约在讨论时的同时，人们也开始谈论体，不过使用的是"时态""动态""动相""情貌""态"等概念。但研究不够深入。对汉语时体问题真正深入全面探讨是在 20 世纪 80 年代末 90 年代初以后。一方面主要是因为改革开放以后，随着国外最新理论成果的引入和对外汉语语法事实的深入开掘，对这一理论的研究所遇到的问题越来越多，促使研究者不断反思和总结，使得对现代汉语时体问题的研究成果逐渐系统化和理论化，研究角度也更为多元化。目前，汉语语法学界对于时体关系的一大分歧在于有无时范畴或是否存在时体区分，主要有两种观点，即"有体无时"观和"有时有体"观。

"有体无时"观以高名凯、王力、吕叔湘、朱德熙为代表。高名凯（1948、1986）认为汉语没有表时间的语法形式，因而没有时的语法范畴。时间

（tense）必含有也只含有现在、过去和将来三阶段。"着""了"等都是表体的虚词，与时无关。王力（1954,1982）只承认汉语有体，而无时。认为汉语着重事情所经过时间的长短，及是否开始或完成，不甚追究其在何时发生。高氏和王氏的这种观点影响极大，后来绝大多数语法论著在谈到时体问题时，都认为汉语只有体范畴，而无时范畴，"了""着""过"这类虚词只表体，而不表时。例如王还（1986）认为："了、着、过"这三个助词和时间无关，既不表示过去，也不表示将来……汉语从语法上说，没有过去、现在、将来，因之也就没有像英语那样的现在完成态、过去完成态、现在进行态、过去进行态。龚千炎（1991、1994）认为现代汉语只有"体"的语法范畴，而无"时"的语法范畴。但是承认现代汉语中有"先事—过去时，先事—现在时，先事—将来时"等表达方式。木村英树（1982）也认为现代汉语没有表示"时"的语法形式。

"有时有体"观中又存在分歧。20世纪50年代后期，汉语"有体无时"的观点开始受到了苏联汉学家龙果夫、雅洪托夫和国内学者张秀等人的挑战。龙果夫（1958）认为在现代汉语里，时间范畴形成两个系统：各种过去时的系统和"过去时—现在时—将来时"的时间系统，其中，各种过去时的系统具有"体"的性质，而"过去时—现在时—将来时"的系统具有"时"的性质。

雅洪托夫（1959）也对汉语的时间范畴进行了深入的探讨。他认为"汉语动词的时，和许多其他语言动词的时一样，是混合的体——时范畴。"雅分析了一些时制类型，并指出各自所有的形式标志。他还专门批评了把"了""着""过"单纯看作体标记的观点。

李铁根（1999）则认为绝对时制和相对时制在现代汉语中均有所反映。……同一种时制标记既可以用来反映绝对时制意义，也可以用来反映相对时制意义。这里的绝对时分为"已然"和"未然"，其中"已然"包括过去和现在。提出，"时和态的关系密不可分。即使单纯论时，在语言表达上也必有态的特点……在讨论时的时候，不能不涉及态……我们不可能简单地肯定其中一种功能而否定另一种功能。同时应将二者的功能区分开来，分别考察各自的使用条件……"他把汉语的时制二分为"已然"和"未然"，而不作过去、现在、将来的三分。他说："是因为汉语中过去和现在的对立表现得不那么明显，有时在语法形式上难以区分，也没必要加以区分。"认为"了""着""过"都是既能表"态"又能表"时"的语法成分。时态助词"了、着、过"既能在绝对时间句中表现绝对时意义，又能在相对时的用法中呈现相对时的意义。

进入21世纪，汉语学界对于时和体定义的讨论继续进行。陈立民在《汉语的时态和时态成分》（2002）一文中对汉语中的时态概念重新定义，认为"时态表示一个事件的存在方式在不同时域中的变化"。作者把事件的存在方式分为两种：存在和不存在，还对时域进行了分段，即：现在，过去 1，过去 2，将来。但是，尚新（2006）对于陈立民先生所划分的四个时域提出了质疑，认为其所划分的四个时域"忽视了情状的内在时间特征，也忽视了对情状的内在时间结构进行探讨的客观需要，无法反映出时间的存在方式有着不同层次的时间特征。"简单地来说，陈立民先生只是对时域进行了分段，并没有考虑到事件发生本身的各个阶段。金立鑫（2004）则认为"体是指事件本身从发生到结束过程中的阶段状态。"陈振宇（2006）认为"狭义的体意义即时间认知窗口与事件诸阶段之间的关系。"这是这一阶段对于体定义的讨论。可见，对于体定义的讨论的焦点主要集中在事件与事件发生阶段之间的关系。而在这一时期，同样也出现了对于时定义的讨论。李铁根（2002）认为"所谓时制，指的是事件发生时间与说话时间或另外一个参照时间在时轴上的相互关系。时制有两种基本类型：绝对时制和相对时制。前者指事件发生时间与说话时间所形成的时间关系，后者指事件发生时间与说话时间以外的某个参照时间所形成的时间关系。"但是，对于这一定义的提出，尚新（2006）也提出了异议，认为李铁根把时间概念等同于时制，并没有分清时和体的区别。金立鑫（2004）认为"时"是指事件在时间轴上的位置。陈振宇（2006）则认为狭义的时意义即一个事件的时间认知窗口与指示点的关系。这一时期对于"时"定义的讨论大致相同，并没有提出本质上的不同。可见，关于时和体关系最大的问题就是时和体之间的区别。汉语缺乏形态变化，相对于英语是时制突显的语言，而汉语则是体范畴突显的语言，所以，汉语想要表达时间概念，基本上应该通过体标记，而不是通过时制。

我们看一下各家对汉语时、体的认识。

	时（tense）	体（aspect）
吕叔湘（1942）		"动相"指的是"一个动作的过程中的各个阶段"，动相虽然也与时间有关，但"时间观念已融化在动作观念里。"（这里的"动相"就是指"aspect"。他把动相分为三大类共 13 种。第一大类是使用限制词表示的，又分 3 小类，分别为动作之将有、动作正在进行、动作已经完成。第二大类是使用白话里新发展出来的一些专以表示"动相"为作用的词，它们意义空洞，近于词尾，分为 6 小类，分别为方事相、既事相、起事相、继事相、先事相、后事相。第三大类是使用"动量"来表示动相，分为 4 小类，分别是一事相、短时相、屡发相、反复相。）

续表

	时（tense）	体（aspect）
王力 （1944）		在语言里，对于动作的表现，不着重在过去、现在或是将来，而又和时间性有关系者，叫作情貌。（王力说的"情貌"，指的就是体（aspect）。他把"情貌"分为 7 种。7 种情貌分别是普通貌、进行貌、完成貌、近过去貌、开始貌、继续貌、短时貌。）
高名凯 （1948）		认为时体"着重于动作或历程在绵延的段落中是如何的状态……动作或历程的绵延是已完成抑或正在进行，方位开始抑或已有结果等等。"他把时态称为"态"，把"态"分为 6 种，即进行绵延态、完成完全态、结果态、起动态、叠动态、加强态。
王松茂 （1981）		体貌范畴的语法意义是指动作变化在一定时间的过程中的方式或状态。根据语法意义及语法形式的异同，我们把汉语体貌的语法范畴分为 10 类：开始体、继续体、进行体、完成体、结果体、经验体、短暂体、间歇体、反复体、终止体。
陈平 （1988）	句子的时制（tense）指示情状发生的时间，表现为该时间与说话时间或另一参照时间在时轴上的相对位置。	句子的时态（aspect）结构，表现情状在某一时刻所处的特定状态。
戴耀晶 （1990）	当人们观察事件的具体时间构成（过去、现在）时，得到的是时定义。"时"（tense）可定义为"观察事件时间的构成方式。"	当观察对象不是针对句子的时间结构，而是针对时间进程中的事件构成时得到的则是体意义。换言之，时研究的是与事件关联着的时间，体则研究与时间关联着的事件。……体意义不具有时间上的指示性。 现代汉语里没有时范畴，只有体范畴。 现代汉语里表示体意义的形态形式主要有以下两大类 6 小类。 I. 外部观察法：完整体。……a. 了：实现体；……b. 过：经历体；……c. 重叠动词：短时体；……II. 内部观察法：非完整体。……d. 着：持续体；……e. 起来：起始体；……f. 下去：继续体。

续表

	时（tense）	体（aspect）
龚千炎（1991）	事件的发生发展变化，人们的动作行为，无不具有时间性，即它们都处于时间流动的过程之中。若以某一时刻为准从外部观察整个事件发生的时间，则可以得出"过去""现在""将来"等时间概念，一般称为"时制"（tense），它指示事件发生的时间。	若深入过程内部观察其各个阶段的情况，则可以得出动作行为起始态、进行态、完成态等。一般称为"时态"（aspect），它表示事件处于某一阶段的特定状态。现代汉语的几种时态：完成、实现时态——经历时态——近经历时态——进行、持续时态——起始时态——继续时态——将行时态——即行时态。
石毓智（1992）		现代汉语的"体"范畴分别由动态助词"了、着、过"表示，标志动作发展不同阶段的状况。汉语的"体"范畴有三个：实现体、持续体、终结体，分别对应于"了、着、过"。
张济卿（1998）	时制指的是用来表示所述事态（event）之发生时间的语言形式。它总是以某一时刻为参照时间（reference time）。	体跟时制不同，它是对时态本身的观察方式，是用来说明事态处于何种状况或阶段的语法形式。体跟时间也有关系，但只跟事态过程中的内部时间有关，跟这以外的时间（如发生时间）并没有关系。
陈立民（2002）	时态表示一个事件的存在方式在不同时域中的变化。	
李宇明（2002）		体是时间这一语言范畴的一个次范畴，是动作或现象在一定时点的情状。这种时点是对动作和现象的内在观察点，可以称为"内在时点"。
李铁根（2002）	所谓时制，指的是事件发生时间与说话时或另外一个参照时间在时轴上的相互关系。时制有两种基本类型：绝对时制和相对时制。前者指事件	

	时（tense）	体（aspect）
	发生时间与说话时间所形成的时间关系，后者指事件发生时间与说话时间以外的某个参照时间所形成的时间关系。	
金立鑫 （2004）	"时"是指事件在时间轴上的位置。	"体"是指事件本身从发生到结束过程中的阶段状态。
陈振宇 （2006）	狭义的"时"意义即一个事件的时间认知窗口与指示点的关系。	狭义的"体"意义即时间认知窗口与事件诸阶段之间的关系。

从上面的列表可以看出，人们对汉语的时、体范畴的认识一直存在分歧。关于体范畴的问题，差异仅存在于范畴的类别、界定和划分等方面，没有人否定汉语体范畴的存在；关于时制和时范畴的问题分歧较大，其核心问题是：1. 汉语中时制和体到底有多大程度上的关联性？或者是如何关联的？ 2. 汉语的时制是以什么方式表达的？现代汉语中有没有时范畴？迄今为止，还无法形成较为统一的认识。

（二）对现代汉语动态系统的研究

现代汉语时体系统的研究，大致可以分为两个阶段。早期的研究主要是概括和区分体标记的意义，近期研究的突出标志是将动词的语义特征与体标记结合起来，拓宽了研究视野。

1. 早期阶段，又可大致以新中国成立为界分为两个时期

（1）20 世纪 20 年代至 40 年代末

这一时期研究者主要侧重点在区分汉语不同的体范畴。早在 20 年代黎锦熙《新著国语文法》（1924）就模仿英语语法为汉语的体貌范畴进行分类。此后，40 年代吕叔湘在《中国文法要略》提出"动相"概念，并分了 13 种动相；王力在《中国语法理论》（1944）提出"情貌"，并列了 7 种情貌；高名凯在《汉语语法论》（1948）明确提出"体""态"范畴，把他们分为 6 种。他们是早期汉语体貌研究最具有代表性的人物。一方面这些著作展示了现代汉语时间表述的基本形式，另一方面这些著作初步揭示了现代汉语有关时态（aspect）结构的相互现象。他们关注的重点是汉语虚化或半虚化的体貌

标记,归纳出的汉语体貌系统虽然名目、种类各不相同,但核心内容是一致的,反映了那个时代对体貌问题的基本认识。

(2)20世纪50—80年代初

这一时期汉语研究者大都把主要精力放在具体的语言现象,主要是发掘出了大量的语言事实,描写更为准确,为以后的研究打下了坚实的基础。此阶段关于时态范畴方面的论文有王惠丽(1957)、张秀(1957)及龙果夫(1958)、雅洪托夫(1959)等,主要是有关时体兼容互动、相对时制等问题的讨论。论著方面,张寿康《略论汉语构词法》、赵云任《中国话的文法》、朱德熙《语法讲义》、吕叔湘主编《现代汉语八百词》、张静的《汉语语法问题》,各家在书中也有关于现代汉语时体范畴的论述,出现了"时态助词""时体助词"等较为通行的称说,还对"着"和"了"进行了较为集中的讨论。但就总体而言,研究不够系统和深入。这大概与50年代的四次语法专题讨论和60年代的专题讨论吸引了学者们的关注点,以及政治运动频繁干扰了正常的学术研究有很大的关系。

2. 20世纪80年代以来

汉语时体问题的研究自20世纪80年代以来,成为汉语语法学界关注的热点,研究的理论性和系统性都有了显著的提高。Bernard Comrie的 *Aspect* 和 *Tense* 这两本书传入国内后,在汉语学界产生巨大影响,他的理论被视为经典。此后,时体研究在汉语语法领域空前繁荣,出现了非常丰富的研究成果,尤其是一些研究汉语时体问题的博士学位论文和专著,更是将有关问题的研究推向了前所未有的高度。2003年2月28日至3月2日,还在上海召开了"汉语时体系统国际研讨会"。

这个时期,人们对汉语时体系统特征的认识和把握比过去要深入、全面得多了。对问题的研究呈现出多角度、多侧面、多层次的研究态势,成果丰富,进展迅速。主要表现在以下几个方面:

(1)建立现代汉语时体系统

时范畴研究方面,主要是建立现代汉语时间系统并给以解释和说明。

李铁根(2002)提出了一个新的现代汉语时制分类系统。认为虽然客观的时间系统是人类共有的,但作为时制的表达系统不能用客观的时间系统来概括,各种语言的时间表达并非一定遵循"三时制"。现代汉语中,存在绝对时制和相对时制的分别。以说话人的时间为参照,汉语的绝对时只能两分:已然和未然。二者在语法上存在着明显的对立。从绝对时间角度看,"了、着、过"都是作为已然的语法标记。以事件发生的时间为参照,汉语的相对时分为同时和异时。在相对时间中,"着"表同时,"了"和"过"表异时。

顾阳（2007）认为时制通过时空上的参照点来调节和确定说话时间和事件时间的顺序，从而将某个事件或者状态在时空中定位，使说话者可指涉该事件或状态，所以，作者尤其关注对句子中参照点的确认，尝试如何确定其在时空定点上的功能。文中通过演绎的方法，证明了这些成分都与建立在时空上的参照点并与指涉事件有关，从而推断出汉语的句子中具有时制中心语，它支配句子的构建。

帅志嵩（2007）对80年代以来的汉语时制研究进行全面的梳理，指出了汉语时制研究三大派别的研究理论和方法上所面临的困难和挑战。对于目前时制研究存在的不足和缺点以及今后的研究所要做的工作，作者也提出了相应的要求。

在体范畴研究方面，各研究者都力图建立自己认为更接近汉语事实的范畴系统。

陈平（1988）把汉语传统的体的问题、时的问题与西方的情状理论统一起来考察，指出"要全面而真切地理解与时间性相关的语法现象，最好的途径就是将有关现象置于整个时间系统的框架之中，结合其它系统成分进行分析。这儿所说的时间系统，从本质上来说是一个语法范畴。"他首先将Comrie的有关论述引入汉语研究，认为现代汉语的时间系统由时相结构、时制结构、时态结构三个部分构成，试图全面阐释现代汉语中与时间性相关的语法现象，建立一个简明的理论框架。

龚千炎（1995）在陈平（1988）的基础上重点分析了汉语时态（体）系统，建立了一个精致的"时态链"：将行→即行→起始→持续→继续→完成→近经历→经历。认为现代汉语的时间系统是"词汇·语法范畴"，考察了汉语的时相系统、时制系统和时态系统，并找出它们之间的对应关系，指出：汉语的时相结构为句子（事件）表现时制和时态提供了基础，时制则据此选定事件的时间坐标，时态则在此基础上考虑事件在时轴上的位置，从而选定恰当的时态成分来表达。龚千炎关于汉语由汉语时相、时制、时态组成的三维结构的论述为许多人所接受。

李如龙（1996）把通常作为统一概念的"体貌"进行了二分，把完成、进行、持续、经历等归入"体"，把短时、尝试、反复等归入"貌"。这种区分使人们更容易分辨出二者之间的差别，有利于人们进行更进一步的细致研究。张志军（2000）则把汉语的体貌范畴看作一个功能—语义范畴，并分为三个部分：情状类型、动作方式（如各种趋向补语和结果补语）和体范畴（"着、了、过"等）。

　　陈前瑞（2003）提出，汉语的体貌系统是一个由情状体、阶段体、边缘视点体、核心视点体组成的四层级系统：

情状体	分为状态、活动、结束、成就四类
阶段体	包括起始体（"起来"），延续体（"下来"和"下去"）、完结体（"完""好""过"）、结果体（"到""得""着"）、短时体（动词重叠）、反复体（复叠结构）
边缘视点体	包括完成体（句末"了""过""来着"、句末的"来"和"来了"等）和进行体（"正""正在""在"，"呢"）
核心视点体	包括完整体（词尾"了"）和未完整体（词尾"着"）

　　这种汉语体貌层级系统的建立，为我们观察和研究体标记的叠加现象提供了新的角度和方法。

　　（2）对时体表达形式的研究

　　时体表达形式方面，对于时间词的分类及其句法功能基本达成共识，出现了一批带有总结性的成果。如陆俭明（1985），把时间副词分为27个定时时间副词和104个不定时间副词，前者重在表示"时"（过去时、现在时、将来时），后者重在表示"态"（又可分为18个小类）。此外还出现了着眼于内部分化的力作。如邢福义等（1990）将"刚刚"分化为"刚刚1"和"刚刚2"，从表意功能、词义替代形式及语法特征上比较它们的语义差异；从造句功能、相对位次、对VP的要求方面揭示语法方面的差异；从表意、节律、语体方面阐述其语用价值，所作描写和分析全面透辟。还有马庆株（1991）一文，更精确地描画了现代汉语的时间词分类系统，分析了具有顺序义的体词的连用规律，极富启发意义。对于时间结构的功能的讨论也不限于句法成分而有所拓展。如廖秋忠（1983）、张玉新（1986）等，都有新意。

　　石毓智（1992）主要考察了"了、着、过"三个时态成分。他认为代表汉语"体"范畴的三个动态助词"了、着、过"一起刻画一个完整动作从开始到结束的全部过程。同时，三个助词还有明确的分工："了"表示动作从无到有的实现过程，"着"表示动作的产生到结束间的状况，"过"表示动作的结束。

　　郭锐（1993、1997、2015）则另辟蹊径，从对句子表达的影响角度出发，提出了一套不同于情状类型的动词内在时间性的分类方法，并且对常用动词逐一分类。他把现代汉语谓词性成分的时间参照有两种，即内部参照和外部参照：以外部世界的自然时间过程中的某一时刻为参照。把谓词性成分的外在时间分为过程和非过程两种：过程是指把谓词性成分表示的状况当作外部时间流逝过程中的一个具体事件,这种谓词性成分一般带有"了、着、过、在、正在、呢"等时间性成分;非过程是指不把谓词性成分放入时间流逝过程中来观察,只是抽象地表示某种动作、状态或关系,这种谓词性成分都不带上述时间性词语。郭锐的这种划分,将以往人们单纯的对时点或时段的划分变成时间视点划分,提高了对相关问题研究可操作性,把汉语时间问题的研究引入到综合分析的层次。

戴耀晶(1997)从语用角度系统考察现代汉语的时体问题。他确立了"事件"(event)在时间研究中的中心地位,运用 Comrie 的体(aspect)理论,把汉语的体范畴分为两大类六小类。

左思民(1997)提出了实施性体的概念,其作用在于展现以言行事行为自身处于实施性状态,这种体不能使用体标记,如"我保证再也不说这话了"中的"保证"不能加"了"或"着"。这种施为句是具有普遍性的,是否可以因此确立一个独立的体范畴,具有一定的理论意义,值得进行深入的研究。

杨永龙(2001)采用从意义到形式的思路,把动作或过程完毕、变化完成、状态实现都看作完成体的具体意义。

李向农(2003)全面系统地考察了现代汉语时点时段的表述形式,发掘了时点时段的本质特征及其相互关系,从大量的语言事实出发,很好地描写了现代汉语时点时段的全貌。在理论方法上,作者实践两个"三角"的研究思路和研究方法,语表方面讨论了时点时段的构成形式,语里方面考察了时点时段的表义功能,语值方面研究了时点时段连用的语用价值。

吴春相(2003)把体标记分为两大类:作为前加成分的体标记和作为后附成分的体标记。前加成分的体标记有:远经历体标记("曾经""曾"),进行体标记("正""在""正在"),将进行体标记("将""要""将要""正要""就要""快要""即将")。后附成分的体标记分为:实现体"了"、进行体"着"、经历体"过"、与趋向补语有关的体标记("起来""上来""下去"等)、近经历体标记"来着"。

孙英杰(2006),提出了三分体系统假设:动词词汇体、述谓体、语法体。

左思民(2007)是在历时的过程中来考察汉语时标记和体标记系统的古今类型变化,认为其最重要的变化可以概括为以下三个方面:①由词汇性标记为主到语法性标记为主;②由前修饰性词语为主到后置词为主;③由基本上标记绝对时到既可标记绝对时,又可标记相对时。

徐晶凝(2008)则把现代汉语的时体标记和情态标记(语气助词)结合起来研究,认为它们之间存在着互相渗透的关系,并且以"了2、啦、来着、着呢、啊、呢、的"为例证明了时间指示系统和情态指示系统之间存在着双向的演变关系。

王文格(2012)从认知功能语法的角度下分析了现代汉语体标记的显著度和主观性。作者认为现代汉语的体标记是带有主观性的,这与它们在认知框架内的显著度有直接关系。在事件认知框架内,显著度越高的体标记,其主观性越小,所以,体标记的显著度与主观性成反比例关系。

张俐(2013)从时间的一维性原则出发考察"着、了、过"等体标记的同现,但体标记的同现是有条件的。

杨素英(2013)在语料库的基础上全面考察了"了、着、过、在"这四种体标记在口语、小说和报刊新闻三种不同语体中的使用情况,并且有了许多新的发现。例如:"体标记在小说中使用频率最高,在报刊中使用频率最低";"四个体标记中,'了1'的使用频率最高,'在'的使用频率最低";"'着'和'在'不出现在叙述动词和叙述小句中"等等。

(三) 对动态和事态的区分

"事态"作为语法分析的一个术语,首见于吕叔湘(1980)主编的《现代汉语八百词》:"'了2'用在句末,主要肯定事态出现了变化或即将出现变化,有成句的作用。"然明确将其作为范畴概念使用的是曹广顺(1995),他在其著作《近代汉语助词》中将表"情貌"的助词分为两大类:动态助词和事态助词,并指出动态助词"用于表达动作的状态、情貌","事态助词侧重于表达事件的状态,给所陈述的事件加上一种情貌的标志。"此后一些学者在研究中有意识地将二者区分开来。不过,由于将事态范畴独立出来考察的历史时间不长,目前大多数研究者主要关注的是单个事态助词,只有少数学者进行过理论探讨。

从理论建设的角度看,对于事态范畴的研究,税昌锡的成果比较丰富。对于"事态"的定义,税昌锡认为"一个完整事件的过程结构可以分解为三个阶段六种事态,事态是指动词及其相关成分构成的事件在某一阶段或一定时间内的过程特征。""汉语的时体助词'了''着''过'在事件过程结构的相应表达式中具有事态标示功能,它们彼此分工、互相补充,共同描述事件展开的全过程。"税昌锡(2013)在动态发展及过程观的基础上论证了动词及其构成事件的事态范畴,弥补了以往时体研究的不足。税昌锡(2015)根据汉语动词内在不同的事态特征以及跟"了""着""过"共现能力的差异,把汉语动词分为十种事态结构类型;并且根据英语和汉语分属不同的类型学得出汉语主要通过内部视点对事件过程进行审视这一结论。税昌锡(2015)认为"过"可以标示经历事态,也可以标示遗留状态经历事态,具体标示何种经历事态主要由具体表达式中动词的事态特征决定。完权（2013）认为事态是对行动的指称。和税昌锡对于事态的定义有所不同，完权把重点放到了行动上面，而税昌锡则把重点放在事件的过程上。完权还认为事态句就是表达事件状态的名词性谓语句。事件句不加"的"也能表达事态。尚新（2015）认为事态、体态与时态三者相互影响、相互制约。这种关系对事态句的句法结构有着重要的影响作用。

三、汉语时体理论研究存在的问题

1. 对有无时范畴或是否存在"时""体"区分一直未能达成共识

从前文的介绍中可以看出，人们对汉语的时、体范畴的认识一直存在分歧。关于体范畴的问题，差异仅存在于范畴的类别、界定和划分等方面，没有人否定汉语体范畴的存在；关于时制和时范畴的问题分歧较大，其核心问题是：（1）汉语中时制和体到底有多大程度上的关联性？或者是如何关联的？（2）汉语的时制是以什么方式表达的？现代汉语中有没有时范畴？迄今为止，还无法形成较为统一的认识，不利于人们关于这一问题的研究。

2. 术语不统一

如"tense"在英语中指时态，是一种动词形式，不同的时态用以表示不同的时间与方式。从时间（time）上看，英语的时态有现在、过去、将来、过去将来之分；从方式（aspect）上看，英语的时态又有一般、进行、完成、完成进行之分。动词的动作可以发生于四种不同的时间，表现在四种不同的方式，每一种"时间—方式"就可以构成一种时态，如"一般现在时""现在进行时""一般过去时""过去进行时"等，所以英语动词共有 16 种时态。而在现代汉语时间系统的研究中，通常的做法是把"tense"和"aspect"分开来谈，tense 称作"时"、"时制"或"时态"，aspect 称作"体""态""时态"或"动态"，此外还有"体貌""情貌""时态"等多种说法。姑且不论这些由英语转译的术语是否准确，也不论这样分开来谈是否合适，仅从分开后的或交叉重合、或似是而非的各种说法上就可以看出是不利于问题的讨论的。

3. 研究不全面

未能形成全方位均衡发展的局面。就动态范畴的整体研究情况而言，目前研究大多从使用的角度出发，对作为个体的助词关注较多，主要从事的是局部的微观的研究，宏观的理论探讨力度不够。在对具体问题的探究方面，对情貌研究较多，而对时制问题探究较少，对汉语的时间表述形式还缺乏系统全面的观察描写和深入细致的发掘整理。主要是因为受西方语法理论的影响，早期的代表人物对有关问题持否定立场或忽视态度，造成了关注不够的局面；近年虽有一些学者致力于汉语时制方面的研究，但因时间短，队伍小，还没能形成整体繁荣的局面，还需要进一步加强研究的力度。

另外，还有一个更为根本的问题，那就是目前关于汉语动态问题的研究主要理论来自英语，这些理论和汉语的事实切合程度到底有多大？如前文所提到的动态和事态的区分，以及在研究具体动态助词（如"着、了、过"）时都要对其"功能"进行再划分（如划分"着1、着2""了1、了2""过1、过2"），使得研究更加复杂和繁琐，这在很大程度上都是由于采用英语理论标准衡量造成的。我们能否以真正事实为基础，就此类问题建立一个立足于汉语的理论体系，对有关问题进行统一而又简单的解释？这是需要我们进行更进一步努力探究的。

第二节　对近代汉语动态范畴和动态助词的研究

汉语动态范畴的产生和发展是近代汉语中重要的语言现象。因此，动态范畴研究成为"近代汉语"研究的重要组成部分，不过，早期的研究主要被包含在助词研究之中。近代汉语助词的研究是从 20 世纪 40 年代开始起步的，20 世纪中叶吕叔湘先生的《释〈景德传灯录〉中"在""着"二助词》(1940) 及《论"底""地"之辨及底字的由来》(1943) 揭开了近代汉语助词研究的序幕。20 世纪 80 年代以后得到真正的发展，研究成果也不断系统化和理论化。

进入 90 年代以后，随着"范畴"和"范畴化"理论的引入，动态范畴作为一个独立的领域引起研究者的重视，随着研究的深入，此类问题也逐渐成为"近代汉语"研究方面的热点，出现了不少有价值的研究成果。其成果形式主要有两种：一是对某个动态助词的历时发展情况进行考察；二是对某部专书中某个或某些动态助词进行考察。目前，对动态范畴系统的考察成果尚不多见。这里重点综述语言学界各家对近代汉语动态助词方面的研究。

一　共　时　研　究

对近代汉语动态助词的共时研究主要是以专书为考察对象，又分系统研究和单一研究两种情况。

(一) 对专书中的动态助词的系统研究

系统研究通常是研究者对某部著作中的所有动态助词或准动态助词进行较为全面的调查分析。这项工作起步较晚，但也取得了不少成果。

在我们所见的公开发表的文献中，最早对专书中动态助词进行考察的是张洪年(1977),他对敦煌变文中的"完成貌虚词"进行了系统的考察;而首次对专书中所有动态助词作全面考察的是胡明扬(1989),他在考察《西游记》中的助词时,将动态助词作为重点考察的对象,对所涉及到的该书中的动态助词都结合具体用例进行了简要的分析。随后,李泉(1992)以《敦煌变文》为考察对象,对该书中的动态助词进行了系统考察,尽管该文着眼点不是单纯研究动态助词,但有关动态助词的内容分析较为系统和翔实,这是我们见到的第一篇对专书中动态助词进行系统研究的论文。此后,类似的研究逐渐引起人们的兴趣。吴福祥(1996)在《敦煌变文语法研究》一书中也设专门章节对敦煌变文中动态助词进行了逐一的讨论。

王森(1994)分析了《金瓶梅词话》里动词的六个"态":进行态、实现态、经验态、短时态、尝试态、可能态。认为这些"态"一头连着古代,一头伸进现代,有的内部结构很复杂,有的则很简单,这都涉及到动词组合能力的演变。这些动词的态虽然格式多而全,但处于广泛的试验阶段。曹炜(2002)对《金瓶梅词话》中的主要动态助词进行了逐一考察,杜道流(2008)则在分析该书中动态助词的基础上归纳出了该书中所体现的动态系统。

林新年(2004)对《祖堂集》中的"了""却""着(著)""得""过"进行了分别研究,"从语法化等级的角度详细分析、论证、统计它们作为谓语动词、结果补语、能性补语、趋向补语、动相补语和动态助词的使用次数、句法结构形式",描绘出了该书中动态系统的概貌。

余志鸿(2004)以《元朝秘史》为考察对象归纳出"元代汉语的时体系统",指出"复杂而整齐的时体助词系统,是元代汉语的重要特征之一。""而且元代汉语里,'时'和'体'分得那么清楚,古代汉语十分模糊,而现代汉语早已相混了。"杜道流(2007)则对余志鸿结论提出了异议,他通过对关汉卿杂剧中所体现的动态系统的研究,指出"在关汉卿杂剧中,所有的动态助词都是作为'体'范畴的标记来使用的,并没有专门表示'时'范畴的动态助词。也就是说,在元代,以关汉卿杂剧为代表的口语作品中,并没有'时'范畴(这和现代汉语的情况是基本相同的),而却有着比较复杂的'体'范畴。"

卢烈红(2009)认为《全元散曲》的动态助词仍然保持唐宋时期的繁复体系,各成员之间功能交叉重叠的状况仍然存在,"了""着"等动态助词出现了高频率使用状况,因此我们可以从中获取动态助词发展的信息。

郑路(2014)以《左传》为例,对先秦汉语的时间范畴进行了研究。指出,时间范畴可以根据人的不同时间观念细分为时体范畴和时间系统两部分,对先秦汉语的时间范畴研究应以时体范畴研究为重点,研究中应当对语料进行区分,采取以时体范畴统摄时体表达手段的做法,对时体表达手段的研究应当定其性,别其异,释其理,并最终建立一个能概括先秦汉语时体范畴的表达体系。

另外,对近代汉语专类文献的助词进行系统研究的还有大量的硕士论文,所涉及的语料包括南宋史书、宋代白话文献资料、元代历史文献以及明清时期的小说。其中部分论文的研究内容多以近代汉语动态助词的语法格式、语法意义、句法功能以及使用频率为主,如刘晓玲(2004)、李淑霞(2005)、马利(2006)、杨晓芳(2010)、祝君(2011)、王淇(2014)。谢晓晖(2005)和李守江(2008)则从语法的三个平面对近代汉语动态助词系统进行了分析。邹仁(2008)和李长丽(2009)则把动态助词的语法结构特点、句法格式与语法化过程相结合进行了考察。

这些文章对近代汉语不同时期的文献资料中的动态助词作了不同程度的研究,材料具体丰富,描写细致,并且大都采用了描写与解释相结合、材料与方法相并重、定性与定量互补的方法,取得了丰硕的研究成果,这无疑对于近代汉语动态助词的发展乃至汉语语法史的研究都是极为有意义的。

(二) 对专书中的动态助词的个案研究

对近代汉语中动态助词的研究发端于对专书中助词的个案研究,因此,这方面的成果较为丰富。吕叔湘先生(1940)的《释〈景德传灯录〉中"在""着"二助词》不仅是专书中动态助词研究的开山之作,也开启了近代汉语语法研究的先河。目前,对专书中动态助词的个案研究显得较为零散,就研究对象而言,涉及到近代汉语中的一些常用动态助词,下面分别作简要介绍:

1. "了"

表完成的动态助词"了"是起源于中晚唐,北宋以后开始普遍使用,并逐步取代了完成动词"了"。学界对于近代汉语动态助词"了"的专门研究较少,目前见到的有价值的成果有:

赵金铭(1979)把敦煌变文中的"了"字分为三大类:①唯一动词,名[+副]+"了";②主要动词,动+副+"了"及动+宾+副+了;③向动词词尾转化,分为三种格式,动+宾+"了",这种"了"已不是动词,也不是谓词,已向虚化跨出第一步,动+"了"+宾,这是真正的动词词尾,及动/形+了。

潘维桂、杨天戈(1980)对敦煌变文中"了"字作了统计,带"了"字例句共254条,其中,"了"字放在动词后面作补语的194例,分为三类:甲类,"了"字的词性明显属于动词,表示"完结"的意思;乙类,"了"字系于另一动词之后,但没有明显的语法特征可以判断它们还是不是动词,而在形式上和现代汉语的虚词"了"非常相像。

李崇兴(2002)通过对《元典章·刑部》中"了"和"讫"的比较,分析了元代"动+了+宾"全面取代"动+宾+了"的原因,认为"了"语法格式的变化是受到蒙古语的影响。

陶贞安(2007)以《红楼梦》前十回为语料,对"了"进行了语义辨析,区分了其中的"了₁""了₂"的功能并分析了它们的分布特点。

颜丽(2008)对《张协状元》中的"了"的语法化层级进行了描写,以语义特征、语义指向、情状类型、信息结构和视点为参数,认为"了"五种句法功能的语法化层级应为:谓语动词>结果补语>动相补语>助词>语气词。

2."却"

"却"本为动词,表"退(使退)"义。唐代以后,"却"开始虚化为动态标记,表示动作完成。同时,"却"还作为介词、连词尤其是副词广泛出现在唐宋各种文献中。

杨载武(1994)和黄革(1998)分别对《西游记》和《水浒传》中的"却"进行了分析,二人都重点分析"却"作为动态助词时的用法。宁会灵(2011)以《庐山远公话》作为研究语料,发现该文献中"却"作为动态助词共出现8次,并且在这一时期产生了新的用法,常位于动词后面构成"动词+却"的格式,也有在其后加宾语的格式,构成"动词+却+宾语"。这一格式中"却"在语义上相当于"掉""了",表示动作的完成义。"却"作动态助词的用法在这个时期运用已相当普遍。

3."着"

在近代汉语里助词"着"的主要功能是表示动作状态的持续或动作的进行,有时表示动作的实现和完成。目前对于动态助词"着"的研究大多集中在语法意义以及句法格式的分析。例如谭枝宏(1987)、许仰民(1992)、杨晓芳(2010)、徐朋彪(2012)分别对《儿女英雄传》《金瓶梅词话》《李十三十大本》中的"着"进行了分析,认为"着"作为动态助词时,表示动作的进行或持续。周晓林(2007)通过《老乞大》《朴通事》中对动态助词"着"的研究发现,其所构成的句子基本结构形式主要有以下五类:①动+着(+宾),表示动作行为的进行。②动+着(+宾),表示状态的持续。③动₁+着+动₂,动₁修饰动动₂,表示动₂的方式。④动₁+着+动₂,动态助词"着"表示动作状态的进行或持续。⑤动+着(+宾),动态助词"着"相当于动态助词"了",表示动作状态的完成或实现。康健(2005)在考察例"二拍"中动态助词"着"分布的语法环境之后,将其句法分布归纳为12种格式,并讨论了与"V，着"同现的几种特殊句式，发现"着"的语法意义与它所附的对象密切相关，V的意义和类型制约着"着"的语法意义表现为或表动作进行或表动作持续。在"二拍"中，其持续（静态）意义比例更大。康健（2006）在康健（2005）的基础上进一步研究"着"的语法功能和表达功能。认为动态助词"着"在语法功能上，具有足语和完句作用；在表达功能上，"着"主要具有描写性。

林新年（2012）、王振宪（2013）、梁姣程（2015）和张燕（2015）分别对《祖堂集》《单刀会》、中古佛教译经、《朱子语类》中的"着"的语法化进行了探讨。林新年（2012）是从虚化过程中的虚化差别程度，对"着"的语法化等级进行了描写，提出助词"着"是从结果补语、趋向补语进一步虚化的结果的观点，认为处所介词"着"与完成貌、持续貌助词"着"有不同的语法化途径。王振宪（2013）通过对剧本中"着"字用法的统计，发现"着"作为虚词使用频率远远高于作为实词的使用频率，这说明"着"字在这一时期已经朝着语义虚化的大趋势发展。梁姣程（2015）认为在"着"的形成过程中不同时期都有不同特点，中古佛教译经中"着"后面常接处所名词，述补结构"V＋着"中的动词是表示物体在空间的运动（包括位移和停止）的。并且认为"着"语义的改变，造成句法关系的改变，从而推动"着"的语法化过程。张燕（2015）则描述了《朱子语类》中"着"逐渐虚化的过程，并且认为导致"着"字逐渐虚化的机制，一是使用频率，二是语法位置。

4."过"

对专书或专类作品中的"过"研究成果不多，目前见到的最早对"过"进行专书考察的是林新年（2004），他对唐宋时期《祖堂集》《景德传灯录》《五灯会元》三部禅宗著作中的"过"进行了调查，通过对语义特征、句法格式及其使用频率的分析，总结了"过"在这个时期语法化进程缓慢的原因。此后，一些研究者分别从不同的角度对特定的著作中的"过"进行了调查和研究。

马利（2006）分析了清代白话小说《歧路灯》中"过"的句法格式和语法意义。指出，《歧路灯》中"过2"大量出现，已经相当成熟，说明明清时期的"过2"与现代汉语中的"过2"相差无几了。

杨晓芳（2010）通过对《金瓶梅词话》中的动态助词"过"进行分析研究发现，在《词话》中，"过"还有两种特殊用法：一是表示动作的持续状态；二是表示商量、命令的语气。

除此之外，关于"过"还有一些其他方面的研究和发现。

李春梅（2012）通过对明初作品《逆臣录》的分析发现，"过"的使用量相当少,句式格式发展得也不完备。在本书中,动态助词"过"主要表示动作的完毕,进而扩展为经历体。另外,还出现了近代汉语特有的否定式能性补语结构"V+(O)+不过",此种格式中的"过"是结构助词。"过"发展至此,已具备了现代汉语普通话系统中的助词"过"所具有的语法意义。

陈芳芳(2013)对"过"在《红楼梦》中的语法化等级进行了研究。"过"在《红楼梦》里主要作谓语动词、趋向补语、结果补语、动相补语和动态助词使用。动态助词"过"有表完成的"过1"和表经历体的"过2",二者使用的句法结构基本相同,但"过1"仅与动作终结时间有关,表动作在参照时间前完结,而与句子时态无关。"过2"则恰恰相反,其强调的正是句子的已然语境和过去时态。通过描写分析,我们看到"过"的发展尽管缓慢,但其语法意义和句法结构与现代汉语最为接近,"过"的语法化进程是经历了从谓语动词发展为趋向补语、结果补语和动相补语的过程,再进一步虚化为表成和过去经历的助词。

5. "将"

在近代汉语中,"将"用法很多,是一个很活跃的词,很多学者对它进行了研究。主要有:

陈志强(1988)通过对《老乞大》中的"将"进行统计后发现,"将"都是用在动词后,并且发现了"将"的另一个作用,即"将"趋向动词出现的标志。作者结合具体的语料,还得出"将"能表动作的各种情态,即动作的开始、持续和结束,但"将"在表动作的时态方面是不起作用的。另外,对于《老乞大》中的"将"进行研究的,还有孟浩(2009)硕士学位论文。基于语料库的定量统计与定性分析的方法,孟浩(2009)对《老乞大》中的"将"进行穷尽性的描写,发现"将"作为动态助词时,紧跟于动词之后,并且失去宾语,这一阶段表现出"将"的语法化程度更高。

王艳芳(2001)和鲜丽霞(2002)都是从语法的三个平面着手,分别对《元曲选》和《拍案惊奇》中的"将"进行了分析,发现动态助词"将"主要出现在"动+将+补"这一基本格式中,其语义特征是表示动作的实现状态。但王艳芳(2001)认为动作状态的实现是由"将"前动词的语义特征决定的。

周晓林(2007)集中调查了《朴事通》中的"将",并做了分析。把《朴》中的动态助词"将"构成的句子的结构形式与李泰洙(2003)调查的《老乞大》中的"将"用作动态助词构成的句子的结构形式相比较,认为两书中的结构形式基本一致。指出,《老》《朴》动态助词"将"主要用于"动+将+补(来/去)""动1+将+补(来/去)+动2(+宾)""动+将+宾+补(来/去)"和"动1+将+宾+补(来/去)+动2(+宾)"这4种结构形式。偶尔有

"动+将+宾"结构。其语义类型主要包括：表示动作状态的完成或实现，相当于"了"；假设将来发生的动作或情况，相当于"了"；表示动作状态的进行或持续，相当于"着"等。动态助词"将"的使用元代并未"停顿"，清代后则逐渐隐退。但现代汉语的某些方言中保留了"将"作动态助词的用法。

6. "的（地、得、底）"

"的（地、得、底）"类词是近代汉语中最为复杂的一组虚词，虽读音相近，但书写形式不同，功能既有差异，又有纠缠。除"得"外，其他词语的来源目前尚不清楚，且除"的"外，其余词语作为动态助词，在现代汉语中已经消失。

助词"得"从唐代开始形成，它由其动词义"获得"演变而来，唐宋时兼有表示获得结果、完成、持续以及做动补结构的标志等多种功能，元代以后逐渐趋向消亡。刘晓玲（2008）就《直说通略》中"得"的使用格式以及语法功能等几个方面对其进行横面描写和纵向对比，分析了元代文献《直说通略》中"得"的历史发展脉络，认为其发展趋势是"动+得+补语"结构逐渐出现并完全战胜了"动+得+宾"。但其后受到蒙古语的影响，其使用格式和语法功能受到了或大或小的影响。对于"的"的研究，人们考察的语料都集中在元明时期。例如曹炜（2002）和杜道流（2007）、傅书灵（2006）分别以明代的《金瓶梅词话》《歧路灯》为语料载体，对"的"字在使用格式、语法功能和语法意义方面进行描写。曹炜（2002）认为《金瓶梅词话》中的"的"作为动态助词时主要表两种状态：动作的持续和动作的完成或实现。而杜道流（2007）认为，除了这两种动作状态，还有动作的进行，并且认为这三种用法在现代汉语中都已经消失，分别被动态助词"了"和"着"取代。傅书灵（2006）通过《歧路灯》中"的"研究发现，"的"用作动态助词时，也表示动作的完成、实现或持续、进行。虽然元明以后，其用法已经趋向萎缩，但在中原官话和汉语其他方言中还有不同程度的保留。

还有学者对于较早时期语料中的"底（地）"也有研究，例如曹广顺（1986）就以《祖堂集》为材料，注意到该书中"底、地"不分的情况，尽管该文主要分析"底、地"作为结构助词的情况，但也部分地涉及到作为动态助词的情况，更重要的是为探索"地"的来源提供了新材料。

7. "子"

对于近代汉语动态助词"子"的专题研究比较少，只有陈姝（2013）一篇，该文对《明清民歌时调集·山歌》中的"子"进行了穷尽性的考察，认为该书中动态助词有两种语法意义，即完成体助词"子"和完成持续体助词"子"。"子"表示完成体时，又大致包括两种语法意义：其一是动作或者变化在某一参照时点已经完成,句子中的动词具有动作并且能产生某种结果两项性质;其二是动作或者变化在某一参照时点已经产生了某种结果,助词"子"之前可以加形容词或者动词作为结果补语,能够表示结果已经产生的完成体。"子"表示持续体时,主要表示某一状态在某一时间内保持不变。和可以表示完成持续体和静态持续体两种动态的助词"着"不同的是,动态助词"子"字只能表示完成持续体。动态助词"子"作为完成持续体标记时,不仅表示动作已经完成,并且说明结果已经产生,而"持续"则是指结果的状态保持不变。构成完成持续体的动词不仅具备表动作、结果的语义特征,同时还具备表状态的语义特征。

二、历 时 研 究

目前,人们对从历时的角度研究动态助词问题重视不够充分,除了一些零散的关于单个助词的语法化考察外,对动态助词作全面系统的研究的专门著作并不多见。只有曹广顺(1995)在《近代汉语助词》一书中对近代汉语中常见的几个动态助词进行了研究,但该书不是专门研究动态助词的著作,因此只从历时的角度对每个助词的发展状况作了大致的描写和分析,没有将各个助词作为系统进行比较研究,也没有对促使这些助词发展变化动因作进一步的探究。后来曹广顺又专门撰文对汉语动态助词的形成过程进行了研究,认为"汉语动态助词是由动词发展而来的,其过程,大体上经历了由连动式到动补式,再到动词加助词这样三个阶段。"并对汉语中几个常用动态助词的发展概况进行了梳理,但因文章篇幅所限,论述比较简略。

李讷、石毓智(1997)从体标记诞生机制的角度,分析了"了、着、过"诞生的过程,并从动补结构演化的外部条件和各个体标记由普通动词虚化的内部发展方面着眼,解释了这几个词在宋、元时期演化为体标记的原因,对我们从历时的视角来研究汉语的动态助词系统具有很好的启发。

对于单个助词的历时研究成果相对较多,我们所见的代表性的成果大多是对动态助词"了""着""过""却""将"进行的研究。下面分别加以介绍。

1. "了"的语法化研究

对"了"的语法化研究,主要是结合"完成体"的来源和相关语法结构的发展来讨论的,这方面的成果相对较多,主要有王力(1958)、太田辰夫(1958)、潘允中(1982)、舒化龙(1983)、梅祖麟(1981)、曹广顺(1986、1995)、蒋绍愚(1994、2001)、吴福祥(1998)、石锓(2000)等。其中以梅祖麟(1981)的研究引起的反响较大。

梅祖麟(1981)认为,现代汉语"完成貌"的形成可以分成两个阶段:

从南北朝到中唐，"动+宾十完成动词"这个句式早已形成，但南北朝表示完成主要是用"讫、毕、已、竟"，后来词汇发生变化，形成唐代的"动+宾+了"。从中唐到宋代，完成貌"了"字挪到动词和宾语之间的位置。梅先生的这个意见引起了一系列的争议：一是"动+了+宾"是不是由"动+宾+了"中"了"的"前挪"发展而来的。梅先生本人持"前挪"说，提出"已然"范畴的形成机制为结构类推；曹广顺（1986）、刘坚等（1992）以"前挪"说为前提，认为"已然"体标记产生机制为词汇替代；李讷、石毓智（1997）和吴福祥（1998）则持"加宾"说，即"动+了+宾"来源于"'动了'+宾语"，所不同的是李讷、石毓智认为"'动了'+宾语"中的"了"在带宾语前已经是体标记了，吴福祥则认为存在一个"[动+了动相补语]＋[宾]＞[动+了+宾]"过程。二是"讫、毕、已、竟"等完成动词和"了"有无联系。大多数研究者对梅祖麟的看法没有提出质疑，蒋绍愚（2001）则认为"'V/讫/竟/毕'都可以翻译成现代汉语的'V完'。""更准确地说，'了'的前身只是'已'。""'已'本是梵文的'绝对分词'的翻译，表示做了一事再做另一事，或某一情况出现后再出现另一情况，进入汉语后，也可以表示动作的完成。"三是"动+了+宾"出现的时间问题。曹广顺（1986）认为"从宋初起，'了'已用作完成貌助词，用于'动了宾'格式"，李讷、石毓智（1997）也持"宋初说"；不过，吴福祥（1996、1998）分析了一些出现在唐五代文献中的"动了宾"格式的用例，同时又指出"唐五代文献里，能被确认为'动了宾'格式的用例是比较少见的。"石锓（2015）则认为"晚唐五代的'动词+了+宾语'结构中的'了'是补语，北宋以后的'动词+了+宾语'结构中的'了'大部分应是助词。"四是"动+了+宾"格式能否作为体标记的判断标准。绝大多数学者和梅祖麟一样，都以"动+了+宾"格式的形成作为"了"完成语法化的标准，石锓（2000）则认为"'动词+了+宾语'格式不能作为检验'了'语法化的标记"，提出"判定'了'由动词语法化为助词的标记应该是：非动作动词和补语结构在'了'前出现。"

2. "着"的语法化研究

对"着"的语法化研究，人们主要关注的是"着"的虚化过程及其意义和语法的变化。主要有以下一些代表性的意见。

王力（1958）最早谈到"着"的历时发展问题，指出："着"原来是动词，"附着"的意思，最早写作"著"，后来写作"着"。"着"在东汉已经有了虚化的迹象，到南北朝时开始虚化，放在动词后面，构成类似使成式的结构，后面接的是表示处所的词。这种"着"字颇有"在"的意义。这个时候，动词后面并不带有宾语。到了唐代，带"着"字的动词后面开始可以有宾语，"着"

字的意义也有了变化,它带有"到"的意思。王力认为真正表示行为在进行中的形尾"着"字在北宋时已经存在了。

刘坚等(1992)认为,"着"字从动词到助词的发展过程,到唐代为止已基本完成,此间共经历了表附着性结果,表动作结果,表动作状态的完成、持续及进行等三个阶段,并且认为,在"着"的虚化过程中,不可忽略早期佛经的影响。宋以后,"着(著)"表动作持续和进行状态的两种用法并存。

志村良治(1995)则把"着"的发展历史分为六个时期,比较详细地考察了不同时期"着"的意义、读音和语法功能。认为"六朝时期的用例中,实际上出现了表示状态持续的苗头。""着(著)在现在的主要用法,大至在唐末五代几乎全都出现了。"

梅祖麟(1988)认为,六朝时的"着"分两种:(1)静态的"着",普通话说"在"。发展为现代汉语北方话中的持续貌词尾,也发展为现代汉语吴语中的持续貌词尾(写作"仔",如"骑仔马找马"),发展为现代汉语闽语中的方位介词(如厦门话"坐 [ti] 椅顶")。(2)动态的"着",普通话说"到"。发展为现代汉语吴语中的完成貌词尾(写作"仔",如"吃仔饭哉")和湘鄂方言中的完成貌词尾(写作"达",如"吃达饭达")。此后在《〈朱子语类〉和休宁话的完成态"着"字》一文中,他又结合现代汉语方言对历史上完成态"着"作了进一步论述。

陈艳阳(2004)指出,"着"最初表示"附着"义,其后都有地点宾语,到了唐代,"着"后的宾语由地点宾语变换成了受事宾语,这表明"着"的语义指向由其后的宾语转向其前的动词,而依附于句中主要谓语动词的这种语境导致其动作性减弱,只表示行为、动作的持续状态。继而,"着"在唐代还发展出表示两个动作同时进行的用法,"动$_1$＋着＋动$_2$"。到了宋代,"着"的用法只限于"持续"和"两个动作同时进行"。到了元代,真正表示动态行为的正在进行的"着"才出现,明代中叶后渐渐稳定规范下来,形成了现代汉语中表持续、进行的动态助词"着"。由此可见,"着""经历了表示两个动作同时进行、状态的持续等用法,最后才成为可以独立运用表示动作正在进行的体标记。"同时,"着"从唐代开始滋生出表示祈使、命令的语气,到了五代时期已成为极重要的语气词。语气词"着"在宋元时期继续沿用。语气词"着"在唐五代和宋元时期得到了广泛的使用,到明清时,用法趋于单纯。

张爱民、王媛媛(2004)认为"着"的虚化是沿着如下规律进行的:

A. "着"的虚化过程分两个方向,即由"附着"义的动词"着"分别向介词"着"和时体助词"着"这两个方向虚化,具体表示为:

　　　　　　　　　　　　　　　介词"着"（V＋着＋处所词）
　动词"着"—连动式的　——
　后—动词"着"（V＋着）
　　　　　　　　　　　　　　　结果补语"着"（V＋着＋事物
　　　　　　　　　　　　　　　名词）—时体助词"着"

　　B."句法位置改变"和"语境影响"是"着"的虚化过程中两个基本而又互为依存的条件。

　　C."着"由"附着"义动词"着"虚化为时体助词"着"的过程体现了五条"语法化"规律：（1）歧变原则；（2）保持原则；（3）降类原则；（4）渐变原则；（5）频率原则。

　　陈宝勤（2006）则提出了不同的看法，认为：时态助词都是从动词语义虚化而来，持续态助词"着"是由存在动词"着"语义虚化而来，实现、完成态助词"着"是由结果动词"着"语义虚化而来。

　　蒋绍愚（2006）分析了从魏晋南北朝到隋唐的"着"的变化是怎样产生的，变化的原因是什么。"着"的词义演变是由于隐喻的作用从空间向时间投射，另外"V着"里的"着"处于补语的位置，相对于前面的V来说，它在语义方面的作用较弱，这种语法位置使它容易发生语义的变化。通过分析得出"着"的性质的变化是因，而组合关系的变化是果。

　　王岩（2008）研究了持续态助词"着"在中古汉语的语法化过程。从源头上看，"着"有三种主要用法：附着义"着₁"、触及义"着₂"和放置义"着₃"；通过对它们在中古汉语中的表现进行统计分析，并结合早期近代汉语的语料，确定了"着₂""着₃"才是持续态助词"着"的源头，否定了学界所公认的持续体标记"着"来自与附着义的"着"这个看法。

　　此后，也还有一些学者对相关问题进行过考察。尽管学者们对"着"字的虚化时间前后的认定上存在一定差别，但对其虚化轨迹的描述则基本相似，综合各家观点，则看出其发展的基本脉络："着"由"附着"义动词而引申出"放在、放到"义动词，再由"放在"义动词而引申出存在动词"在"义，由"放到"义动词而引申出结果动词"到"义；然后由"在"义存在动词进而虚化为持续态助词，由"到"义结果动词进而虚化为实现、完成态助词。"着"由动词语法化为时态助词，是在"主＋动谓＋着"与"主＋动谓＋着＋补"两种语法结构中动词谓语之后补语的位置上实现的。时间上，大约是从中古前期至中古晚期完成语法化过程的。其中，"着"出现在连动结构中是其迈出虚化的最重要一步。

3. "过"的语法化研究

对"过"的语法化研究,学者们重点放在对"过"的虚化源流梳理及其意义的历史演变方面,其中共识较多,学界普遍认为:"过"原来是动词,表示"经过(某一空间)",即"从甲处到乙处的动作","过₁"的产生早于"过₂",唐五代的"过"基本上是表动作行为的"完成、结束"。多数学者认为,表"经历/经验"的"过₂"宋代以后才逐渐成熟。而且,大家一致认为,在"过"的语法化过程中伴随着语音形式的弱化,即动态助词"过"一般读轻声。但对于"过"字虚化的萌芽、发展和成熟的时期,学者之间还存在一些分歧。

木雾弘(1989)对"过"字的虚化过程作了历史考察,并作了比较详细的讨论。他认为,"过"的虚化萌芽于魏晋南北朝时期,其成为趋向动词是朝虚化迈进了一大步,唐代时期虚化趋势加强,宋代"过"字的虚化用法基本成熟,明清间普遍使用。

刘坚等(1992)认为,以"过"在"动十过"和"动十过+宾"两种格式中出现为标准,动态助词"过"的产生可能在唐代;宋代"过"的使用仍然不多;元代以后,"过"表"曾经"或"完结"的用法都继续使用、例子渐多;明代以后,"过"在意义和功能上仍维持着宋以后的情况,表"完结"和"曾经"的用法继续使用。曹广顺(1995)进一步论证和充实了刘坚等的观点。

曹广顺(1995)认为唐代已出现了个别的"过₂"用法,至于唐代"过₂"出现较少的原因,一是由于助词"过"才刚刚产生,还处于萌芽状态,用例本来就很少;另一个重要的原因是,唐代还有另一个表示事态"曾经"的助词"来","来"的基本功能就是指明一个事件是已经发生的,是"曾经"的。明代文献中助词"过"的使用增多,是伴随着事态助词"来"使用的减少而来的。

俞光中、植田均(1999)认为宋代才有"过₂"。他们认为,有些"过₁"和表"曾经"的"来"结合成的"过来",表示"过去至少发生过一次","来"起了主导作用,如果进一步发展"来"省略脱落,"来"的作用完全落在"过"上,就必然成为"过₂"。

香坂顺一(1997)认为,在旧白话(如《水浒》)中,"过"尚未虚词化,保持着"经过→终了"的实义,现代汉语中仍然有这种"过"。《水浒》中的"过"常常可以后加时态助词"了",说明"过"没有虚化;由于"过"近于"完",多用于过去的事情,所以跟表示过去的副词"曾"呼应而用。

此外,还有一些学者运用现代语言学的理论从不同的角度对"过"的语法化问题进行了探讨,如:杨永龙(2001)从时间类型和体意义的角度分析了《朱子语类》中的"过"字用例,探讨了"过₁""过₂"的来源和虚化过程。

李永（2005）利用"语法义素"理论，讨论了"过"的语法化动因，认为"词汇的语法化体现为词义的虚化。"李妍（2006）运用历时比较的方法对《金瓶梅》《红楼梦》及王朔 5 本小说中的"过₁"和"过₂"所搭配的动词情状的类型进行了比较，发现：从近代汉语晚期到现代汉语这段时间内，与"过₁"搭配的动词的情状类型比较固定，绝大多数是活动情状，也有少量的结束情状和达成情状。与"过₂"搭配的动词的情状类型出现了显著的变化。彭睿（2009）运用"语法化链"理论，从共时和历时两个维度，探讨了趋向动词"过"和动态助词"过₁"和"过₂"之间的关系，对"过₁"和"过₂"的产生过程给出了合理的解释。

4."却""将"的语法化研究

相比"了""着""过"而言，学界从历时的角度对"却""将"的研究较少，故合并在一个小节中加以介绍。

关于"却"的历时研究，目前所见到的单篇论文只有梁银峰（2008）、楚艳芳（2008）、梁慧婧（2012）、齐灿灿（2017）等少数几篇。

梁银峰（2008）从句法结构入手考察了"却"从先秦至魏晋南北朝时期的句法分布状况，认为"却"作结果补语的用法在魏晋南北朝时期已经出现一批用例，这为动态助词"却"在唐代的形成奠定了基础。

楚艳芳（2008）结合敦煌变文历时语料，对"却"的语法化过程及其动因进行了系统论述。认为唐五代是"却"语法化的活跃期，连动式是其语法化的决定性动因；"却"由"却＋V"语法化为副词，由"V＋却"语法化为助词；"却"的助词用法至晚在南北朝时已经出现，发展至唐五代时，"却"的助词用法已经相当成熟了。

梁慧婧（2012）对唐五代到明清时期的一些代表性文献中"却"使用情况进行了考察，提出了一个根据"却"做动态助词的使用状况来确定作品年代的方法：如果动态助词大量出现的文献，应是五代或者以前的作品。如果动态助词大量出现，顺接连词也大量出现，那么应该是五代或者北宋初期，可能是南方的作品。如果动态助词的用法比较少了，逆接连词的用法占主导，也有顺接的用法，同时出现了表惊讶和质询语气的逆接副词，这个作品可能是南宋金代的作品；如果动态助词绝迹……则可能是元代或明初的作品。

齐灿灿（2017）在其硕士论文《"却"的共时多功能性和历时演变》提出了这样的看法：助词"却"的产生经历了"V 却"连动式、动补式及"动词＋助词"三个阶段。当连动结构中的"却"不能单独陈述句中主语时，连动结构被重新分析为动补结构，"却"则发生了从充当连谓后项到充当结果补语的演变。与之伴随的是,其意义从"退"义向"掉"义的演变。结果补语用法的"却"进一步虚化,成为助词,表示动作的完成与实现。两宋以后,"却"的助词用法逐渐被"了"替换,助词"却"衰落。

关于"将"的历时研究,目前所见到的单篇论文也只有陈刚(1987)、刘公望(1989)、曹广顺(1990)、武振玉(1991)、翟燕(2007)、孟浩(2009)等少数几篇。

陈刚(1987)将"动—了—趋"式和"动—将—趋"式结构进行了比较研究,从历时的角度考察了二者的结构特点以及使用频率的消长变化,分析了二者在语法意义和功能上的内在联系,认为"将"最终被"了"所替代,并对替代原因进行了分析。

曹广顺(1990)考察了从魏晋南北朝到宋代"动+将"结构的使用情况和表现特点,认为"'将'字从晚唐五代到宋,功能逐渐规范为作表动态或表动向的补语标志,格式统一为'动+将+趋向补语'。宋以后随着助词系统的调整和助词'了'的发展,逐渐消亡。"

武振玉(1991)将"动·将·补"句式的发展分为魏晋至唐五代、宋元、明代、清代四个阶段。认为这一句式中的"将"字词性为助词,源于魏晋南北朝时期"将"字的动词意义,至唐代已正式虚化为助词。宋元为助词"将"的发展期,至明代达到兴盛期,出现频率非常高。同时,明代也出现了一些"动·了·趋补"句式。由于这一句式中的"了"和"将"所出现的环境和语法意义是一样的,很难并存,结果"了"逐渐代替了"将",至清代,开始进入衰落期。

翟燕(2007)则考察了明清时期动态助词"将"的发展演变情况,并探讨了其衰亡的原因。认为动态助词"将"是被"了"所替代,是助词系统内部整合的结果。

孟浩(2009)对《老乞大》中"将"作了全面的考察,其中涉及的"将"作为动态助词的问题,通过对《老乞大》四个版本中的调查,探讨了助词"将"在元明清三代的变化并简要介绍了元以前"将"的历时发展变化情况。认为"将"因为其前面的动词语义特征不同而分为"表示动向"和"表示动态"两种类型。表示动向的"将"是补语标志,表示动态的"将"和趋向补语"来""去"一起表示动作的开始、持续或实现等状态。认为动态助词"将"的消亡是由于在"动+将(+宾)+趋向补语"的结构中,趋向动词"来/去"在补语位置上日益虚化,表示动作开始、持续或完成的语法意义。"将"字在部分句子中可有可无,这种情况动摇了"将"在"动十将(+宾)+趋向补语"结构中的地位。

三、近代汉语动态助词研究存在的问题

从整体来看，近代汉语动态助词研究还很不充分，我们无法从现有的研究成果中清晰地看出近代汉语动态助词发展的全貌、规律以及动因，并且不能为现代汉语动态助词的相关研究提供充足的依据，因此对相关问题的研究还有很长的路要走。就目前来看，主要存在以下一些问题。

1. 从共时研究层面看，对语料的梳理不够全面。目前专书研究的成果大多数集中在元代及以后作品的考察上，对南北朝至唐宋时期的作品尤其是晚唐以前的作品研究很不充分，这样对动态助词来源研究所能提供的线索较少。

2. 就目前的专书研究成果来看，大多数为学位论文，尤以硕士学位论文为主，由于研究者的学术功力的局限，使得这些研究或多或少存在一些问题。主要表现在：考察对象没有确定的标准并且数量不一，随意性较大；缺少共时或历时的比较，对同一部作品的不同助词做充分比较研究的也较少；满足于现象的描写，对造成现象的原因探索不够，尚未见到从汉语动态范畴宏观发展的角度对具体助词影响方面的解释。

3. 对动态助词的历时性研究的系统性不强、考察成果的覆盖不全面。目前的研究对象多是只有"了、着、过、却、将"等几个体助词，没能覆盖到近代汉语中出现的所有动态助词，其研究角度大多是助词的语法化，从动态范畴在形成和发展过程的内部调整对动态助词的选择所造成的影响的角度探究的成果不多，导致了许多动态助词的发展似乎成了孤立案例，很难看出其和其他助词的发展之间的关联性。

总的来看，目前近代汉语动态助词研究的基础相当薄弱，研究的资料比较零散，已经涉及的只是某几个点，还有不少问题尚未触及，也就没能形成全面系统的研究，尤其是汉语动态范畴的产生和发展及其和动态助词发展的关联研究很少，这些都需要我们花大力气进行进一步的深入研究。

第三节　对现代汉语中动态助词的专题研究

对现代汉语中动态助词探讨最早发端于黎锦熙（1924），但真正全面开展专题研究工作则始于 20 世纪 80 年代。目前，现代汉语动态助词的微观研究业已取得了显著的进展，有关动态助词"着、了、过"，人们结合时制、时体、时相三维系统，从不同的角度对汉语的动态助词进行了多角度的考察和分析，发表了很多高质量的论文。人们对动态助词的研究尽可能从系统论

的高度,结合相关的语法范畴进行多角度的分析和解释。同时,把句法功能同语义、语用研究融为一体,力求借鉴各种行之有效的语言理论,进行更加广泛深入的实例调查,把动态的研究和静态的分析结合起来,在更高的层次上、更为广阔的语境中多角度、多侧面地考察动态助词的功能、意义和用法,寻找动态助词及相关格式与各种语法、语义范畴之间的对应规律。下面我们分专题来进行介绍。

1.“了”的研究

用在动词、形容词之后和句末的“了”(le)是个高频虚词,国内外语法学者对其进行了多角度的不间断探讨。关于“了”的研究比较广泛,也比较深入。

“了”的使用频率很高,它的用法比较复杂。长期以来,语言学界对于“了”的研究问题主要集中在以下几个方面:第一,“了”的分、合之争;第二,“了”的义项划分;第三,“了”的语法意义及时体特征;第四,“了”与相关格式;第五,“了”的语用功能和篇章功能;第六,“了”的语法化;第七,“了”的隐现;第八,“了”的其他方面的研究。

(1)“了”的分合问题研究

主张“合”者力求共性,将动词后的“了”的语法意义锁定为“完成”或“实现”,将句尾的“了”概括为“变化”“新情况”或“当前相关”“过去时”等。由于动词后的“了”和句末的“了”有交叉现象,有的学者“指出其间的不可分性”。以石毓智(1992)、张黎(2003)为代表,彭小川、周芍,(2005)也主张将“了”处理为一个。主张“分”者,依据“了”出现的句法位置和语法意义的差异,将“了”分为“了1”“了2”乃至“了3”“了4”。但自从吕叔湘1980年明确提出将助词“了”分为“了1”和“了2”,语言学界大多数语言学家同意“了”分之说。

(2)“了”的义项划分研究

“了”的用法和表示的语法意义复杂多样,划分的依据和方法也不同。“了”的词性有动态助词、时态助词、动词后缀、语气词等提法,语言学界对“了”的划分有二分、三分甚至四分之说。

主张对“了”进行“二分”的,如黎锦熙(1924)对“了”进行了二分,他已经区分了后附助动词“了”和决定句语气助词“了”,前者大致相当于词尾“了1”,后者大致相当于句尾“了2”,分为表示完成的助动词和表示语气完结的助词。王力(1944)将其分为表示完成貌的后附情貌记号和表示决定语气的语气词,并列出了四个分别点。此种分法与黎锦熙(1924)所用术语不同,但处理上差不多。吕叔湘(1980)明确而清晰地将助词“了”分为

"了₁"和"了₂",并对各自的用法进行了较详细的描写。书中说:"了"有两个,"了₁"用在动词后,主要表示动作的完成;"了₂"用在句末,主要肯定时态出现了变化或即将出现变化,有成句的作用。朱德熙(1982)也将"了"二分,但分的观点和吕叔湘又有不同。他将"了"分为动词后缀和语气词。同意此种划分的还有孔令达(1986)、黄伯荣、廖序东(1991)、张谊生(2000)等。俞光中(1989)也提出"了₁"和"了₂"的分布不同,"了₁"必位于相承结构中还必得在宾语、补语、重叠式后,"了₂"既可位于相承结构中又可不位于相承结构中,所以"了₂"比"了₁"自由。在语义表达方面也不同,"了₁"是表"终止"的,而"了₂"是看成表动作实现(开端已经成过去)意义的。王维贤(1991)通过语音来对"了₁"和"了₂"进行区别,他认为"了₁"的发音为(le)而"了₂"的发音为(la)。卢英顺(1991)介绍了"了"的五种区分方法:①还原法;②鉴定字法;③变换法;④添加法;⑤删除法。吴凌非(2002)则从格语法的角度判别"了",指出区别"了₁"和"了₂"的方法是:插入时间成分。插入时间成分之后,句子依然说得通,则是"了₁",否则是"了₂"。彭利贞(2007)从情态的角度对"了"进行区分。邢福义(2003)对判别"了₁"和"了₂也提出了方法。吕叔湘(1956)、王直(1957)、刘勋宁(1990、2000)、李铁根(1992)等以及几乎大部分的汉语语法著作、教材和文章都或多或少地涉及到"了₁"和"了₂"的区分问题。

　　主张"了"三分的代表有王维贤(1991)、史冠新(2006)等。王维贤(1991)认为:从形式上看,"了"有三个:"了₁"(·le),"了₂"(·la)和"了₃"(·lou)。燕燕(2002)将表示事态出现了变化的"了₂"称为"了₂a",表示即将出现变化的"了₂"称为"了₂b"。这样句末助词"了"分为三种:①表事态出现了变化的"了₂a";②表即将出现变化的"了₂b";③兼表动作完成和事态出现了变化的"了₁₊₂a"。史冠新(2006)采用邢福义"大三角"的视角,以临淄方言为例证,推演到普通话,从句法的角度,将"了"三分。即句中的"了"为"了₁",句尾分为"了₂"和"了₃",其典型分布语境为:

　　了₁:V+了₁+O
　　了₂:V+(了₁)+O+了₂+语气词或后续成分
　　了₃:V+(了₁)+O+了₃

　　并指出这三个"了"承载了如下的语法语义功能:

　　主张"了"四分的代表有金立鑫(1998)、刘勋宁(2002)等。金立鑫(1998)曾经将"了"分为四种,即:动词后宾语前的"了₁",句末的"了₂"和"了₃",以及"啦"的弱化形式"了₄"。其中之一是纯粹表语气的,实际上还是三分。诸多的划分中,二分的处理比较通行。

(3)"了"的语法意义及时体特征研究

关于"了₁"的语法意义及时体特征,20世纪50年代有"完成"说,80年代后期在"完成"说批评中出现了"实现"说,之后综合两家"完成实现"说"应运而生"。90年代初又出现了"完整"说。90年代后期至21世纪初的几年,出于求新求变的动力驱使,以及对完整说的不满,又出现了张黎的"界变"说、金立鑫(1998、2002)的"完成延续"说和王学群(2004)的"达界"说等等。

"完成"说以吕叔湘(1980)为代表。早在黎锦熙(1924)就将"了₁"认定为表示"完成"的助动词,提出了比较完备的"完成说"。黎先生认为后附助动词"了"表完成,"这是国语中动词的perfect",并进一步分为:"现在"的完成、"过去"的完成、"未来"的完成。王力(1944)认为"了₁"表示"完成"貌。吕叔湘、朱德熙(1952)说,"了₁"表示行为的结束。"结束""终结"等是"完成"的另一个说法。林裕文(1959)认为,"了₁"表示完成,但他说:"这儿所谓'完成',不是指整个活动的结束,而是指动作在某个时间内告一段落。"吕叔湘(1980)明确划分了"了₁"和"了₂",指出"了₁"用在动词后,主要表示动作的完成。胡裕树、范晓(1995)进行了较深入的阐发,得出的结论是:"了₁"是完成体的标记,汉语动词完成体形式蕴含意义是行为或非状态的"既成事实",它或表示行为动作已经结束,或表示行为状态"完成"后所产生的后果。望月圭子(2000)用大量的实例和图例证明了完成体的多个方面均可以用句尾"了"表示。

到了80年代后期,"实现"说逐渐形成,并对"完成"说进行批评。"实现"说以刘勋宁(1988)为代表。刘勋宁(1988)否定"完成"说,在"实现"说历史上具有里程碑的意义。他仔细考察了"了"字句的各种情况,论证了"了₁"不是表示动作行为的结束,有时"动词带'了'表示的是某种状态的产生和存在"。刘月华(1988)说:"把'了'的意义概括为'实现'也许更好一些。因为动词后用上'了₁',并不一定表示该动作已经完成。"对"了₁"的语法意义作同样概括的还有竟成(1993)、齐沪扬等(2002)。

王还(1990)猛烈批评了刘文,她认为,"实现"和"完成"是一致的,只是要注意区分状态和动作。龚千炎(1991、1995)专门立了一个"完成、实现时态",他说:"'了₁'主要表示完成时态,有时也表示实现时态。'完成'与'实现'本来就密切相关,一种动作完成之后也往往就是一种状态的实现(存在)。""完成实现"说大大推动了具体问题的研究。

陈平(1988)首先将Comrie的有关理论引入汉语研究,同时也引入了perfective(完整)和imperfective(非完整)这对概念。戴耀晶(2004)认为

"了"有三项主要的语义内容：①动态性，"了"表明动作行为具有动态的发展过程。②完整性，"了"表明事件是不可分解的，也不必分解的，同时他把"了"与表非完整意义的"着"进行了对比。③现实性，反映事件的已然性质，指相对于某个参照时间来说，句子所表达的是一个已经实现了的事件。另外，陈前瑞（2003、2004）也认为词尾"了"是完整体，"着"是未然体，他认为完整体与未完整体的对立是"实现"与"持续"的对立。史有为（2002）的"达成"说也可以归入"完整说"一类，他区分了"事类"（一种事情的类）和"事例"（具体的一件事），认为"了₁"的典型功能就是表示事例在所显示范围内动词语（即动作行为）完整过程的达成。林璋（2003）也认为"了₁"是完整体。

张黎（2004）从事件的内部结构，从"了₁"反映动态变化的角度来概括出一个高度抽象的概念。张说："所谓界是指语言对象世界中的、具有相对统一的、均质的意象。……在语言的认知图式中，从一个意象片段向另一个异质的意象片段转换时，就发生了界变。'了'的作用在于指出这个界变，划出界与界间的界线。因此，'了'的作用也可以说是划界。"张文是不分"了₁""了₂"的，他从抽象到具体的分析过程是通过四层次模式反映出来的。他分出结束类和进入类两种，这是在回答怎样变的问题。

王学群（2004）也未分"了₁"和"了₂"，他分出了三种界限达成：①终了界限达成；②整体性观察；③开始界限达成。这三种界限达成是词尾"了"和句尾"了"的具体意义。这三个意义相互联系，具有共性。它们都是表示事件内部某一阶段的界限性的达成（或发生），我们把它们归纳为"达界"。

金立鑫有两篇关于"了₁"的文章（1998、2002），两篇各有所不同。他的第一篇，可以称为"完成延续"说。他在接受传统的"完成"的概念后，提出"延续"作为对完成的补充。"这里的'延续'指的是'了'所外显的动词的时间特性需要一定的时间跨度来维持，这个时间跨度必须是说话人明确提出来的，并且听话人也能够确定的。"他主要分析了两类延续。金立鑫（2003）认为，"'S了'和'V了'是不同的体标记。"

也有部分学者认为"了"表示"时"的概念，如龙果夫就说过"'了'表示完成的、结束的过去时。"国内学者对此有不同的看法，如高名凯（1948）曾认为，"时"必涵有现在、过去和将来三阶段……汉语语法构造中，没有表时间的时态范畴。吕叔湘（1979）在《汉语语法分析问题》中也说过："有形态表示的语法范畴不多，有些重要的语法范畴在汉语里全无表示，例如名词、形容词的'格'，动词的'时'和'人称'。"王还（1986）在讨论汉外语法对比时指出："了、着、过这三个助词和时间无关,既不表示过去,也不表示将来……汉语从语法上说,没有过去、现在、将来,因之也就没有像英语那样的现在完成态,过去完成态,现在进行态。"龚千炎(2000)则明确地指出:"如果从时制词语毫未虚化、尚未成为语法成分而言,那么现代汉语可说是还没有形成'时'(tense)的语法范畴。"但是,也有一些学者认为汉语存在"时"范畴并具有相应的语法形式。如李临定(1990)在其著作《现代汉语动词》中曾有过这样的论述:汉语也有自己的"时"范畴。汉语的"时"范畴是通过不同的分析形式和动词的零形式来体现的,可以分为现在进行时、过去时、将来时、过去现在时等11种。它已形成独特的"时"范畴系统。刘勋宁(2002)则认为:"汉语的句尾'了',实际上起着这种'时'的标记作用。"不过,尚新(2006)则指出存在这样的现象:对外汉语教学中,若把"了"作为时制标记教授给学生的话,学生就会倾向于在所有已发生的事件句子的谓语后使用"了",造出许多错句,所以"了"作为完整体的标记,在独立语境下具有指向"过去"时间的功能。另外一些学者则认为"了"既是汉语"时"的标记,又是"体"的标记,语言表达中"时"和"体"是相互关联的。如徐通锵(1997)说:"以往人们习惯于个别的认识,因而在考察汉语'了、着、过'的时候也就把时与体分割开来,否定它们与时的关系。其实,时体分别表示,相互结合,衬托特定时间中的运动状态,这正是汉语的特点。"赵世开(2001)也认为:"汉语的助词'了',在表示'体'的意义同时也表明动作或状态与时间之间的某种关系。"我们以为,"了"是否为某一标记并不重要,重要的是语言的事实。

　　"了2"的语法意义。句尾"了"通常被称为"了2"。吕叔湘(1980)将"了2"的语法意义概括为"主要肯定事态出现了变化或即将出现变化,有成句的作用。"朱德熙(1982)概括为"表示新情况的出现",刘月华(1983)"表示情况发生了变化"。萧国政(2002)认为"了"的意义,同"了1""了2""了3"的分项解说之和,仍有很大距离,因此,对句尾"了"的意义进行了不同于以往研究的析离,共有八种析项。彭小川、周苈(2005)强调了"了2"的核心意义,认为"表达对当前相关事态的肯定的语气"正是其核心意义,它可涵盖各种情况。

　　(4)"了"与相关句式研究

　　吕叔湘(1980)在划分了"了1"和"了2"的基础上,对带"了"格式进行了整体描写,共列出七大类格式,并分为25种情况加以详细解说。郑怀德(1980)指出,"动+了+数量"(A式)与"动+了+数量+了"(B式)两种格式的语义、语气以及和其他词语的结合能力都有显著的区别。邢福义

(1984)探讨了"NP了"句式。陈刚(1985)对"没V了₁"式进行了探讨,认为"了"在表示动作或变化已经完成时,一般只用在肯定句里,否定句里不用"了"。陈刚(1987)论述了述补结构的"动了趋"式(即动词＋"了"＋双音节趋向动词)逐渐代替"动将趋"式的过程。陆俭明(1989)对"V来了"的结构关系和构造层次进行了详细的论述,"V来了"可以表示三种不同的语法关系,即述宾关系(A)、述补关系(B)、连动关系(C)。张健(1991)分析了带"了"的动趋结构的基本句式三类,共10种情况。李冠华(1991)分析了"V去了"即"动词＋去＋了"的三种不同语法关系,即述宾关系、述补关系、连动关系。王惠(1993)讨论了"了/着/过"在"把"字句中的两种可能的位置。董晓敏(1997)指出,"V在了N"是动宾结构,"了"对"V在"这个复合动词的复合化有促成作用。王红旗(1997)对"别V了₁"中的动词的特征进行考察。谭春健(2004)也总结了"了"在句尾的句式。他认为句尾"了"是汉语"易态"范畴的句法标记。胡清国(2003a)对"不V了"格式进行了较详细的探讨,他认为"不V了"是个多义格式。胡清国(2003)又进一步探讨了表"谢绝"义的"不V了"格式。连蜀(2002)探讨了汉语的"都＋NP＋了"句式中的NP和"都"的性质。金立鑫(2005)进一步对"没"和"了"共现的句法条件进行了研究。陈前瑞(2006)中提到,Chappell(1986)提出两个"了"同现的句子模式为:NP1(话题)[NP2(主语)]—V—了—NP3—了。他旨在揭示,双"了"句的意义不同于词尾"了"和句尾"了"所具有的时、体或态的意义的合并,并有着不同的句法限制。王光全、柳英绿(2006)指出,同一个命题可以与不同的"了"结合生成不同的"了"字句,不同的"了"字句不仅语义上有差别,而且语用价值也不同,因而有不同的分布规律。

　　另外,还有对"了"的具体用法进行更系统方面考察的论文。例如张黎《"界变"论——关于现代汉语"了"及其相关现象》、陈前瑞《句尾"了"将来时间用法的发展》、李兴亚《试说动态助词"了"的自由隐现》、吴福祥《重谈"动词＋了＋宾"格式的来源和完成体助词"了"的产生》、陆俭明《"VA了"述补结构语义分析》等都是值得重视的研究成果。

　　(5)"了"的其他方面的研究

　　①关于"了"和"过"关系问题的研究。吕叔湘(1980)对"过"和"了"整体上进行了形式和意义上的比较。贾双虎(1983)则从表示的时间和动作状况进行了比较。竟成(1985)认为,"了"表示"完成—延续"的语法意义,"过"表示"完成—非延续"的语法意义现代汉语词典》(第五版)将助词"过"分为两个义项:①用在动词后,表示完毕:吃过饭再走;②用在动

后表示某种行为或变化曾经发生,但未持续到现在。张晓铃(1986)分别考察了"了"和"过1""过2"的几种关系,认为"了"与"过1"有三种关系,"了"与"过2"则只有两种关系,"过2"与"了"的区别总结了四点。刘月华(1988)的比较研究更细致些,明确区分了"过1"和"过2",并与"了1"相比较,涉及到语法意义、使用场合,试图从用法方面说明它与表示完毕意义的"过"(过1)和表示完成的"了"(了1)的异同。胡裕树、范晓(1995)认为"过"是现代汉语经历体的形式标记,它同现实体的形式标记"了"一样,也是着眼于外部来观察时间进程中的事件构成,反映事件不可分解的整体性质。所不同的是"了"强调句子所表达事件的现实性,"过"强调的是句子所表达事件的历时性。房玉清(1992)也认为"了"和"过"有时是互补的,同时也指出"了1""了2""了1+2"不能与"过2"共现。张谊生(2000)对"了"和"过"所作的分析,也是从替换和共现的角度进行的,对"了"和"过"关系的探讨,基本上是替换和共现(连用)的问题。

②观察"了"的英译情况的研究。从"了"的英译来反观其语法意义的文章,大多出现在英汉对比涉及"时体"的论述中,单独成篇并进行较为全面的对比的有赵世开、沈家煊(1984)的《汉语"了"字跟英语相应的说法》。他们依据吕叔湘主编的《现代汉语八百词》上关于"了"字的用法的分类和说明,把所选例句中的"了"按照其出现的位置分为六大类,在对比分析时,主要从"时"(tense)和"体"(aspect)两方面来看每一类"了"字在英语里有哪些表达方式,并做出统计。另外还有潘文国(2003)的《从"了"的英译看汉语的时体问题》,他采取的是由中到西的方法,纯从材料出发,从材料得出结论,并以英语的译文作为重要参照手段。以张培基先生译注的《英译中国现代散文选》为范本,选用其中11位作家的14篇散文为原始材料,摘出其中所有含有"了"字的句子,观察它们在英译时的情况,并与英语的时体作比较。宋京松(2006)在其硕士论文《从英语的对应翻译看汉语的"了"》中,从句法功能出发,提出了"了"的四类附着关系:谓语+了;谓语+宾语+了;谓语+补语+了观察"了";谓语+宾语+补语+了/谓语+补语+宾语+了。通过对数据的分析,得出"了"可以表示"过去义""完成义""将来义"和"语气"。

③"了"的弱化形式研究。邢公畹(1979)通过对比研究,观察了汉语和台语里的助词"了""着"的结构模式的异同和语法功能。郑怀德(1980)从整个格式入手,考察了A式"动+了+数量"和B式"动+了+数量+了"在语义、语气以及和其他词语的结合能力的区别。马希文(1983)则成功运用了变换分析法,分析了句型之间的变换关系以及两种变换关系之间的平

行性。

2."着"的研究

在现代汉语当中,"着"用在动词、形容词后面,表示动作在进行或状态在持续,即有时表示动作开始后,终结前的进行情况,有时表示动作完成后的存在形态。"着"是现代汉语重要的动态标记之一,助词"着"的探讨一直是汉语语法学界的热门研究课题。从现代汉语的角度对"着"进行研究的问题主要集中在以下三个方面:第一,"着"的语法意义和语义功能。第二,与"着"相关句式。第三,"着"的分布状况。

(1)"着"的语法意义和语法功能研究

不同语言学家关于"着"的语法意义有不同的看法。有人认为是表"进行",有人认为是表"持续",还有人认为"着"表示情状,或是状态等等其他看法。大部分学者的观点倾向于"着"的语法意义是表进行或持续。

①"着"表进行说

王力(1943)认为"着"表示"进行貌"。所谓进行貌,就是表示事情正在进行中。此类用词尾"着"表示。在他后来的著作《中国语法理论》中仍认为"着"表示进行貌,并将其和英语的进行体作了比较。

吕叔湘先生在《现代汉语八百词》中认为"着"表动态的助词,有三种语法意义,其中之一是表示动作正在进行。

赵元任先生在其《中国话的文法》中认为"着"是进行式词尾。

陈泽平(1996)也持"着"表进行态的观点。

②"着"表持续说

黎锦熙(1924)早在《新著国语文法》中就提出了"持续"的范畴,认为"着"表示的是"正在进行的持续"。

吕叔湘(1942)在《中国文法要略》中提出动作的过程有六种动相,其中"方事相",表示动作正在持续中,动相词用"着"。此后很多学者都采纳了这一说法。

陈刚(1980)将"着"的用法跟英语做了比较,认为"着"不表示"进行",表示持续态的作用实际上是补语作用的弱化。他把带"着"的句子分为五组,来论述"着"的持续性。

朱德熙(1982说动词后缀"着"加在动词后头,表示动作或变化的持续(已经开始、尚未结束)。

刘月华(1983)认为"着"是动态助词,语法意义是表示动作或状态的持续。

戴耀晶(1991)讨论了现代汉语中表示持续体的"着",并探讨了"着"

的三个主要语义特征：非完整性、持续性、动态 / 静态二重性，以及由此决定的句法限制和语义解释。

徐丹（1992）说"V 着"的主要语义特征是"持续貌"，"着"已由表空间概念的词变成了表时间概念的词，即表"持续状态"。

吕文华（1994）从对外汉语教学的角度对动态助词"着"进行了等级切分，指出"着"的教学应分在不同的阶段进行。①"着"表示状态持续。"着"表示静态是基本用法，常出现在存在句。②"着"表示动作的持续。③"V＋着"用在第二个动词前表示伴随动作。④与"正、在、呢"连用。

戴耀晶（1997）认为，"着"是非完整持续体，事件的起始和终结都不是它的关注点，它关注的仅仅是事件的持续部分，反映的是从内部对事件某部分（持续部分）进行的观察。他引入时轴和视点来分析"着"的语法意义，并明确提出"着"的动态 / 静态二重性，指出"着"的动态 / 静态二重性与前面的动词的语义特征有密切关系。"着"是持续体标记，其核心的语法意义是表示动作或状态的持续。

张国宪（1998）认为"着"是持续体。"着"标记状态的持续，作用在于凸显非终结状态。

周元琳（1998）认为"着"不仅可表持续态，而且常表反复态，既是持续体，又是反复体。

陆俭明（1999）对"着"的意义进一步作了总结，他把"着"的语法意义表述为"表示行为动作或状态的持续"。"行为动作的持续"是一种动态的持续，"状态的持续"是一种静态的持续。

钱乃荣（2000）认为体助词"着"用在谓词后，表示事件的持续状态，细分有三种语法意义：表示动作行为发生后所产生的状态在延续或存在；表示动作行为本身处于持续状态；表示动作行为的主从伴随状态。

李秋菊（2000）认为"着"，表状态的持续，她说："静态句中'着'，跟在短时性动词后，表示这种短时性的动作完成后状态的持续，是一种静态的持续；'着'跟在持续动词后，表示这种持续性的动作进行中的状态的持续。"

张旺熹、朱文文（2006）以真实语料的定量考察为基础，从视点平行移动角度挖掘汉语持续体"着"的语义形成机制，认为"着"所具有的"持续体"的语法意义源于观察者视点平行移动的认知结构，这一结构是形成"着"的不同语法意义和语法形态的基本动因。认为"Adj 着"表示某种静止状态的持续存在。

③"着"既表持续又表进行说

吕叔湘（1980）指出，"着"是方事相，是表示时态的助词，可以用在动词后,表示动作正在进行;也可以用在动词、形容词后,表示状态的持续;或是存在句,表示以某种姿态存在;或是构成动1+着+动2,构成连动式;或是形+着+数量;或是动/形+着+点儿,用于命令、提醒等。

房玉清(1980)认为"着"是动态助词,表示动作的进行或状态的持续。房玉清(1992)根据能不能和"在""正(在)"共现,把"着"分为两个:他把能共现的叫作"着2",认为"着2"用在动词后表示动作进行。

木村英树(1983)认为"着"有两个:表状态持续的"着"(记为着1)和表动作进行的"着"(记为着2)。不过他认为,后者是一种结果补语性词尾。

于根元(1983)认为"着"表示持续或进行。

刘宁生(1985)也认为"着"属于两个不同的语法范畴,分别表示动作的进行和状态的持续,他从方言的角度证明这两个范畴的不同。他把放置义的动词分成两类:V1、V2。他认为跟在V1后的"着"表动作进行,跟在V2之后的"着"为着2,表状态持续。

黄伯荣、廖旭东(1991)认为"着"用在动词、形容词后面,表示动作正在进行或状态在持续。

邵敬敏(2001)认为"着"用在动词后面,表示动作的进行或状态的持续,也可用在部分单音节形容词后面表示性状的持续。

尚来彬(2005)在其硕士论文中建立了现代汉语中"进行—持续"的体范畴,并对这一范畴下的"着"以及"正(在)""在""呢"单用或共现时的句法分布和语用情况。

石毓智(2006)认为,"着"表示说话时刻之后(不包括说话时刻)的动作变化的进行和持续状况的。

④"着"表情状说

胡树鲜(1990)认为"着"的主要作用是表示动作的情状方式,"着"可分为两个,一个是表持续的"着",一个是表情状的"着"。

费春元(1992)认为,"着"表情状,并且是所有的"V着"都表情状。"着"表示情状能够涵盖它所有的分布,而"了"则表实现。他认为汉语中根本不存在进行体、完成体这些东西。他所谓的"情状"是相对于"陈述"来说的。如果说"陈述"用来表达的是发生了或将要发生某个事件,侧重是否发生,那么"情状"则是表示一种运转状态,侧重对情景的描绘和摹拟。对于表"进行"义的"着",作者认为是特定条件下的偶发现象。

⑤"着"表状态说

龙果夫(1956)的观点是,语尾"着"表状态(动作的持续状态,或者某一动作的结果所呈现的状态)。

　　马希文(1987)反对"着"是进行态的说法。他认为,表示进行的动词不带"着",表示状态的动词才带"着"。

　　金奉民(1991)把一个完整的变化分为"始变""状态""终变"三个阶段。他根据这三个阶段的有无把现代汉语的动词分为六个小类,来考察动词带"着"的情况,结果发现了凡是有"状态"这一阶段的动词都可以带"着",于是作者提出"着"不表"进行",而是"状态"的标志。

　　张黎(1996)认为"着"表状态,张黎通过分析了"着"的句法分布,总结了8种句式以及它们的语法意义。他认为,无论"着"在哪种句式中出现,都表示一种状态,而这种状态在不同句式中呈现的不同态势只是状态的不同语义变体。

　　李大勤(2003)提出了"X 着"表示"状态"的观点,并且认为,"状态化"这种概括有相当强的解释力。

　　⑥"着"表其他的说法

　　木村英树(1983)认为表示状态在持续的"着"(记为着 d)和表示动作正在进行的"着"(记为着 p)在共时语法上属于两个不同的语法范畴,"着 d"不是真正的时态词尾,"着 d"的补语与结果补语类似,故得出结论说"着"是补语性词尾。

　　刘宁生(1985)、俞光中(1992)等很多学者都认为"着"的作用主要在于描写。

　　宋金兰(1991)认为"着"是受阿尔泰语系的影响产生的虚词,可以表达多种功能和语义,是多语义、多功能的虚词。

　　刘一之(1995/1997)根据"着"的前后词语的关系考察"着"的语法意义,认为"着"表示"在某种情况下"。刘一之(2001)又在详细评价前人研究成果的基础上,重点考察了北京口语中"着"的各种用法,得出的结论是"着"语法理功能有四:"着"是静态的标志;"着"表方状;"着"表示通过某种手段;"着"连接两个分句。

　　孙朝奋(1997)认为"着"表起始体、非完成体、完结体、完成体。

　　李铁根(2002)认为"着"表同时。

　　陈前瑞(2003)认为"着"既可表结果体,也可表非完整体。

　　(2)"着"与相关句式

　　①动词后"着"的结构研究

　　吕叔湘(1980)主编的《现代汉语八百词》中单独列出"着"作动结式第二成分,有三类。第一类是在及物动词后,表示达到目的。可带"了、过",可插入"得、不"。第二类是在不及物动词或形容词后,表示产生了结果或影响,可带"了、过",插入"得、不"。第三类是在某些动词后必插入"得、不",构成固定词语。一般只用于问句和否定式。

刘月华(1983)《实用现代汉语语法》把动词后"着"分为五种情况:第一种表示动作达到了目的,多用于口语。第二种用在某些动词或形容词后,表示动作或某种情况对人或事物产生了不良后果。第三种表示"入睡"。第四种表示"燃烧"。第五种表示"应该,有资格、有责任"。

孟琼等(1984)主编的《汉语动词用法词典》中把"着"分为四类:第一类"接触到"。第二类"到手或达到目的"。第三类"应该",此义项用得很广泛,一般不标出,只标出少数最常用的。第四类"幸运或受损程度深",词头写作"一着了"。

范晓(1985)认为一般所说的结果补语实际上表示三种意义,"着"表示动作的态(情貌),这种意义是词的引申或虚化的意义。

马庆株(1992)认为:着了表示强烈的程度,"着"一定重读为 zhao,前面不能加"不"字,不同于用在动词后表示结果的或有目的的"着"。表示达到目的或有结果的"着"可以读轻声,前面不能加"不"。程度补语"着了"的前面可以出现表示刺激的动词和形容词。

杨晓黎(1993)通过对"V 着"前出现的各种修饰成分的初步考察,"V着"对充当修饰成分的词语具有一定的选择性,而一经出现于"V 着"之前,这些词语对"V 着"又发挥着较强的修饰和限定作用。根据对"V 着"前各种充当修饰成分的词语分布情况的分析及修饰作用的考察,得出结论:动词后附"着"字这一语法形式,具有三个作用,那就是:1)表示现实的存在性;2)表示过程的持续性;3)表示客观的描写性。

刘丹青(1994)提出"唯补词"这种说法。他指出:动结式中的一部分结果补语,已经只能做补语,不能做谓语,似乎不宜再归入谓词,暂且叫它们"唯补词"。如:着、到、住……在语法特点上,"唯补词"具有唯补性、后附性、黏着性。

郭继懋、王红旗(2001)把补语分成粘合补语和组合补语,他们认为"睡着"属于规约性的结果,适合用粘合补语来表达,粘合补语要求动词的使动性比补语的使动性高。

侯友兰、徐春阳(2002)探讨了"V₁ 着 V₁ 着……V₂……"句式中 V₁及其后续动词 V₂ 在语形和语义上的特点,指出 V₁ 需由单音节动作性动词充当,是自主动词,V₂ 的动作或状况是动作的主体无法控制。V₂ 不限于单音节动词,往往不是光杆动词。

石兴慧(2003)从整个含有"V 着 AP"格式的句子的表达来考察进入

此格式的动词、形容词的特点,进而考察"V着AP"格式的句法特点、语义特征、语用功能。

彭玉波(2004)运用当代语言学理论,从句法、语义、语用、认知、配价、语法化等多个角度,对"V₁着V₂"结构做深入的描写、分析和解释,并讨论了"V₁着V₂"结构中"着"的意义和作用。

赵伟(2006)从语法研究的三个平面、语法化、功能语法理论出发,对现代汉语动结式"V着"结构进行了综合考察和研究。

石兴慧、王林、董敏(2007)通过对"V着AP"格式结构关系、结构特点、句法功能的分析,得出这一格式的三大特点:1)"V着AP"格式在结构关系上表主谓关系、状中关系、连谓关系。2)"V着AP"格式在结构上表现出松散性、临时性的特点。此格式中的动词、形容词也都有自己的特点。3)"V着AP"格式的句法功能也是非常活跃的,它可以充当宾语、谓语、定语、主语等句子成分,也可以单独成句。

刘丽萍(2007)通过对"V+着呢"与"adj+着呢"的理论研究与分析、语料来源、语料分析得出结论:"V+着呢"与"adj+着呢"有不同的语法意义。"V+着呢"表示动作正在进行或者表示状态的持续,分为动态和静态两种,而"adj+着呢"多用来表示程度,相当于副词"很""非常"。"V+着呢"的用法比"adj+着呢"的用法更普遍、更广泛;在"V+着呢"语料中表示状态持续的语料数量多于表示动作正在进行的语料数量;两种语法结构中,单音节词的使用范围广、使用频率高,而双音节词出现的较少,且使用频率低。

贺卫国(2007)通过分析"VV着"的使用情况、格式的特点、与"VV着"格式结构相似的两种语法形式得出,"VV着"与"V着"的基本意思、句法功能相似,但"VV着"带有较强的描写性和形容性,主要用来写人或人体部位的状态。"VV着"表示的状态大多数是非正常的,一般是说话人所讨厌的。

徐晶凝(2007)《"在verb着"构式研究》考察了可用于"在verb着"构式中动词的小类、构式的语法意义、构式中"在"和"着"的隐现、语篇功能及决定"在""着"自有隐现的因素。

艳华(2008)通过对"V₁着V₂着"格式的详细考察,总结了此格式在形式、关系、功能三方面的规律。

曾炜(2010)对"V₁着V₁着,V₂P"与"正V₁着,V₂P"两个句式的构成、语体色彩、叙述对象、共现词、句式内部语义关系类型等方面的分析,进行了多维的比较。

②形容词后"着"的结构研究

王志(1986)一文中指出,"红着脸"这类格式主要用来描绘人物行动时所带有的某种生理或心理状态,因此,它总是伴随着另一个谓语动词出现。此外,"A 着 N"这个格式的构成是有某方面的限制的,如 A 所体现的只能是 N 的某种暂时性情态,而不能是 N 的永久性状况。但他将及物、不及物动词和形容词放在一起考察,并没有体现出形容词带"着"的特性。

李泉(1987)统计出能带助词"着"的形容词共有 46 个,占总数(1360个)的 3.38%。他还列举了形容词带"着"构成的三种格式,并排除了不属于形容词带动态助词"着"的几种情况,同时给出了形容词与动态助词组合能力的序列,带动态助词"着"位于最后。其后,在《同义单双音节形容词对比研究》(2001)中,对 156 个同义单双音节形容词作了考察,A 单能带"着"的有 17 个,占 11%,但排除了像"薄着点儿、光着头、烦着呢"这三种情况,得出带"着"能力极低的结论。

金忠实(1998)将"A 着"分成四种格式,分别从句法和语义的角度加以考察,得出"形容词+着"不是一个使用频率很高的格式。

张国宪(1998)将"着"作为形容词持续体的典型体标记,指出"着"的主要功用是凸显动态的持续,要求与其同现的形容词所表示的状态必须是初始状态或完结状态。同时对"形+着"出现的三种结构:1)"名(主)+形+着"、2)"名(主)+形+着+名(宾)"、3)"处所+形+着+名(宾)"做了深入的考察分析,具体分析了进入三种格式的形容词的语义要求。

郑姓妍(2003)考察了 HSK 等级大纲中 1478 个形容词,得出能带"着"的 178 个,占总数的 12%,得出形容词带"着"能力不是很强。

周景明(2007)区分了表持续义和非持续义的"着",并提出了"A 着呢"结构的歧义分化策略。

贺民(2009)详细考察了"A 单+着"结构句法语义功能研究,区分该结构充当句法成分的主要功能和次要功能。详细描写了该结构的特征,论证了各语义特征在该格式中的作用及其相互关系。

③关于"着"的其他句式研究

李子云(1991)总结了与"着"有关的几个要点:1) 现代汉语虚语素"着"有两种不同的语法功能,其一是作词缀构词,其二是用作词尾构形。2) 词尾"着"是现代汉语部分动词的"进行态"标志,主要表示动作行为的持续或动作状态的持续存在,细分起来,"着"所表示的进行动态形式是纷繁复杂的。3) 后附"着"表示动作的进行或持续,只限于一部分动词,依据能否后附"着"可将现代汉语动词分为"着"类(V₁)和非"着"类(V₂)两种,

V_1与V_2各有其语法特征。4）现代汉语里"着"类动词的进行或持续有两种形式,其一是"V着"式,其二是零形态。5）在具体语句中,"着"类动词表示进行或持续动态,后附不后附"着"取决于三方面条件:语义表达、语法结构和语音形式。

吕建军(2006)文章从两个角度对"NPL＋V＋着＋NP"句式做了深入的研究。首先对句式做了细致、全面的描写说明,然后在描写的基础上对该句式的各类下位句式做了比较科学的阐释,最后得出结论:"NPL＋V＋着＋NP"存在句的生成是一种由于语法原因而发生的移位现象,"NPL＋V＋着＋NP"非存在句的生成是一种由于语言表达的经济原则而出现的省略现象。

贺卫国(2009)通过分析"ABAB着"格式的使用情况、句法功能、语法意义得出现在确实已经有一些人在使用含有"ABAB着"格式的句子,少数动词的"ABAB着"形式使用频率还非常高。虽然目前能进入"ABAB着"格式的动词还不多,但按照语言的类推规律,双音节动词重叠"ABAB"也可以带动态助词"着"。

（4）"着"的分布研究

费春元(1992)分析了"着"的分布,得出下表:

	谓语	状语	定语	
动词	慢慢地走着 墙上挂着画	争着干活 抢着说话	修着的车	看着像模像样的
形容词	短着一大截 高着两公分	急着要去 忙着倒水	忙着的时候	
副词		继续着积储		
代词	他老这么着	别这么着说话		

他把动词分为两类,动态动词和静态动词,可以理解为"进行"的,只有谓语、定语位置上的"动态动词＋着",可以理解为持续的只有"静态动词＋着",状语位置上的"着"是表情状方式。

刘一之(1995)提到:根据统计,80%左右的"V着"后面都要再跟上一个谓词性成分。那么,就可以根据"着"前后词语的关系来考察"着"的语法意义。他把"着"所在的句子(非复句)分为四组:

①"V着"是主语,表明一种情况,整个句子说明在某种情况下会怎么样。

②"V着"中的动词不是动作动词,没有明显的开始和结束,也没有持

续、进行阶段,它只是表示一种情况,说明后面的动作行为是在什么情况下进行。

　　③"V 着"中的动词是一种动作行为,但是"V 着"仍表示"在某种情况下",或"以某种方式进行"。

　　④"V 着 O"中的动词可以持续一段时间,整个句子意思是"在某种情况下进行什么行为动作"。

　　他还总结了"V 着"单独出现,后面没有谓词性成分,主要在以下五种情况下出现:

　　①祈使句或表打算的句;

　　②句末有"呢"的句子;

　　③可以带谓词性宾语的动词后经常带"着";

　　④动词有副词(包括否定副词)修饰的句子;

　　⑤处所词＋V 着＋宾语。

　　张黎(1996)总结了"着"分布的 8 种句:

　　① V 着:一般是祈使句。

　　② SV 着:a 施事——动作的状态呈现(动态句)

　　　　　　　 b 主体——处于某种状态。(静态句)

　　③ S_1S_2V 着:某处——某事件。

　　④ SV 着 0:a 施事——动作——受事,动态性较强。

　　　　　　　　b 处所——不及物动词——施事,动态句。

　　　　　　　　c 处所——动作——主体,静态句。

　　⑤ SV_1 着 V_2(0):V_1 是 V_2 的状态(方式也可看作是状态的一种抽象形式。)V_2 是结构中心,V_1 是语义中心。

　　⑥ SV_1 着(O)V_2:VI 是 V_2 的方式。

　　⑦ SV_1 着 V_1 着,(S)V_2:V_1 是 V_2 的一种伴随状态。

　　⑧ V 着 X:"V 着"是一种条件,即作为一种状态存在的条件。

　　他总结到:无论"着"在哪种句式中出现,都表示一种状态。"状态"是一种均匀的、没有变化的存在方式。

　　(5)"着"的其他方面的研究

　　陈刚(1980)的文章是一篇较早的、比较深入的汉外语法比较方面的专门文章,它对汉语用法和英语用法的异同做了全面的、细致的比较。该文首先从汉英对译角度对汉语"着"通英语"–ing"进行比较,区分了四种情况,接着对英语进行式的意义和汉语"着"的使用特征作了深入的比较分析,得出了另人信服的结论:汉语"着"与英语进行式确实是不同的。

木村英树（1983）通过分析得出时态词尾的完成态词尾"了"和进行态词尾"着"相比，表示持续的"着"在词义上"实"性大一些，意义等于语法功能上也类似结果补语。"了 d"跟这个"着 d"相平行。在词义上和语法上应该把这个"了 d"和完成态词尾"了"看成两种不同的词尾。得出〔附着〕的"着"和〔去掉〕的"了"这两种词尾在语法功能上相类同，都位于结果补语和时态词尾之间，形成了"结果补语性词尾"这一个语法范畴。

马希文（1987）把研究对象限制在北京口语的范围内，语料纯正，所得出的结论具有很高的可信度，对于现代汉语语法研究具有很大的启发作用。该文基于规范化这一目的，讨论了北京方言中"着"的音义关系，特别着重讨论了读轻声的"着"的意义和用法。

徐丹（1992）通过讨论得出假设，即一个语言中的时间词常来源于空间词，汉语这种演变的轨迹显得很清晰：动词 > 空间词 > 时间词，这一分析不但适用于"着"，也适用于"了"和"过"。

3. "过"的研究

语言学界对现代汉语"过"的研究主要集中在以下几个方面：

(1)"过"的划分及区分研究

王力（1943）在"借使成式表示过去时"这一部分提到，普通用以表示过去时的末品补语有动词"过"字。"过"字表示过去有两种用途：一是纯然表示过去，"了"字表示完成，故"过了"可以并用；二是表示一种阅历或经验，这种形式里是不能用"了"字，他把这种语法意义的"过"归到了动词实词类。

吕叔湘（1980）认为，现代汉语动态助词"过"有一个，但它有不同的用法，不同的意义。一个用在动词后，表示动作完毕，这种"动 + 过"也是一种动结式，不过与一般的动结式有所不同；一个用在动词后，表示过去曾经有这样的事情。动词前可加副词"曾经"。

语法学界一般认为助词"过"有两个，分为"过 1"和"过 2"。孔令达（1986、1995）、张晓玲（1986）、刘月华（1988）、戴耀晶（1997）、石毓智（2000）、吴云（2004）等都持这种观点。

孔令达（1986）认为，"过 1"表示动作的完毕，不受任何时间的限制，既可以用于过去，也可以用于现在和将来，而"过 2"总是和过去的时间相联系。当 V 的后面都没有动量附加语时，V 带上"过 1"具有个别性，带上"过 2"具有一般性。

刘月华（1988）比较了动态助词"过 2""过 1""了 1"的用法，把"过 2"的意义概括为"曾然"，即表示曾经发生某一动作或存在某一状态，如果没有一定的语言环境,孤立的"过₂"句在语意上是不能自足的。"过₂"句总是与一个语意上的"相关"句相联系,它们之间存在因果关系。"过₁"则要求它前面的动词所表示的动作及所涉及的事物,必须是已知信息。"过₁"具有特殊的表达功能,表示动作完结,对语境有特殊的要求。而说话人使用"过₂"时总是为了说明解释什么。

石毓智(2000)认为:"过₁""过₂"语法意义不仅是相通的,而且使用条件也是一样的,只是跟不同的词语搭配,从而显示出不同的意义,所以应该把两种语法意义的"过"看作是同一实体。

李妍(2006)详细地考察了"过₂"的现实相关性,认为"过₂"的现时相关性表现在以下7个方面。①涉及原因或结果。②涉及转折关系。③表示前后或正反对比。④提供或补充话题。⑤表示前提或推论。⑥以反问的方式来说明解释。⑦表示假设,只有零星的用例。

于萍(2007)认为"过₂"具有原因解释功能。

(2)现代汉语"过"的语法意义及其区别和语法功能的研究

黎锦熙(1924)把"过"归为表示"过去时"的"时间副词",和"以前、已经"等词同属一类,指出它"由动词转成,只可用在述语后"。

太田辰夫(1958)认为表示"完了态"的"过"是动态后助动词,和"了"意义稍有差异,做完某种动作的感觉较强。当它用于过去,也被称为表阅历经验。虽然有不能区别的,但两者在本质上是相同的。我们看到,尽管"过₁""过₂"的确有不能区别的时候,但两者的语法意义和语法性质是不同的,它们处于语法化路径上的不同阶段。

赵元任(1968)认为"过"是表"不定过去态"的动词后缀。在"吃过了饭了"里边,"过"还是补语,可以带完成态后缀"了"。可是轻声的"过"是纯粹后缀,意思是"过去至少有过一次"。认为表示"动作完毕"的"过"是一种"动相补语",只承认表示"曾经经历"的"过"的语法意义。

吕叔湘(1980)则认为,"过"有表示"动作完毕"和"曾经经历"两种语法意义。戴耀晶(1997)认为"过"是经历体的体标记。他运用语义特征分析法具体分析了体标记"过"的动态性、完整性和历时性。另外,高名凯(1948)、雅洪托夫(1959)、赵元任(1979)、张志公(1982)、田申瑛(1985)、王士元(1990)、戴耀晶(1997)、石毓智(2000)、陈立民(2002)等也分别阐述了助词"过"的语法意义。

朱德熙(1982)把"表示曾经发生某事或曾经经历某事"的"过"归为"动词后缀"。

戴耀晶(1997)认为"过"是经历体的体标记。他运用语义特征分析法具体分析了体标记"过"的动态性、完整性和历时性。"历时性"是经历体最重要的语义特征,是指相对于某个参照时间而言,句子所表述的事件是一个在参照时间之前发生并与参照时间脱离的事件。

石毓智(2000)认为:"过₁""过₂"语法意义不仅是相通的,而且使用条件也是一样的,只是跟不同的词语搭配,从而显示出不同的意义,所以应该把两种语法意义的"过"看作是同一实体。

(3)"过"的其他方面的研究

①"过"的结合能力

"过₂"与动词结合的能力大于"过₁"。"过₁"一般不与形容词结合,而"过₂"可以与大多数形容词结合,但在实际语言中用得较少。"过₁"只能与联合短语结合,并且较少见,而"过₂"可以与多种短语结合,如动补短语、动宾短语、兼语短语、联合短语和连动短语。

孔令达(1986):"过₁"一般不与"曾经"同现,"过₂"一般不与"已经"同现。"过₂"一般不和"了₁""了₂""了₁₊₂"同现。

刘月华(1988)认为,"过₁"前的状语比较自由,与"过₂"同现的状语大多表示过去时段中的一个不确定的时点。

②"过"的方言研究

这类文章主要是描写方言中"过"(包括表示"动作完毕"或"曾经经历"的方言字)的使用情况,并联系比较普通话中的"过"。如张清源(1995)、梁玉璋(1997)、曾毅平(1998)、彭逢澎(1999)、高永奇(2001)、尹蔚彬(2002)、杨敬宇(2002)、于萍(2005)、黄小平(2005)等。"汉语方言里存在的若干特殊形式是汉语历时发展演变过程中留下的痕迹,从中可以观察汉语一些相关现象的演变历程","过"也是如此。

③"过"的二语习得研究

对外汉语教学。一类是考察留学生对"过"的习得情况,如李大忠(1996)、黄月圆、杨素英、孙德金(1998)等。一类是探讨对外汉语教学中"过"的教法,如汪有序(1987)、王还(1988)、伶秉正(1988)、薛晶晶(2003)等。

④"过"的语言对比

这类文章主要是考察少数民族语言或外语中与"过"的语法功能相对应的时体标记或范畴并与汉语做比较研究。如林尔康、袁杰(1991,1992)、钱文彩(1995)、金煮方(1998)、张志军(1999)、王丽欣(2002)、伍和忠(2005)等。这类研究为我们从跨语言的角度来考察汉语中的"过"提供了有力的帮助。

⑤"过"的专书研究

一些学者对不同时期不同体裁的专书或专类作品中的"过"字进行了封闭的统计研究,如香坂顺一(1987)、胡明扬(1989)、木雾弘(1989)、王森(1991,1994)、杨永龙(2001)、曹炜(2002)、冯春田(2003)、吴福祥(2004)、林新年(2004)、裴瑞玲(2004)、谢晓晖(2005)、徐莉莉(2005)、李淑霞(2005)、马利(2006)、董志光(2006)、岳立静(2006)、尚虹(2006)、李妍(2006)等等。大家在探讨某一作品中的助词或动态助词时,对"过"出现的句法环境以及在一定的句法环境中表现出来的句法特点都会有或多或少的论述。

第四节 总 评

经过近百年尤其是 20 世纪 80 年代以来的研究,人们对汉语动态范畴的研究无论从宏观还是微观角度都已取得了显著的进展,成果丰硕。从理论和方法角度看,人们对动态助词的研究尽可能从系统论的高度,结合相关的语法范畴进行多角度的分析和解释。同时,把句法功能同语义、语用研究融为一体,力求借鉴各种行之有效的语言理论,进行更加广泛深入的实例调查,把动态的研究和静态的分析结合起来,在更高的层次上、更为广阔的语境中多角度、多侧面地考察助词的功能、意义和用法,寻找动态助词及相关格式与各种语法、语义范畴之间的对应规律,探索出了比较系统和实用的研究手段和操作模式。从对语言事实的发掘来看,目前的成果已经囊括了汉语动态范畴所涉及到的所有的现象,对作为汉语动态范畴标记手段的所有动态助词都进行了认真细致的描写、分析和尽可能的解释和说明,为进一步深入地研究奠定了良好的基础。

目前,汉语动态范畴研究体现了如下特点:

第一,研究的基础更加扎实。很多研究建筑在大量占有材料的基础上,有的还采用了对某部作品(或某部篇幅很大的作品的某一部分)作穷尽性调查的办法,并在此基础上作定量统计。这样得出的结论自然比仅凭几个例子得出的结论要可靠得多。

第二,共时的研究和历时的研究结合起来,才能看清楚这一语法现象的来龙去脉,也才能加深对这一共时平面上的语法现象的理解。如近年来人们对单个动态助词语法化的研究成果较多,这样,就可以从来源的角度对现代汉语中的动态助词的性质、意义和作用提供解释依据。

第三,把虚词和句法的研究结合起来。重视虚词的研究是汉语语法研究的传统。但以往的虚词研究往往和句法研究相脱离。如梅祖麟（1981）《现代汉语完成貌句式与词尾的来源》既讨论了完成貌句式，又讨论了完成貌词尾"了"，而且把两者结合起来考察。曹广顺（1990）《魏晋南北朝到宋代的"动＋将"结构》也是把虚词和句法结合起来，做了比较深入的研究。这种研究方式，为汉语虚词的研究找到了形式的依据。

第四，把近代汉语语法和现代汉语方言语法的研究结合起来。如梅祖麟先生（1989）《现代方言里虚词"着"字三种用法的来源》论述了魏晋南北朝时期的"着"字在历史发展中如何分化为三个虚词，而且分别保留在现代汉语不同方言里。

第五，把描写和解释结合起来。梅祖麟在上述《现代汉语完成貌虚词和词尾的来源》一文中提出了"描写"和"解释"的问题，引起了语言研究者的普遍注意。曹广顺（1986）《〈祖堂集〉中的"底"（地）、"却"（了）、"着"》对于"了"为什么由宾语后移至宾语前做了解释。

第六，更加注意语言的系统性。刘坚、江蓝生、白维国、曹广顺等（1992）《近代汉语虚词研究》这部书不但每一个近代汉语虚词的研究都建立在非常扎实的材料基础上，而且十分注意近代汉语虚词之间的相互关系，如动态助词"却"对动态助词"了"的影响，同时，还注意到近代汉语虚词的一种共同的发展趋势：起初一个虚词兼有几种用法，几个虚词具有同一功能，后来逐步发展为各个虚词有较明确的分工。这就把近代汉语虚词的研究推进了一步。

然而，随着研究的深入，在汉语动态范畴研究方面存在的问题显现得越来越明显。主要表现在以下方面：

1. 理论方面：主要表现在这样几个问题上存在重大分歧：(1) 汉语有没有"时"范畴？(2) 汉语的动态助词表示的是"体貌"还是情态？(3) 目前关于汉语动态范畴认识从理论到方法都主要来自于英语，这种"外来"理论是否符合汉语的实际情况？

2. 关于现代汉语动态范畴研究：存在的主要问题有：(1) 现代汉语中的动态范畴到底有多少种，范畴之间如何界定，目前还没有形成共识；(2) 目前现代汉语中的主要动态助词如"了、着、过"的功能认识还不充分，表现在对这些助词的语法意义的解释、功能定性、功能分合等方面还存在重大分歧；(3) 对有关动态助词出现的语法环境及与之共现的语法手段研究不太充分。

3. 关于近代汉语动态范畴研究：存在的主要问题：(1) 研究的基础相当薄弱。前人已经涉及的只是某几个点，还有不少问题尚未触及，也就没能形成全面系统的研究。(2) 研究的资料比较零散,而且很多没有经过整理。近代汉语动态范畴研究成果目前主要集中在对专书研究方面,这些专书及研究成果前后有何关联,对历时研究有什么重要价值,目前还没来得及梳理。(3) 目前的研究对动态助词研究较多,而对汉语动态范畴的产生和发展及其和动态助词发展的关联研究很少。

第二章 《敦煌变文》动态标记的语法化状况

从历时的角度看,汉语中的动态助词自南北朝开始萌芽,唐代逐步进化,在宋元时期得到较大的发展,到明清时期才逐渐接近于现代汉语的状态。

为了弄清楚汉语的动态助词系统发展早期的概况,本章对《敦煌变文》可以充当动态标记的词语进行定性和定量分析,并对它们的语法化程度进行判断。

第一节 《敦煌变文》"完结"类词语的标记化状况

梅祖麟(1981)曾指出,"现代汉语完成貌的形成可以分成两个阶段:从南北朝到中唐,'动+宾十完成动词'这个句式早已形成,但南北朝表示完成主要是用'讫、毕、已、竟',后来词汇发生变化,形成唐代的'动+宾+了'。从中唐到宋代,完成貌'了'字挪到动词和宾语之间的位置,挪前的原因有二:(1)动宾短语后面的'(不)得'和结果补语同时也往前挪;(2)放在动宾之间的结果补语早就表示完成貌。"

一般认为,《敦煌变文》汇集的是晚唐至北宋初年的作品,正好处于梅先生所说的第二阶段的早期,考察其中的"完结"类词语的标记化状况,可以勾勒出汉语完成体范畴在形成初期的表现情况。

一、"已""竟""讫""毕"的标记化状况

蒋绍愚(2001)曾对魏晋南北朝时期的几部作品《世说新语》《洛阳伽蓝记》《贤愚经》《百喻经》《齐民要术》中的"已""竟""讫""毕"进行过考察,认为"'讫'、'竟'、'毕'都是'完成动词',表示一个动作过程的结束,它们前面必须是持续动词,这是由它们的语义特点所决定的;'V/讫/竟/毕'都可以翻译成现代汉语的'V完'。"而魏晋南北朝的"已"和后来的"了"有很密切的关系,"更准确地说,'了'的前身只是'已'"。

因此,为了弄清《变文》中这几个词语的功能异同,这里我们将其归为一组进行考察。

（一）"已"的用法

据我们初步统计，《变文》中共出现"已"552 例，其中位于谓词性词语前 333 例，谓词词语后 117 例，位于方位词（如"前""后""上""下"）前和"所"后相当于"以"的、以及"不"后非本用的用例 102 例；本节讨论的情况不包括这后 102 例。

1. 位于谓词性词语前

变文中的"已"绝大多数位于普通谓词之前，根据具体表现，又可分两种情况：

（1）位于普通谓词前

"已"位于普通谓词前，成为其后谓词的修饰语，基本上失去了动词的功能。如：

[1] 我既得此神通，却往毕拔罗岩间，石门已闭，便即打门。（双恩记）

[2] 我目已损，若要珠，任将去。（双恩记）

[3] 未会到头要已老，岂知终被死于（相）臁。（维摩碎金）

[4] 如今身又住山中，国位抛来时已久，（妙法莲华经讲经文）

[5] 今佛国土严净，悉皆显现，我已见闻。（维摩诘经讲经文）

[6] 老人被问，具已咨闻。（八相变）

[7] 目连已救青提母，我佛肩舁净梵王。（押座文）

[8] 吾已得龙王如意宝珠。（报恩经）

[9] 道我山（仙）人修学，今日已满千年，（妙法莲华经讲经文）

[10] 渐辞方丈，已远毗耶，看看欲到于庵园，尽礼于花台圣主。（维摩诘经讲经文）

例 [1][2] 后跟的是光杆动词，例 [3][4] 后跟的是光杆形容词，例 [5][6] 后跟的是双动词短语，例 [7][8] 后跟的是动宾短语，例 [9][10] 为形宾短语。如果说和光杆动词连用是"已"实现副词化的初步表现，那么和光杆形容词连用则是其实现副词化的标志，后接双动词短语和述宾短语则说明其副词功能已基本完善。不过以上的用例中，"已"是紧贴在谓词之前的，其副词性特征是通过谓词的参照显现出来的。《变文》中"已"绝大多数用例都属于这种情况，但也出现了少数非直接位于谓词前的情况。如：

[11] 所有库藏，太子今已三分用一，王宜思之。（双恩记）

[12] 况当时景已秋深,刮地蝉声出晚林,(维摩诘经讲经文)

[13] 上来已与门徒弟子,受三归五戒了,更欲广说法门无边,穷劫不尽。(金刚般若波罗蜜经讲经文)

例[11][12]后接的是主谓短语,例[13]后接的是介宾短语,说明这些用例中的"已"摆脱了对谓词的依赖,成为自由的副词了。至此,可以说"已"完成了其副词化的过程。副词一般具有谓词标记功能,即标示其所修饰的词语为谓词或具有表述功能,《变文》中"已"已具备类似功能。如:

[14] 诚身心,少嫉妒,逶速时光早已暮,(维摩诘经讲经文)

[15] 今朝已夜,明且去亦不迟。(降魔变文)

例[14][15]中"已"后面的词语虽然都是名词,这两例的名词都不具指称性,而是表示变化情况,其功能也相当一个谓词。因此,从以上诸例来看,《变文》中的这类"已"实际上是一个表示"已然"义的时间副词。

(2) 位于表示"完结"的词语前

"已"和毕、讫、竟、了("了"为后起词,下文将专门讨论,本节不论)"连用。《变文》中共出现"已毕"4例,"已讫"15例,"已竟"8例,通常位于另一谓词性词语之后,表示某一动作行为或状态的完成或结束。

[16] 嘱付已毕,拜别而行。(目连变文)

[17] 老人答曰:"吾众事已毕,何不乐乎?"(搜神记)

[18] 解释已竟,从此外觅(送)路而走,七劝任用者也。(长兴四年中兴殿应圣节讲经文)

[19] 合为一唱,解释已竟。(金刚般若波罗蜜经讲经文)

[20] 大王共夫人发愿已讫,回鸾驾却入宫中。(太子成道经)

[21] 处分新妇已讫,新妇便辞大王,往至雪山,亦随〔修〕道。(太子成道经)

从句法角度看上述诸例中的"已毕、已竟、已讫"都是充当句子的谓语,从整体来看,都具有动词性。这里我们需要讨论的是"已"和"毕、讫、竟"之间的结构关系,这关系到对"已"的语法化程度的认识。我们不妨采用消元法对上面的用例进行如下处理:

[16]′ 嘱付已,拜别而行。

[17]′ ? 老人答曰:吾众事已,何不乐乎?

[18]′ 解释已,从此外觅(送)路而走,七劝任用者也。

[19]′ ? 合为一唱,解释已。

[20]′ 大王共夫人发愿已,回鸾驾却入宫中。

[21]′ ? 处分新妇已,新妇便辞大王,往至雪山,亦随〔修〕道。

　　根据"已"在《变文》中的分布情况,例[16]′、[18]′、[20]′是可说的,例[17]′[19]′[21]′似乎不大能说,也就是说前3例中"已"可以单用,后3例不可单用,说明后3例的语法化程度高于前者。因此例[16][18][20]中的"已毕、已竟、已讫"被看成述补结构也未尝不可,"已"还保留有动词性特征;而例[17][19][21]中的"已毕、已竟、已讫"则只能被看成偏正结构,"已"是副词。

　　(2)位于谓词性词语后

　　《变文》中"已"用于谓词性词语后面的用例远少于其位于谓词性词语之前的用例。这说明"已"在语法化的过程中已经优先实现了副词化,这种优势的存在使得"已"的副词用法一直保存下来,直至现代汉语中;而位于动后频率不高,使"已"在助词化的过程中逐渐失去竞争优势,为后来被别的词语替代提供了可能。"已"位于谓词性词语后有两种表现:

　　①"V+已"

　　"已"位于光杆动词(含形容词)后面,此类用例不多,有13例,涉及的动词较少,下面各举1例:

　　[22]太子<u>见</u>已,遂遣车匿迎前问之:"公是何人,行步忽速?"(一八相变)

　　[23]须达<u>闻</u>已,身毛皆竖,即自思惟,佛若是贱人,肯供敬而至。(祇园图记)

　　[24]佛<u>慰问</u>已,便坐佛前。(祇园图记)

　　[25]太子<u>座</u>已,专注修行。(太子成道经)

　　[26]其心<u>净</u>已,则一切功德清净。(维摩诘经讲经文)

　　蒋绍愚考察了南北朝时期的几部作品后曾指出,"'已'前面的动词也可以是可持续的动词,但也有很多是不可持续的瞬间动词、状态动词。用得最多的是'见(O)已'、'闻(O)已'。"从实际用例来看,《变文》"V+已"式结构中"V"是持续动词用例极少,绝大多数是"见""闻"这类词语,蒋绍愚认为这种"已""已高度虚化,只起语法作用,已经不能看作动词。"值得注意的是,例[26]"V"的位置出现的是形容词(目前我们只发现这1例),很显然这里的"已"已经完全虚化了。

②"V+O+已"

"V+O+已"中充当"V"动词较多,如:

> [27] 时太子闻是语已,悲泪满目。(太子成道经)
>
> [28] 父母得此语已,遂即乘马奔趁,行至十里趁及。(搜神记)
>
> [29] 作思计已,并集徒党,有一外道,号曰劳度叉,此云赤眼,解其咒述(术)。(祇园图记)
>
> [30] 才自语心偈已,寻起合掌白兄曰:"快善!"(双恩记)
>
> [31] 佛入城已,佛见众生。(维摩碎金)
>
> [32] 赞叹佛已,复作是言。(频婆娑罗王后宫彩女功德意供养塔生天因缘变)
>
> [33] 作是语已,绕佛三匝,还归天宫处,若为陈说。(频婆娑罗王后宫彩女功德意供养塔生天因缘变)
>
> [34] 善友太子说偈缵(赞)已,即入王宫,白父王,曰:我为济贫,开王库藏;又恐虚竭,不欲破除。(双恩记)
>
> [35] 经:尔时长者宝积,经云此偈已,白佛言:世尊,是五百长子皆已发阿□□(耨多)罗三藐三菩提心,愿闻得佛国土清净,唯愿世尊说诸菩萨净土之行。(维摩诘经讲经文)
>
> [36] 若调伏意已,则所闻如其所说修行。(维摩诘经讲经文)

按照蒋绍愚先生的分类,充当"V"成分的动词除例[27]中的"闻"和例[28]中"得"是非持续动词外,其余用例中的动词都是持续动词。可见,在《变文》中"V+O+已"和"V+已"对动词的选择存在一定的倾向性,前者中的"V"多倾向于持续动词,后者中的"V"多倾向于非持续动词,蒋先生把和持续动词搭配的"已"称作"已1",把和非持续动词搭配的"已"称作"已2"并认为"从作用来说,'已1'表示动作的完结;'已2'本是梵文的'绝对分词'的翻译,表示做了一事再做另一事,或某一情况出现后再出现另一情况,进入汉语后,也可以表示动作的完成。"也就是说,"已1"还保留了和普通完结动词"竟、毕、讫"类似的特征,"已2"则开始(或已经)虚化了。蒋先生的这种观点似乎可以从下面这个例子得到印证。

[37] 尔时长子宝积及五百长者子,既献七宝盖已,乃说偈赞叹世尊讫,乃白佛言:世尊世尊,我等五百长者子发元上正等道心,愿闻如来国土清净之事,惟愿世尊说诸菩萨摩诃(萨)所修行净土之行。(维摩诘经讲经文)

例 [37] 中的"已"和"讫"所处的句法位置相同,然和"已"配合的动词"献"应该是个非持续动词,和"讫"配合的动词"说、赞叹"则是持续动词。将"已"和"讫"这两个不同的词安排在相同位置上,来表达相近(甚至相同)语法意义,恐怕不仅仅是为了避免词语的重复。其词语搭配情况和蒋先生的观点暗合,可能正是"已"从表示"完结"的动词中分化出来并开始朝助词方向进行语法化的早期反映。正因如此,蒋先生进一步指出,"在佛典译文中用'已'('已₁')来翻译梵文的绝对分词之后,'已'的性质就起了变化,它产生了一种新的语法功能:表示动作的完成(或实现)。"

不过,由于"已"表示动作的完成(或实现)是从"翻译梵文的绝对分词"而来,因此它就不是完全意义上的完成体助词,还具有"绝对分词"的功能特征,即具有语篇上的续后功能。从我们的调查情况来看,绝大多数表完成的"已"位于句中,其后续有其他动作行为,仅有以下 1 例位于句末,是个例外。

[38] 贱妾者一身犹乍可,莫交辜负一孩儿。发愿已讫,武士推新妇及以孩儿,便令入火,推入火已。其火坑,世尊以慈光照,变作清凉之池。池内有两朵莲花,母子各坐一朵。武士遂奏大王,其新妇推入火坑,并烧不然。(太子成道经)

"已"的这种"绝对分词"用法可以看作是梵语对汉语语法范畴的影响,这种既表"完成"又有"续后"指示的表达方式在由中古到近代汉语的发展中长期存在,在现代汉语中则消失了。杨永龙曾将类似的"一方面表示……所述事件的实现,另一方面表示这一事件先于另一事件发生"这种语法意义概括为 [实现+先时],为了将其和普通的完成(或实现)体范畴相区别,我们不妨将其称作"先时体"。这种体的早期标记就是"已"。至于例 [38] 中的"已"则可以看成其向单纯完成体方向发展的萌芽,不过从后世汉语的实际情况来看,这个萌芽没能进一步发育就夭折了。

(3) 位于名词性词语后

《变文》中有 2 例"已"位于名词性词语之后,如:

[39] 六年治化众生,六年已,必便(使)是金团天子配下界。(太子
成道变文)

[40] 须达买得太子园,踊悦身心情不已。(双恩记)

例[39]"已"位于时间名词之后,例[40]"已"和"不"连用构成否定形
式,位于抽象名词"情"之后,这两例中的"已"皆为动词,保留了原始用法。

(二)"竟""讫""毕"用法

和"已"相比,《变文》中"竟""讫""毕"用例要少得多,"竟"49例,
"讫"87例,"毕"40例(含"毕、竟"连用为"毕竟"4例)。这和南北朝时
期的情况大不相同。一个重要原因是"已"的语法化速度远远快于另外3
个词。

1."竟"

《变文》中49例"竟"有"究竟"18例、"毕竟"4例,已脱离了本用。这
里只考察"竟"单用的情况。

(1)用于谓词前

有单用于谓词性词语之前的,如:

[40] 龙天八部竟徘徊,合常(掌)颙颙唱善哉,(佛说阿弥陀经讲
经文)

[41] 佛竟比来徒(图)教化,人心只是爱荣花(华)。(维摩碎金)

[42] 百年相守,竟好一时。(韩朋赋)

[43] 遂得天上天下,惟佛独尊,三界之中,竟无有比。(破魔变文)

有和别的副词同现于谓词性词语之前的,如:

[44] 施福虽多,必竟沉坠也。(金刚般若波罗蜜经讲经文)

[45] 虽然打强且祇敌,终竟悬知自顷(倾)倒。(降魔变文)

[46] 只竟思量没处安。(大目乾连冥间救母变文并图)

"竟"位于谓词前起修饰限制作用,作状语,应该是副词化了。不过在
以上诸例中,表达的是"终究、最终、始终、终了"义,和后世常用的表示"居
然"义的语气副词的"竟"有着较大的不同。

(2)用作谓语中心词

除了和"已""未"连用表示肯定或否定外,"竟"单用作谓词的极少。

和"已"连用的前文已经说明,和"未"连用的有:

[47] 寒温未竟,仙人庆贺大王,卑臣福薄业微,不遇太子利世。(太子成道变文)

[48] 道由未竟,灌婴到来。(汉将王陵变)

单独作谓语的只有 1 例:

[49] 上来所说序分竟,自下第二正宗者。(目连变文)

作谓语中心词的"竟"皆为动词,为本用用法。

(3) 和"了"连用

我们在《变文》中发现了 1 个"竟"位于"了"后的用例:

[50] 赖值凤凰恩择(泽),放你一生革命;可中鹞子搦得,百年当时了竟。(燕子赋)

很显然,本例中的"了"和"竟"都是表示"完结"的意思,从句法的角度看,"竟"可看成"了"的补语。但这个用法可能是个特例,因为我们在《变文》没有发现"竟"作其他动词补语的用例,这一点非常重要,因为不再作补语,这就使得"竟"失去了进一步虚化为动态助词的条件。

2. "讫"

《变文》中出现"讫" 87 例,其中有"已讫" 15 例,"了讫" 1 例。

(1)"V+讫"

"讫"直接跟在动词后面,这类用例最多,其中动词大多是表示"言说"类的动词("言"最多,共 32 例,"告""语""问"各 1 例),非"言说"类动词有 9 例,且每个动词只有 1 例。下面各举 1 例。

[51] 言讫,升天。(佛说观弥勒菩萨上生兜率天经讲经文)

[52] 语讫,遂飞上天。(孝子传)

[53] 如来告讫见神通,将身一念便腾空,(难陀出家缘起)

[54] 问讫萧何而奏曰:昨朝二将骋顽嚣,(捉季布传文)

[55] 子尚郑国之臣,并父同时杀讫。(伍子胥变文)

[56] 子胥祭祀讫,回兵行至阿姊家,捉到两个外甥子安子永,兀

(髡)其头,截其耳,打却前头双板齿。(伍子胥变文)

[57] 汉使吊讫,当即使回。(王昭君变文)

[58] 将军唱喏,遂点检御军五百,甲幕下埋伏讫。(韩擒虎话本)

[59] 二更向尽亦可绸缪,鬼女歌讫还琴。(搜神记)

[60] 良久叹讫,即入船中而坐。(搜神记)

[61] 家人惊怪,玄石死来,今见三载,服满以(已)除脱讫,于今始觅。(搜神记)

[62] 女郎相拜讫,度遂令西床上坐,女即东床上坐,遂即供给食饮。(搜神记)

[63] 梁王启大将军曰:"此酒食可供将军兵事(士)。"子胥既见此言,即令兵众饱食。兵事食讫。(伍子胥变文)

以上诸例中的"讫"仍具有明显的"完结"义,表示其前面的动作行为的结束,因此,从句法的角度看,这类"讫"可看作表"动相"的补语。

(2)"V+adv+讫"

在动词和"讫"之间插入了一个副词,主要有"既、已"和"未",前者表示"已然",后者表示"未然",如:

[64] 传令既讫,当即点兵,凿凶门而出。(张义潮变文)

[65] 嵩葬既讫,于墓所三年亲自负土培坟,哭声不绝,头发落尽,哭声不止。(《敦煌变文集新书》)

[66] 遂乃诏至殿前,拜舞已讫。(汉将王陵变)

[67] 于是送葬已讫,子京乃还秦州。(搜神记)

[68] 言语未讫,贞夫即至,面如凝脂,腰如束素,有好文理。(韩朋赋)

[69] 说言未讫,行至家中。(秋胡变文)

此类用例中"讫"前有副词修饰,凸显其动词性特征,因此从句法角度看,还是看成谓语为宜,这样,前面的动词就只能被看成主语。

(3)"V+O+讫"

这类"讫"不是直接和动词连用,而是跟在动词的宾语后面。在这类结构中,动词呈多样化,没有使用频率占绝对优势词语。如:

[70] 秋胡行至林下,见一石堂讫,由羞一寻,仕〔是〕数千年老

仙,洞达九经,明解七略,秋胡即谢,便乃只承三年,得九经通达。(秋胡变文)

[71] 崔□□(子玉)奉口敕赐官,下厅拜舞,谢皇帝讫,上厅坐定。(唐太宗入冥记)

[72] 帝知枉杀孝真,即将梁元纬等罪人于真墓前斩之讫。(搜神记)

[73] 贞夫谘宋王〔曰〕:"既筑清陵〔之〕台讫,乞愿蹔往〔观〕看。"(韩朋赋)

[74] 楚汉两家排阵讫,观风占气势相吞。(捉季布传文)

[75] 良久,供食酒脯讫,州县诸子及子京家口儿子,并言好客都来,不知元皓是鬼。(搜神记)

[76] 景帝收表讫,忽然不见孝真,景帝惊怪曰:「宇宙之内,未见此事。(搜神记)

[77] 其天女着衣讫,即腾空从屋窗而出。(搜神记)

例[70]—[72]中动词为非持续动词,"讫"更像是表完成的动态(或事态)的助词,例[73]—[77]中动词为持续动词,既可以看成表完结的动相补语,也可以看成表完成的动态助词。

值得注意的是,"讫"既可以用在单一的动词之后表示该动作行为的完成或结束,也可以用在两个有先后顺序的动作之间表示前一个动作行为的完成或结束,如:

[78] 臣见两家排阵讫,虎斗龙争必损人。(捉季布传文)
[79] 言讫捻刀和泪剪,占顶遮眉长短匀,(捉季布传文)

例[78]表示"排阵"完结,并没有发生什么后续行为或事件,例[79]"言讫"则后续"捻刀和泪剪",即后一个动作是紧接在前一个动作之后发生的,该例"讫"出现的句法环境和"已"很相似。不过因为有前例的存在,说明"讫"出现在这种句法环境中不具有强制性,这和"已"有较大的不同。这也说明《变文》时代的"先时"体范畴还处于形成过程之中,并不稳定。

3."毕"

《变文》中"毕"出现40例,其中有2例表示的是"全(部)"义,与本义关系不大,不在本节探讨范围。另有"已毕""毕竟"各4例,前文已述,这里也不再讨论。

(1) 位于动词之前"毕+V"

"毕"位于动词前,起修饰限制作用,如:

[80] 如斯不敢因循,毕充一生供养。(妙法莲华经讲经文)

[81] 是身为虚伪,虽假以澡浴衣食,毕归磨灭。(维摩诘经讲经文)

这里的"毕"都副词化了,有"最终"义。

(2) 位于动词性词语之后

有 3 种形式:

①"V+毕":直接跟在动词后边,如:

[82] 就流通分有三:第一、标佛化毕,即"佛说是经已者"是也。(金刚般若波罗蜜经讲经文)

[83] 上卷立铺毕,此入下卷。(王昭君变文)

[84] 天福十五年岁当己酉朱明蕤宾之月冀生拾肆叶写毕记。(舜子变)

[85] 未及诚心营饰毕,六师群众稍难当。(降魔变文)

这类结构的"毕"的句法性质比较难以确认,需要结合上下文的意思来理解,如果"V+毕"前有主语,且主语和"V"有较强的逻辑关系,那么"V"就是谓语中心词,"毕"为补语;如果前面没有主语,或主语和"V"的逻辑关系不明确,"毕"的句法身份就不好确定,此时和"V+毕"既可能是主谓结构,也可能是述补结构。

②"V+adv+毕":在动词和"毕"之间有一个副词,主要有"既、已、未"等。

[86] 安下既毕,日置歌筵,球乐宴赏,无日不有。(张淮深变文)

[87] 嘱付已毕,拜别而行。(目连变文)

[88] 将到市廛,安排未毕,人来买之,钱财盈溢。(茶酒论)

这类"毕"应该看成谓语,其前面的谓词性词语实际上是它的主语,因此这种情况下的"毕"就是表"完结"的动词。

③"V+O+adv+毕":《变文》中"毕"跟在动宾词语后面通常前面要加一个副词,未见有直接用在动宾短语后的用例。

[89] 但织绮罗数已毕,却放二人归本乡。(董永变文)

[90] 须达买园既毕,遂与太子却归,忽于中途,逢着六师外道。(降魔变文)

[91] 若也中路抛弃(弃),当当来世,死堕地狱,受罪既毕,身作畜生。(庐山远公话)

这几例句中的"毕"和"V+adv+毕"结构中"毕"的功能完全一样。从动宾短语后的"毕"必须有副词修饰来看,《变文》中的"毕"虚化的程度非常小。

④位于名词性词语之后

《变文》中有少量"毕"位于表"过程"的名词之后的用例,构成"N+毕"格式,如:

[92] 也似机关傀儡,皆因绳索抽牵,或舞或歌,或行或走,曲罢事毕,抛(抛)向一边,直饶万劫驱遣,不肯行时,转动皆是之(诸)缘共助,便被幻惑人情。(维摩诘经讲经文)

[93] 目连父母亡没,殡送三周礼毕;(目连变文)

这两例中的"事、礼"都有"过程","毕"表示过程结束,为动词,作谓语。

⑤和"了"连用

《变文》中出现了1例"毕"和"了"连用,以"了+毕"形式出现的例子。如:

[94] 须达遂重秦王,王依所请,班(颁)告百司:"今夜齐明,敷设总须了毕。"(降魔变文)

这里的"了"前有状语"总须"修饰,是动词,"毕"可以看成同义补语。

总的来看,《变文》中的"毕"除少量作副词外,绝大多数仍然是动词性的,并且从句法位置来看,能够明确为补语的极少,而位于补语位置则是"完结"类动词虚化为动态助词的必要条件,这可能是"毕"在后来没能成为完成体标记的重要原因。

二、"了"的标记化状况

《变文》中出现"了"293例,其中表示"明了、明白、理解"义的8例,和别的语素构成合成词的有"了悟""了手""了了"各 3 例,"了得""了知""了解""了休"各 1 例,以"不了"的形式充当可能补语 4 例。"了却" 4 例,这些"了"不在本节讨论范围。这里只考察作为"了结、完了"义及在此基础上语法化的"了"。

(一) 单独充当谓语动词

即不与别的动词性词语同现,单独出现在"(主)＋了＋(宾)"格式中,又有三种情形:

1."主＋(状)＋了"

这类用例中"了"后没带宾语或补语。主语可以是体词性的,也可能是谓词性的,通常情况下,"了"前有状语,且以时间为多。

> [95] 天宫富贵何时了,地狱煎遨(熬)几万回。(维摩诘经讲经文)
> [96] 娑婆界里苦煎熬,求利求名何日了。(维摩碎金)
> [97] 布金既了情瞻仰,火急须造伽蓝样。(降魔变文)
> [98] 王郎咨申大姊:万事今朝总了……(丑女缘起)
> [99] 儿子不经旬月,事了还家。(大目乾连冥间救母变文)

例 [98][99] 为受事主语句,除例 [99] 外,"了"前一般有状语。

2."主＋(状)＋了＋宾"

和前面的情况相比,此类句子多了一个宾语。如:

> [100] 君须了事向前,星夜不宜迟滞,以得为限,莫惜资财。(降魔变文)
> [101] 瞽叟唤言舜子:"阿耶见后院仓,三二年破碎;我儿若修得仓全,岂不是儿于家了事。"(舜子变)

同样,每个用例中的"了"前都有状语。

3."(状)＋了＋宾"

还有少数用例中"了"带宾语,但句子前面未出现主语,如:

> [102] 向后有事,未了我身,觅其解脱。(太子成道经一卷)

这类用例可以看成是"主＋(状)＋了＋宾"省略主语的形式,有一些例子在《变文》中有相应的含主语的用例:

[103] 我若嫡（摘）得桃来，岂不是于家了事！（舜子变）

例[103]"了"前未出现主语，然例[101]和该例基本相同，却有一个主语"儿"。

从前面的考察来看，"了"单独用作句子的谓语动词时，除极少数受事主语句外"了"通常要受状语修饰，这说明"了"本身的表述性较弱。此类"了"的用法，在《敦煌变文》里出现了164次。

（二）"动＋宾＋了"结构

"了"接在动宾短语后面形成"动＋宾＋了"结构，这样的用法共出现47例。如：

[104] 叹佛了，求加被，低头礼拜心专志（丑女缘起）
[105] 作此语了，遂即南行。（伍子胥变文）

梅祖麟（1981）和吴福祥（1998）认为这里的"动＋宾＋了"是"'（主）＋谓'＋谓"结构，其中"了"的作用就是"把'（主）＋动＋宾'所表达的时间作为话题陈述出来。"但如果考虑到动词的语义特征和话语表达重心的不同，我们觉得其间还是存在差异。如：

[106] 排枇了，甚爽朗，萧瑟箜篌等留向…… （维摩诘经讲经文）
[107] 于是石室比丘尼劝有相夫人了，交求生天，莫求浮世寿命。（欢喜国王缘）
[108] 子胥解梦了，见吴王嗔之，遂从殿上褰衣而下。（伍子胥变文）

这几例中动词为"持续动词"整个格式表示"过程结束"，这里的"了"是充当核心谓语的动词。再看下面例子：

[109] 领吾言了便须行，更莫推辞问疾去。（维摩诘经讲经文）
[110] 奉计当时闻法了，谁人领解唱将罗。（金刚般若波罗蜜经讲经文）
[111] 有于（相）夫人于石室比丘尼所，受戒了，归来七日满，身终也。（欢喜国王缘）

这三例中动词皆为"非持续动词",动作一发生就意味着结束,整个格式可看成是强调"动作行为的实现",这里的"了"看作"结果补语"更为恰当。

此外,话语表达重心的不同,也会影响到"了"的句法性质的认定。我们可以根据句子中出现的副词的位置判断句子的表达重心。如:

[112] 辞王已了,走出军门,不经旬日,便到两军界首。(汉将王陵变)

[113] 居士已作念了,便入王宫。(维摩碎金)

[114] 须达叹之既了,如来天耳遥闻,他心即知,万里殊无障隔。(降魔变文)

[115] 既启告世尊了,遥礼佛三拜。(双恩记)

例[112]中"已"、例[114]中"既"直接修饰"了","了"是表达重心,应该是谓语动词;例[113]中"已"、例[115]中"既"远离"了",位于前面的动词之前,副词后的动词应该是表达重心,"了"应该被看成补语。

（三)"动/形+了"

有四种情况:

1."了"前为持续动词,通常表示一个动作过程的结束,此时的"动+了"是主谓结构,前一个动词为主语,"了"是谓语。如:

[116] 启告了,众疑猜,善德如今又诉推。(维摩诘经讲经文)

[117] 居士向宅中作念,盲了便行。(维摩碎金)

[118] 校量功德言谈了,拣异凡夫事若何,(金刚般若波罗蜜经讲经文)

[119] 微尘道理称扬了,向下经文事若何,(金刚般若波罗蜜经讲经文)

不过有少数用例中动词虽然是可持续动词,但这个句子很难看出有明确表示动作过程结束的意味,如果把这里的"了"看成是动态助词,也是未尝不可的。如:

[120] 老母便与衣裳,串(穿)着身上,与食一盘吃了。(舜子变)

[121] 心中道了,又怕世尊嗔责。(难陀出家缘起)

[122] 皇帝闻语,喜不自身(胜),皇后上(尚)自贮颜,寡人饮了也莫端正。(韩擒虎话本)

这种用例的存在为"了"被"重新分析"为动态助词提供了条件。

2. "了"前的动词为非持续动词,"了"表示动词所述的情况的实现,可以看作"动态助词"。

[123] 自家见了,尚自魂迷;他人睹之,定当乱意。(维摩诘经讲经文)

[124] 天龙闻了称希有,菩萨听时赞吉祥。(妙法莲华经讲经文)

[125] 三寸去断,即是来生,一人死了,何时再生。(庐山远公话)

[126] 生了心中便喜欢,忘却忧愁如(而)快乐。(盂兰盆经讲经文)

这类动词不表示过程,其表示的情状一发生便已完成,不再需要一个表完结或完成的补语,因此这里的"了"应该是表示"实现"的体助词。

3. "了"前为形容词,整个结构表示一种变化状况,"了"为动态助词,这类用例较少,其中"形＋了"作谓语的有 3 例,如:

[127] 长者身心欢喜了,持其宝盖诣如来。(维摩经押座文)

[128] 各请敛心合掌手,衣(依)前好了〔唱唱罗〕。(金刚般若波罗蜜经讲经文)

[129] 直待女男安健了,阿娘方始不忧愁。(父母恩重经讲经文)

"形＋了"作补语的有 2 例,如:

[130] 长〈大了〉择时娉与人,六亲九族皆欢美。(父母恩重经讲经文)

[131] 受苦恨无解楠(摘)路,受迤〈多了〉解寻思。(地狱变文)

从以上用例来看,很显然,《变文》中"形＋了"的这种用法和现代汉语已经没有太大的差别了,只是用例较少,说明其仍处在发展的初始阶段。

4. "了"前为状态动词。

吴福祥(1996)曾指出,"有些状态动词其本身的语义特征排斥完成动词与之搭配,如'迷'、'悟'等。"这些动词与"了"连接后,"了"的语法作用

在于表示某种状态的实现。《变文》里这样作为动态助词的"了"一共有 3
例,现列举如下:

[132]"听经只要信心开,切怕门徒起妄猜,迷了菩提多谏断,悟时
生死免轮回。"(维摩诘经讲经文 1)

[133] 悲愿泣,或欢歌,或时相遇或蹉跎悟了还同佛境界,迷时衣
(依)旧却成魔。(金刚般若波罗蜜经讲经文)

[134] 伤嗟世上人男女,成长了不能返思虑;未省修治孝顺心,空
将习学无凭据。(父母恩重经讲经文 1)

(四)(主)+动+了+宾
仅发现 2 例。

[135] 寻时缚了彩楼,集得千万个室女,太子即上彩楼上,便思
(私)发愿:若是前生合为眷属者,知我手上有指环之人,即为夫妇。(悉
达太子修道因缘)

[136]〔吟断〕说了夫人及大王,两情相顾又回惶,(欢喜国王缘)

很显然,该例中的"了"和现代汉语中表动态的"了"已无区别。

(五) 和其他"完结"类词连用

《变文》中有"了"和"已、毕、竟"连用的用例,其中"已了"45 例,"了
毕""了竟"各 1 例,未发现"了"和"讫"连用的情况。值得注意的是"已"
位于"了"前,"毕、竟"位于"了"后(如例 [50] [94]),这可能与"已"的副
词化有关。这里只就"了"和"已"连用的情况略作说明:

[137] 忏悔已了,此受三归,复持五戒,便得行愿相扶,福智圆满,
将永佛果,永晓(免)轮回。(佛说阿弥陀经讲经文)

[138] 和尚吟偈已了,太子却问:"如何修行,证得此身?"(八相变)

这类用例"已了"前一般都是行为动词,表示该行为"已经结束",因此,
从句法角度看,前面的动词性的词语是主语,"已了"为谓语,其中"已"为
副词,"了"为动词。

(六) 小结

本节共考察《变文》中与动态标记化有关的"了"264 例,其中绝大多数

是用作动词的,共183例,还有52例是作结果补语的,可以姑且被看作动态助词的只有29例,说明《变文》中"了"只是处于动态标记化的初始阶段。

此外,从所处位置看,"了"既可以用在两个有先后顺序的动作之间表示前一个动作行为的完成或结束,其地位和"已"相似,如:

[139] 如人渴来何(河)头饮水,饮水了便来,如何度量期(其)水深浅,亦言不识。(悉达太子修道因缘)

[140] 目连向前寻问阿娘不见,路旁大哭,哭了前行,被(披)所由得见于王。(大目乾连冥间救母变文)

也可以用在单一的动词之后表示该动作行为的完成或结束:

[141] 上来总是第一,明成长教示了也。(父母恩重经讲经文)

[142] 此之经意只是说慈母十月怀躭,三年乳哺,回干就湿,咽苦吐甘,乃至男女成长了。(父母恩重经讲经文)

说明"了"不具有强制性的"续后"要求,这从下面的用例中可以看出"了"与"续后"无关:

[143] 世尊到道场之内,叹者善男子善女人了后,众生有者决定之心。(太子成道变文)

例[143]"了"所在句有"续后"要求,但在"了"后加了一个时间提示词"后",这就意味着"了+后"才和"已"功能相当,因此,我们不妨把"了"看成是单纯表完成(或实现)体标记,"已"则为表先时的体标记。

第二节 《敦煌变文》"得失"类词语的标记化状况

近代汉语中,表示"获得""获取"义的"得、取"、表示"失去""退却"义的"却"(本节将其统称为"得失"类词语)曾大量出现在表示动态范畴的语法环境中,虽然在现代汉语中已找不到这类词语作为动态标记的痕迹,但在《变文》中却大量存在,有的甚至被研究者认为是"表示完成体的主要手段"。本节即对这类词语在《变文》中的使用情况及其作为动态标记的语法化状况进行考察。

一、"得"的标记化状况

上古汉语中"得"的基本意义是"取得""获得"。《说文解字》的解释是："得,行有所得也。"即通过行动而"取得收获",是一个动词。先秦时期,动词"得"就出现在具有"取得"义的别的动词后面,形成连动结构,通常表示"通过某种动作而获得一定结果"。后来,由于语言的发展,原本是连动结构的从属成分的"得"发展成述补结构中的结果补语,这种充当补语的"得"实际上已经开始虚化。当其出现在表"获取"义的动词后时,就不再是结构中主要动词,而成了处于从属地位的词,这样,它的动词性就削弱了,不过还没有彻底消失,仍保留有部分"获得"或"取得"义,若其前面的动词扩展到具有非"获取"义的动词时,这时的"得"就虚化成动态助词。

《变文》中"得"是使用频率极高的一个词,据我们初步统计,该书中"得"出现了1476次,且意义和用法变得复杂多样。下面我们针对具体的语料,进行分类分析。

(一)"得"作表"得到"义动词

这是"得"的本义用法。《变文》得的这种用法最多,共有694例。略举几例:

> [144] 轮王髻宝此时逢,穷子衣珠今日得,十法行中行一行,六千功德用严身。(三身押座文)
>
> [145] 佛身尊贵因何得? 根本曾行孝顺来。(故圆鉴大师二十四孝押座文)
>
> [146] 少失其父,独养老母恭甚敬,每得甘果美味,驰走献母,每(母)常肥悦。(孝子传)
>
> [147] 其夫问妻曰:卿鲁市上得何消息? (搜神记)
>
> [148] 厨家破割其鹤嗉中,乃得一小儿,身长三寸二分,带甲头牟,骂辱不休。(搜神记)

以上各例中"得"都为"获得""取得"义动词,句中都有受事成分与其共现,大多数以宾语的形式出现,如例 [146]—[148];也有少数以主语的形式出现,如例 [144]—[145]。

(二)"得"为"能够"义动词

从句法位置来看,表"能够"义的"得"有位于句子核心动词之前的,也有位于核心动词之后的。在现代汉语中,"能够"义词语位于核心动词之前的通常被看作"助动词",作状语;位于核心动词之后的通常被看成可能补语。

1."得"作为助动词

这里我们先来看"得"在《敦煌变文》里作为助动词的用法,我们搜集到248个用例,大致可以分为四种情况:

(1) 表示"人物具备实现某种状态的内在能力"(即"得 [＋能力]")。如:

[149] 其释迦牟尼佛与弥勒佛受记,汝于来世,当得作佛。(太子成道经一卷)

[150] 小儿选(旋)即下来,天下所有问者,皆得知之,三才俱晓。(搜神记)

(2) 表示"符合或具备实现某种行为或状态的外在条件"(即"得 [＋条件]")。如:

[151] 我昔在于世上,信佛敬僧,受持五戒八斋,得生天上。(目连变文)

[152] 俗捧昆仑之押(压)卵,何得不摧;执炬火已(以)焚毛,如何不尽? (伍子胥变文)

[153] 昔周国有一人空车向鲁国,鲁国有一人负父逐粮,疲困不得前进。(搜神记)

(3) 表示"环境或情理上的许可"(即"得 [＋许可]") 如:

[154] 其耶输告使者:"欲略歇坐片时,得否?"(悉达太子修道因缘)

[155] 我乃是人,岂得不合闻法。(庐山远公话)

[156] 大地山河,尚犹朽坏,况乎泡电之质,那得久停? (不知名变文)

(4) 表示"允许"(即"得 [＋允许]"),这类"得"通常带谓词性的后续成分,主要出现在否定句中。如:

[157] 遣新妇过往后宫,不得与朕相见。(悉达太子修道因缘)

[158] 这遍若不取我指拨,不免相公边,请杖决了,趁出寺门,不得闻经。(庐山远公话)

[159] 小女一身邂逅中间,天衣乃被池主收将,不得露形出池,幸愿池主宽恩,还其天衣,用盖形体出池,共池主为夫妻。(搜神记)

2. "得"作可能补语

在"动 + 得 / 不得"中,"得"用来表示"实现某种动作的可能性"。《敦煌变文》里"得"作能性补语 104 例。

这类用例中"得"后不带其他成分,独立充当补语,如:

[160] 陵当有其一计,必合过得!（汉将王陵变）

[161] 心能了处头头了,心若精时事事精,一念信心坚固得,菩提心里自然成。(维摩诘经讲经文 1)

[162] 我大王令五百宫监,守伴三时,不离终朝,如何去得。(八相变)

[163] 若是别人家,买他此人不得。(庐山远公话)

例 [160]—[162] 为肯定形式,表示"可能",例 [163] 为否定形式,表示"不可能"。现代汉语中已经没有这种用法。

(三)"动 + 得 + 宾"格式

《变文》中有大量"得"位于动词之后,形成"动 + 得 + 宾"格式的用例。不过,从句法关系来看,这个格式可以作三种切分:"(动 + 得) + 宾""动 + (得 + 宾)"和"动 + (得) + 宾",下文将以"得"出现的句式结构作为分类依据并作讨论。

1. "动 + (得 + 宾)"

在这类结构中,"得"和其后的名词性词语可以直接构成动宾关系。从"得"前动词的语义特征来看,多为"获取"类动词,常见的有"偷""收""求""买""添""索""觅""捉""取"等,共 127 例。如:

[163] 一朝儿郎偷得高皇号,还解捉你儿郎母。(汉将王陵变)

[167] 向今正直年少,又索得当朝公主,鬼神大晒偻罗,不敢猥门傍户。(《丑女缘起》)

[168] 〔地狱变文〕(前阙) 觅得一条铁棒,运业道之身,来到墓所。

(地狱变文)

[169] 且三世之中,求得人生天之福。(庐山远公话)

[170] 前者二月二十五日夜,王陵领骑将灌婴,斫破项羽营乱,取得谋臣钟离末言,绥州茶城村捉得王陵母,见在营中,受其苦楚。(汉将王陵变)

通常情况下,"得+宾"可以看作结果补语。如果语境允许,"得"后的宾语可以省略,此时的"得"表示结果补语的特征最为明显。如:

[171] 王陵曰:"我到左右二将之前,便宣我王有敕:左将丁腰、右将雍氏,何不存心觉察,放汉军入营!见有三十六人斫营,捉得三十四人,更少二人,便须捉得。更须捉得两人,便请同行,两盈不知,赚下落马,蹦跪存身,受口敕之次,便乃决鞭走过。"(汉将王陵变)

例 [171] 中下划双线的"得"表示结果是毫无疑问的。因此,我们可以认定"动+(得+宾)"的基本结构关系为"动+结果补语"。不过如果在表示动作行为已经发生的语境中,这种结构则可以做重新分析。以下的例子中,"动+(得+宾)"都可以重新分析为"动+(得)+宾"

[172] 须达买得太子园,踊悦身心情不已。(降魔变文一卷)

[173] 才添得三个,又到(倒)过两个;又添得四个,到(倒)过三个。(难陀出家缘起)

[174] 道安既收得涅盘经疏抄,便将往东都福光寺内开启讲筵。(庐山远公话)

[175] 于后,官众游猎,在野田之中,射得一鹤,分付厨家烹之。(搜神记一卷)

例 [172] 和 [173] 中的"得"如果用表实现的"了"替换,语感上应该完全没有障碍,也就意味着这里的"得"可以重新分析为表动态的助词;例 [174] [175] 因为仍有强调结果的必要,还不能分析为完全虚化的成分,所以"得"可以用"到了"来替换,可以重新分析为动相补语。

2. "(动+得)+宾"

这种结构中"得"跟后面名词性词语不能构成直接的动宾关系,只能被看成动词的补语。有以下几种情况:

（1）"得"作可能补语

这种句格式里的"得"表示实现某种动作的可能性。有 43 例。如：

[176] 必若有人延得命，与王齐受（寿）百千年。(欢喜国王缘)

[177] 只今吃饭成火，吃水成火，如何救得阿娘火难之苦！（大目乾连冥间救母变文）

[178] 相公曰："身上有何伎艺？消得五百贯钱。"(庐山远公话)

"（动＋得）＋宾"构成"可能式"结构，动词和宾语可以发生直接的语义关系，去掉"得"，"动＋宾"就是一般的陈述，其结构意义等于两部分词义的相加，加"得"则表示具备"动＋宾"意义的能力或可能性。如：

[179] 拔剑敌兵万众，平得四海之人；一朝病卧在床枕上，转动犹须要两个人扶。(悉达太子修道因缘)

[180] 不易知他嫉妒情，如何拔得干枯竹。(佛报恩经第七报恩经第十一经)

如将"得"去掉，变成：

[179]′ 拔剑敌兵万众，平四海之人；一朝病卧在床枕上，转动犹须要两个人扶。

[180]′ 不易知他嫉妒情，如何拔干枯竹。

这两个例子仍然是可说的，只是失去了表"能力"或"可能"的意味。

（2）"得"作动相补语

"动＋得"相当于现代汉语"V到了"，"得"是表示"完成意义"的动相补语。在多数用例中还隐约含有"动作结果"义，也有少数表示"动作持续"。《变文》里作为动相补语的"得"共有 12 例。如：

[181] 卢绾接得金十斤，便辞楚王：臣当送书，甚有严限，望大王进止。(汉将王陵变)

[182] 道是因凭八戒力，感柎（拈）得身敬上天宫，今朝故故来相报，火急修持且莫慵。(欢喜国王缘)

[183] 忆得这身侍你来，交人不省傍妆台。(不知名变文)

　　这类用例中"得"前动词一般为非"获取"义动词,"得"一般不具有动词性质,和后面的名词不构成动宾关系,只能被分析成其前面动词的补语。

　　3. "动 + (得) + 宾"

　　这类格式中动词与后面的宾语直接发生结构关系,从句法的角度看"得"不充当句法成分,只作为标示特定语法意义的标记手段,已经高度虚化了。从具体的用例来看,这类"得"可以认定为动态助词。在《敦煌变文》中笔者搜集到作为动态助词的"得"有 61 例,就具体用法而言,有可分为表示动作行为的实现或状态的持续两种。

　　(1) 表动作行为的实现

　　这种"动 + (得) + 宾"结构中的动词大多不具有"获取"义,从上下文语境来看,该格式中的"得"只表示"动作完成"这样一种语法意义,可以看作表示"已然"的体标记。如:

　　[184] 远公出得寺门,约行百步以来,忽然腾空而去,莫知所在。(山远公话)

　　[185] 世尊,弟子阿娘造诸不善,堕乐(落)三涂,蒙世尊慈悲,救得阿娘之苦。(大目乾连冥间救母变文并图一卷并序)

　　[186] 若广引持经现世、敛验、及当得菩提,可无尽也。(金刚般若波罗蜜经讲经文)

　　[187] 自从浑沌已来,到而〔今〕留得几个,总为灰烬,何处坚牢。(不知名变文)

　　这几个用例中的"得"都可以替换成现代汉语的"了",表示动作行为的实现。

　　(2) 表状态的持续

　　这种"动 + (得) + 宾"结构中的动词大多具有"持握"义,"得"表示动作一直保持在某中状态中。如:

　　[188] 遂令官人抱其太子,度与仙人,其仙人抱得太子,悲泣流泪。(悉达太子修道因缘)

　　[189] 青提夫人,虽遭地狱之苦,悭贪久(究)竟未除,见儿将得饭钵来,望风即生悋惜。(大目乾连冥间救母变文)

　　[190]〔皇帝〕把得问头寻读,闷闷不已,如杵中心,抛□(问)头在地,语子玉:"此问头交朕争答不得!"(唐太宗入冥记)

从以上诸例子里不难看出,(1) 类中的动词为"非持续动词",其中的"得"与现代汉语中的动态助词"了"大致相当。(2) 类中的动词为"持续动词",其中的"得"与现代汉语中表持续态的助词"着"基本相当。

(四)"得"作结构助词

吴福祥(1996)指出:"动态助词'得'进一步虚化,得到了结构助词'得'。"《变文》中作为结构助词的"得"有 28 例。下面我们根据其后面的补语情况分别考察。

1. 后带结果补语

"结果"补语与"状态"补语关系密切,有时不太好区分。杨平(1990)认为"结果补语后面可以加'了',并且可以使用在祈使句中,而状态补语不能;结果补语是叙述性的,状态补语是描写性的;结果补语相对简单,状态补语相对复杂。"这里就依此来对二者进行区分,在《变文》中我们找到 9 个符合结果补语标准的用例,主要有以下两个句式:

(1)"动+得+结果补语"

[191] 千力勋来就,三乘会得〈全〉,如斯功行足,当日在庵园。(维摩诘经讲经文 1)

[192] 启尊师:若化救得〈再活〉,煞身乃不敢有违,要其尊师命矣。(叶净能诗)

这种结构和现代汉语中的相关格式基本一致。

(2)"动+得+宾+结果补语"

[193] 我儿若修得仓〈全〉,岂不是儿于家了事。(舜子变)

[194] 不经两三日中间,后妻设得计〈成〉。(舜子变)

这个格式是近代汉语中特有格式,吴福祥(1996)认为其中的宾语表示谓语动词的受事,结果补语补充说明动作及宾语后的结果,现代汉语中已无此用法。

2. 后带状态补语

状态补语描写的是由动作产生的某种状态,《变文》中这类用例不多,有两种格式。

(1)"动+得+名词+状态补语"

[195] 二将当时夜半越对,呼得皇帝〈洽背汗流〉。(汉将王陵变)
[196] 盖得肚皮脊背〈露〉,脚根有袜指头串(穿)。(不知名变文)

"得"后的名词一般认为是"宾语",但从逻辑上看,它应该是后面表示"状态"词语的主语。

(2)"动+得+状态补语"

[197] 铁砲砲来身粉碎,铁叉叉得血汪汪。(目连变文)

我们只发现这一个用例。

3. 后带程度补语

状态补语描写的是由动作产生的结果或引起的状态达到一定的程度,《变文》中已有少量的"得"后跟程度补语的用例。

(1)"动+得+名词+程度补语"

[198] 龂龂新妇甚典砚,直得亲情不许见,千约万束不取语,恼得老人〈肠肚烂〉。(龂龂书一卷)

(2)"动+得+程度补语"

[199] 你甚顽嚣(嚚),些些小事,何得纷纭,直欲危他性命,作得〈如许不仁〉。(燕子赋 1)

从句法上看,状态补语和程度补语也没有明显的差别,我们只能从句意的角度进行判断。不过从"得"的功能角度考虑,区分补语的意义类型并不重要,重要的是在这几类述补结构中"得"所起的都是标记补语功能,尽管用例不多,但也可以看出,在《变文》时代,"得"已经开始结构助词化了。

二、"取"的标记化状况

"取"本身是一个表示"取得""得到"义的动词,《说文》的解释为:"取,捕取也。"《敦煌变文》中"取"共出现 401 例,本节将对这些"取"的各种用法进行分析,并以此为基础分析"取"语法化为动态标记的状况。

（一）"取"充当谓语动词

1."取"独立充当谓语动词

"取"独立做谓语动词时,有的是"得到""取得"义,也有的是"采取""选拔""选取"义,还有的是"博取""攻取"义等。《变文》中"取"这类用法有246例。如:

[200] 王曰:"汝但取吾意,音乐自娱,凡有所须,我皆随汝。"(双恩记)

[201] 敕天下三十州内,建造舍利塔,差天使僧人葵同,取午时八承,一时起塔。(左街僧录大师压座文)

[202] 煞鬼一朝来取你,任君有貌及文才。(维摩碎金)

[203] 我今誓不取库内诸珍财,愿集多智人商量别营运。(双恩记)

[204] 言云何为人演说者,此问应化佛身既为人说法,如何不取世间相也。(金刚般若波罗蜜经讲经文)

[205] 朝朝设食寻仙果,日日添瓶取美泉。(妙法莲华经讲经文)

"取"独立作谓语动词时一般都带有宾语。

2."取"与"动作"类动词连用

《变文》中"取"与"动作"类动词连用,形成连动式结构,共出现124例。大多采用"动+取+（宾）"式,采用"取+动+（宾）"格式较少。下面分别说明:

(1)"动+取+（宾）"

"取"为动词,表示"取得"义。从结构关系来看,大多是连动关系,如:

[206] 逐所要而一任般（搬）取,随希求而不障往来。(双恩记)

[207] 明日依时早听来,念佛阶前领取偈。(无常经讲经文)

[208] 太子今欲大海采取好宝。(双恩记)

[209] 子胥得王之剑,报诸百官等:"我死之后,割取我头,悬安城东门上,我当看越军来伐吴国者哉!"(伍子胥变文)

[210] 事须录表奏王,我断取其敕旨。(降魔变文)

[211] 兼生与熟,谩贮箱中,何□迦提,换取无姜（疆）之福。(秋吟一本)

以上用例中,"取"前面的动词多表示动作行为的方式,"取"则表示动作行为的目的。这种格式的出现很重要,为"取"的进一步虚化提供了句法条件。

(2)"取＋动＋(宾)"

在这种格式中,"取"主要和"得"连用,构成"取得"这样的复合结构,共 16 例。这里略举几例:

> [212] 而道师取得妙义,而菩萨能诠见众生之生死往来。(维摩诘经讲经文)
>
> [213] 耶输道(遂)于裙带头取得太子所留美香一瓣,只于手中焚烧,其香烟化为一盖,直诣灵山。(悉达太子修道因缘)
>
> [214] 连忙取得四个瓶来,便着添瓶。(难陀出家缘起)
>
> [215] 昆仑共母作计,其房自外,更无牢处,惟只阿娘床脚下作孔,盛着中央,恒在头上卧之,岂更取得。(搜神记)

非"取得"式的"取＋动＋(宾)"只有三例,列举于下:

> [216] 讲法如师子吼声,谈论似春雷震响,教化等量于高下,根机取舍于浅深。(维摩诘经讲经文 1)
>
> [217] 取接梨(藜)杖于帘前,裁(戴)乌沙(纱)巾于铣(镜)畔,不将侍从,庄严而一且如常;不引家童,行李乃宛然依旧。(维摩碎金)
>
> [218] 语太子言:"国是汝有,库藏珍宝,随意取用。"(双恩记第七经)

例 [216] 中"取舍"为并列关系,例 [217] 中的"取接"、例 [218] 中的"取用"为连动关系。"取"位于别的动词之前均为"获取"或"拿取"义动词,为本义用法。

(二) 用在感知类动词后面

"取"和感知类动词连用,主要采取"动＋取＋(宾)"形式。常见的感知类动词有"悟、证、听、认、记"等,我们共收集到"悟取"3 例、"证取"7 例、"听取"5 例、"认取"4 例、"记取"5 例,这类结构中"取"已经虚化,但在不同语境的用例中虚化程度不同,根据显示"获取"义和"已然"义的强弱,可模糊地划归结果补语、动相补语或动态助词,不过其间的界线并不明确,体现出"取"由动词向动态助词发展过程的渐进性和连续性的特点。

先来看"已然"义的强弱。如果从句子整体看蕴含有行为或事件的完结或实现,即具有"已然"义,那么,"取"就可能表示"结果"或"完成";否则,就不具"已然"义,"取"就只能分析成表"动相"的补语。如:

[219] 为人不得多愚奥,认取真常深妙教。(维摩诘经讲经文)

[220] 从此永为不退转,证取如来金色身,三十二相悉周圆,八十种因从此得。(佛说阿弥陀经讲经文 4)

[221] 问我新从何处来,听取老夫细祇对。(维摩诘经讲经文)

前一句为一般"劝世语",不具有时间性特征,后两句表示的是未来时间,因此,此三例中的"取"应该被看成"动相"补语。《变文》中这类用法十分明确的用例不多。

再来看"获得"义的强弱。上述的"动相"补语具有一定的"获得"意味,这里就不再讨论。我们来看下面的用例:

[222] 深劳帝释,将谢道从。与君略出甚深,悟取超于生死。(《维摩诘经讲经文》)

[223] 听取经中没语道,分明好为唱将罗。(金刚般若波罗蜜经讲经文)

[224] 索将劳帝释下天来,深谢弦歌鼓乐排;玉女尽皆齐悟取,婵娟各要出尘埃。(维摩诘经讲经文 5)

[225] 合掌阶前听取谒(偈),总交亲自见慈尊。(悉达太子修道因缘)

例 [222] [223] 中"取"表示的"获得"意味较强,但"取"和其后面的词语不构成动宾关系,可看成是前面动词"悟、听"的结果补语,用来表示动作的"结果",从语义关系上看,宾语往往指向第一个动词,不是指向"取","取"的作用是表示动词获(取) 得了结果,此时"取"往往相当于"得";例 [224] [225] 中"取"没有明显的"获得"意味,可用现代汉语中的"了"替换,可以看成是表实现的体助词。《变文》中有少数非感知类动词后的"取"也有类似的用法,如:

[226] 更遗言,相委记,画取阎王祯子跪。(无常讲经文)

这里的"画取"同样可以理解成"画了","取"为表实现的动态助词。

下面我们就《变文》中"取"作动态助词的情况进行专门考察。

(三)"取"作动态助词

《变文》里用作动态助词的"取"共有24例。这类"取"既可能表示动作的完成或实现,也可能表示动作行为或状态的持续。

1. 表示动作的完成或实现

《变文》中"取"表示"完成"或"实现"的用例不多,也不太典型,大多带有一定的"动相"义,如:

[227] 直须认取浮生理,不要贪阛(填)没底坑。(妙法莲华经讲经文)

[228] 终朝散日死王摧,何所栖心求解脱,听取维摩圆满教,不受阿毗罪报身。(维摩诘经讲经文3)

[229]〔心中不决〕,必须召取相师,则知委由。(太子成道经一卷)

这三个用例都表示需要"实现"某种要求或条件,其中"取"都可以用"了"替换,可以看作表"实现"的体标记,不过和现代汉语中"了"这个纯粹的体标记不同,这几个用例中的"取"仍含有一定的"获得"义。

2. 表示动作或状态的持续

"取"和可持续动词连用,表示动作或状态的持续,《变文》中这类用例略多于表实现的"取"。

[230] 汝今帝释早须归,领取眷属过回去;莫向室中为久住,休于林内发狂言。(维摩诘经讲经文5)

[231] 脱却天衣便入水,中心抱取紫衣裳;此者便是董仲母,此时修(羞)见小儿郎。(董永变文)

[234] 阿娘拟收孩儿养,我儿不仪(宜)住此方,将取金瓶归下界,捻取金瓶孙宾(膑)傍。(董永变文)

[235] 朕本意发遣三五十(千)人,把塔(搭)马索,从头缚取。(李陵变文)

[236] 记取今朝相劝语,这身看即是无常。(维摩诘经讲经文)

[237] 悉遣虔心听受持,今于末代流传取。(维摩诘经讲经文)

[238] 奉劝座下弟子,孝顺学取目连。(目连缘起)

本节各用例中"取"前出现的"领、抱、将、捻、缚、记、流传、学"等动词均具有［＋持续］语义特征，其后的"取"具有明显凸显这一特征的意味，应为持续体助词。

三、"却"的标记化状况

"却"本义为"节制""退却"，为动词。《说文解字》："却，节欲也。"段玉裁注："节制而却退之也。"后由"退却"又引申出"返回""离开"等义并进一步虚化为副词、助词。《敦煌变文》中"却"字共出现 505 次。下面进行分类考察。

(一)"却"充当谓语动词

《敦煌变文》里的"却"既可以独立充当谓语动词，也可以与其他动词连用，构成连谓结构。这类用法所占比例不大，共有 38 例。

1. "却"独立充当谓语动词

"却"独立充当谓语动词时，有的表"退"或"使退"义，如：

[239] 其郑王闭却城西门，城头遥看，设何方计，却得吴军。(伍子胥变文)

[239] 我被郑王召募，被吴军来伐，能却得吴军兵者，赐金千斤、封邑万户。(伍子胥变文)

[240] 君不索吾身命，由自与之，取赏却兵，敢相违负！(伍子胥变文)

有表"返回"义的，如：

[241] 便是大岁却天门下界与看，则那加毗众永成。(太子成道变文)

[242] 良久，大人语其有相夫人："朕无余事惆怅，夫人适来作舞之时，朕见夫人耳边，有一道气色，此气色案于世书图籍，号曰死文；却后七日，夫人必死。"(欢喜国王缘)

[243] 净能却于房内，弹琴长啸，都不为事。(叶净能诗)

还有表示"(抗)拒"和"距离"义的，各发现 1 例，如：

[244] 今乃雒楚，回军相见，望同往日，何为闭门相却，不睹容光？(伍子胥变文)

[245] 小儿答曰："天地相却万万九千九百九十九里，其地厚薄，以天等同，风出苍吾（梧），雨出高处，霜出于天，露出百草。"（孔子项托相问书）

例 [244] 中"却"有"抗拒、抵制"义，例 [246] 中的"却"有"距离"义。

2. 与别的动词构成连动式

"却"仍有有"退（回）、离开"或"使退（回）、使离开"义，常与"归""回""来""去""往""返""还""入""至"等具有趋向义或移动义动词连用，大多采用"却 V"形式。如：

[246] 如云急过，似鸟奔飞，正在商量，已却归殿。（双恩记》）

[247] 慈母却归地狱，依前受苦不休，目连振锡却回，告诉如来悲泣。（目连缘起）

[248] 念佛各自归家，明日却来相伴。（无常讲经文）

[249] 一花却去一花新，前花是价（假）后花真；假花上有衔花鸟，真花更有彩（采）花人。（下女〔夫〕词一本）

[250] 大王有敕："遣新妇却往后宫，不得与朕相见。"（悉达太子修道因缘）

[251] 子胥收兵却返，拟伐梁郑二邦。（伍子胥变文）

[252] 太子闻说，愁忧不乐，便却还宫。（太子成道经）

[253] 大王共夫人发愿已讫，回鸾驾却入宫中。（太子成道经）

[254] 须达回象，却至城西，举目忽见一园，林木倍胜前者。（降魔变文）

只发现 1 例和趋向动词连用的"V 却"形式，如：

[255] 大家疲乏，虽行千里，约损万人。纵得汉兵，知将何用！不如早回却。（李陵变文）

也有少数"却"后为非趋向义动词，有"却＋动＋（宾）"和"却＋（宾）＋动"两种格式，如：

[256] 比来怕见民辛苦，特地教人却种田。（双恩记）

[257] 遂却语须达，至第七日决任为。（祇园图记）

[258] 却旧处座（坐），排比结集，如是一代时教。(双恩记)

例 [256] [257]"却"后接动宾短语，例 [258] 后带宾语后再接动词，三个用例中出现的"种、语、座（坐）"都不具趋向义。

（二）作副词

"却"位于普通动词前，仍表现为"却＋动＋（宾）"格式，但"却"降为修饰语，虚化为副词，发现 47 例。主要有：

1. 表频度的副词，如：

[259] 若能自己除讥谤，免被他人却毁伤。(故圆鉴大师二十四孝押座文)

[260] 樗榆凡木绕亭台，莈（伐）倒何须又却栽。(长兴四年中兴殿应圣节讲经文)

这两例中的"却"表频度，有"再（次）"的意思。

2. 表关联的副词，如：

[261] 惜言却是不忠孝，有事直言先奏闻。(双恩记)

[262] 若解在生和水乳，却胜亡后祭猪羊。(故圆鉴大师二十四孝押座文)

这两例中用"却"来表示事理之间存在关联，此时的"却"相当于"就、便"。

3. 表语气的副词

《变文》中"却"表语气主要有两种情况：

（1）表转折语气，如：

[263] 勤苦却须归己分，资财深忌入私房。(故圆鉴大师二十四孝押座文)

[264] 向吾宅里坐，却捉主人欺；如今见我索，荒（谎）语说官司。(燕子赋)

[265] 自是意情无至孝，却怨庚甲有相妨。(故圆鉴大师二十四孝押座文)

这三例中"却"的后项义与前项引起的预期相反,具有明显的转折义,用例中的"却"相当于"反而"。

(2) 表解说语气,如:

[266] 此臣正直为心,忠孝成节,非关惜宝,却为勤王,忧国库之空虚,必朝纲之散乱,遂启白王曰:"太子取宝布施贫穷,自数月来,三分已一,不敢遮障,合具奏闻。"(《敦煌变文集新书》)

[267] 海宝摩尼一任将,自缘不解别收藏。却忧我弟年痴騃,伏愿慈悲莫损伤。(双恩记)

这两例中"却"引出一个原因或理由,起解释或说明作用,此时的"却"相当于现代汉语中的"只是"。

(三)"却"作补语

"却"位于动词后,构成"动+却"结构,根据二者之间的语义关系可大致分为三种类型:

1. 作趋向补语

这种用例较少,"却"通常跟在表示"移位"的动词后面,相当于趋向动词"去"。如:

[268] 羽下精兵六十万,团军下却五花营。(汉将王陵变)

[269] 是时看人三三作队,五五成行,我今世上过却千万留贱之人,实是不曾见有。(庐山远公话)

例 [268] 中的"下"、例 [269] 中的"过"都是表示位置移动的动词,"却"表示移动方向,为趋向补语。

2. 作结果补语

"却"表示"失去"义,常跟在具有"去除"或者"引起消失"等义的动词如"舍""断""抛""免""吹"等词语后面,表示动作行为的结果。"却"作结果补语时大多带有"掉"义,其结果往往是作为动作对象的去除或消失等。主要出现在"动+却+(宾)"格式里。我们收集到124例。如:

[270] 忽有鸟金翅,捻[龙]吞却。(祇园图记)

[271] 其珠已埋却……兄在后扶身渐行。(佛报恩经第七报恩经第十一经)

[272] 子胥祭祀讫,回兵行至阿姊家,捉到两个外甥子安子永,兀(髡) 其头,截其耳,打却前头双板齿。(伍子胥变文)

[273] 退却狗皮,挂于树上,还得女人身,全具人状圆满。(大目乾连冥间救母变文并图一卷并序)

[274] 恐海中沈却珍宝,倍生惆怅。(双恩记)

[275] 舍却金轮七宝位,夜半逾城愿出家。(八相押座文)

以上各例中的"却"位于可引起"去除"或"消失"义动词后面,只能被当作"结果"补语来看,因为此种情况下"界变"的功能通常是由"却"前动词来帮助完成的。"却"自身的语法属性,则是由考察其前动词的语义特征得出来的。

3. 作动相补语

和前面"却"由动作引起的结果不同,《变文》中"却"有时也用来表示动作情状或事件的类型变化,可看成动相补语。和纯粹表示"动貌"的动态助词不同,"却"作动相补语时仍有一定的"失去"义,相当于"掉"。"却"在《敦煌变文》里作动相补语有 139 例,如:

[276] 当时变却老人之身,却复鬼神之体,来至山神殿前,鞠躬唱喏:"臣奉大王处分,遍历山川,搜寻精灵狐魅,并不见一人。"(庐山远公话)

[277] 领将陵母,髡发齐眉,脱却沿身衣服,与短褐衣,兼带铁钳,转火队将士解闷。(汉将王陵变)

[278] 夫子曰:"吾以汝平却山高,塞却江海,除却公卿,弃却奴婢,天下荡荡,岂不平乎?"(孔子项托相问书)

[279] 更有院中田地,并须扫却。(难陀出家缘起)

[280] 不论贵贱与高低,拣甚僧尼及道侣,除却牟尼一个人,余残总被无常取。(无常讲经文)

"却"作结果补语和作动相补语时有时很难区分,我们只能根据句意来判断:如果句意凸显动作行为的后果,"却"就可以看成结果补语;如果句意凸显动作行为本身,"却"就可以看成动相补语。可比较:

[281] 楚卒闻言双泪垂,器械枪旗总抛却,三三五五总波涛(逃),各自思归营幕内。(《季布诗咏》)

[282] 然后舍却荣贵,投佛出家,精勤持诵修行,遂证阿罗汉果。(目连变文)

[283] 大王修行,身心踊(勇)猛,抛却王宫,愿居雪岭。(妙法莲华经讲经文 1)

[284] 我念过去劫中时,身作国王求妙法,舍却国城兼宝位,不贪五欲愿修行。(妙法莲华经讲经文 1)

例 [281] 和例 [283] 中的"却"都跟在"抛"后面,例 [282] 和例 [284] 中"却"都跟在动词"舍"后面,但例 [281] [282] 句意重点在表达"抛"和"舍"的后果,"却"为结果补语,例 [283] [284] 中"抛""舍"未必真实发生,只是表达一种需要或意愿,"却"不是"抛""舍"引起的后果,可以看作动相补语。

(四)"却"作为动态助词

判断"却"是否作动态助词,其主要依据是在特定的结构中其"失去"义的有无,如果还有"失去"义,则可能是结果补语或动相补语,如果没有"失去"义,则可以认定其为动态助词。《敦煌变文》里"却"作为动态助词一共有 154 例,多数出现在"动+却+宾"和"动+却"格式中。李泉(1992)认为,"敦煌变文里'却'作已然态助词,用法和'了'作已然态助词相同,总的使用频率也相当。"吴福祥(1996)则认为《变文》中的"却""既可以做已然态的助词,也可以做持续态的助词,相当于'着'。"这里根据吴福祥的意见进行考察。

1."却"表示完成或实现

"却"表示完成或实现时,其后既有不带宾语的格式,如:

[285] 崔子玉呈了收却,又(曰):"陛下若到长安……"(唐太宗入冥记)

[286] 兵无救援,皇天所丧,非有罪兵,愿大将军不如降却。(李陵变文)

[287] 道由言讫,便奔床卧,才着锦被盖却,摸马举鞍,便升云雾,来到隋文皇帝殿前,且辞陛下去也。(《敦煌变文集新书》)

[288] 我等三人总变却,岂合不遂再归程。(破魔变文)

也有带宾语的格式,如:

[289] 茶吃只是腰疼,多吃令人患肚,一日打却十杯,肠胀又同衙鼓。(茶酒论)

[290] 圣人更与封王后,厌却西南多少灾。(长兴四年中兴殿应圣节讲经文)

[291] 如似种子醲田中,种却一石收五斗。(《佛说阿弥陀经讲经文(二)》)

[292] 责而言曰:咜耐遮(这)贼,临阵交锋,识认亲情,坏却阿奴社稷。(韩擒虎话本)

无论其后有无宾语,以上诸例中"却"都已经失去实在意义,如用"了"替换,基本上不改变原来的意义,可以看作表"完成"或"实现"的体助词。

2. "却"表示动作行为或状态的持续

"却"位于"可持续"动词后,表示动作行为或状态的持续。如:

[293] 夜久更兰(阑)月欲斜,绣障玲珑掩绮罗,为报侍娘浑擎却,从他附(驸)马见青娥。(下女夫词)

[294] 王陵谓灌婴曰:"下手研营之时,左将丁腰,右将雍氏,各领马军百骑,把却官道,水切不通。"(汉将王陵变)

[295] 观行破除含忍却,此个名为真道场。(维摩诘经讲经文)

[296] 抄手有时望却,万福故是隔生。(父母恩重经讲经文)

[297] 怕见人,拟求属,(皱)却两眉难敲触,无事徒烦发善心,有灾净处求师卜。(无常经讲经文)

[298] 旋旋牵将不觉知,头头感却如沉醉。(双恩记)

[299] 直饶堕却千金赏,遮莫高捶万挺银。(捉季布传文一卷)

这些用例中"却"前动词均具有[+持续]语义特征,且这一语义在句中得到凸显。例[293]—[296]表示动作行为的持续,例[297]—[299]表示状态的持续。"却"可看作表"持续"体助词。

第三节 《敦煌变文》"移位"类词语的标记化状况

表示位置移动的词语"过、去、来"(本节统称为"移位"类词语)等在《变文》中已经虚化出动态助词的用法,且"过"一直发展成现代汉语中的动态助词,"去、来"的动态助词用法则在后来的发展中消亡或者改变了形式,因此,考察《变文》中这类词语的语法化状况,对说明汉语动态范畴的早期表现形式及探寻其发展脉络有着积极的意义。下面分别考察。

一、"过"的标记化状况

"过"在《敦煌变文》里出现了327次。本义应该是"经过、度过"的意思,是个表示从一个位置向另一个位置移动的动词。《说文解字》:"过,度也。从辵呙声。""从辵"表示与行走有关。在此基础上发展出许多相关的意思。《变文》的"过"既有本义,也有引申和发展义。从具体用例来看,有的表示"拜访"义,如:

[300] 使于邻国,北过除(徐)君。除(徐)君见扎宝剑,不言欲之。(孝子传)

[301] 难陀闻语笑哈哈,如今有幸得相过,今日方来相顶谒,只我如今便是陀。(难陀出家缘起)

例[300]"过除(徐)君"即"拜访除(徐)君",例[301]"相过"即"相拜访"。

有的表示"过错"义,如:

[302] 吉祥最胜,更亦无过,修建伽蓝,唯须此地。(降魔变文)

[303] 王臣散后,士庶归家,于后别时,乃看陀罗,申其罪过。(佛说阿弥陀经讲经文)

例[302]"无过"即"无过错",例[303]"罪过"即"罪责过错"。
有的表示"超出、超过"义,如:

[304] 臣闻秦穆公之女,年登二八,美丽过人。(伍子胥变文)

该例中的"过人"即"超过常人"。
有的表示"度过"义,如:

[305] 随分且过时,不起于溢荡。(佛说阿弥陀经讲经文)

[306] 百纳(衲)遍身且过日,一瓶添了镇长闲。(佛说阿弥陀经讲经文)

例 [305] 中的"过时"即"度过时光",例 [306] 中的"过日"即"度过日子"。

有的表示"经过、路过"义,发现 1 例,如:

[307] 总推智矩(短),尽说才微,皆言怕惧维摩,不敢过他方丈。(维摩诘经讲经文)

该例中的"过他方丈"即"经过(或路过)他方丈"。

有的表示"经历"义,如:

[308] 从前已过人间事,隐影思量梦一般。(金刚般若波罗蜜经讲经文)

该例中"已过人间事"即"已经历人间事"。

从来源来看,现代汉语中作动态助词的"过",主要是从"经过"义虚化而来,因此,下面我们主要考察这方面的"过"的使用情况及其语法化表现。

(一)"过"充当谓语动词

1. "过"单独在句子中充当谓语中心语

《变文》"过"单独在句子中作谓语,有 72 例,大多数带宾语,少数不带宾语。如:

[309] 天使行而风水无虞,进贡来而舟航保吉。龙扶神助,过万里之苍波。(长兴四年中兴殿应圣节讲经文)

[310] 勿生辞退,便仰前行。领大众而速别庵园,逞威仪而早过方丈。(维摩诘经讲经文 6)

[311] 如云急过,似鸟奔飞,正在商量,已却归殿。(双恩记)

例 [309][310] 中"过"后带宾语,例 [311] 中"过"后不带宾语,此 3 例中"过"都可以理解成"路过"或"经(或'渡')过"。

2. 和别的动词连用构成"动词短语+过(动)"格式

跟在别的动词后面构成连谓(动)结构被认为是动词语法化为助词的前提条件。《变文》中出现不少"动词短语+过(动)"的连谓格式,共搜集到47 例。不过大多数用例中"过"与别的名词之间隔着一个名词性成分,这个名词多为前一个动词的宾语,有少数可同时作"过"的主语,具有兼语性质。如：

　　　　[312] 依吾告命速前行，依我指踪过丈室，殷勤慰问维摩去，巧着言词问净名。(维摩诘经讲经文6)
　　　　[313] 由是文殊受敕，大众忻然。庵园草草尽商量，随从文殊过丈室。(维摩诘经讲经文6)
　　　　[314] 其牛王遂以四足骑太子身，放诸牛过。(双恩记)

　　例 [312] [313] 画线部分为连谓结构，例 [314] 是兼语结构，这3例中"过"仍为动词，表"经过"义。
　　《变文》中"过"作为表行动的动词直接跟在另一动词的用例不多，我们只发现下面1例：

　　　　[315] 今朝更遣过方丈，自揣荒虚不是才。(维摩诘经讲经文)

　　这个用例的出现很重要，因为"过"只有直接跟在动词后面才有虚化为助词的可能，《变文》中这类用例极少，说明在这个时代"过"语法化为动态助词的条件还处于萌芽状态。
　　(二)"过"作趋向补语
　　《变文》中"过"作趋向补语时，大多用在"动＋过＋(宾)"格式中，我们搜集到143例。如：

　　　　[316] 二将听得此事。放过楚军，到峡路山，鞯却马脚。(汉将王陵变)
　　　　[317] 楚将见汉将走过，然知是斫营汉将，踏后如赶无赖；汉将见楚将□来，双弓背射，楚家儿郎，便见箭中，落马身死。(汉将王陵变)
　　　　[318] 少妇车前毛(屯)然(丝)缕，老乌犁过旋衔虫。(双恩记)
　　　　[319] 闻法后，要修行，历过三只不暂亭。(妙法莲华经讲经文)
　　　　[320] 放白毫之眉相，闪烁东西，舒紫磨之身光，超过南北。(维摩诘经讲经文)

　　这几例"动＋过"中的"过"表示的是一种空间的位移，为趋向动词，作前一个动词的补语。

(三)"过"作为动态助词

唐末宋初时期,"过"出现在"动＋过＋（宾）"格式的句子并不多见。吴福祥（1996）曾在《敦煌变文》里搜集到如下 3 例：

[321] 远公对曰："贱奴念得一部十二卷,昨夜总念过。"（庐山远公话）

[322] 哀哀慈母号青提,亡过魂灵落于此。（大目乾连冥间救母变文并图）

[323] 贫道阿娘亡过后,魂神一往落阿鼻,近得如来相救出,身如枯骨气如丝。（大目乾连冥间救母变文并图）

吴福祥认为这里的"过"作动态助词,表示动作状态的完结。不过,进一步分析我们就会发现,例[321]的"过"前面的动词"念"为可持续的"过程"动词,将该例中的"过"看成表示动作过程的结束是合理的,但后两例中"过"前面的动词"亡"是不可持续的"非过程"动词,"亡"一发生就意味着原先的状态的结束,因此,再用"过"来表示动作状态的完结似乎不太合理。我们在《变文》中又找到另外 5 例"亡"后带"过"用例：

[324] 哀哀慈母号青提,亡过魂灵落于此。（大目乾连冥间救母变文并图）

[325] 亡过合生此天上。（大目乾连冥间救母变文并图）

[326] 亡过合生于净土。（大目乾连冥间救母变文并图）

[327] 亡过魂灵生净土,宝池岸侧弄金沙。（佛说阿弥陀经讲经文）

[328] 先亡父母及公婆,亡过父母及（姊）妹,愿降道场亲受戒,不堕三涂地狱中。（押座文）

不难看出,这些用例在"亡过"后面皆另有所述,来解释或描述"亡"以后发生的情况,联系上下文来看,这些用例中的"过"都具有"过后、以后"的意味,因此我们认为将其看作"时间补语"或表时间的"动相补语"似乎更为合适。

(四)关于"过去"

《敦煌变文》里"过去"出现了 39 例。共有两种用法：一是跟在别的动词后面,作为复合趋向补语,仅发现 1 例,如：

[329]"遂有一童子,过在街坊,不听打鼓,即放过去;更经一日过街,亦乃不听打鼓。"

二是词汇化为时间名词,和"现在""未来"相对,《变文》中绝大多数"过去"是这种用法,如:

[330]牟尼佛有多方便,变现令居百亿花,过去未来及现在,三心难弁唱将罗。(金刚般若波罗蜜经讲经文)

[331]言幻者,现在法如幻也。净名经:从颠倒起也。约注云过去法如梦,现在法如电,依报如幻,政报如露,三受如泡,业行如影。(金刚般若波罗蜜经讲经文)

[332]若言过去,过去已灭;若言未来,未来未至;若言现在,现在不住。(维摩诘经讲经文)

(五)小结

关于现代汉语中动态助词"过"的来源问题,学界曾有一定的分歧,日本学者志村良治(1995)看法是,"'过'在唐代时期,仍未脱离'通过'这个动词本义,并未虚化。"中国学者刘坚等(1992)、曹广顺(1995)则认为"过"产生于唐朝,"助词'过'由动词'过'发展而来,并且'过'的本义是表达空间上趋向运动的,在变为助词时,词义由空间转向了时间。并且,在唐代,助词'过'主要表示动作的完结,只有个别表示'曾有(某种)经历'。"

从以上调查来看,《变文》中的"过"已经开始虚化,但并没有出现表示"曾有(某种)经历"(即"曾经体")用例,说明这一时期的"过"还处于语法化的萌芽状态,汉语的"曾经体"范畴还没有正式产生。

二、"去"的标记化状况

《说文解字》:去,人相违也。段注:违,离也。本义是"离开"的意思,后引申为"离开(所在地),到另一地方",又引申为"距离、相距"义、"去除"义等。《变文》中共出现"去"584例,绝大多数为动词。下面根据句法表现,分类考察。

(一)"去"充当谓语动词

《变文》中"去"绝大多数作为谓语动词使用,不过表示的意义复杂多样。有表示本义"离开"的,如:

[333] 数道朝臣衔命去,几番□表谢恩回;(长兴四年中兴殿应圣节讲经文)

[334] 人间大小莫知闻,去就升常并不存。(长兴四年中兴殿应圣节讲经文)

[335] 明日早辞欲去。(双恩记)

[336] 良久,牛王遂去。(双恩记)

[337] 盲人遂肯去,牧牛人将归家养,语其大小,令勿轻慢。(双恩记)

[338] 汝须火急相催去,算得宣扬整(正)是时。(维摩诘经讲经文)

在《变文》中,这类用例通常不带宾语。

有表示"离开(所在地),到另一地方"的,如:

[339] 离家疑(拟)去论台,路见二牛相抵。(佛说阿弥陀经讲经文)

[340] 劝君速断贪嗔网,早觅高飞去净方。(妙法莲华经讲经文)

[341] 心中又待庵园去,和喜和悲步步行。(维摩诘经讲经文)

[342] 傥或实有理穷,吾即别差人去。(维摩诘经讲经文)

[343] 不知如何得到乡地去。(维摩诘经讲经文)

[344] 不遂少(小)姑花下去,懒陪伯母趁娇儿。(父母恩重经讲经文)

[345] 远见净名皆去接,遥逢居士悉来迎。(维摩碎金)

[346] 对人天,选善定,善德此时去应聘。(维摩诘经讲经文)

[347] 堪往毗耶作使车,为吾去问维摩病。(维摩诘经讲经文)

这类句子通常有一个表示处所的宾语,如例[239]—[240];若语境或上下文中含有表示"去"的目的的成分,去也可以不带宾语,如例[241]—[244];也可以后接动词构成连动结构,如例[345]—[347]。这些格式是现代汉语中"去"作实义动词时的主要句法表现形式。

有表示"距离、相距"义的,如:

[348] 西方去此十恒沙,有佛如来似释迦。(佛说阿弥陀经讲经文)

[349] 天宫去此路程赊,上界却回归又远。(维摩诘经讲经文)

[350] 目连前行,至一地狱,相去一百余步,被火气吸着,而欲仰倒。(大目乾连冥间救母变文并图)

[351] 王陵谓灌婴曰："此双后分天下之日，南去汉营二十里，北去项羽营二十里。"(汉将王陵变)

[352] 犹自未称其心，遂再取疏抄俯临白莲华池畔，望水便掷，其疏抄去水上一丈已来，纥(屹) 然而住，远公知远契佛心。(庐山远公话)

在这种情况下，"去"通常位于"去＋(宾)＋数量(或程度)补语"格式中。有表示"去除"，如：

[353] 我皇帝去奢去泰，既掩顿于八荒；无事无为，乃朝宗于万国。(长兴四年中兴殿应圣节讲经文)

[354] 里心常有此疑猜，一段疑猜终不去。(维摩诘经讲经文)

《变文》中"去"表示"去除"义的用例很少，我们仅发现这两例。

(二)"去"作定语

《变文》中"去"有少量用作宾语的，其中心语多表示处所，如：

[355] 经意元是诱兄珠之去处矣。(双恩记)

[356] 逐缘生，随业报，魂魄游游无去处。(维摩诘经讲经文)

[357] 佛道如斯五逆人，莫觅托生好去处。(父母恩重经讲经文)

"去处"就是"所去的地方"。

也有个别中心语是表示时间的，如：

[358] 去时只道壹年，三载不归宅李(里)，儿逆(忆) 阿耶长段(肠断)，步琴悉(席) 上安智(置)。(舜子变)

[359] 去岁拟遣相雠，虑恐雠心未发。(伍子胥变文)

前例"去时"为"离开的时候"义；后例的"去"为区别词，和"今"相对，"去岁"即"去年"。

(三) 作补语

《变文》中"去"作补语有两种情况：

1. 作趋向补语

[360] 我目已损，若要珠，任将去。(双恩记)

[361] 恰似黄鹰架上,天边飞去有心。(妙法莲华经讲经文)

[362] 美女摘时皆却去,鱼(渔)人不见又须回。(妙法莲华经讲经文)

[363] 会人心,巧言语,争忍空交却回去。(维摩诘经讲经文)

[364] 才(残)云被狂风吹散去,月影长空便出来。(八相押座文)

[365] 世尊乃告弥勒,此时有事商量,维摩卧疾于毗耶,今日与吾问去。(维摩诘经讲经文)

[366] 交我若过方丈去,思量往昔至今羞。(维摩诘经讲经文)

《变文》中"去"作趋向补语大多直接跟在动词后面,如例[360]—[365],只有极个别的用例是跟在动宾短语后面,如例[366],未发现"去"后再带宾语的用例。此外,如果位于表已然的语境中表示趋向的"去"也可以重新分析为动态助词,如:

[367] 恶友既将珠走去,还向何国土也唱将来。(双恩记)

该例中的"走去"如果被理解成"走了"也未尝不可,这样"去"也就被分析成了动态助词。

2. 作结果补语

"去"作结果补语的用例相对较少,下面的用例具有代表性:

[368] 毗沙门空中嗔怒一喝,喝去埿(泥)神,趁走太子舉前,一步一礼,乞罪乞罪。(《太子成道变文》)

[369] 喑吟之间,太子不恻(测),谓言无金,报大臣曰:"若也无金,休去不迟。"(祇园图记)

[370] 霸王亲问,身穿金钾,揭去头牟,搭箭弯弓,臂上悬剑,驱逐陵母,直至帐前。(汉将王陵变)

如果位于表已然的语境中表示结果的"去"也可以分析为动态助词,如:

[371] 其人叫呼,更有一人内侍,亦是罢官,看来见外面闹,内使多露头插梳于墙头于面曰:此人村坊下辈,不识大官,不要打捧(棒),便令放去。(维摩诘经讲经文)

这里的"放去"可以理解成"放了",这样"去"就成了表"已然"的体助词。

(四) 作表示"实现"的动态助词

《变文》中作动态助词用法的极少,仅见 5 例,吴福祥曾列举三例:

[372] 耶娘年老惜迷去,寄他夫人两车草。(孔子项托相问书)

[373]〔去花诗〕:一花却去一花新,前花是价 (假) 后花真;假花上有衔花鸟,真花更有彩 (采) 花人。(下女〔夫〕词一本)

[374] 老去和头全换却,少年眼也拟 (椀) 捥将。(地狱变文)

这里再将另外两例补出:

[375] 走去心中常忆念,佛前发愿早归来。(盂兰盆经讲经文)

[376] 其妻见儿被他卖去,随后连声唤住,肝肠寸断,割妳身亡。(孝子传)

以上诸例中"去"都可以用现代汉语中的"了"替换,不过,和"了"纯粹表示"实现"不同,这里的"去"仍带有"失去""离去"等动相义,可以和下例作比较:

[377] 阿□ (耶) 卖却孩儿去,贤妻割妳遂身亡。(孝子传)

此例"卖却孩儿去"和"(孩) 儿被他卖去"意义基本相同,不同的是后者只用了一个虚化的助词"去",前者则既用了一个表示动态的助词"却",后又用了一个相当于动相补语的"去"。这说明,《变文》中"去"作为动态助词的标记化程度还较低。

三、"来"的标记化状况

"来"的基本义是"从别处往说话人所在地移动",古今差别不大,但在长期的发展过程中曾出现过许多别的用法。《变文》中共出现"来"1859 次,但有一些是双音节词的组成部分,包括"如来(285 次)、未来(31 次)、从来(23 次)、元来(4 次)、适来(29 次)、比来(13 次)、本来(14 次)、以 (已)来(23 次)"等,这里只考察独立成词的"来"使用状况。

(一)"来"作谓语动词

1. 独立充当谓语

有三种表现(因用例较少,这里各举 1 例):一是后不带任何成分,如:

[378] 负一锡以西来,途经数载;制三衣于沙碛,远达昆岗,亲牛头山,巡于阗国。(佛说阿弥陀经讲经文)

二是后带数量补语,如:

[379] 经说比丘之众;其数都来多少?(佛说阿弥陀经讲经文)

三是后带处所宾语,如:

[380] 僧尼四众来金地,持花执盖似奔云。(佛说阿弥陀经讲经文)

2. 和别的动词构成连动结构

和独立充当谓语动词的用例相比,《变文》中"来"和别的词语构成连动结构较多,主要是"来＋V"形式,如:

[381] 今晨拟说此甚深经,唯愿慈悲来至此。(八相押座文)

[382] 程过十万里流沙,唐国来朝帝主家。(长兴四年中兴殿应圣节讲经文)

[383] 慈悲愿赐哀怜,今日特来酬贺!(佛说阿弥陀经讲经文)

[384] 应是街坊相屈唤,无论高下总来听。(双恩记)

也有少数是"V＋来"或"V＋宾＋来"形式,如:

[385] 从今剑阁商徒入,自此刁州进贡来。(长兴四年中兴殿应圣节讲经文)

[386] 或是诸佛为畜类,或是菩萨化身来。(佛说阿弥陀经讲经文)

和"来"位于别的动词后作趋向补语不同的是,连动结构中的"来"表示动作行为,本身也是谓语部分表达的重点。

(二)"来"作趋向补语

"来"位于"V+(宾)+来"结构中,但已不表示行为动词,而仅仅表示趋向,为趋向补语。有直接位于动词后边的,如:

[387] 弟子布施一索分难之时,愿平善孩儿早出来,(八相押座文)
[388] 长饥不食真修饭,麻麦将来便短终。(八相押座文)
[389] 大王兮要礼仙人,仙人兮收来驱使。(妙法莲华经讲经文)
[390] 出去遥和梦逐,稍归来晚立门傍。(故圆鉴大师二十四孝押座文)
[391] 采果汲水却回来,忽向道中逢猛兽。(妙法莲华经讲经文)
[392] 弥勒承于圣旨,忙忙从座起来。(维摩诘经讲经文)

有位于动宾短语后的,如:

[393] 魔王又偈:平诗暂抛五欲下天来,要礼师兄禅坐台。(维摩诘经讲经文)
[394] 试都是皇恩契神佛,天感西僧赴道场来。(长兴四年中兴殿应圣节讲经文)

例[387]—[392]句子的谓语重心都是在"来"前的动词上,例[393][394]谓语重心在"来"前的动宾短语上,这些用例中"来"只是起辅助作用,表示动作的趋向,是补语。

(三)"来"为结构助词,作补语的标记

《变文》中有少数"来"位于谓语动词和补语之间的用例,如:

[395] 男女病来声喘喘,父娘啼得泪汪汪。(故圆鉴大师二十四孝押座文)
[396] 夫主覩来身已倒,宫人侍婢一时扶。(丑女缘起)
[397] 大拟妻夫展脚睡,冻来直〔□〕野鸡盘。(不知名变文)

例[395]中"声喘喘"可看作状态补语,例[396]中"身已倒"则是结果补语,例[397]中"直〔□〕野鸡盘"是程度补语。这3例中的"来"起类型动词和补语的作用,是结构助词,可看成补语标记。

（四）"来"作区别词，充当定语

《变文》中，"来"作区别词和"今"相对，表示"下一段"时间，常见形式有"来世、来生、来年、来日、来晨、来时"等。如：

[398] 果报圆，已受记，来世成佛号慈氏。(维摩诘经讲经文)

[399] 夫若邪淫抛女子，来生妻子不忠良。(佛说阿弥陀经讲经文)

[400] 三升今岁垄三亩，一粒来年收一科。(《双恩记》)

[401] 大王遂处分车匿，来晨还被朱骏白马，亦往观看。(太子成道经)

[402] 来日后园之内，有一灵树，号曰无优（忧）之树。(悉达太子修道因缘)

[403] 却到来时相逢处，辞君却至本天堂！(《董永变文》)

需要说明的是"来"作"时"的定语有两种情况，一是如上文的用例和"今时"相对，另外一种情况是本义作定语，如：

[404] 远公曰："将军当日掳贼奴来时，许交念经。"(庐山远公话)

例[404]中的"来时"即"来的时候"。

（五）"来"作为时间词的后缀

《变文》中有不少以"来"作后缀的时间词，主要有"今来、夜来、近来、后来"等，如：

[405] 旧日神情威似虎，今来体骨瘦如柴。(维摩诘经讲经文)

[406] 夜来三更奉天符（符）牒下，将军合作阴司之主。(韩擒虎话本)

[407] 自小阿娘台举，长成严父教招，谁知近来稍似成人，却学弃背恩德。(父母恩重经讲经文)

[408] 后来日前朝，应是文武百寮惣在殿前。(韩擒虎话本)

"今来"和"夜来"中的"来"在现代汉语中均被"里"取代，"近来"和"后来"则一直保留在现代汉语中。

（六）"来"作语气词

"来"位于句中或句末，表示某种语气。《变文》中作语气词的"来"用例

极少,可以确定的仅有数例,有位于使令句末尾和假设复句句中两种情况:

[409] 疑是毒蛇长一尺,令交小大点灯来。(维摩碎金)

[410] 明日依时早听来,念佛阶前领取偈。(无常讲经文)

[411] 藏着君来忧性命,送君又道灭一门。(捉季布传文)

例 [409] 表达的是命令的口吻,例 [410] 表示建议,例 [411] 是一个假设句,具有犹疑的口吻,这几例中的"来"和现代汉语中的语气词"吧"的功能近似。

(七)"来"作表概数的助词

《变文》中有 3 例"来"跟在疑问代词多少后面表示概数的用例:

[412] 多少来田地,几许多僧徒。(维摩诘经讲经文)

[413] 见说涅盘经义,无量无边,相公记得多少来经文? 何得默然而不言,并不为妄说一句半句之偈。(庐山远公话)

[414] 相公问牙人曰:"此个冢儿,要多小(少)来钱卖?"(庐山远公话)

吴福祥(1996) 认为这个"来"是表示概数的"以(已) 来"的省略形式,《变文》中用"以(已) 来"表示概数的用例有 23 个,且不局限于位于"多少"的后面,使用频率和使用范围都大于"来",从这个角度来看,吴福祥的判断是有道理的。不过,在后世的发展中,原本表示概数"以(已) 来"和"来"发生了分化。在现代汉语中,"以来"已变成了表示时间的方位词,表示"从过去的某个时间一直到现在",不再是表示概数的助词了,"来"仍然可用来表示概数,但一般只用在"位数"后面,不再用在疑问代词后面。

(八)"来"作动态助词

《变文》中一些"来"作用相当于表"动(事) 态"的助词,用例虽然不多,但值得注意,又有三种情况:

一是表示动作行为或状态的"实现",比较明确的用例有 14 例。如:

[415] 净土深沉理,闻来莫可知。(维摩诘经讲经文)

[416] 直为亡来年岁久,不知神识落何方。(盂兰盆经讲经文)

[417] 莫姿怀,尽乱造,病来不怕君年少。(无常讲经文)

[418] 还道讲来数朝,施利若无大段(段)。(无常讲经文)

[419] 村人曰:"其女适与刘元祥为妻,已早死来三年。"(搜神记)

[420] 天公见来,知是外甥,遂即心肠怜愍,乃教习学方术伎艺能。
(搜神记)

[421] 如今身又住山中,国位抛来时已久。(妙法莲华经讲经文
(一))

以上诸例中"来"都可以用现代汉语中表示"实现"的体助词"了"替
换,同时由于都是位于句中或分句的末尾,我们完全可以将这些"来"看成
单纯的表"实现"的动态(或事态)助词。

二是表示行为或状态的"持续",我们收集到 7 例:

[422] 铺陈法坐来祈请,佛灭经文待赞扬。(妙法莲华经讲经文)

[423] 闷即交伊合曲,闲来即遣唱歌。(维摩诘经讲经文)

[424] 行来去末后,见一个空闲镬汤,有一狱子,于地狱叉镬,立在
汤边。(难陀出家缘起)

[425] 其人叫呼,更有一人内侍,亦是罢官,看来见外面闹,内使多
露头插(梳)于墙头于面曰:此人村坊下辈,不识大官,不要打捧(棒),
便令放去。(维摩诘经讲经文)

[426] 根株除并暂时间,看来只是留踪迹。(维摩诘经讲经文)

[427] 行行行来下青山,马叫人悲惨别颜。(八相变)

这些用例中的"来"和现代汉语中的"着"功能类似,可看作"持续体"
标记。

三是表示动作行为"曾经发生",我们收集到 4 例:

[428] ——君亲眼见来,由不悟无常抛暗号。(《无常经讲经文》)

[429] 佛身尊贵因何得? 根本曾行孝顺来。(《故圆鉴大师二十四
孝押座文》)

[430] 大王闻道太子还宫,遂唤太子问之:"吾从养汝,只是怀愁,
昨日游观去来,见于何事?"(《悉达太子修道因缘》)

[431] 应是他方佛尽喜,各将菩萨相看来。(佛说观弥勒菩萨上生
兜率天经讲经文)

这几例中的"来"表示说话前"来"前动词所表示的动作行为"曾经发

生",应该是现代汉语中"来着"的早期形式,为"曾然"体标记。

值得一提的是,《变文》中有 9 例"去来"连用的较为特殊的用例:

[432] 若人言真身亦有<u>去来</u>,即是人不解如来所说(义)也。(金刚般若波罗蜜经讲经文)

[433] 四流波上,遣不忧沈泛之危;六道轮中,教永断<u>去来</u>之径。(维摩诘经讲经文)

[434] 三界<u>去来</u>生死苦,沦(轮)回六道未曾休。(维摩诘经讲经文)

[435] 为戴平天冠不稳,与换脑盖骨<u>去来</u>。(韩擒虎话本)

[436] 吾从养汝,只是怀愁,昨日游观<u>去来</u>,见于何事?(悉达太子修道因缘)

[437] 汝须自戒,真(贞)坚自看,倘若缘就闲因成,共你塞逐便<u>去来</u>。(维摩碎金)

[438] 弟兄五百殷勤请,居士相随也<u>去来</u>。(维摩诘经讲经文)

[439] 毕期有意亲闻法,情愿相随也<u>去来</u>。(维摩诘经讲经文)

[440] 阿娘,归<u>去来</u>,阎浮提世界不堪停。生住死,本来无住处,西方佛国最为精。(大目乾连冥间救母变文)

李泉(1992)把这些用例分为 4 类,认为类似例[432]—[434]中的"去来"为动词等立并用,例[435]—[437]"去来"中的"来"为"动态·语气助词",例[438][439]"去来"中的"来"为"表决意语气"词,例[440]"去来"中的"来"为"表祈使语气"词。

第四节　《敦煌变文》中"着(著)"的标记化状况

"着"(本字应为"著"、《校注》和《文集》均写作"著")本义为"附着"。《变文》里"着"共有 272 例。"着"在该书里有作谓语动词、补语、动态助词和语气词等诸多用法,下面我们来分别考察。

一、"着"作谓语动词

(一)"着"单独作为谓语动词

《变文》中单独作谓语动词的"着"共有 83 例,常见的用法有:

1. 表依附、附着

《变文》中单用的表"依附、附着"意的"着"已经不多,我们仅发现如下

3例。

[441] 朝逢鹰夺,暮逢痴(鸱)算,行即着网,坐即被弹,经营不进,居处不安,日埋一口,浑家不残。(燕子赋(一))

[442] 忽然困重着床,魂魄不安,五神俱失,□(唇)干舌缩,脑痛头疼,百骨节之间,由如锯解。(庐山远公话)

[443] 褒葬其父庐前有柏树,褒涕泣,所着之树,树色惨悴,与余树不同。(孝子传)

其中用作谓语动词的只有前两例。

2. 表穿戴

《变文》中这类用法较多,如:

[444] 恰到第三日整歌欢之此(次),忽有一人着紫,忽见一人着绯,乘一朵黑云,立在殿前,高声唱喏。(韩擒虎话本)

[445] 郭巨愿埋亲子息,老莱欢着彩衣裳。(故圆鉴大师二十四孝押座文)

[446] 戴七宝之天冠,着六殊(铢)之妙服。(佛说阿弥陀经讲经文)

[447] 着紫锦帽子者,头上冠也,此是我怨家。(搜神记)

例[444]—[446]"着"义为"穿(衣)",例[447]"着"义为"戴(帽)"。

3. 表示使令

[448] 昔齐景公夜梦见病鬼作二虫得病,着人遂向外国请医人秦瑗(缓)至齐国境内。(搜神记)

[449] 慈乌返哺犹怀感,鸿雁才飞便着行。(故圆鉴大师二十四孝押座文)

[450] 其女延引,索天衣不得,形势不似,始语昆仑,亦听君脱衫,将来盖我着出池,共君为夫妻。(搜神记)

例[448]中"着人"即"命人或派人",例[449]中"着行"即"让(其)行或使(其)行",例[450]"着出池"即"使(我)出池",这几例中"着"均有"使令"义。

4. 表示"遭受、中"

[451] 李陵报曰:"体着三枪四枪者,车上载行;一枪两枪者,重重更战。"(李陵变文)

[452] 钟离末唱喏出门,顷刻之间,便到两军,抄录已了,言道:二十万人,总着刀箭,五万人当夜身死。(汉将王陵变)

[453] 着刀者重重着刀,着箭者重重着箭。(李陵变文)

[454] 燕子单贫,造得一宅,乃被雀儿强夺,仍自更着恐吓,云明敕括客,标入正格。(燕子赋)

例 [451]—[453] 中的"着"均为"中(刀、枪、箭)"义,例 [454] 中"着恐吓"为"遭受恐吓"的意思。

5. 着落、归属

[455] 眼见先灵皆妄语,耳听天乐不着实。(金刚般若波罗蜜经讲经文)

[456] 若驱出众烦恼,从别处而着,别处起(岂)不是法界也。(金刚般若波罗蜜经讲经文)

例 [455] 中"不着实"即"不落(归)实",例 [456] 中"从别处而着"即"从别处着落"。

6. 设置、安排

[457] 多着保证,重置悔罚。(降魔变文)

[458] 茶饭不曾着次第,罢施红粉懒梳头。(父母恩重经讲经文)

例 [457] 中"着"和下文的"置"互文同义,均表"设置"义;例 [458] 中的"着次第"为"安排次第"的意思。

二、"着"位于"贪、恋"等表示心理活动或表达思想意识的动词后面,形成"V 着"式

如:

[459] 既有难思珠内宝,何须恋着海中财。(双恩记)

[460] 缘有孙陀罗是妻,容颜殊胜,时为恋着这妻。(难陀出家缘起)

[461] 便言语无端,乱说辞章,缘恋着其妻。(难陀出家缘起)

[462] 天帝释道:"太子此来下界,救度众生,何故纵意自恣,贪着五欲。"(八相变)

[463] 若世界实有者,则是一合相乃至贪着其事者。(金刚般若波罗蜜经讲经文)

[464] 经云:一合相者,即是不可说,但凡夫之人,贪着其事者,若世界有性,即名然合也。(金刚般若波罗蜜经讲经文)

例[459]—[461]中"着"位于"恋"后,例[462]—[464]中"着"位于"贪"后。曹广顺(1986)指出这种用例是"早期译经的用法……是由于受佛经的影响,而不是实际口语的反映。"后来,在《近代汉语助词》(1995)中,又进一步认为"'着'跟在表示思想意识、心理活动的动词之后,其后的宾语,是这些思想意识、心理活动的对象,'着'字表示这些动作附着在这些对象上,因此就隐含有一种动作持续或获得结果的意思。但从意义和词性看,这些'着'字仍都是动词。"我们认为,这里的"着"已不表示附着义。实际上,在中古时期,"着"本身即可以表示"贪恋"义,下面是《汉语大词典》中收录的唐代用例:

唐韩愈《李花赠张十一署》诗:"念昔少年着游燕,对花岂省曾辞杯?"唐韩愈《赠张籍》诗:"吾老着读书,余事不挂眼。"唐李公佐《南柯太守传》:"虽稽神语怪,事涉非经,而窃位着生,冀将为戒。"

因此,林新年(2004)认为《祖堂集》中"动+着"实际上是复合动词,是"贪恋"的意思。"贪着""恋着"等组合形式中的"着"为动词,而不是表结果的补语。我们同意林新年意见,这种"V着"实际上是一种同义复合动词,这种意见可以从以下两个方面得到佐证:

一是《变文》中出现的这种类型的"V着"基本同义。如:

[465] 太子年登拾玖,恋着五欲。(八相变)

[466] 天帝释道:"太子此来下界,救度众生,何故纵意自恣,贪着五欲。"(八相变)

例 [465] 中的"恋着"和例 [466] 中的"贪着"应该无意义上的差别。二是"V 着"可以作为一个整体不带宾语出现在其他句法位置。如：

[467] 但凡夫之人，虚妄贪着，妄计为实也。(金刚般若波罗蜜经讲经文)

[468] 切思如此身，何处有贪着。(维摩诘经讲经文)

例 [467] 中"贪着"和"虚妄"构成并列成分，例 [468] 中"贪着"作"有"的宾语，两例中的"贪着"应该是词汇化了。不过，这里有两点值得注意：一是这种结构属于曹广顺所言的"早期译经的用法……是由于受佛经的影响，而不是实际口语的反映。"二是这种结构中的"V"和"着"基本同义，从表义的角度看，只单用"V"或"着"就基本可以满足需求，这就为重新分析该结构成为可能甚至必要，如：

[469] 君 (居) 士遥吒，呵宝积曰：汝即贪于欢宴，染着色声，盖缘烦恼种深，却为无明业重。(维摩碎金)

从上下文来看，例 [469] 中的"染着"也应该是表示"贪恋"义，但"染着色声"和上文的"贪于欢宴"是互文，"贪"后的"于"为介词，这样"着"就很容易被重新分析为介词。同样，在其他情况下，"着"也容易被分析成补语，甚至分析为助词。

三、作补语的"着 + (宾)"

林新年 [2004] 认为"'着'的虚化首先是由于'动 + 着'结构里动词范围的扩大而诱发的。"在《变文》中，"着"除了跟在一些有"附着义"的动词后面，也有很多跟在其他动词后面做补语用例，这些事实基本上支持林新年的观点。如：

[470] 恶友设计，算兄睡着，次当守珠。(双恩记)

[471] 却恐为使不了，辱着世尊。(维摩诘经讲经文)

例 [470] 中的"着"为状态补语，例 [471] 中的"着"为结果补语，它们前面的词语"睡"和"辱"均非"附着义"动词。

《敦煌变文》里出现类似用法有 93 例，本小节将这些用作补语的"着 +

(宾)"归纳为以下三类,下面分别进行讨论。

(一)"着"位于"动+着+(受事宾语)"结构中,表"住"义

"动+着+(宾)"是动补(宾)格式,"着"前的动词是动作动词,"着"表示"附着"的意义是由前面的动词影响造成的。《变文》中该结构出现24例。如:

[472] 如人半夜下高台,黑地踏着破断索。疑是毒蛇长一尺,令交小大点灯来。(维摩碎金(前阙))

[473] 目连前行,至一地狱,相去一百余步,被火气吸着,而欲仰倒。(大目乾连冥间救母变文并图)

(二)"着"已经介词化,相当于"在"

主要是"动+着+(处所宾语)"结构,《变文》中类似格式共20例。如:

[474] 此小儿三度到我树下偷桃,我捉得,系着织机脚下,放之而去之,今已长成。(前汉刘家太子传)

[475] 阿娘不忍见儿血,擎将泻着粪堆傍。(孔子项托相问书)

[476] 舜得母钱,伴忘安着米囊中而去。(舜子变)

例[474]中"系着织机脚下"即"系在织机脚下",例[475]中"泻着粪堆傍"即"泻在粪堆傍",例[476]中"安着米囊中"即"安在米囊中"。吴福祥(1996)认为"《敦煌变文》里'着+名'为介宾结构,在动词之后表示处所,'着'前的动词有很多是不含'附着'义的,如'掷'、'系'等,这使得'着'只充当介绍处所的功能,从而虚化为介词。"不过,吴福祥(2003)却改变了自己先前的看法,不再把"动+宾+着+处所词"结构中的"着"当作方位介词,而认为"动+着"为动补结构,其中的"着"为趋向补语,其语义指向的是动词。

林新年(2004)则从时制方面分析,认为"如果六朝时'动+着+处所词'格式里的'着'是表'在'义的趋向补语的话,那么唐五代时期的'动+着+处所词'里的'着'已经和现代汉语里的介词'在'大致相同,'着+处所词'是作为动词的补语,语义指向为处所词。"

本节倾向于把"动+着+处所词"中的"着"看作是和现代汉语中的"在"大体相当的处所介词,且认为是动词"着"虚化的结果。

（三）"着"用作结果补语，大致与"到"相当

《变文》在这种用法的"着"主要位于"动＋着＋（对象宾语）"格式中，有49例。如：

> [477] 初闻道着我名时，心里不妨怀喜庆。(维摩诘经讲经文)
> [478] 皇帝此时论着太子，涕泪交流。(唐太宗入冥记)
> [479] 更拟说，日西垂，坐下门徒各要归，忽然逢着故醋担，五十茄子两旁箕。(佛说阿弥陀经讲经文)

"着"是表示"在"，还是表示"到"，吴福祥（1996）认为与"着"前面的动词是静态的动词还是动态的动词有关，动态义动词后"着"表示的是"在"义，静态义动词后"着"表示的是"到"义。例 [477]—[479]"着"前动词均不具有明显的动态义，应该相当于"到"义。

四、"着"为助词，作动态范畴标记

我们判断《变文》中的"着"是介词还是助词，最主要是看"着"前面动词的语义特征以及通过分析整个句义内容得出。马贝加（2002）区分介词"着"和助词"着"的标准是"着"后是否有宾语以及"着"在"动＋着＋N"格式里，N 的性质是处所宾语和对象宾语。这里也采用这个标准。根据具体表现，我们在《敦煌变文》里找到可被认为是体标记助词的"着"39例，又可以分为以下几种情况：

（一）"着"表示"完成"或"实现"

《变文》中"着"的这种用法比较少，比较典型的有如下5例：

> [480] 使人曰："莫为此女人损着符（府）君性命，累及天曹！"(叶净能诗)
> [481] 直教心里分明着，合眼前程物（总）不知。(左街僧录大师压座文)
> [482] 韵清玲，声琦珉，听着令人皆出离。(无常讲经文)
> [483] 亲情劝着何曾听，父母教招似不闻。(父母恩重经讲经文)
> [484] 烂捣椒姜满碗着，更添好酒唱三台。(佛说阿弥陀经讲经文)

例 [480]—[483] 中"着"直接位于动词后面，例 [484] 中"着"位于动宾短语后面，这些"着"和现代汉语中用来表"实现"的体助词"了"用法基

本相当。至于"着"这一用法来源,有学者认为是作为结果补语的"着"虚化而来的,而吴福祥则认为是由"到"义的"着"虚化而来的。

(二)"着"表示"持续"

《变文》中"着"作体标记,大多数是表持续的,主要表示动作行为或状态的持续,有以下两种句法表现:

1. 位于单动结构中

主要以"V+着+(宾)"形式出现,如:

[485] 将儿赤血瓮盛着,擎向家中七日强。(孔子项托相问书)

[486] 见他宅舍鲜净,便即兀自占着。(燕子赋1)

[487] 愿者检心掌待着。(八相押座文)

[488] 阿婆嗔着,终不合觜。(书一卷)

[489] 后母一女把着阿耶,杀过前家歌(哥)子,交与甚处出头。(舜子变)

[490] 净能都不忙惧,收毡盖着死女子尸,钉之内四角,血从毡下交流。(叶净能诗)

例[485]—[488]"V着"后不带宾语,例[489][490]"V着"后带有宾语,这两种形式为现代汉语所继承。此外,我们还发现下面这个用例:

[491] 若不是者死王押头着,准拟千年余万年。(三身押座文)

这个用例中"着"跟在动宾短语后面,现代汉语中已无此种用法。

2. 位于"动1+着+动2"的格式中

[492] 行至一长者家门前,见一黑狗身,从宅里出来,便捉目连袈裟。咸(衔)着即作人语,言:"阿娘孝顺子,忽是能向地狱冥路之中救阿娘来,因何不救狗身之苦?"(大目乾连冥间救母变文并图一卷并序)

[493] 把笔颠倒句着,语颜子曰:"你合寿年十九即死,今放你九十合终也。"(搜神记一卷)

[494] 皇帝忽然赐疋(四)马,交臣骑着满京夸。(长兴四年中兴殿应圣节讲经文)

[495] 都讲阇梨道德高,音律清泠能宛转,好韵宫商申雅调,高着声音唱将来。(佛说阿弥陀经讲经文3)

这种结构中"动₁＋着"表示一种伴随状态,也被保留到现代汉语中来。

五、"着"作语气词

"着"用在句尾,表示言语者的话语情态面貌或口气,有时兼有成句的功能。《变文》中"着"表此类功能的约有 24 例。有两种情况:一是用于祈使句中,表示命令、劝勉等口气。如:

[496] 座中弟子信心人,旷劫轮回不植(值)佛,今朝既能来法会,各各虔心合掌着,经题名目唱将来。(押座文 1)

[497] 卿与寡人同记着,抄名录姓莫因循。(捉季布传文一卷)

[498] 一切处与人安乐着,此个名为真道场。(维摩诘经讲经文)

[499] 足下如万□,陵无回心,老母坟前,殷勤为时日拜着。(苏武李陵执别词)

例 [496] 表示提议的句子,例 [497]—[499] 均为表示嘱咐的句子,"着"有表示劝说或建议的意味。

二是用于陈述句中,表达的是肯定、确定的语气。

[500] 恶业是门徒自告(造)着,别人不肯入黄泉。(悉达太子修道因缘)

[501] 经上分明亲说着,观音菩萨作仁王。(破魔变文)

这种"着"应该是现代汉语复合语气词"着呢"的源头,《变文》中我们发现了一个"着"和"里"连用的用例:

[502] 佛向经中说<u>着里</u>,依文便请唱将来。(父母恩重经讲经文)

这个"里"应该是宋元时期用得比较广泛的"哩"的早期形式,而据吕叔湘和江蓝生等人的看法,现代汉语中的"呢"则来源于"哩",因此"着里"应该是"着呢"的萌芽形式。

第五节 《敦煌变文》中"将"的标记化状况

《敦煌变文》里"将"共出现了 1019 次。其中一些表示"将领、将军"义的名词属于书面同形现象,与本节要讨论的语法化的"将"关系不大。这里只考察作动词、副词、介词以及动态助词等用法的"将"。

一、"将"作谓语动词

从源头看,"将"本应是动词,早在先秦时期,"将"就有"扶(持)""持取""带领"等动词义,至于该词的本义,目前学界对其尚存争议。《尔雅·释言》:"将,扶也。"吴福祥(2003)认为,"先秦时期,'将'是个动词,较早的意思是'率领/携带'。"《变文》中作为动词的"将"主要有下面两种句法表现。

(一)"将"单独作谓语动词

"将"在《敦煌变文》里单独作谓语的动词有23例,有表示"扶持、扶助"的:

[503]誓拟平于沙漠,拟绝嚣尘,持此微功,用将明主。(李陵变文)

[504]净能见皇帝留衣,便作法,须臾之间,相将到长安。(叶净能诗)

[505]酒食[讫],二人相将入房而坐。(搜神记一卷)

例[503]中的"将"有"辅助、辅佐"义,例[504]中的"将"表示"扶持"的意思,例[505]中的"将"是"搀扶"的意思。

有表示"携带"的:

[506]白庄曰:"交我将你,况甚处卖得你?"(庐山远公话)

[507]后取其疏抄将入寺内,于经藏中安置。(庐山远公话)

[508]张骞用其言,将石还国,具与西王母言奏帝。(前汉刘家太子传)

例[506]中的"将你"即"携带你",例[507]中的"将入寺内"即"带入寺内",例[508]中的"将石还国"即"带石还国"。

有表示"率领、带领"的:

[509]遂唤上将钟离末,各将轻骑后随身。(捉季布传文)

[510]霸得王[进]朝书,沙场悲哀大哭,乃将侍从出迎处若为?(李陵变文)

例 [509] 中的"将轻骑"即"率领轻骑",例 [510] 中的"将侍从"即"率领侍从"。

有表示"取、拿"的:

[511] 楚王曰:"但将汉王书来,尾头标记一两行,交战但战,要分但分。"(汉将王陵变)

[512] 倘若今夜逢项羽,斩首将来献我王。(汉将王陵变)

例 [511] 中的"将汉王书来"即"拿汉王书来",例 [512] 中的"斩首将来"即"斩首拿来"。

(二)"将"与其他动词结合,形成连动式结构

又有两种情形:一是与可以表示"行为方式"动词相结合,组成"V 将"格式,如:

[513] 煞鬼不怕你兄弟多,任君眷属总偻罗,黑绳系项牵将去,地狱里还交度奈河。(太子成道经一卷 1)

[514] 利刀截割将来吃,养者凡夫恶业身。(佛说阿弥陀经讲经文(二))

例 [513] 中"将"前动词"牵"和例 [514] 中"将"前动词"截割",表示"将"的方式,"将"仍有一定的"携持"或"取、拿"义。不过,这种"将"位于动词后的结构为其进一步虚化为动态助词提供了句法条件。

二是位于别的动词前面,构成"将+宾1+V+(宾、补)"式或"将+V+(宾)"式结构。前者如:

[515] 越王将兵北渡江口,欲达吴国。(伍子胥变文)

[516] 父母遂生恶心,与大石镇之,将土填塞,驱牛而践。(孝子传)

[517] 遂将死女尸灵归来,共景伯一处。(搜神记)

[518] 我缘帝释请我说法,今朝将汝看天宫去;共看一场,即便归来。(难陀出家缘起)

例 [515] 中"将"为"率领"义,[516] 中"将"为"使用"义,例 [517] 中"将"表"携带"义,例 [518] 中"将"表"带领"义,它们后面都接另一个动词短语,构成"将+宾1+V+宾(补)"格式,这种格式为"将"朝介词化

方向发展提供的句法条件。

后者如：

[519] 王陵须是汉将，住在绥州茶城村。若见王陵，捉取王陵；若不见，捉取陵母。将来营内，若楚蒸煮疗治，待捉王陵不得之时，取死不晚。(汉将王陵变)

[520] 新妇在家，向生厌贱，好食自餐，粗食将与向母。(孝子传)

[521] 每至吃食，盛饮将归，留喂老母。(孝子传)

[522] 将取金瓶归下界，捻取金瓶孙宾（膑）傍。(董永变文)

例 [519] 中的"将来"即"带来"，例 [520] 中的"将与"是"拿给"的意思，例 [521] 中的"将归"是"拿回家"的意思，例 [522] 中"将取"构成同义复合结构。这几个用例都呈现"将＋V＋（宾）"结构，这种格式成为"将"副词化的句法前提。

二、"将"作副词

《变文》中"将"作副词的用例不多，吴福祥（1996）只分析了"将"和"看"连用构成"看将"作副词的两个用例：

[523] 天门极远，上界程遥，白云岭上渐生，红日看将欲没。(吴福祥用例)

[524] 红日看将山上没，白云又向岭头生。(吴福祥用例)

吴福祥是把"看将"作为复合词看待的。实际上《变文》中"看"和"将"都有独自作为副词的用法，我们在《变文》中收集到可以明确为时间副词的"将"用例有 16 个。如：

[525] 七日之间，母身将死，堕阿鼻地狱，受无间之余殃。(目连缘起)

[526] 礼拜比丘畈舍，人间年限将终，夫人既有身亡，家内营其殡送。(欢喜国王缘)

[527] 露冷新秋已度，□□□天将暮，僧徒渴仰情（清）风，远陟（尘）衢之路。(秋吟一本)

[528] 蒙赐一餐堪充饱，未审将何得相报！(伍子胥变文)

[529] 臣闻国之将丧,灾害竟兴。(伍子胥变文)

[530] 远公贪玩此山,日将西遇,遂入深山,觅一居止之处。(庐山远公话)

如果把以上诸例中的"将"看作是表示"未来"的时间副词应该是没问题的,不过《变文》中这类用例较少,说明其还处于发展初期。

三、"将"作介词

《变文》中"将"作介词共有 161 例,吴福祥(1998)曾进行过详细的描写和说明,将它们分成两大类,一类"将 N"表示工具、方式。如:

[531] 毁佛谤僧无敬信,不曾将口念弥陀。(目连缘起)

[532] 肠空即以铁丸充,唱渴还将铁计(汁)灌。(大目乾连冥间救母变文)

[533] 侯璎闻语怀嗔怒,争肯将金诏逆臣!(捉季布传文一)

[534] 智者用钱多造福,愚人将金买田宅。(大目乾连冥间救母变文)

[535] 夫子将身来誓挂(筮卦),此人多应觅阿娘。(董永变文)

[536] 知弟渴乏多时,遂取葫芦盛饭,并将苦苣为荠。(伍子胥变文)

这类"将"和介词"拿""用""以"相当。

另一类"将"引出动作的受事。如:

[537] 吟上下莫将天女与沙门,休把眷属恼菩萨;我以修行求出世,不于染欲挂身心。(维摩诘经讲经文 5)

[538] 莫怪将哀当面报,夫人自刎楚营门。(汉将王陵变)

[539] 用水头上攘之,将竹插于腰下,又用木剧(屐)倒着,并画地户天门,遂即卧于芦中。(伍子胥变文)

[540] 必若当初逢着佛,争肯将身向者(这)里来。(押座文)

[541] 目连将饭并钵奉上,阿娘恐被侵夺,举眼连看四伴,左手鄣钵,右手团食。(大目乾连冥间救母变文)

[542] 下御辇,礼金人,更将珍宝献慈尊,我女前生何罪过?(丑女缘起)

以上用例均具有一定的"处置"义,"将"的作用和介词"把"相当。

四、"将"作动态助词

关于《敦煌变文》中"将"表动态用法,李泉(1992)、曹广顺(1995)、吴福祥(1998)等皆做过考察,不过由于认识上的差异,统计的结果存在一定的出入,如李泉统计为103例,曹广顺统计为32例,吴福祥统计为22例,我们初步统计有63例。

至于作为动态助词"将"的作用,李泉(1992)认为"表示动作的完成、实现或进展,为已然态助词。"同时又补充说明为"'将'已基本上虚化为动态助词,表示动作的完成(或设若完成)。"吴福祥(1998)认为是"表示动作、状态的实现或完成,也可以在持续动词之后,表示状态的持续。"曹广顺(1995)考察最为细致,考察的语料也不限于《变文》,还包括《全唐诗》、唐人笔记小说、《祖堂集》等作品,他从句法角度把"将"放在以下四种形式中进行考察:A.动+将+(宾)+趋向补语;B.动+将+宾;C.动₁+将+(宾)+动₂;D.动+将。认为A、B、D类结构中的"将"大多数表示"动作完成或获得某种结果等状态",C类结构中的"将""近乎近代汉语中表示持续态的助词'着'。"不过他又认为A类中部分"将""用作趋向补语的标志,表示动作的趋向性","D类中也有少数例句中'将'字的作用似乎比助词更虚一些……在这种例句中'将'似乎已经变成了一种后缀,没有什么意义了。"可以看出,上述三人的主要观点基本一致,也存在一定的分歧。以往人们都是从结构形式角度对"将"进行分类考察的,不过,考虑"将"的语法意义和所在句的结构形式关系不是十分紧密,这里我们打算从语法意义入手对《变文》中的实际用例进行分类探讨。

(一)表示动作行为已经发生或结束

"将"出现在表已然(或设若已然)事件的句子中,其前面的动词通常为行为动词。常见的句法形式为"V将"或"被(N)V将",《变文》中这种用法的用例最多。如:

[543] 好事恶事皆抄录,善恶童子每抄将。孝感先贤说董永,年登十五二亲亡。(董永变文)

[544] 金银钱物,一任分将,底(邸)店庄园,不能将去,贪爱死苦,四大分离,魂魄飞扬,莫知何在。(庐山远公话)

[545] 歌谭(弹)美女,随意蔺将,细壮奴婢,任情多少。(秋胡变文)

[546] 菩萨佛子在生恨你极无量,贪爱之心日夜忙;老去和头全换

却,少年眼也拟椀(挽)将。(地狱变文)

[547] 净能便于会稽山内,精法人(上)应天门,下通〔地〕理,天下鬼神,尽被净能招将,神祇无有不伏驱使。(叶净能诗)

[548] 燕有宅一所,横被强夺将,理屈难缄嘿,伏乞愿商量。(燕子赋(二))

[549] 小女一身邂逅中间,天衣乃被池主收将,不得露形出池,幸愿池主宽恩,还其天衣……(搜神记一卷)

[550] 明达载母遂(逐)农粮,每被孩儿夺剥将,阿(耶)卖却孩儿去,贤妻割妳遂身亡。(孝子传)

例[543]—[546]是"V将"格式,例[547]—[550]采用的是"被(N) V将"格式。吴福祥认为这类用例中的"将""表示动作的实现或完成"。不过,从表达的具体意义来看,这些"将"仍具有一定的"得失"义,没有完全虚化,如例[546]中"将"和"却"互文,有明显的"失去"义,例[550]中"将"也含有"失去"义,可用"却"替换,其余诸例大多含有"获得"义,例中的"将"若用"取"替代,意思都基本没有变化。把这些"将"看作"表示动作的实现或完成"体助词,可以说是一种"重新分析"。

(二)表示动作行为或行为引起的状态的持续

"将"出现在持续动词后面,凸显持续义。常见的格式为"V将(宾)"或"V1将V2",如:

[551] 频多借问,明妃遂作遗言,略述平生,留将死处若为陈说?(王昭君变文)

[552] 交卿绥州茶城村捉得王陵母到来,儿又不招,更出无限言语,抵误(忤)寡人。领将陵母,鬓发齐眉,脱却沿身衣服,与短褐衣,兼带铁钳,转火队将士解闷。(汉将王陵变)

[553] 争无里巷明宣说,自有神祇闇记将。(故圆鉴大师二十四孝押座文)

[554] 阿娘不忍见儿血,擎将写(泻)着粪(堆)傍。(孔子项托相问书)

[555] 无量阿僧只世界,七宝持将惠有情,布施虽获无限福,不如常转大乘经。(金刚般若波罗蜜经讲经文)

这几例中"将"前的动词"留""领""擎""持"均为持续动词,吴福祥

(1998)认为这些"将"的语法作用"近乎现代汉语中的表示持续态的'着'",因此,把它们看作"持续"体标记应该问题不大。

（三）凸显动作行为本身

《变文》中还有少量的"将"出现在表示的动作行为并未实际发生但按理（或实际情况）需要发生或即将发生的动词后面,如:

[556] 交吾若是广分张,如似微尘不可量,略与光严说少许,君须一一记持将。(维摩诘经讲经文 4)

[557] 皇帝曰:"脱将朕去,复何侍从,几人同行?"(叶净能诗)

[558] 指示恒河沙数如(了),经中便请唱将罗。(金刚般若波罗蜜经讲经文)

[559] 白庄处分左右:"与我寺内寺外,处处搜寻,若也捉得师僧,速领将来见我。"(庐山远公话)

这几例中"将"前动词表示的动作行为并没有实际发生,但按理或按要求（或请求）需要实施,是即将发生的行为。曹广顺（1995）注意到这类例句中"是否有'将'字对意义似乎不产生什么影响。"因此,他认为"在这种例句中'将'字似乎已经变成了一种后缀,没什么实际意义了。"我们考虑的是,若这种"将"真的像曹广顺所说的是"可有可无"的话,显然不符合"语言经济原则",上面的用例（例[558]除外）中"将"虽然可以删去而不改变句义,但删去后表示动作行为的话语力量似乎也有所减弱,因此,我们认为这些"将"的作用就是凸显或强调动作行为的发生,虽然这些行为说话时尚未发生,但即将发生,是一种"即然"状况。宋元时期"将"的这种用法得到较大的发展,成为主要功能。

第六节　本章小结

吴福祥（1998）指出,"（汉语）一些重要的体标记,如'着'、'了'、'过（过₂）'等,都经历了'动词>结果/趋向补语>动相补语>体助词'这一相同的语法化过程。"根据吴福祥的描述,我们可以建立一个《变文》汉语动态范畴标记语法化发展梯度对照表,具体如下:

指标 词语	结果／趋向补语	动相补语	体助词	动态范畴义
已	＋	＋	＋	先时
竟	＋			
讫	＋			
毕	＋			
了	＋	＋	＋	已然
得	＋	＋	＋	已然／持续
取	＋	＋	＋	已然／持续
却	＋	＋	＋	已然／持续
过	＋	＋		
去	＋		＋	已然
来	＋		＋	已然／持续／经历
着（著）	＋	＋	＋	已然／持续
将			＋	已然／持续／发生

　　可以看出，这些通常被学界认为可以作为动态标记的词语的语法化程度并不均衡，有的尚未发展成标记动态范畴的助词，而多数已经发展成动态助词的词语仍保留有"结果／趋向补语"和"动相补语"用法，且从使用频率来看，这些用法甚至还是这些词语的主要功能，助词符合语法化早期的特征。值得注意的是，"将"并没有像其他词语那样有"结果／趋向补语"和"动相补语"的用例，因此，对吴福祥所描述的动态助词语法化路径来说，该词语是个例外。而从后世的发展来看，该词又退出了汉语动态范畴的标记系统，是个非常有意思的特殊现象，需要结合汉语动态系统调整发展的情况对其内在机制进行专门的探究。同时，上表所列的词语中，除"已""了""去"外，《变文》中绝大多数助词化的动态范畴标记都具有两个或两个以上的范畴义，说明：1. 这些动态标记的语法化尚处于初期阶段，其功能身份还没有十分明确；2. 此时的各动态范畴之间的边界尚不十分明晰，存在多种理解的可能，这也反映出这一时期汉语动态范畴还处在初步发展阶段。

第三章 《朱子语类》动态标记的语法化状况

和《敦煌变文》相比,《朱子语类》中的动态标记有了较大的发展,最显著的特征是一些原先的标记词不再充当动态标记,完全退出了动态标记系统,还有一些词作为动态标记使用频率大为减少,呈明显的衰落趋势,而另一些词语的使用频率则大大增加,处于优势地位。下面我们将对具体的可充任动态标记的词语进行分类考察。

第一节 《朱子语类》"完结"类词语的标记化状况

一、"讫""毕"的标记化状况

《朱子语类》中"已""竟"不再作为表示完成义补语或助词出现,因此,本节就不再对书中出现的包含"已""竟"的用例进行分析和说明,这里只对"讫""毕"的用法进行考察。

(一)"讫""毕"用法

1."讫"

和《敦煌变文》相比,《朱子语类》中出现的"讫"数量大大减少,只有21例(其中还有3例引自古书,不能反映当时的语言面貌,排除在考察范围之外),从句法来看,主要有以下几种表现:

(1)"讫+O"

"讫"为动词,后带宾语,如:

[1] 讫任满,无一寇盗。(卷一百一十一)
[2] 讫工,神宗幸之,见壮丽如此,出令云:"今后辄敢少有更易者,以违制论!"(卷一百二十九)

例[1]中的"讫"意为"到……为止";例[2]中的"讫"意为"完成",《变文》中未发现此种用法。《朱子语类》中仅见此二例。

(2)"V+讫"

"讫"直接跟在动词后面,有9例,其中动词大多为持续类的动词。全部列举如下:

> [3]语讫,若有所思然。(卷六十三)
> [4]先生历举王苏程陈林少颖李叔易十余家解讫,却云:"便将众说看未得。"(卷七十八)
> [5]刻讫,以字面相合,以铁束之,置于圹上。(卷八十九)
> [6]食讫,即逐人以所定事较量。(卷一百六十)
> [7]某遂与逐一详细申去云:"已从下一一保明讫,未委今来因何再作行移?"(卷三)
> [8]只一二人,试讫举送。(卷一百九十)
> [9]先生问苗及二友:"俱尝看易传,看得如何是好?何处是紧要?看得爱也不爱?爱者是爱他甚处?"苗等各对讫。(卷一百一十七)
> [10]诵讫,遂言曰:"尊德性,道问学;致广大,尽精微;极高明,道中庸;温故,知新;敦厚,崇礼,只从此下功夫理会。"(卷一百一十八)
> [11]在漳州日,词讼讫,有一士人立庭下。(卷一百二十)

以上各例中"讫"均具有"完结"义,如果将其前面的动词看作核心成分,那么"讫"就是表完结的动相补语。

(3)"V+O+讫"

这类"讫"不是直接和动词连用,而是跟在动词的宾语后面。在这类结构中,动词呈多样化,没有使用频率占绝对优势的词语。如:

> [12]有一士人,读周礼疏,读第一板讫,则焚了;读第二板,则又焚了;便作焚舟计。(卷十一)
> [13]如主人说一句,主人之摈传许多摈者讫,又交过末介传中介,直至宾之上介,方闻之宾。(卷三十八)
> [14]又如奏罢一县令,即申请一面差人待阙,候救荒事讫,交割下替。(卷三)
> [15]每看一代正史讫,却去看通鉴。(卷一百一十七)
> [16]拜先生讫,坐定。(卷一百一十八)
> [17]又举徐处仁知北京日,早辰会僚属治事讫,复穿衣会坐谈厅上。(卷一百二十一)

[18] 写遗嘱之类讫,曰:"今死无难矣!"(卷一百三十)

从表意和句法性质来看,本组用例中的"讫"和"V+讫"组中用例无明显差别,仍可看作动相补语。

从前面的考察分析可以看出,《朱子语类》中没有可以明确分析为充当动态助词的"讫",且和《变文》相比,"讫"的用例也大大减少,这说明"讫"在《朱子语类》中语法化已经停止,这可能是该词语后来彻底退出汉语动态标记系统的原因。

2. "毕"

《朱子语类》中"毕"出现324例,其中表"完结"义的只有86例,本节只考察"毕"表完结义时的句法表现及其功能。

(1)位于动词性词语之后

有4种形式:

①"V+毕"

直接跟在动词后边,《朱子语类》中"毕"的这种用例最多。"毕"前的动词意义范围较广,但以"言说"类动词(如"言、语、说、讲、读、谕"等)和"观看"类动词(如"看、观")为多,如:

[19] 义刚将鬼神问目呈毕,先生曰:"此事自是第二着。"(卷三)

[20] 五祀各有主,未祭及祭毕,不知于何处藏,是无所考也。(卷二十五)

[21] 宾饮毕,即以觯授于执事者,则以献于其长,递递相承,献及于沃盥者而止焉。(卷六十三)

[22] 及诸友举毕,先生云:"今晚五人看得都无甚走作。"(卷一十五)

[23] 如今人方量毕,总作一门单耳。(卷七十九)

[24] 因取望之传看毕,曰:"说得也无引证。"(卷七十九)

[25]"改葬缌",郑玄以为终缌之月数而除服,王肃以为葬毕便除,如何?(卷八十五)

[26] 荐毕,反丧服,哭奠于灵,至恸。(卷六十四)

[27] 丞相童蔡辈乃为食于家,召二医以食之,食毕而毙。(卷一百三十三)

不难看出,以上诸例中位于"毕"前的都是过程动词,"毕"主要是表示动作或行为过程的结束,因此可以看作"动相"补语。

从句法位置来看,"毕"倾向于位于两个连续发生的动作行为中的表示前一动作行为的动词后面,有类似表示"先时"的作用,如:

[28] 在平江时,累年用一扇,用毕置架上。(卷一百一十)

[29] 先生俟茶罢,即起向壁立看,看了一厅碑,又移步向次壁看,看毕就坐。(卷一百三十)

[30] 讲毕,教授以下请师座讲说大义。(卷一百六十)

[31] 友仁初参拜毕,出疑问一册,皆大学语孟中庸平日所疑者。(卷一百一十六)

[32] 先生言毕云:"此事当记取,恐久后无人知之者。"(卷一百三十一)

[33] 淳有问目段子,先生读毕,曰:"大概说得也好,只是一样意思。"(卷一百一十七)

[34] 有学者每相揖毕,辄缩左手袖中。(卷七)

不过,"毕"似乎不能自发地表示"先时",因为存在不少"毕"后用表示时间顺序词作"后时"标记的用例,如:

[35] 凡下书者,须令当厅投下;却将书于背处观之,观毕方发付其人,令等回书。(卷一〇六)

[36] 谕毕,方厚为之礼而遣之。(卷一百三十三)

[37] 语毕,先生又曰:"'生之谓性',伊川以为生质之性,然告子此语亦未是。"(卷六十二)

[38] 说毕又曰:「辟异端说话,未要理会,且理会取自家事。(卷六十二)

[39] 但正位三献毕,然后使人分献一酌而已,如今学中从祀然。(卷九十)

[40] 亦须待父母食毕,然后可退而食。(卷九十)

[41] 语毕,遂讽诵此诗云。(卷一百三十八)

例[35][36]用"方"来表示前一个行为结束后,接下来发生另一行为;例[37][38]则用"又"表示再次发生一个行为;而例[39][40]中使用的"然后"则是典型的表示"后时"的词语;例[41]中的"遂"也是一个常用来表示后时顺接的词语。这就说明"毕"不具有强制性表达"续后"的要求,因此也就不能被看成表示"先时"范畴的标记。

此外,我们还发现1例"V+毕"后带宾语的用法:

[42] 欲看毕此书,更看孟子,如何?(卷一百一十六)

从句法位置看,这里的"毕"非常像一个动态助词,不过,从句义来看,"毕"还有一定的实义,表示"完毕",因此,还是看成结果补语为宜。

②"V+adv+毕"

在动词和"毕"之间有一个副词,主要有"既、未"等,《朱子语类》中这样用例不多。如:

[43] 言未毕,先生继云:"习也习个甚底!"(卷二十一)
[44] 语未毕,伯谟至。(卷一百一十八)
[45] 到得祷祠既毕,诚敬既散,则又忽然而散。(卷三)
[46] 今并受胙于诸献既毕之后,主与宾尸意思皆隔了。(卷八十)

因为受副词修饰,突出"毕"的谓词性,这类"毕"应该看成谓语,其前面的谓词性词语实际上是它的主语,这种情况下的"毕"就是表"完结"的动词。

③"V+O+adv+毕"

《朱子语类》中有少量"毕"前加"已、既、未"等副词跟在动宾词语后面的用例,如:

[47] "不留狱"者,谓囚讯结证已毕,而即决之也。(卷七十一)
[48] 又曰:"看小雅虽未毕,且并看大雅。"(卷八十一)
[49] 盖仪礼觐礼,诸侯行礼既毕,出,"乃右肉袒于庙门之东"。(卷八十六)
[50] 以大纲言之,有一人焉,方应此事未毕,而复有一事至,则当何如?(卷九十六)

这几例句中的"毕"和"V+adv+毕"结构中"毕"的功能完全一样。这种用例中的"毕"虚化的程度非常小。

④"V+O+毕"

和《变文》中"毕"跟在动宾词语后面通常前面要加一个副词不同,《朱子语类》中还出现了不少"毕"跟在动宾词语后面不加副词的用例。如:

[51] 说大学启蒙毕,因言:"某一生只看得这两件文字透,见得前贤所未到处。"(卷一百一十八)

[52] 观二章毕,即曰:"大抵看圣贤语言,不须作课程。"(卷二十)

[53] 正行聘礼毕,而后行享礼。(卷三十八)

[54] 某解"颜渊问仁"章毕,先生曰:"克,是克去己私。"(卷四十一)

[55] 东坡注易毕,谓人曰:"自有易以来,未有此书也。"(卷一百三十八)

[56] 及李公奏事毕,秦徐曰:"李光无人臣之礼!"(卷一百三十一)

[57] 晁以道在经筵讲论语毕,合当解孟子,他说要莫讲。(卷一百一十九)

[58] 先生以礼钥授直卿,令诵一遍毕。(卷八十六)

[59] 开元礼犹如此,每献一位毕,则尸便酢主人;受酢已,又献第二位。(卷九十)

这类结构"V+O"通常是表示一个事件,"毕"表示事件结束,可以看作结果补语或动相补语。值得注意的是例[58][59]中动词后跟的不是名词,而是数量短语,这种用法我们在《变文》及以前的文献中没有发现,《朱子语类》中也仅发现这两例,因此可以判定为这一时期的新兴用法。例[58]中的"遍"为动量词,例[59]中的"位"为名量词,不过,这两例中动词后面的成分性质并不影响其后"毕"的功能,因此,我们将其放在这里一起考察。

(2) 位于名词性词语之后

《朱子语类》中有少量"毕"位于表"过程"的名词之后的用例,构成"N+毕"格式,如:

[60] 礼毕,先生揖宾坐,宾再起,请先生就中位开讲。(卷九十)

[61] 耕作则出就田中之庐,农功毕则入此室处。(卷九十)

[62] "卒乃复"者,事毕复归也,非谓复归京师,只是事毕复归,故亦曰"复"。(卷七十八)

[63] 宗伯注曰:"鲁礼,三年丧毕而裕于太祖。"(卷九十)

这四例中的"礼、农功、事、丧"都有"过程"。有时,过程名词中还有说明性的修饰语,如:

[64] 窃意当时治水事毕,却总作此一书,故自冀州王都始。(卷七十九)

[65] 看来看去,工夫到时,恰似打一个失落一般,便是参学事毕。(卷一百二十六)

[66] 宾客属秋官者,盖诸侯朝觐、会同之礼既毕,则降而肉袒请刑,司寇主刑,所以属之,有威怀诸侯之意。(卷八十六)

这些用来说明的成分都是表行为或事件的动词性词语,和其修饰的名词是同指成分,不难看出,"毕"表示这些行为或事件的过程结束,为动词,作谓语。有时"毕"还可以加上一个副词,如:

[67] 初既辑之,至此,礼既毕,乃复还之。(卷七十九)

[68] 又问:"行旅酬时,祭事已毕否?"(卷六十三)

(3) 和"了"连用

《朱子语类》中有 1 例"毕"和"了"连用,以"了+毕"形式出现的例子。如:

[69] 有一兵逐根拔去,耘得甚不多,其它所耘处,一齐了毕。(卷一百二十一)

这里的"了"前有状语"一齐"修饰,是动词,和《变文》中相关用例一样,"毕"也可以看成和"了"同义的补语。

可以看出,和《变文》相比,《朱子语类》中的"毕"有一定的变化:一是《变文》中存在"毕"作副词的用法,这种用法我们在《朱子语类》中未找到相关用例;二是《朱子语类》中"毕"作补语的用例大量增加,说明有虚化的迹象,但仍没有发现"毕"充当动态助词的用例。

二、"了"的标记化状况

《朱子语类》中出现的"了"共有 5282 个,其语法和语义表现比较复杂。木霁弘(1986)曾对此进行过统计,指出"'了'在《朱子语类》中作为实体助词和语气词共有 4500 例左右,半虚化的有 400 例左右,实词 161 例,构成双音节词 68 例、三音节词 14 例,用于人名的 32 例。"他把该书中的"了"分成四个层次:第一层次,"了"仍是动词;第二层次,"了"半虚化了;第三层次,"了"虚化为表示"完毕"的"了";第四层次,"了"虚化程度更深,成为语气词。杨永龙(2001)依据事件和情状的类型、句子的时制结构及句中动词的语义类型等,运用三个平面的语法理论,从句法、语义、语用等方面,对该书中的"了"的用法进行了细致的分析和讨论。本节将在前人研究基础上,对收集到的该书中"了"的所有用例再进行进一步深入的分析和全面的描写。

在《朱子语类》中,现代汉语中"了"的所有用法都已出现,同时该书中出现一些现代汉语中没有的用法。下面分别说明。

(一)"了"作语素

《朱子语类》中有少数"了"作为语素出现在"了事、了决、了得、了却"等词语中,其中"了得"47 例,"了事"4 例,"了决、了却"各 2 例,如:

[70] 如受人托孤之责,自家虽无欺之之心,却被别人欺了,也是自家不了事,不能受人之托矣。(卷三十五)

[71] 尝与先生言,如今有一等才能了事底人,若不识义理,终是难保。(卷一百八十)

[72] 若不下工夫,如何会了得!(卷八)

[73] 大贤以上,方了得此事,如太王立王季之事是也。(卷四十九)

[74] 此时便了却项羽,却较容易。(卷五十二)

[75] 不成只如此了却。(卷六十九)

[76] 如法言一卷,议论不明快,不了决,如其为人。(卷一百三十七)

[77] 便有讼者半年、周岁不见消息,不得了决,民亦只得休。(卷一百七十)

例[70][71]中的"了事"是明白事理的意思;例[72][73]中的"了得"是"能够了解"的意思,是动词,在句子中做谓语,这与现代汉语中的"了得"的意思完全不同,"了得"结合得非常紧密,无法分解;现代汉语中"了得"

的意思是"用在惊讶、反诘或责备等语气的句子末尾,表示情况严重,没法收拾(多跟在"还"的后面)。"① 例[74][75]中"了却"与例[76][77]中"了决"意思相近,表示"解决、结束"的意思,充当谓语成分,不过从具体用例来看,"了却"都出现在肯定结构中,"了决"都出现在否定结构中,由于用例都很少,这种情况是否有普遍意义,尚难确定。

作语素的"了"与动态标记无关,这里也就不再作进一步的讨论了。

(二)"了"作动词

在《朱子语类》中,仍有不少"了"用作动词用例,从语义来看,作动词的"了"都表示"终了、完了、了结、结束"之类的意思,该书动词用法的"了"出现161例。从用法来看,有作谓语的,有作定语的,还有作谓语动词的补语的。

1.单独充当谓语动词

即出现在"(主)+了+(宾)"格式中,有两种情形:

(1)"主+(状)+了"

主语可以是体词性的,也可能是谓词性的,很多情况下,"了"前有状语,且以表时间的成分为多。

[78] 若是爱饮酒人,一盏了又要一盏吃。(卷十)

[79] 今骊姬一许他中立,他便事了,便是他只要求生避祸。(卷八十三)

[80] 其大节目已了,亦尚有零碎礼数未竟。(卷六十三)

[81] 今人做这一事未了,又要做那一事,心下千头万绪。(卷九十六)

例[78][79]"了"前没有修饰语,直接充当谓语,主语则为受事;例[80][81]"了"前分别有"已""未"作状语。杨永龙(2001)曾统计,在《朱子语类》里充当谓语的"了"只有15例,这说明,"了"到南宋时期作为实词用法已不多见。

(2)"了+宾"

可以看成是"主+了+宾"省略主语的形式,在《朱子语类》中我们仅见到1例:

---

① 中国社会科学院语言研究所词典编纂室编:《现代汉语词典》,商务印书馆1978年版,第704页。

[82] 且如读书时只读书,着衣时只着衣,理会一事时,只理会一事,了此一件,又作一件,此"主一无适"之义。(卷九十六)

和《变文》相比,"了"带宾语的现象大大减少,说明这个时期,"了"的动词性已严重削弱。

2. "了"作定语

《朱子语类》中有少量"了"表"了结"义作定语的用例。如:

[83] 若以闻见所接论之,则无了期。(卷一百二十六)

[84] 若长长是春夏,只管生长将去,却有甚了期,便有许多元气!(卷九十四)

[85] 若或做不办,又作一簿记未了事,日日检点了,如此方不被人瞒了事。(卷一百六十)

[86] 明日是休日,今日便刷起,一旬之内,有未了事,一齐都要了。(卷一百六十)

例 [83][84]"了"直接作"期"的定语,例 [85][86] 则是"未了"作"事"的定语,这里的"了"仍具有动词性。

3. "了"作动词后的结果补语

"了"跟在别的动词后面,有两种情况:一是"了"跟在动宾短语后面,呈"动+宾+了"结构。如:

[87] 读书须是先看一件了,然后再看一件。(卷十一)

[88] 如读书,读第一段了,便到第二段;第二段了,便到第三段。(卷四十九)

[89] 而今且将诸说全录出来看,看这一边了,又去看那一边。(卷六十四)

二是"了"直接跟在动词后面,呈"动+了"结构,如:

[90] 读了又思,思了又读,自然有意。(卷十)

[91] 动了静,静了动,动静相生,循环无端。(卷一百一十五)

[92] 一番思了,又第二、第三番思之,便是"时习"。(卷二十)

在以上两种句子中,"了"带有"完了"的意思,表示动作行为的结果,为结果补语。这个"了"是实词,不是动态助词,不过已经处于开始从实词到动态助词的虚化阶段。

(三) 半虚化的"了"

《朱子语类》中存在不少"了"位于动词后,其后又带上宾语或补语的用例,如:

> [93] 关了门,闭了户,把断了四路头,此正读书时也。(卷十)
> [94] 若自家喜这一项事了,更有一事来,便须放了前一项,只平心就后一项理会,不可又夹带前喜之之心在这里。(卷十六)
> [95] 如做得个船,且安排桨楫,解了绳,放了索,打将去看,却自见涯岸。(卷一百二十一)
> [96] 才这边长得一寸,那边便缩了一寸,到今销铄无余矣。(卷一百四十)
> [97] 须先去了小序,只将本文熟读玩味,仍不可先看诸家注解。(卷八十)

以上诸例中的"了"均表示一定的动相义,例 [93] 并不是"已然"句,句子中的"关了门"的意为"关上门","闭了户"意为"闭上户",而"把断了四路头"则是"把断掉四路头"的意思;例 [94] 中"放了前一项"是"放下前一项"的意思;例 [95] 中"解了绳,放下索"是"解开绳,放下索"的意思;例 [96]"缩了"和上文的"长得"对应,有"缩短或缩掉"的意思,例 [97]"去了"有"去掉"义,这两例中"了"都含有"消失"的意思,和"掉"的意思大致相当。

可以看出,因搭配的动词不同,"了"语义也不尽相同,除了含有表示上文所述的"动相"意味外,"了"也蕴含动作的"完成"或"实现",不过其虚化程度尚远远不及表示"完成"的体助词"了",我们以为这种情况下的"了"仍处于虚化的过程中,是一种半虚化的状态,也就是虽已虚化,但尚未最后完成,仍带有一定词汇意义,在句法上可将其看作"动相补语"。

(四)"了"作动态助词

在《朱子语类》中,"了"作动态助词用的约有 5000 例,"了"作动态助词,现代汉语中读为"le"。吕叔湘主编的《现代汉语八百词》把助词"了"分两个:"'了'用在动词后,主要表示动作的完成。如动词后有宾语,'了1'用在宾语前。'了2'用在句末,主要肯定事态出现了变化或即将出现变化,有成句的作用。如动词有宾语，'了₂'用在宾语后。"①《朱子语类》中"了"作动态助词时主要有以下几种表现。

1."了"用于动词之后

(1)"动＋了＋宾"

该结构中动词的范围比较宽泛，有的是可表持续过程动词，《朱子语类》的这类用例最多，如：

> [98] 如写一个"上"字，写了一个，又写一个，又写一个。(卷四)
> [99] 古人自少时，小时便做了这工夫。(卷十二)
> [100] 武侯区区保完一国，不知杀了多少人耶？(卷十八)
> [101] 如钻木取火，如使木中有火，岂不烧了木！(卷十八)
> [102] 我又不可去学他，侵了右边人底界。(卷十八)

和《变文》中"了"前为持续动词时"动＋了"通常为主谓结构不同，这里的"了"大多不具有实义，不可能是谓语，只能被看成是表动态的助词。

有的是非持续过程动词，如：

> [103] 看注解时，不可遗了紧要字。(卷十一)
> [104] 十月雷鸣。曰："恐发动了阳气。所以大雪为丰年之兆者，雪非丰年，盖为凝结得阳气在地，来年发达生长万物。"(卷二)
> [105] "圣以地言"，也不是离了仁而为圣，圣只是行仁到那极处。(卷三十三)
> [106] 孔明亦自言一年死了几多人，不得不急为之意。(一百三十六)

还有的是表状态的动词，如：

> [107] 且如今日日语月星都在这度上，明日旋一转，天却过了一度；日迟些，便欠了一度；月又迟些，又欠了十三度。如岁星须一转争了三十度。(卷一)
> [108] 下弦是月亏了一半，如弓之下弦。(卷一)
> [109] 若不读这一件书，便阙了这一道理。(卷一百二十)

---

① 吕叔湘主编：《现代汉语八百词》，商务印书馆1980年版，第314页。

总的来看,例[98]至例[109]都是"动+了+宾"格式,"了"的作用就是表示用例中动词所表示的动作或活动过程已经完成或表示的状态变化已经实现。从时间表达来看,"了"不仅能表示现在完成,也能表达过去完成,还可以用于表达假设中"发生过"的事或者用于将来才完成的事。如例[98]和[109]表达的是假设的事情完成或实现,例[101]和[107]表达的是按照事理会实现的情形,例[99]和[105]表达的是过去完成的事件,例[104]表达的是当前完成的事情。《朱子语类》"动+了+宾"是"了"作动态助词时出现最多的格式,这也明确"了"作为动态助词的地位。

(2)"动+了"

"动+了"可以从其辖域的不同分为两种情况:一是仅管辖动词,通常被认为是动态助词;二是管辖全句,这种用法学界的意见有分歧,有人认为是语气词,还有人认为是事态助词。这里我们只讨论"了"的动态助词用法。"动+了"中的"了"作为动态助词,或者表示动作或变化的完成,或者表示状态的实现,或者表示某种结果的出现。

[110] 当时厉公恁地弄得狼当,被人撺掇,胡乱杀了,晋室大段费力。(卷八十三)

[111] 大抵上意不欲抑介父,要得人担当了,而介父之意尚亦无必。(卷二)

[112] 周世宗取三关,是从御河里去,三四十日取了。(卷二)

[113] 若是王道修明,则此等不正之气都消烁了。(卷一)

[114] 圣贤说出来底言语,自有语脉,安顿得各有所在,岂似后人胡乱说了也!(卷十一)

[115]《楞严经》后面说,大劫之后,世上人都死了,无复人类,却生一般禾谷,长一尺余,天上有仙人下来吃。(卷九十四)

以上诸例中,"动+了"作句子主要谓语,表达动作行为已经成为现实或假定已经成为现实。如例[110]中"杀了"的"了"是表示"杀"在"说话时"这个参照时间以前已经完成;例[111]"担当了"表示需要有人完成"担当"之责,例[112]"取了"、例[113]"消烁了"中的"了"分别表示"取""消烁"已经成为现实或即将成为现实;例[114]中"胡乱说了"表示"胡乱说"的情况已经出现了,例[115]中的"死"是个"非持续"动词,"死了"意味着从活着的状态到死亡状态的变化过程完成。

2."了"用在形容词之后

《朱子语类》中出现的很多"了"跟在形容词后面的用例,又分带宾语和不宾语两种情况。

(1)"形+了"

不带宾语的"形+了"用例占了大多数,有的位于句中或前面分句的末尾,有的位于全句的末尾。如:

[116] 以下人不能识得损益之宜,便错了,坏了,也自是立不得。（卷二十四）

[117] 只是才遇一事,即就一事究竟其理,少间多了,自然会贯通。（卷十八）

[118] 紫本亦不是易惑人底,只为他力势大了,便易得胜。（卷四十七）

[119] 自升曾子于殿上,下面趱一位,次序都乱了。（卷九十）

[120] 此是圣人言语之最精辟处,如个尖锐底物事。如公所说,只似个椿头子,都粗了。（卷十六）

[121] 千百年来,无人晓得,后都黑了。（卷六十一）

形容词本来表示的是静止性质或状态,带上"了"之后,就表示某种性质发生了变化或某种状态变化已经实现。如例 [116] 中的"错了、坏了"是由"不能识得损益之宜"导致结果的出现,例 [117]"多了"表示"遇事"积累的量产生变化,例 [118]"大了"、[119]"乱了"表示原有的某种状态发生变化;例 [120]"粗了"、例 [121]"黑了"表示由某种原因而导致或出现的某种(粗、黑)状况。

有时"形+了"前还会出现修饰语,已表示对性质和状态变化的情状进行描绘或说明,如:

[122] 主父偃用贾谊策,分王诸侯子孙,方渐小了。（卷一百三十五）

[123] 他那旧时国都恁大了,却封得恁地小,教他与那大国杂居,也于理势不顺。（卷八十六）

[124] 后面工夫渐渐轻了,只是揩磨在。（卷十四）

[125] 然权谋已多了,救不转。（卷一百三十五）

如果这种"形＋了"位于全句的末尾,"了"还可能有兼表语气作用,下文将做具体讨论。

(2)"形＋了＋宾"

"形＋了＋宾"后面的宾语一般为名词或是数量短语,"了"表示某种情形或状态的实现。如:

[126] 下此则不须看,恐低了人手段。(卷四)

[127] 退之所论却少了一"气"字。(卷一百三十七)

[128] 须是自家强了他,方说得他,如孟子辟杨墨相似。(卷一百三十)

[129] 今若以"元者善之长,亨者嘉之会,利者义之和,贞者事之干",与来卜筮者言,岂不大糊涂了他！(卷一百五)

[130] 如狄仁杰只留吴太伯伍子胥庙,坏了许多庙,其鬼亦不能为害,缘是它见得无这物事了。(卷三)

[131] 若只于已发处观,则是已发了,又去已发,展转多了一层,却是反鉴。(卷六十二)

[132] 才做圣人自反无愧说时,便小了圣人。(卷三十四)

例[131]"多了"后面带的是数量短语,其余诸例"形＋了"后面带的都是名词性词语做宾语。这种格式中带"了"的形容词数量有限,我们见到的只有"低""少""强""糊涂""坏""多""小"等,且其中有的带有使动意义(如例[129]、例[130]、例[132]),有的带有意动的意味(如例[126]),有的带有比较的意思(如例[128])。

3."了"用在动补结构之后

也有带宾语和不带宾语两种情况:

(1)"动补＋了"

相比而言,"了"跟在动补结构后面不带宾语情况多于带宾语的情况,先来看不带宾语的用例:

[133] 自家有个大宝珠被他窃去了,却不照管,亦都不知,却去他墙根壁角窃得个破瓶破罐用,此甚好笑！(卷一百二十六)

[134] 子曰:"未能事人,焉能事鬼！未知生,焉知死。"此说尽了。(卷一)

[135] 须是读熟了,文义都晓得了,涵泳读取百来遍,方见得那好

处,那好处方出,方见得精怪。(卷八十)

[136] 虽未是十全,须已及六七分了。(卷二十六)

[137] 如今人不曾竭尽心力,只见得三两分了,便草草揭过,少间只是鹘突无理会。(卷一百四)

[138] 格物、穷理之初,事事物物也要见到那里了。(卷二十八)

[139] 先安排在这里了;事到时,恁地来,恁地应。(卷二十)

这种格式中"了"前的补语类型比较复杂,有趋向补语、结果补语、程度补语、处所补语、时量补语、状态补语等等。如例[133]是趋向补语;例[134]、例[135]是结果补语;例[136]、例[137]是程度补语;例[138]、例[139]是处所补语。它们都表示动作过程及结果的完成或实现。

(2)"动补+了+宾语"

再来看带宾语的格式:

[140] 早日欲上未上之际,已先铄退了星月之光,然日光犹未上,故天欲明时,一霎时暗。(卷一)

[141] 盖非不晓,但是说滑了口后,信口说,习而不察,更不去仔细检点。(卷一)

[142] 如今都教坏了后生,个个不肯去读书,一味颠蹶没理会处,可惜! (卷一)

[143] 读书有个法,只是刷刮净了那心后去看。(卷十一)

[144] 蜀中今年煞死了系名色人,如胡子远吴挺,都是有气骨底。(卷一百三十一)

[145] 目下放过了合做底亲切工夫,虚度了难得少壮底时日! (卷一百二十二)

从语义关系来看,这些用例中的宾语往往都是前面动词的处置对象,补语用来表示由动词引发的宾语所出现的情状。"了"的作用则和不带宾语格式中的作用基本相同。

总的来看,"了"在补语的后面,主要表示对动作行为(或状态变化)的现实性的肯定。例如"说尽了",是表示"说尽"的现实性或成为现实;"铄退了星月之光",指"退了星月之光","了"表示"铄退"成为现实或其现实性,"教坏了后生"是"将后生教坏了","煞死了"指"死了"。吴福祥在《重谈"动十了十宾"格式的来源和完成体助词"了"的产生》中认为,"了"在

"动＋补＋了＋宾"才是完成体助词。因此,尽管《朱子语类》中,"动＋补＋了＋宾"用例不多,但也足以说明,这个时期动态助词"了"的发展基本成熟。

值得一提的是,杨永龙(2001)曾注意到"了"出现在表示两个先后连续发生的动词中前一个动词后的情况:

[146]如梨树,极易得衰,将死时,须猛结一年实了死,此亦是气将脱也。(卷四)

[147]盖非不晓,但是说滑了口后,信口说,习而不察,更不去子细检点。(卷二)

[148]读了又思,思了又读,自然有意。(卷十)

[149]这一个气运行,磨来磨去,磨得急了,便拶许多渣滓;里面无处出,便结成个地在中央。(卷一)

据此,杨永龙将这类用例中的语法意义概括为"[实现＋先时]"。不过,从我们搜集到的用例来看,"了"在这种语境中表示先时并没有强制性,在多数情况下,"了"的前后往往有表示先后顺序的词语,如:

[150]譬如论药性,性寒、性热之类,药上亦无讨这形状处。只是服了后,却做得冷做得热底,便是性,便只是仁义礼智。(卷一)

[151]他自是做一番天地了,坏了后,又怎地做起来,那个有甚穷尽?(卷二十七)

[152]先须晓得他底言词了,然后看其说于理当否。(卷十一)

[153]譬如烧火相似,必先吹发了火,然后加薪,则火明矣。(卷十二)

[154]近来文字,开了又阖,阖了又开,开阖七八番,到结末处又不说,只恁地休了。(卷一百三十九)

[156]才说偏了,又着一个物事去救他偏,越见不平正了,越讨头不见。(卷八)

[157]须这一段透了,方看后板。(卷十)

[158]公了方能仁,私便不能仁。(卷六)

[159]人之有才者出来做得事业,也是它性中有了,便出来做得。(卷四)

[160]譬如水,若一些子碍,便成两截,须是打并了障塞,便滔滔地

去。(卷六)

上述诸例中下画线的成分都是用来表示先后顺序的关联成分,如果我们将这些成分去掉,这些句子要么顺序义不明显,要么就不可说。可比较:

[150]′*譬如论药性,性寒、性热之类,药上亦无讨这形状处。只是服了,却做得冷做得热底,便是性,便只是仁义礼智。

[151]′*他自是做一番天地了,坏了,恁地做起来,那个有甚穷尽?

[152]′?须晓得他底言词了,看其说于理当否。

[153]′?譬如烧火相似,必吹发了火,加薪,则火明矣。

[154]′?近来文字,开了闔,闔了开,开闔七八番,到结末处又不说,只恁地休了。

[156]′*才说偏了,着一个物事去救他偏,越见不平正了,越讨头不见。

[157]′*须这一段透了,看后板。

[158]′?公了能仁,私便不能仁。

[159]′*人之有才者出来做得事业,也是它性中有了,出来做得。

[160]′*譬如水,若一些子碍,便成两截,须是打并了障塞,滔滔地去。

这充分说明,这类句子中"[+先时]"的意义不是由"了"来标记的,而是由这些表示顺序义的关联词语标记的,因此,我们认为这里的"了"也仅仅是表"实现"的体标记,与续后无关。

(五)"了"作事态助词

不少学者把句尾的"了"称作语气词,北京大学中文系 1955、1957 级语言班编著的《现代汉语虚词例释》也把句尾的"了"称作语气词,云:"放在句尾,表示一种肯定、确定的语气,而又着重说明变化,即着重说明一种情况的已经发生。"① 这就是把体意义与语气意义合在一起加以表述,反映了该书对这个问题认识存在一定的犹疑,引起了后来学者的争议。曹广顺(1987)把句尾的"了"看作语气词,并且从历时的角度考察了"了"的发展轨迹,而曹广顺(1995)却把这种"了"放在"事态助词"一章中加以讨论,

---

① 参考该书 313 页,商务印书馆 1982 年版。

说明他对该问题的看法产生了改变。吴福祥（2004）则将这类"了"处理成"事态助词"，认为"事态助词'了'的典型功能是肯定某一事态出现了变化或将要出现变化，并把这种事态变化作为一种新情况加以报道。"我们赞成吴福祥的看法，认为"了"是事态助词，属于广义的动态范畴标记。

《朱子语类》中"了"位于句末的用法相当普遍，主要有四种基本情况：

1. "动＋了"

即"了"紧挨在句末动词后面，如：

[161] 虽都是左转，只有急有慢，便觉日月似右转了。(卷二)

[162] 但才见张天师，心下便不信了。(卷三十四)

[163] 晚年大喜，不惟错说了经书，和佛经亦错解了。(卷四十五)

[164] 却是后来人欲肆时，孝敬之心便失了。(卷四十二)

[165] 曰："然，战法自不用了。"(卷四十三)

以上例子中的"了"位于句末，但其管辖范围难以确定。我们只能根据句意来判断"了"是管辖全句，还是仅仅管辖动词的，如果是仅管辖动词，便看作动态助词，管辖全句姑且看作事态助词。但实际辨认十分困难，因为没有形式标准，我们首先是根据句子是否要突出表现"了"前动词表示的动作或行为的完成或实现，如由于《朱子语类》中"了"位于句末的否定句用例大多没有突出动作或行为的完成或实现的意思，我们就把这类句子中的"了"作为典型的管辖全句的事态助词来处理：

[166] 然此一等人只是如此了，自是不可进了。(卷六十一)

[167] 若说天只是高，地只是厚，便也无说了。(卷三十六)

[168] 义刚言："二者皆是要誉，而天理都不存了。"(四十二)

由于不表示动词本身所表示的动作行为情貌，很多学者将这种"了"看作"语气词"，我们认为，这类句子的语气是由句意本身决定的，"了"只表示事情或情况出现了变化或是预料中的情况出现。

如果这种"了"出现在肯定句中，情况就比较复杂了。朱德熙先生（1982）曾指出在现代汉语中"如果句尾'了'前边是动词，这个'了'可能是语气词，也可能是动词后缀'了'和语气词'了'的融合体。例如'他笑了'有两种意思。一种意思是说他原来没有笑，现在开始笑了。这个时候，句末的'了'是语气词。另一种意思是说他刚才笑了，笑的动作现在已经完成。

这个时候,句子的构造是:他笑了了。前一个'了'是动词后缀,后一个'了'是语气词,实际说话的时候,两个'了'融合成一个。"《朱子语类》中也有大量类似的用例,不过,我们将朱先生所说的语气词"了"看作事态助词,请看下面的用例:

[169] 看来此只是因足食、足兵而后民信,本是两项事,子贡却做三项事认了。(卷四十二)

[170] 也有被别人只管说,说来说去,无奈何去克己,少间又忘了。(卷四十一)

[171] 若有间断,此心便死了。(卷四十三)

[172] 所谓道理者,即程夫子与先生已说了。(卷十八)

这类句子中的"了"既可以看成是单纯的事态助词,也可以被看作动态助词和事态助词的合体形式。

2. "形 + 了"

形容词做谓语带"了"位于句末,或"形 + 了"独立充当小句。如:

[173] 以文义推之,不得不作后妃,若作文王,恐太隔越了。(卷八十一)

[174] 才为些小利害,讨些小便宜,这意思便卑下了。(卷四十二)

[175] 今已不知沱所在。或云蜀中李冰所凿一所,灌荫蜀中数百里之田,恐是沱,则地势又太上了。沱水下有一支江,或云是,又在沱下,太下了。(卷七十九)

[176] 如升降揖逊,古人只是诚实依许多威仪行将去,后人便自做得一般样忒好看了。(卷三十九)

[177] 如公之论,都侵过说,太苛刻了。(卷二十九)

[178] 却得程氏说出气质来接一接,便接得有首尾,一齐圆备了。(卷二十九)

这类用例中的"了"和前文所讨论的"形 + 了"中"了"作为动态助词情况不同的是,这类句子没有变化义,即词类用例中形容词后的"了"在句中不表示状态的变化,而是表示某种情状或性质和预期的要求(或标准)相比,出现了变化,这类"了"的虚化程度更高,近乎纯粹的语气词了。如果有变化义,情况就复杂了,如:

[179] 御河之水清见底。后来黄河水冲来,浊了。(卷一)

[180] 若不去那大坛场上行,理会得一句透,只是一句,道理小了。
(卷十三)

例 [179][180] 除了表示事态外,可能还有动态的意义,例 [179]"浊了"
表示河水由清到浊这种状态的变化,例 [180]"道理小了"表示将导致或出
现某种状况,这类"了"带有两层意义:作为事态助词是把这一变化作为一
个新情况、新信息告诉给听话者;作为动态助词,是表明有一个变化过程。

3."动+补+了"

又可以分如下几种情况:

(1)"动+程度补语+了"

[181] 老氏之言死定了。(卷四十四)

[182]"克己"底,则和那欲吃之心也打叠杀了。(卷四十四)

[183] 此是孔子说管仲胸中所蕴及其所施设处,将"器小"二字断
尽了。(二十五)

这类句子大多只表示一种判断,表示按说话人的预期,情况会(或已
经)实现,句末的"了"为事态助词。

(2)"动+结果补语+了"

[184] 到下面问"今之从政者何如",却是问错了。(卷四十三)

[185] 别人不晓禅,便被他谩;某却晓得禅,所以被某看破了。(卷
四十一)

[186] 只是杀贼一般,一次杀不退,只管杀,杀数次时,须被杀退
了。(卷二十四)

这类句子中"了"通常具有双重功能,大多数情况下可以将其句法结构
分解为:

[184]′ 到下面问"今之从政者何如",却是问〈错了1〉了2。

[185]′ 别人不晓禅,便被他谩;某却晓得禅,所以被某看〈破了1〉
了2。

[186]′ 只是杀贼一般,一次杀不退,只管杀,杀数次时,须被杀〈退

了 1〉了 2。

不难看出,此时位于补语部分中的"了 1"为表动态的助词,句末的
"了 2"为事态助词。因此,"动+结果补语+了"中的"了"应该是动态助词
和事态助词的合体形式。

(3)"动+状态补语+了"

[187] 今若只恁地说时,便与那"小人闲居为不善处,都说得贴
了。"(卷十六)

[188] 疑得初间圆,上面阴阳交争,打得如此碎了。(卷二)

[189] 语尚未终,先生曰:"下面说得支离了。"(卷二十一)

这类句子"了"的功能需要结合句意来看,如果仅单纯表示状态,"了"
可看成事态助词,如例 [187];如果表示状态变化,则可能含有动态义,"了"
则可能既是动态助词又是事态助词。

4."动+宾+了"

据刘坚(1992)研究,魏晋南北朝时期,"了"和"已""毕""竟""讫"一起
构成了汉语中表示完成状态的句式"动+宾+完成动词"。唐代,"了"逐
渐取代了这四个词,在这个格式中占据了主导地位,即形成了"动+宾+
了"形式。在《朱子语类》中"动+了+宾"已十分常见,但"动+宾+了"
却很少见。这说明南宋动态助词"了"的使用已经基本上取代了完成动词
"了"。

《朱子语类》中"动+宾+了"有两种具体表现形式:一是动词直接带宾
语,如:

[190] 若能如此,便是心在,已有七、八分仁了。(卷四十九)

[191] 看甚么物事来掉在里面,都不见形影了。(卷三十五)

[192] 众小人托这一君子为芘覆,若更剥了,是自剥其庐舍,便不
成剥了。(卷七十一)

[193] 因言魂魄鬼神之说,曰:"只今生人,便自一半是神,一半是
鬼了。"(卷三)

[194] 如诸侯祭天地,大夫祭山川,便没意思了。(卷三)

和《变文》中"动+宾+了"中"了"作谓语或补语不同,《朱子语类》这

类格式中"了"已经失去了"完结"义，曹广顺（1995）把这类"了"归入"事态助词"而没有将其看作语气词，说明他认为这里的"了"和普通语气词存在一定的差别。差别在于这里的"了"除了"表示一种肯定、确定的语气"外，"而又着重说明变化，即着重说明一种情况的已经发生。"后者实际上是一种"体"意义。我们赞同曹广顺的意见。

二是动词后带动态助词"了"再带宾语，如：

[195] 大率人难晓处，不是道理有错处时，便是语言有病；不是语言有病时，便是移了₁这步位了₂。（卷十六）

[196] 王质不敬其父母，曰："自有物无始以来，自家是换了₁几个父母了₂。"（卷一百二十六）

[197] 且等我看了₁一个了₂，却看那个，几时得再看？（卷八十）

[198] 为学之道，如人耕种一般，先须办了₁一片地在这里了₂，方可在上耕种；今却就别人地上铺排许多作底物色，这田地元不是我底。（卷一百一十五）

这种格式是《变文》所没有的，应该是新产生的格式，尤其是例[198]动词"办"后面带的是一个兼语结构，更是少见。在这些用例中"了"已明显分化成两个："了₁"为动态助词，"了₂"为语气词。这种用法和现代汉语基本一致了，说明"了"到《朱子语类》时代，语法化已基本完成。

最后我们再通过《朱子语类》来看看学界围绕句尾"了"是否为语气词及其来源的争议问题。刘勋宁（1985）持"了"为语气词说，认为是来源于五代时产生的"了也"。他以《祖堂集》为例，进行分析后认为，语气词"了"应该是"了也"的合音。曹广顺（1987）也把句尾的"了"看作语气词，不过，他认为《祖堂集》中"V 却 O 了"的产生，是"了"虚化为"了₂"的前提。《朱子语类》中有少量的"了也（17 例）"和"V 却 O 了（4 例）"。先来看"了也"用例：

[199] 圣贤说出来底言语，自有语脉，安顿得各有所在，岂似后人胡乱说了也！（卷十一）

[200] 学者不于富贵贫贱上立定，则是入门便差了也。（卷十三）

[201] 到立时，便是脚下已踏着了也。（卷二十）

[202] 若不慎独，便有欲来参入里面，便间断了也，如何却会如川流底意！（卷三十六）

孙锡信(1999)和杨永龙(2001)不同意刘勋宁的观点。孙锡信认为"了也"连缀使用并不能说明"了"的虚化,杨永龙指出这里"了也"中的"了"只表示体意义,不表示语气意义,句子的语气意义由"也"承担。我们认同孙锡信和杨永龙的看法。可以通过"消元法"来测试:如果将句末成分删除,剩下的部分仍可以保持原句语法意义基本不变,则被删的成分是语气词;如果剩下的部分在句法上成立或即使成立也改变了原句的语法意义,则删除成分则不是语气词,请比较:

[199]′? 圣贤说出来底言语,自有语脉,安顿得各有所在,岂似后人胡乱说!

[200]′*学者不于富贵贫贱上立定,则是入门便差。

[201]′? 到立时,便是脚下已踏着。

[202]′*若不慎独,便有欲来参入里面,便间断,如何却会如川流底意!

[199]″圣贤说出来底言语,自有语脉,安顿得各有所在,岂似后人胡乱说了!

[200]″学者不于富贵贫贱上立定,则是入门便差了。

[201]″到立时,便是脚下已踏着了。

[202]″若不慎独,便有欲来参入里面,便间断了,如何却会如川流底意!

例[199]′—[202]′ 不成立,因此"了也"作为整体不能被看作语气词;例[199]″—[202]″ 可以成立,单个"也"可被看作语气词。

再来看"V 却 O 了"用例:

[203] 心若先有怒时,更有当怒底事来,便成两分怒了;有当喜底事来,又减却半分喜了。(卷十六)

[204]"知和而和",离却礼了。(卷二十二)

[205] 才放教和,便是离却礼了。(卷二十二)

[206] 然只有"生"字,便带却气质了。(卷九十五)

虽然这几例中"却"没有完全虚化,但都带有明显的动态义,因此句末的"了"表示动态的职责就大大减轻。我们在《朱子语类》发现了一例在句末"了"位置上用"矣"的例子:

[207] 只用他这一说,便瞎却一部诗眼矣!(卷二十三)

"矣"是古代汉语中较为典型的句末语气词之一,可见上述例[203]—[206]中的"了"和"矣"存在一定的对应关系,可能正因为如此,曹广顺(1987)认为来源于此种格式的"了"为语气词,不过,曹广顺(1995)又把这种"了"当作事态助词进行处理。杨永龙(2001)则认为句尾的"了"含有一定的语气意义,并指出"了"的语气意义是由含有体意义的"了"处于句尾而逐渐衍生出来的,纯语气词"了"又是由兼表体意义和语气意义的"了"进一步发展、丧失了体意义而变成的。① 杨永龙的分析似乎比较符合实际。

第二节 《朱子语类》"得失"类词语的标记化状况

一、《朱子语类》中"得"的标记化状况

《朱子语类》中,"得"一共出现了19154处,用法多样,有的作一个词中的语素;有的单独作动词;有的作动词前的助动词;有的作动补结构中的补语;有的作动态助词。

(一)"得"作语素

"得"作语素主要出现在"了得""晓得""不得已"等词语中,其中"了得"47例、"晓得"265例、"不得已"82例,这里各举两例:

[208] 大凡学者,无有径截一路可以教他了得;须是博洽,历涉多,方通。(卷八)

[209] 自家徒能"临大节而不可夺",却不能了得他事,虽能死,也只是个枉死汉!(卷三十五)

[210] 理会得那个来时,将久我着实处皆不晓得。(卷三)

[211] 先须晓得他底言词了,然后看其说于理当否。(卷十)

[212] 解经已是不得已,若只就注解上说,将来何济!(卷十)

[213] 圣人不得中道者与之,故不得已取此等狂狷之人,尚有可裁节,使过不及归于中道。(卷二十九)

例[208][209]中的"了得"是"理解、明白"的意思,该词没有保留到

---

① 杨永龙:《〈朱子语类〉完成体研究》,河南大学出版社2001年版,第127页。

现代汉语中来,例 [210] [211] 中的"晓得"和例 [212] [213] 中的"不得已"保留到现代汉语中来了,且意义基本保持不变。本小节不考察《朱子语类》中"得"作语素时的使用状况。

(二)"得"作表"得到"义动词

"得"作表"得到"义动词通常作谓语中心词,有带宾语和不带宾语两种情况,其中带宾语的用例占大多数。如:

[214] 十二会,得全日三百四十八,余分之积,又五千九百八十八。(卷一)

[215] 如一江水,你将杓去取,只得一杓;将碗去取,只得一碗;至于一桶一缸,各自随器量不同,故理亦随以异。(卷四)

[216] 气有清浊,人则得其清者,禽兽则得其浊者。(卷四)

[217] 富贵有命,如后世鄙夫小人,富尧舜三代之世,如何得富贵?(卷四)

[218] 求仁而得仁,又何怨!(卷三十四)

[219] 志方是趋向恁地,去求讨未得。(卷二十三)

[220] 只变易颜色亦得,但觉说得太浅。(卷二十一)

[221] 人若有向学之志,须是如此做工夫方得。(卷四)

以上用例,"得"均为动词,作谓语中心词,例 [214]—[218] 带宾语,例 [219]—[221] 后不带宾语,"得"具有"取得、获得"义。

(三)"得"作助动词

"得"作助动词对应于现代汉语多个义项,从句法角度看,一般作句中主要动词的状语。下面分别考察:

1.必要、必须或需要

[222] 曰:"也不曾教人不得思虑,只是道理自然如此。"(卷七十二)

[223] 若光身有过失,欲赐规正,则可以通书简,分付吏人传入,光得内自省讼,佩服改行。(卷七十二)

[224] 温公作相日,有一客位榜,分作三项云:"访及诸君,若睹朝政阙遗,庶民疾苦,欲进忠言,请以奏牍闻于朝廷,某得与同僚商议,择可行者取旨行之。"(卷七十二)

例 [212] 中的"不得思虑"即"不必(或不须)思虑",例 [223]"得内自省讼"即"必须(要)内自省讼",例 [224] 中"得与同僚商议"即"需要与同僚商议"。从句意来看,前两例表达"必要性"的意思较强,"得"可以理解为"必要或必须",后一例表达"必要性"的意思较弱,可理解为"需要"。

2. 能够、可能

[225] 或只得隐忍,权以济一时之急耳,然终非常法也。(卷七十二)

[226] 然而观象,则今不可得见是如何地观矣。(卷七十二)

[227] 以阳刚居中正,当萃之时而居尊位,安得又有"匪孚"? (卷七十二)

[228] 譬如人病伤寒,在上则吐,在下则泻,如此方得病除。(卷七十二)

[229] 问:"如何得'悔亡'?"(卷七十二)

这几例中"得"前尽管有不同的修饰语,但"得"的含义基本相同:例 [225]"只得"是"只能够"的意思,例 [226]"不可得"是"不可能"的意思,例 [227]"安得"是"哪可能"的意思,例 [228]"方得"是"才能够"的意思,例 [229]"如何得"是"怎么能"的意思。

3. 允许、许可

"得"表"允许、许可"义只用于否定句中,如:

[230] 盖以阳居阴,不极其刚,而前遇二阴,有藩决之象,所以为进,非如九二前有三、四二阳隔之,不得进也。(卷七十二)

[231] 丹朱缘如此,故不得为天子;我如此勤苦,故有功。(卷七十八)

例 [230] 中"不得进"即"不可进",例 [231]"不得为天子"即"不可为天子"。《朱子语类》中"得"表"允许、许可"义的用例极少。

(四)"得"作补语

1. 独立作可能补语

"得"后不带其他成分,独立充当补语,有肯定和否定两种形式,即以"动+得/不得"格式表示某种动作实现的"可能性/不可能性"。如:

[232] 如"心""性"等字,未有时,如何撰得? (卷一百四十)

[233] 论某尝说,此所谓平者,乃大不平也,不知怎生平得。(卷七十二)

[234] 且彼所为既失矣,为上者如何不恤得? (卷七十二)

[235] 马是行底物,初间行不得,后来却行得。(卷七十二)

[236] 是个进退不得、穷极底卦,所以难晓。(卷七十三)

[237] 却是有一样事,或吉或凶,成两岐道理,处置不得,所以用占。(卷七十二)

例 [232]—[234] 加着重号部分是肯定形式的补语,表示可能或许可;例 [235]—[237] 加着重号部分是否定形式的补语,表示不可能或不许可。通常情况下,现代汉语中,作可能补语的"得"后面一般不带宾语,《朱子语类》中出现少量带宾语的用例,如:

[238] 山谷不甚理会得字,故所论皆虚;米老理会得,故所论皆实。(卷一百四十)

该例中"理会得"就是"能够理会"的意思,前一个"理会得"带了一个宾语"字",这种用法在现代汉语中已不见了。

2. 作动相补语

《朱子语类》中"得"作动相补语,其后既可以带宾语,如:

[239] 程子张子是他自见得,门人不过只听得他师见成说底说。(卷五)

[240] 如昼极必感得夜来,夜极又便感得昼来。(卷七十二)

[241] 言人占得此爻者,能中行则无咎,不然则有咎。(卷七十二)

[242] 他这里却看得"止"字好。(卷七十三)

也可以不带宾语,如:

[243] 而今说已前不曾做得,又怕迟晚,又怕做不及,又怕那个难,又怕性格迟钝,又怕记不起,都是闲说。(卷十)

[244] 学者做工夫,莫说道是要待一个顿段大项目工夫后方做得,即今逐些零碎积累将去。(卷八)

[245] 言语轻率,听得便说,说则无能得了。(卷二十一)

[246] 而今某自不曾理会得,如何说得他是与不是。(卷二)

例 [239] [245] 中的"听得"即"听到",例 [240] 中的"感得"即"感到",例 [241] 中的"占得"即"占到",例 [242] 中"看得"即"看到"或"看出",例 [243]、例 [244] 中的"做得"即"做到",例 [246] 中的"理会得"即"理会到",这些用例中的"得"仍有一定的"获得"义,但和动词"得"相比,意义有较大程度的虚化,可看作动相补语。

动相补语进一步虚化,就可能成为动态助词。《朱子语类》中存在一些"得"理解出动相补语和动态助词两可的用例,如:

[247] 某尝见范太史之孙某说,亲收得温公手写本,安得为非温公书!(卷一百三十)

[248] 易者只做得一半,简者承之。(卷七十四)

例 [247] "收得"既可以理解为"收到"也可以理解为"收了",例 [248] "做得"既可以理解为"做到"也可以理解为"做了",这种用例可以看作"得"从动相补语向动态助词方向发展的过渡现象。

(五)"得"用作介词

《朱子语类》中还有一些"得"位于动词和表示时间或处所词语之间,起引介作用,相当于"到",《敦煌变文》中无此用法。如:

[249] 曰:"巽在坎下,便是木在下面,涨得水上上来。"(卷七十三)

[250] 且如人学射,若志在红心上,少间有时只射得那帖上;志在帖上,少间有时只射得那垛上;志在垛上,少间都射在别处去了!(卷九)

[251] 盖道理至广至大,故有说得易处,说得难处,说得大处,说得小处。(卷十九)

[252] 而今讲学,便要去得与天地不相似处,要与天地相似。(卷三十六)

[253] 若必欲等大觉了,方去格物、致知,如何等得这般时节!(卷十七)

[254] 不是元有个恶在那里,等得他来与之为对。(卷一百一十)

[255] 而今学者去打坐后,坐得瞌睡时,心下也大故定。(卷一百一

十六)

　　[256] 信只似与人相约,莫要待得言不可复时,欲徇前言便失义,不徇便失信。(卷二十二)

　　介词"得"和作动相补语的"得"的主要区别是介词"得"后一般接表示时间或处所的词语,动相补语一般接非时间、处所词语,或者不接任何词语。如:

　　[257] 然下面都不曾说得切要处着,但说得孝之效如此。(卷八十二)
　　[258] 某待得见魏公时,亲与之说。(卷一百零三)
　　[259] 某谓,看论孟未走得三步,看左传底已走十百步了! (卷八十三)
　　[260] 须自看得,便都理会得。(卷三)

　　例[257]"得"后接处所词语、例[258]"得"后接时间词语,两例中的"得"均为介词;例[259]"得"后接的是非处所和时间词语、例[260]"得"后未接任何成分,应该是动相补语。

　　(六)"得"用作结构助词
　　《朱子语类》中"得"作结构助词时主要位于动词(或形容词)和补语之间,构成"动+得+补"形式。曹广顺(1995)曾指出,"动+得+补"是宋代"得"字使用最多的格式,也是发展最明显的格式,作补语的成分也是多种多样。如:

　　[261] 大碗盛得多,小碗盛得少。(卷九十八)
　　[262] 孔子说得细腻,说不曾了。孟子说得粗,说得疏略。(卷四)
　　[263] 若看得有精神,自是活动有意思。(卷一百一十四)
　　[264] 于细微节目工夫却有欠缺,与后世佛老近似,但佛老做得忒无状耳。(卷四十)
　　[265] 向在浙东祈雨设醮,拜得脚痛。(卷一百二十六)
　　[266] 孟子激发人。说放心、良心诸处,说得人都汗流! (卷五十九)
　　[267] 须是操存之际,常看得在这里。(卷一百一十五)
　　[268] 看得来,他也只是养得分外寿考,然终久亦散了。(卷三)

[269] 到得随他资质做得出来,自有高下大小,然不可不如此做也。(卷五十六)

[270] 若能于一处大处攻得破,见那许多零碎,只是这一个道理,方是快活。(卷八)

[271] 公只是硬要去强捺,如水恁地滚出来,却硬要将泥去塞它,如何塞得住!(卷十六)

[272] 被异端说虚静了后,直使今学者忙得更不敢睡。(卷二百二十)

例 [261] [262] 是形容词作补语;例 [263] 是动宾结构作补语;例 [264] 是偏正结构作补语;例 [265]、例 [266] 是主谓结构作补语;例 [267] 是介宾结构作补语;例 [268]、例 [269] 是趋向动词作补语;例 [270]、例 [271] 是单独的动词作补语;例 [272] "得"前是形容词,后是偏正结构作补语。从语义类型来看,"得"后的补语有状态补语(如例 [261] [263] [267])、结果补语(如例 [265] [272])、程度补语(如例 [262] [266])、趋向补语(如例 [268] [269])、可能补语(如例 [270] [271])等,几乎涵盖了现代汉语补语的所有类型,说明《朱子语类》中作为补语标记的"得"发展基本成熟。

(七)"得"作动态助词

《朱子语类》中存在大量这样的用例:"得"位于动词后,没有"获得""得到"的意思,其实词语义已经消失,且"得"前的动词也没有"取"类动词的语义特征。所以我们认为这类句子中的"得"是动态助词。"得"作动态助词在《朱子语类》中使用比较广泛,句法形式也表现多样。下面分别说明。

1. 表"完成"或"实现"

(1)"动+得"

"得"后不带宾语或补语成分,如:

[273] 又如吃药,吃得会治病是药力,或凉,或寒,或热,便是药性。至于吃了有寒症,有热症,便是情。(卷一)

[274] 旁人见得,便说能成仁。(卷一)

[275] 其后诸公只听得便说将去,实不曾就己上见得,故多有差处。(卷五十九)

[276] 若不用躬行,只是说得便了,则七十子之从孔子,只用两日说便尽,何用许多年随着孔子不去。(卷十三)

[277] 将知觉说来冷了。觉在知上却多,只些小搭在仁边。仁是

和底意。然添一句,又成一重。须自看得,便都理会得。(卷四十七)

[278] 不是半上落下,今日做得,明日又休也。(卷九)

[279] 曾子三省,看来是当下便省得,才有不是处,便改。不是事过后方始去改,省了却又休也。只是合下省得,便与它改。(卷二十一)

[280] 且看大纲识得后,此处用度算方知。(卷二)

以上用例中"得"表示"动作已经实现或完成",相当于动态助词"了"。如例 [273] 前句中的"吃得"和后句的"吃了"相对应,就说明"得"和"了"有相同的语法意义。不过,从《朱子语类》中"动+得"不带宾补成分这种形式出现的语境来看,大多出现在表示"先时"的语境中,即"动+得"后通常有一个后续动作行为或行为引起的结果或状态。然这类用例的"得"后通常另用表承接的关系词如"便(例 [274]—[277])""又(例 [278])""才(例 [279])"来连接后续动词成分,后者用表示后续的指示词"后(例 [280])"指引后续成分,因此,这种情况下的"得"还不能被认定为"先时"体标记。

(2)"动+得+宾"

"动+得+宾"是宋代"得"字常见的用法之一,使用频率高,格式中出现的动词也丰富多样,宾语也多样化,显示了很强的生命力。

[281] 譬如吃饭,碗中盛得饭,自家只去吃,看那滋味如何,莫要问他从哪出来。(卷一百二十)

[282] 见得圣人言行,极天理之实而无一毫之妄。(卷十九)

[283] 近日陆子静门人寄得数篇诗来,只将颜渊、曾点数件事重叠说。(卷一百一十七)

[284] 谦言:"渠曾病,坐得三四日便无事"。(卷一百二十六)

[285] 若看得三四章,此心便熟。数篇之后,迎刃而解矣。(卷十九)

[286] 假如今日做得一件事,自心安而无疑,便是是处……(卷十三)

以上用例中"了"都可以用现代汉语中"了"来替换,表示动作行为的完成或实现。例 [281]—[284] 都是在现实中已经完成实现,即在已然句中表示动作行为完成实现;例 [285][286] 是在未然句中,表示一种假设的将来的完成实现。

(3)"形＋得＋表量词语"

《朱子语类》中有少量"形＋得＋些(子)"格式的用例,表示性质或状态出现了形容词所描述的变化。如:

> [287] 看来"欲"与"先"字,差慢得些子,"在"字又紧得些子。(卷十五)
>
> [288] 如新病安来说方病时事,如说我今日病较轻得些,便是病未曾尽去,犹有些根脚,更服药始得。(卷二十九)
>
> [289] 公西华较细腻得些子,但也见不透。(卷四十)
>
> [290] 恻隐比三者又较大得些子。(卷五十三)
>
> [291] 干道更多得上面半截,坤只是后面半截。(卷六十八)
>
> [292] 往往两件事都有利,但那一件事之利稍重得分毫,便去做那一件。(卷二十七)

从句法角度看以上用例中"得"后的表量词语应该是补语,但这类结构中的"得"具有动态义,可以用"了"来替换,和普通的"形＋得＋补"用例存在着一定的差别,试比较:

> [293] 但"命"字较轻得些。(卷九十八)
>
> [294] 介甫固不是,但教东坡作宰相时,引得秦少游黄鲁直一队进来,坏得更猛。(卷一百三十)
>
> [293]′ 但"命"字较轻了些。
>
> [294]′ *介甫固不是,但教东坡作宰相时,引得秦少游黄鲁直一队进来,坏了更猛。

将"得"用"了"替换后,例[293]′是可说的,例[294]′则不可说,因此,例[294]中的"得"是结构助词,例[293]中的"得"是动态助词。

2. 表"进行"或"持续"

"得"跟在表持续的动词后面,既有后面不带宾语的格式,如:

> [295] 居,只是常常守得,常常做去;业,只是这个业。(卷六十九)
>
> [296] 若真是见得君子小人不可杂处,如何要委屈遮护得!(卷一百二十三)
>
> [297] 这非惟是在下之人懒,亦是人主不能恁地等得,看他在恁地

舞手弄脚。(卷一百二十八)

　　[298] 尝言坐即靠倚,后来捱三四日便坐得。(卷一百四十)

也有后面带宾语的格式,如:

　　[299] 有心,便存得许多理。(卷六)

　　[300] 从隙中窥,但见人马皆满路,见苗傅左手提得王渊头,右手提一剑以徇众。(卷一百二十七)

　　[301] 人之狭隘者,只守得一义一理,便自足。(卷三十五)

　　[302] 今人不见得他里面藏得法,但只管学他一滚做将去。(卷一百三十九)

以上诸例中"得"前的动词都是可持续的动词,"着"在句中的作用就是凸显 [＋持续] 这一语义,这类"得"相当于现代汉语中的动态助词"着"。可看成"持续体"标记。值得注意的是《朱子语类》中"得"表示"持续",有时还和表示存现状态助词"在"同现,如:

　　[303] 林择之云:"唐有墓祭,通典载得在。"(卷九十)

　　[304] 然而所以据此德,又只要存得这心在,存得这心时,那德便有在。(卷三十四)

这种用法《变文》未见,现代汉语普通话中也不存在,但在一些方言(如江淮官话)中普遍存在。

　　3. 表"先时"

　　《朱子语类》中有一种比较特殊的格式:"到＋得＋宾",共出现 266 例。冯春田(1994)、吴福祥(2004)对此格式均有论述。冯春田认为"得"是表示"到"的实现,"到得"可替换成"到了"或"得"省略。但冯春田忽视了一个现象,即这种格式一般不独立成句,需要后续成分;吴福祥(2004)指出这种格式中的"得"不能被别的动态助词(如了1、却)替代,但没有解释这类"得"的具体性质,下面我们结合具体用例,略作说明。

　　[305] 到得月中天时节,日光在地下,迸从四边出,与月相照,地在中间,自遮不过。(卷二)

　　[306] 到得汉兴,虽未尽变亡秦之政,如高文之宽仁恭俭,皆是因

秦之苟刻骄侈而损益其意也。(卷二十四)

[307] 止之为言，未到此便住，不可谓止；到得此而不能守，亦不可言止。(卷十四)

[308] 如有某人平日与自家有怨，到得当官，彼却有事当治，却怕人说道因前怨治他，遂休了。(卷十三)

[309] 须是玩味反复，到得熟后，方始会活，方始会动，方有得受用处。(卷十一)

[310] 如人要向个所在去，便是志；到得那所在了，方始能立；立得牢了，方能向上去。(卷二十三)

[311] 到得夷狄，便在人与禽兽之间，所以终难改。(卷四)

[312] 到得这叹时，便是"欲罢不能"之效。(卷三十六)

不难看出，以上各例中下画实线部分都是以"到＋得＋宾"所表达的内容为先时条件的，且从例 [305]—[308] 来看，并没有使用表示后续承接的关系词，这就说明例 [309][310] 中使用的"方"和例 [311][312] 中使用的"便"并不是此种结构中强制要求的，因此，我们可以认为"到＋得＋宾"有较强的"示后"性特征，其中的"得"可看作"先时"体标记。

(八)"得"作语气词

《朱子语类》中还有一些"得"高度虚化，仅表示某种语气或口气的用法的用例。这类"得"大多数用在句末。如：

[313] 与人说话，或偶然与这人话未终，因而不暇及其他，如何逐人面分问劳他得！(卷七十二)

[314] 章怨叫曰："他日不能陪相公吃剑得！"(卷七十二)

[315] 若举此一人，则彼一人怨，必矣，如何尽要他说好得！(卷七十二)

[316] 读书亦然，书固在外，读之而通其义者却自是里面事，如何都唤做外面入来得！(卷一百二十一)

以上各个"得"位于句末，有加强语气的作用，和现代汉语中的语气词"的"相当。此外《朱子语类》中还有一些类似的"得"用于句中或复句中前一分句的末尾，或者虽位于句末其后又有其他语气词的用例。如：

[317]"亨于岐山"与"亨于西山"，只是说祭山川，想不到得如伊

川说。(卷七十二)

[318] 如韩退之原性中说三品,说得也是,但不曾分明说是气质之性耳。(卷四)

[319] 程子张子是他自见得,门人不过只听得他师见成说底说。(卷五)

[320] 言语轻率,听得便说,说则无能得了。(卷二十一)

例 [317] 中"想不到得"即"想不到的",例 [318] 中"说得也是"即"说的也是",两例中"得"都位于句中;例 [319] 中"自见得"即"自见的",位于分句末尾;例 [320]"无能得了"即"无能的了","得"后另有一个语气词"了"。这些用例中的"得"都是用来表达"确认""肯定"或"强调"口气的,应该看成语气词。"得"作语气词用法,此前的《敦煌变文》中未见,此后的《元刊杂剧》中多被"的"替代,因此应该是《朱子语类》时代特有的用法。

可以看出《朱子语类》时代,"得"是其发展史上用法最为丰富的时代。元代以后,由于"得"和"的"产生了分化,其部分功能由"的"担当,表示完成、持续的用法也逐渐衰落,作补语标志成为其主要功能,早期兼类,晚期功能迅速向单一化发展。

二、"取"的标记化状况

《朱子语类》中"取"共出现 1278 处,其中大部分都是单独作动词使用的,用在动词后的"取"有的作谓语动词,有的作补语或是动词词缀(如"可取""进取""截取(节取)"等,对这类用法,本节不予讨论),作动态助词"取"的只有 56 例。下面分别说明。

(一)"取"单独作动词使用

《朱子语类》中"取"绝大多数(近千例)作动词用,其义为"取得、获得",在句中作谓语动词,如:

[321] 但历家以右旋为说,取其易见日月之度耳。(卷二)

[322] 周世宗取三关,是从御河里去,三四十日取了。(卷二)

[323] 释氏云,"如水中盐,色中胶",取不出也。(卷四)

"取"作动词时,可以带宾语(如例 [321] 与例 [322] 前用),也可以带补语(如例 323),还可以不带任何成分(如例 [322] 后用),这与现代汉语中的用法完全相同,在此就不再详述了。

(二)"取"作补语

根据语义类型,又可分两种情况:

1. 作结果补语

"取"作结果补语时,通常跟在行为动词后面,表示"取"是这些动词带来或引起的,如:

> [324] 若我急往收取,资之以取江南,必可得也。(卷一百三十一)
>
> [325]"若欲学俗儒作文字,纵攫取大魁",因抚所坐椅曰:"已自输了一着!"(卷第十三)
>
> [326] 若割取诸国之地,则宁不谋反如汉晁错之时乎?(卷五十九)
>
> [327] 帅上其事于秦,即时摄取黄下大理,并其妻孥皆系之。(卷一三一)

《朱子语类》中"取"作结果补语的用例并不多。

2. 作动相补语

《朱子语类》中大多数作补语的"取"跟在感知动词后面(少数为"问"),意义比较虚,如:

> [328] 学者实下功夫,须是日日为之,就事亲、从兄、接物、处事理会取。(卷十三)
>
> [329] 人之所以为人,只是这四件,须自认取意思是如何。(卷十五)
>
> [330] 今去读书,要去看取句语相似不相似,便方始是读书。(卷十三)
>
> [331] 世间只有个阖辟内外,人须自体察取。(卷十九)
>
> [332] 如某向来作或问,盖欲学者识取正意。(卷一百二十一)
>
> [333] 莫依傍他底说,只问取自家是真实见得不曾?(卷一百一十六)

以上诸例中动词后的"取"既没有实义,也不表结果或动态,有些"取"字去掉后,句子语义不会发生明显的改变,更像是起一种音节衬托的作用。这类句子整体带有祈使、劝诱的意思,表达的是未然事件,由于动作尚未发生也就无所谓"动作实现"或"获得结果",这种"取"就不是表动态的助词,也不是一般意义上的结果补语。《变文》中和现代汉语中"取"都没有这种用法,因此,很难明确判定这种"取"的语法功能。不过,从意念上看,这类句子似乎含有一定的非常虚幻的"得到"义,和完全虚化的衬音助词不同,我们姑且将它们都看作动相补语。

(三)"取"作结构助词

我们在《朱子语类》中发现了两例"取"位于动词和补语之间的用例:

[334] 今既要理会,也须理会取透;莫要半青半黄,下梢都不济事。(卷九)

[335] 大凡看文字,须看取平,莫有些小偏重处。(卷二十一)

这两例中的"取"无任何实在意义,功能上和现代汉语结构助词"得"相当,例[334]中"理会取透"即"理会得透",例[335]中"看取平"即"看得平","取"在这里可以看作补语标记词,为结构助词。

(四)"取"作动态助词

《朱子语类》中"取"作动态助词的用例不多,比较明确的用例只有 56 例,具体又分以下几种情况:

1. 表示动作行为的实现

《朱子语类》中"取"作表"实现"的体助词约 18 例,大多出现在"动+取+宾"结构中,极个别用例出现在"动+取+趋向补语"或"动+取"结构中。如:

[336] 顷年张子韶之论,以为:"当事亲,便当体认取那事亲者是何物,方识所谓仁;当事兄,便当体认取那事兄者是何物,方识所谓义。"(卷十五)

[337] 某说,若如此,则前面方推这心去事亲,随手又便去背后寻摸取这个仁;前面方推此心去事兄,随手又便着一心去寻摸取这个义,是二心矣。(卷三十五)

[338] 当初经、总制钱,本是朝廷去赖取百姓底,州郡又去瞒经、总制钱,都不成模样!(卷四十二)

[339] 如看此两段,须先识取圣人功用之大,气象规模广大处。(卷六十四)

[340] 今人以邪心读诗,谓明哲是见几知微,先去占取便宜。(卷八

十一)

[341] 且如有金在地,君子便思量不当得,小人便认取去。(卷二十七)

[342] 但只于这个道理发见处,当下认取,簇合零星,渐成片段。(卷一百一十七)

例 [336]—[340]"取"出现在"动+取+宾"结构中,例 [341] 中"去"后有一个表示趋向的补语"去",例 [342]"取"后没有任何成分,从语法意义来看,这些用例中的"取"都可以用现代汉语的"了"替代,可以看作表"实现"的体标记。

2. 强调或突出动作行为

《朱子语类》中还存在一些"取"跟在动词后面,但将"取"去掉,句义不会产生明显改变的用例(共 12 例),从句法角度看,"取"后有带宾语或补语的,如:

[343] 何不看取上文:"仲山甫之德,令仪令色。"(卷二十)

[344] 其有知得某人诗好,某人诗不好者,亦只是见已前人如此说,便承虚接响说取去。(卷一百一十六)

[345] 莫依傍他底说,只问取自家是真实见得不曾? (卷一百一十六)

[346] 先生谓鲁可几曰:"事不要察取尽。"(卷一百二十)

也有不带任何后续成分的,如:

[347] 只为源头处用工较少,而今须吃紧着意做取。(卷一百一十五)

[348] 于细微曲折,人须自辨认取。(卷二十六)

[349] 人乐于见取,便是许助他为善也。(卷五十三)

[350] 王德修曰:"不必多问,但去行取。"(卷一百二十)

[351] 今不消理会样子,只如颜子学取。(卷六)

曹广顺 [1995] 把这一类"取"都归入"词缀",但问题是,按通常意义理解,词缀应该是构词成分,属于词的内部成分,而上述诸例中"取"和前面的动词明显不形成构词关系,这就使得我们必须从另外的角度寻求解释。我们认为,在这些用例中,尽管"取"不参与表达概念意义,但有标示和凸显前面动作行为的作用,用来强调动作行为的发生,可归入"发生"体标记。

3. 表示动作状态的持续

"取"跟在持续动词后面,标示动作行为或状态持续,有 26 例。如:

[352] 学者而今但存取这心,这心是个道之本领。(卷二十二)

[353] 须是积习持养,则气自然生,非谓一事合宜,便可掩取其气以归于己也。(卷五十二)

[354] 看易,记取"阴阳"二字;看乾坤,记取"健顺"二字,便不错了。(卷六十一)

[355] 若中道而立,无所偏倚,把捉不住,久后毕竟又靠取一偏处。(卷六十三)

[356] "知终"便是知得进到这处了;如何保守得,便终保守取,便是"终之"。(卷六十九)

[357] 只是被孔子写取在此,人见者自有所畏惧耳。(卷八十二)

[358] 今又更留取药在,却是去得一病,又留取一病在。(卷一百三十)

[359] 见得是善,从而保养取,自然不肯走在恶上去。(卷一百一十三)

[360] 叫客将掇取秦兵曹坐椅子去。(卷一百二十一)

[361] 他又爱说一般最险绝底话,如引取人到千仞之崖边,猛推一推下去。(卷一百二十六)

以上各例中"取"前的动词"存、掩、记、靠、保守、写、留、保养、掇、引"都为可持续动词,"取"的作用就是表示这些动作行为或动作行为引起的状态的持续性特征,相当于现代汉语的"着",是表"持续"的体标记。

三、"却"的标记化状况

"却"在《朱子语类》中一共出现 5247 次,绝大多数是作副词用,作动态标记的不多,此外还有极少数作动词和语素的。下面我们对该书中的"却"的运用情况进行具体的考察。

(一)"却"作谓语动词

"却"作谓语动词在《变文》中出现较多,但我们在《朱子语类》里发现1例:

[362] 既而虏兵却,言者攻赵相,谓进师非赵鼎意,坐是罢出。(卷一百三十一)

该例中"却"是"退却、退去"的意思,使用的还是"却"的本义。但书中仅此 1 例,说明《朱子语类》时代,"却"基本失去了本来用法,成为虚词了。

(二)"却"作语素

《朱子语类》中有少数"却"充当"忘却、了却"等词语的构成成分,成为语素,其中"了却"2 例,"忘却"10 例。这里各举两例:

[363] 不成只如此了却。(卷六十九)

[364] 此时便了却项羽,却较容易。(卷五十二)

[365] 若看未透,且看后面去,却时时将此章来提省,不要忘却,久当自明矣。(卷二十七)

[366] 范氏议论多如此,说得这一边,便忘却那一边。(卷三十一)

以上各例中的"却"既不是动态助词,也不是动词,其已与"忘""了"紧密结合,成了一个词,是词中的一个语素了。例中的"了却"即是"了结";"忘却"即是"忘记"。

(三)"却"作副词

"却"在《朱子语类》中绝大多数作为副词使用,主要有两种用法:一是作语气副词,用法占绝对优势,其中尤以表转折的语气副词为多,有 4000 多例;二是作关联副词,只有几十例。下面略作说明。

1. 表语气的副词

《朱子语类》中"却"作副词用时大多用来表示某种语气或口气的,具体又有两种情况:

(1) 表转折语气,如:

[367] 伏羲自是伏羲易,文王自是文王易,孔子因文王底说,又却出入乎其间也。(卷一)

[368] 解者多以仁为柔,以义为刚,非也。却是以仁为刚,义为柔。(卷六)

[369] 人但见有是非、节文、断制,却谓都是仁之本意,则非也。(卷六)

[370] 既是迟钝之资,却做聪明底样工夫,如何得! (卷八)

[371] 如此为学,却于自家身上有何交涉?(卷八)

[372] 其他以心处这理,却是未熟,要将此心处理。(卷八)

[373] 但下面说"合于心者为之,不合于心者勿为",却又从义上去了,不干仁事。(卷六)

以上各例中"却"后成分表达的内容和前提或预期相反,转折意义明显,例[367]—[370]中的"却"可用现代汉语中的"反而"替代,例[371]—[373]中的"却"则可用现代汉语中的"可(是)"替代。作为转折副词使用,是"却"在《朱子语类》的主要用法。

(2)表解说语气,如:

[374] 学者疑问中谓:"就四德言之,仁却是动,智却是静。"(卷六)

[375] 性中有此四者,圣门却只以求仁为急者,缘仁却是四者之先。(卷六)

[376] 然义之所以能行,却是仁之用处。(卷六)

[377] 如遇事亦然,事中自有一个平平当当道理,只是人讨不出,只随事羁将去,亦做得,却有掣肘不中节处。(卷八)

[378] 恻隐便是已发,却是相对言之。(卷五)

例[374]是个典型的说明句,"却"被用来加强语气,不过现代汉语中似乎没有和其准确对应的词;例[375][376]中加着重号的"却"位于因果句的释因分句中,引出原因或理由,相当于现代汉语中的"正(是)";例[377][378]中"却"后成分是解释情况的,"却"相当于现代汉语中的"(只)不过"。《朱子语类》中"却"表示解说语气的非常少,我们只找到十多例。

2.表关联的副词

《朱子语类》中还有一些作副词的"却"起连接上下文逻辑语义的作用,有联结单句内部成分的,如:

[379] 如大睡一觉,及醒时却有精神。(卷一)

[380] 此语分得轻重虚实处却好。(卷六)

[381] 然主于中者却是本,不可不知。(卷六)

[382] 问:"人心形而上下如何?"曰:"如肺肝五脏之心,却是实有一物。若今学者所论操舍存亡之心,则自是神明不测。……"(卷五)

也有联结分句的,如:

[383] 天命之性,若无气质,却无安顿处。(卷四)
[384] 也有资质中下者,不能尽了,却须节节用工。(卷八)
[385] 理会道理,到众说纷然处,却好定着精神看一看。(卷九)
[386] 先亦须是浊,渐渐刮将去,却自会清。(卷九)

以上这些用例中用"却"来表示事理之间存在关联,此时的"却"相当于"就、便"。《朱子语类》中"却"作关联副词的用法不多,只有几十例。现代汉语中已没有这种用法了。

(四)"却"作补语

《朱子语类》中"却"作补语的用例不多,只有几十例,大多为动相补语。如:

[387] 弃却甜桃树,缘山摘醋梨。(卷一百二十一)
[388] 是孟子不曾思量到这里,但说本性善,失却这一节。(卷五十五)
[389] 除却此四者,更有何物须是仁? (卷六十七)
[390] 汉儒之说尤疏,如以五般皇极配庶征,却外边添出一个皇极,或此边减却一个庶征。(卷七十九)
[391] 四者之中,去却两件刚恶、柔恶,却又刚柔二善中,择中而主池作"立"。(卷九十四)
[392] 大段不好底欲则灭却天理,如水之壅决,无所不害。(卷五)

以上各例中"却"的意义近似于"掉",表示动作对象被"消灭""去除",曹广顺(1995)从"却"和前面的动词的关系出发,把这类"却"都归入结果补语。实际上,这类句子突出的不是"却"而是其前面的动词,"却"的虚化程度比较高,我们将其归入动相补语。如果表义更虚,则成了动态补语,有时二者之间的界线并不十分明显。如:

[393] 除却不弘,便是弘;除了不毅,便是毅。(卷三十五)

按照本节的处理办法,例[393]中的"却"可归入动相补语,然从上下文来看,"却"和下面的"了"是互文的,看作动态助词似乎更合适。这就说明,动态助词"却"是作动相补语"却"进一步虚化的结果。

(五)"却"作动态助词

《朱子语类》中"却"作动态助词所占的比例很少,我们只发现37例,主要表示动作的实现、完成或状态的持续,多数是表动作的实现,表持续的意义占少数。"却"作动态助词有四种格式:i."动+却"格式;ii."动+却+宾";iii."形+却"格式;iv."形+却+宾"格式。

1.表动作行为的实现或状态的变化

(1)"动+却"

[394] 若不能充,今日这些子发了,又过却,明日这些子发了,又过却,都只是闲。(卷五十三)

[395] 自家立着志向前做将去,鬼神也避道,岂可先自计较,先自怕却!(卷一百二十六)

[396] 此就圣人说,却只是自然,不待勉强而推之,其字释却一般。(卷二十七)

[397] 不知先儒何故不虚心仔细看这道理,便只恁说却。(卷八十)

[398] 周世宗高平一战既败却,忽然诛不用命者七十余人,三军大振,遂复合战而克之。(卷一百一十)

这些用例"却"后均不带任何直接的句法成分,从表达的角度看,"却"可以用现代汉语的"了"来替换,表示动作行为已经实现或将要实现。不过我们发现,凡"却"出现的句子多带有表示消极或不如意情况,说明"却"可能还具有表达一定的情态功能。

(2)"动+却+宾"

[399] 若一时便诛却四个,亦自定矣。(卷一百三十五)

[400] 只为它"知和而和,都忘却礼耳"。(卷二十二)

[401] 只用他这一说,便瞎却一部诗眼矣!(卷二十三)

[402] 今听一言之下,遂活却一部毛诗。(卷八十一)

[403] 如今宰相思量得一边,便全然掉却那一边。(卷一百一十)

[404] 元来不是上面欠却工夫,乃是下面元无根脚。(卷十四)

[405] 便使能竭力去做,又得到状元时,亦自输却这边工夫了。(卷十三)

本小节各用例"却"后都接有体词性词语,不过这些词语和"却"不构成动宾关系,而是前面动词的宾语,"却"仅是表明动态的作用,表示动作行为的实现。值得注意的是,除例[402]外,其余各例都或多或少带有消极义。

(3)"形+却+宾"

通常情况下,"形容词"是用来描绘或说明事物的性质和状态的,似乎与"动态"范畴无关。不过由于汉语是缺乏形态变化的语言,汉语中的少数形容词可以在不改变形态的情况下直接表示事物的性质和状态的变化情况,此时的形容词后面即可以带上特定的动态助词(部分学者认为这样的形容词已经"动词化"了,这个问题不是本节关注的重点,这里不作讨论)。在《朱子语类》中,"却"也出现在这类形容词后面,作动态标记,从实际用例看,带宾语的情况略多。如:

[406] 三子所以各极于一偏,缘他合下少却致知工夫。(卷五十八)

[407] 本立而道生,多却"而"字。(卷十)

[408] 则古人未立太子者,不成是虚却此一爻! (卷六十八)

[409] 如被人少却百贯千贯却不管,及被人少却百钱千钱,便反到要与理会。(卷一百九十)

张国宪(1998)认为,"形容词通常不与完成动词构成直接成分,尤其排斥完成动词在它后面出现。出现在形容词后的'却'不可能成为结果补语。"吴福祥(1998)在分析"形+了"结构时曾指出,位于这种结构中的"了"不可能被看作表结果的"完"义的动词,此时,"了"语法意义为表示某种状态的实现。以上各例中"形+却"和吴福祥所讨论的"形+了"是基本对应的,从具体用例来看,例[406][409]中的"少却"就是"少了",例[407]中的"多却"就是"多了",例[408]中的"虚却"就是"虚了",这几例中的"却"也应该是"表示某种状态的实现"。

(4)"形+却"

《朱子语类》中"形+却"后不带宾语的用例极少,我们只找到3例,现列如下:

[410] 然事之是非,久却自定。(卷一百一十三)

[411] 设醮请天地山川神祇,却被小鬼污却,以此见设醮无此理也。(卷三)

[412] 今学者多言待发见处下手,此已迟却。(卷十七)

从句意来看,例 [410]“久却”应该是表示“过程实现”,例 [411]“污却”应该是表示“状态变化”,例 [412]“迟却”应该是表示“性质变化”,这几例中的“却”和现代汉语中实现体标记“了”相当。

2. 表动作行为或状态的持续

《朱子语类》中“却”表动作行为或状态的持续的用例比较少,我们仅发现 6 例,列举如下:

[413] 前辈说这一句,多是被不如己者不与为友底意思碍却,便说差了。(卷二十一)

[414] 不可恁地空说,将大纲来罩却,笼统无界分。(卷一百一十七)

[415] 便提却这“勿”字,一刀两段,己私便可去。(卷四十一)

[416] 于是一向背却正路,遂与正路相离了。(卷五十二)

[417] 盖上西阶而先右足,则背却主人;上东阶而先左足,则背却客;自是理合如此。(卷七十四)

[418] 人只管道某不合引他,如今被他累却。(卷一百一十四)

例 [413] 中的“碍却”即“碍着”,例 [414] 中的“罩却”即“罩着”,这两例采用的都是“动 + 却”形式;例 [415] 中的“提却”即“提着”,例 [416] [417]“背却”即“背着”,这三例“却”后均带有宾语,采用“动 + 却 + 宾”形式;例 [418]“累却”即“累着”,“累”为形容词,使用的是“形 + 却”形式。这些用例中的“却”表示动作行为或状态的持续,可看作“持续”体标记。

第三节　《朱子语类》“移位”类词语的标记化状况

和《敦煌变文》相比,《朱子语类》中“移位”类词语的语法化状况有了新的发展,比较明显的是“过”的动态标记功能逐渐明晰,“去”作为动态标记的用例大幅萎缩,“来”作为动态助词其功能开始分化。本节将结合具体调查情况,分别考察。

一、《朱子语类》中的“过”

“过”由本来表示趋向的运动动词(经过、走过)虚化而成为动态助词在

《敦煌变文》中已有萌芽,不过其发展重要阶段应该是南宋时期。其在《朱子语类》中出现 2300 多次,意义和用法较为复杂。从意义角度看,有如下一些情况:

有的表示"过错"义,如:

[419] 未过此关,虽有小善,犹是黑中之白;已过此关,虽有小过,亦是白中之黑。(卷十五)

[420] 与其得罪于乡间,不若且谏父之过,使不陷于不义,这处方是孝。(卷十四)

例 [419] 的"小过"即"小过失(错)",例 [420]"父之过"即"父亲的过错"。

有的表示"超出、超过"义,如:

[421] 才说合于心者行之,便侵过义人路底界分矣。(卷六)

[422] 若只管说,不过一两日都说尽了。(卷十三)

例 [421] 中的"过"是"超出"的意思,例 [422] 中的"不过"是"不超过"的意思。需要说明的是,《朱子语类》中还出现了一些词汇化的"不过",如:

[423] 却或曰:"程子张子是他自见得,门人不过只听得他师见成说底说,所以后来一向差。"(卷五)

[424] 天下之理,不过是与非两端而已。(卷十三)

这两例中的"不过"是一个词,表示"仅仅"的意思,"过"是其中的一个语素;而例 [422] 中的"不过"是个短语,"过"是个独立的词。二者有较大的区别。

有的表示"周全、全面"义,如:

[425] 今举者不忖自己力量去观书,恐自家照管他不过。(卷十)

[426] 未能至此,且据眼前占取义一边,放令分数多,占得过。(卷十三)

例 [425]"照管他不过"即"照管他不周全",例 [426]"占得过"即"占得全（面）"。

有的表示"通过"义，如：

[427] 月或从上过，或从下过，亦不受光。（卷二）
[428] 若夫子畏于匡，微服过宋，料须不如此。（卷三十八）

例[427]中"从上过""从下过"即"从上通过""从下通过"，例[428]中"过宋"即"从宋通过"。

有的表示"度过（或渡过）"义，如：

[429] 月常光，但初二三日照只照得那一边，过几日渐渐移得正，到十五日，月与日正相望。（卷一）
[430] 过河便见太行在半天，如黑云然。（卷二）

例[429]中"过几日"即"度过几日"，例[430]"过河"即"渡过河"。

有的表示"过于"义，如：

[431] 下三爻便是正卦，上三爻似是过多了，恐是如此。（卷六十六）
[432] 不然，则不取却是过厚，而不与、不死，却是过薄也。（卷五十七）

例[431]中的"过多"即"过于多"，例[432]中"过厚""过薄"即"过于厚""过于薄"。

有的表示"过度、过分"义

[433] 只是平心定气在这边看，亦不可用心思索太过，少间却损了精神。（卷十）
[434] 今做到圣贤，止是恰好，又不是过外。（卷八）

例[433]中"太过"即"太过度"，例[434]"过外"即"过分外"。

有的表示"路过、经过"义，如：

[435] 以其行过处，一日作一度，三百六十五度四分度之一，方是

一周。(卷二)

[436] 向过雪峰,见一僧云："法堂上一木球,才施主来做功德,便会热。"(卷三)

例[435]中"过处"即"经过处",例[436]"过雪峰"即"路过雪峰"。

从功能来看,《朱子语类》中"过"有单独作为动词使用的,也有单独作为名词使用的,还有位于动词后充当补语的,典型的作为动态助词的"过"只占50多例,只有全部用例的2.2%。刘坚等(1992)、曹广顺(1995)等认为,动态助词"过"在形成的早期主要用于"动+过"格式,他们认为这可能与"过"的词义有关。因此,为了节省篇幅,这里只重点考察"过"位于动词后的表现。主要有以下几种情况。

(一)"过"作为趋向补语

"过"表示动作行为的方向或去向,大多跟在移动动词后面,少数跟在可造成位移结果的动词后面,如:

[437] 大抵看理只到这处便休,又须得走过那边看,便不是了。(卷三十二)

[438] 盖天行甚健,一日一夜周三百六十五度四分度之一,又进过一度。(卷二)

[439] 而今人每每跳过一重做事,睹处与闻处元不曾有工夫,却便去不睹不闻处做,可知是做不成,下梢一齐担阁。(卷十三)

[440] 若差了路头底亦多端:有才出门便错了路底,有行过三两条路了方差底,有略差了便转底,有一向差了煞远,终于不转底。(卷十)

[441] 才除横行,便可越过诸使,许多等级皆不须历,一向上去。(卷一百二十八)

[442]"心统性情",故言心之体用,尝跨过两头未发、已发处说。(卷五)

[443] 惜门人只领那意,便专以知觉言之,于爱之说,若将浇焉,遂蹉过仁地位去说,将仁更无安顿处。(卷六)

[444] 理会得主宰,然后随自家力量穷理格物,而合做底事不可放过些子。(卷九)

[445] 旧尝与一人读诗集,每略过题一行。(卷十)

以上各例,除[444][445]外,"过"前的动词均为表示位移的动词,这

可以看作"过"做趋向补语的主要特征。《朱子语类》中,"过"作趋向补语常和"来、去"连用,构成"过来、过去"形式,如:

[446] 若这边功夫少,那边必侵过来。(卷十三)

[447] 观曾子问中问丧礼之变,曲折无不详尽,便可见曾子当时功夫是一一理会过来。(卷二十七)

[448] 若只逐段解过去,解得了便休,也不济事。(卷十一)

[449] 且如浑水自流过去了,如何会收得转!(卷五十九)

"过"和"来、去"连用时,表示的方向义可能较虚,如例 [447] 的"过来"和例 [449] 的"过去",都不表示空间上的趋向,仅仅表示一种意念上的趋向。

(二)"过"作为动量补语

《朱子语类》中还出现了"过"位于动词后表示动作次数的用法,如:

[450] 只是圣人合下体段已具,义理都晓得,略略恁地勘验一过。(卷十五)

[451] 终了乡党篇,更须从头温一过。(卷三十八)

[452] 若开卷便要猎一过,如何得?(卷四十九)

[453] 须是日日认一过,只是要熟。(卷十九)

[454] 赵忠简行实,向亦尝为看一过,其中煞有与魏公同处。(卷一百三十一)

[455] 窃谓后世有大圣人者作,与他整理一过,令人苏醒,必不一一如古人之繁,但放古人大意,简而易行耳。(卷九十)

以上各例中的"过"相当于现代汉语中表示动量的单位词"遍",和"一"构成数量短语做补语。值得注意的是《朱子语类》中"过"表示动量时只有和"一"搭配的用例,共出现 16 次,未发现和其他数词连用的情况。"过"表动量的用法《变文》中未见,应该是《朱子语类》时代新出现的用法。

(三) 表"完结义",作动相补语

"过"跟在动词后面,表示动作行为结束。有带宾(补)语和不带宾(补)语两种情况。

1."动 + 过"

即"过"后无宾(补)语,如:

[456] 需要思量圣人之言是说个甚么,要将何用。若只读过便休,何必读?(卷十一)

[457] 先生因吃茶罢,曰:"物之甘者,吃过必酸;苦者吃过却甘。茶本苦物,吃过却甘。"(卷一百三十八)

[458] 即是空道理,须是实见得,若徒将耳听过,将口说过,济甚事?(卷六十九)

[459] 看来前辈以至敏之才而做至钝底工夫,今人以至钝之才而欲为至敏底工夫,涉猎看过,所以不及古人也。(卷一百四十)

[460] 纵饶熟看过,心里思量过,也不如读。(卷十)

这里的"过"表示动作的完结,不受任何时间限制,既可以用于"过去",也可以用于"现在"和"将来",用于动词后,表示其前面的动词所表示的动作或行为在某个时间点之前完成了。这种情况下的"过"只着重于动作的完成或结束,可以和"了"连用,如:

[461] 今人所以悠悠者,只是把学问不曾做一件事看,遇事则且胡乱恁地打过了。(卷八)

[462] 若只恁地等闲看过了,有甚滋味!(卷十)

[463] "敬"字,前辈都轻说过了,唯程子看得重。(卷十二)

这说明,"过"还没有完全虚化为表"完成"的体助词,我们将其看作动相补语。

2. "动+过+宾(补)"

表"完结"义的"过"后面有时可以带宾语或补语,如:

[464] 问:"以诗观之,虽千百载之远,人之情伪只此而已,更无两般。"曰:"以某看来,须是别换过天地,方别换一样人情。"(卷八十)

[465] 有人云:"草草看过易传一遍,后当详读。"(卷六十七)

[466] 圣人言语,岂可以言语解过一遍休了!须是实体于身,灼然行得,方是读书。(卷二十六)

[467] 看道理,若只恁地说过一遍便了,则都不济事。须是常常把来思量始得。看过了后,无时无候,又把起来思量一遍。(卷一百四十)

例[464]"过"后接宾语,例[465]"过"后宾补同现,例[466][467]后接补语,这几个例子里的"过"和上文"动＋过"中"过"用法一样,用在动词后表示某种动作的完结,不过用例却比后者少得多。杨永龙(2001)根据学界的习惯做法,把《朱子语类》中的这种"过"称作"过₁",并指出,"《朱子语类》中'动＋过₁＋宾'的例子只有6例,而且只有一例是典型的宾语,其余都是数量宾语'一遍、一番'之类……这说明宋代"过₁"带宾语尚受到一定的限制。"

《朱子语类》中"过₁"也可以出现在"先时"语境中,此时和出现在相同情形下的"了"功能基本相同,可以互换,如:

[468] 只是才看过便了,只道自家已看得甚么文字了,都不思量于身上济得甚事。(卷一百二十一)

[469] 当初只是大概看了便休,而今思之,方知《集注》说得未尽。(卷二十四)

例 [468] 中的"过"和例 [469] 中的"了"似乎可以互换,不过"了"除了表示"完成"之外,还可以表示"状态实现",有时二者之间的界线并不十分明显,因此意义更虚,所以我们前面把这种情况的"了"看成体助词;"过₁"只能表示"完成、结束",不能表示"实现",应该是动相补语,所以如果要强调动作或状态已经实现并持续时,只能用"了",而不能用"过₁"。

此外,杨永龙还分析了《朱子语类》中"动词＋数量短语＋过"这种格式,认为它们是一种"V＋O＋过₁"形式,下面是杨永龙所举用例:

[470] 讲论自是讲论,须是将来自体验。说一段过,又一段,何补?(卷一百一十九)

[471] 如今读书,恁地读一番过了,须是常常将心下温过,所以孔子说"学而时习之"。(卷六十六)

不过,我们认为,如果细细推敲就会发现,这两个用例中的"过"是有差别的,前例中"过"位于表"先时"的语境中,理解成表完成义的"过₁"应该没有问题,而后例中的"过"根据句意,应该具有"放过(下)"的意思,理解成动词可能更合适。《朱子语类》中"动词＋数量短语＋过"这种格式用例虽然不多,但情况却较为复杂,如:

[472] 若有喜愠之心,只做得一番过,如何故得两三番过。(卷

二十九)

　　[473] 这道理自是长在天地间,只借圣人来说一遍过。(卷九)
　　[474]"上下与天地同流",重新铸一番过相似。(卷六十)

例 [500] 我们完全可以作如下理解:

　　[500]′ 若有喜愠之心,只做得一番(就)过,如何故得两三番(才)
过。

　　很显然,这里的"过"有"通过"义,实义动词用法较为明显。例 [473]
"过"的含义就比较模糊,既可以理解为表"通过"意味的"过",也可以理解
为"完结"意味的"过1"。例 [474] 中的"过"理解为表"完结"义的"过1"
则完全没有问题了。有鉴于此,我们不妨作这样的假设:"动词+过1+数
量短语",这种格式是由"动词+数量短语+过"发展而来,其发展路径为:
"动词+数量短语+过动"→"动词+数量短语+过动或过1"→"动词+数
量短语+过1"→"动词+过1+数量短语"。

　　从上面几种类型在《朱子语类》中共现且每种用例都比较少的情况来
看,说明宋代"过1"带宾语尚受到一定的限制,这是"过1"发展不成熟的
表现。不过,现代汉语中的"过1"在此时已经成型了。

　　(四) 作动态助词,为"经验体"标记

　　"过"跟在动词后面,表示该动词所代表的动作行为"曾经发生",有时
会与时间副词"曾"同现。杨永龙(2001)把《朱子语类》中的这种"过"称
作"过2",也有带宾语和不带宾语两种句法形式。

　　1."动+过2"

　　《朱子语类》中"过2"后不带其他成分用例居多,如:

　　[475] 然圣人教人,须要读这书时,盖为白家虽有这道理,须是经
历过,方得。(卷十四)
　　[476] 真宗令杨大年删过,故出杨大年名,便是杨大年也不晓得。
(卷三十四)
　　[477] 或是孟子自作此书,润饰过,不可知。(卷五十二)
　　[478] 神宗事事留心。……如《射法》之属,皆造过。但造得太文,
军人划地不晓。(卷一百二十七)
　　[479] 且如一个范文正公,自做秀才时便以天下为己任,无一事不

理会过。(卷一百二十八)

以上各例中的"动词＋过"形式都可以理解为"曾＋动词",因此,这里"过"的语法意义可以从"曾"那里等到解释,下面这个用例比较典型:

[480] 某尝问季通:"康节之数,伏羲也曾理会否?"曰:"伏羲须理会过。"某以为不然。(卷六十五)

上文用"曾 V"提问,下文用"V 过"回答,说明二者所表达的语法意义是相同的。因此《朱子语类》中出现了不少二者同现的用例,如:

[481] 看文字须仔细,虽是旧曾看过,重温亦须仔细。(卷十)
[482] 盖为是身曾亲经历过,故不敢以是责人尔。(卷一百一十)

这可以看成是古代汉语的"曾 V"向现代汉语"V 过"发展过程中的过渡形式。

2."动＋过 2＋宾"

《朱子语类》中"过 2"后带宾语的用例极少,我们找到的比较典型的只有如下两例:

[483] 学者须先读《诗》《书》他经,有个见处,及曾经历过此等事,方可以读之,得其无味之味,此初学者所以未可便可。(卷一百三十三)
[484] 范公尝立一军为"龙猛军",皆是招收前后作过黥配底人,后来甚得其用。(卷一百三十三)

例 [483] 中"过"和"曾"共现,例 [484] 中"过"独立表示"曾经经历"的语法意义,这两例中的"过"均为"过 2"。不过在现代汉语中"过 2"后带宾语已是普遍现象,而《朱子语类》中这样的用例却非常少,说明"过 2"在这个时代发展还不太成熟。

就语法意义而言,"过 2"表示的是某一动作或者状态曾在某时发生或存在,表示已经过去的某种经历或状态曾经或经常出现,总是和过去的时间相联系。在上面的例 [475]—[484] 中出现的各种"动词＋过"如"经历过""润饰过""删过""造过""作过""见过""理会过""看过"等,由具体语言环境都可以看出是发生于过去的动作,且说话时都已不再存在。这说明,这些用在动词之后的"过"表示的是"过去曾经有这样的事情"或"已有的经验",强调的是一种经历,表示过去发生并结束的动作。这类"过"总是与过去的时间相联系。因此,《朱子语类》中"过₂"已经是表示"经验(或经历)体"标记。

二、《朱子语类》中的"去"

《朱子语类》中共出现"去"5367例,绝大多数为动词。下面根据句法表现,分类考察。

(一) 作谓语动词

"去"作谓语动词是其在《朱子语类》中的主要用法,和在《变文》中的表现一样,这些"去"所表示的意义也是复杂多样的。

有表示本义"离开"的,如:

[485] 古者,国君备乐,士无故不去琴瑟,日用之物,无时不列于前。(卷七)

[486] 其人悟,谢之而去。(卷三)

[487] 且如事君,便须是"进思尽忠,退思补过",道合则从,不合则去。(卷十五)

例[485]"去"后带宾语,例[486][487]"去"后不带宾语,都有"离开"的意思。《朱子语类》中"去"表示"离开"的用例已经很少了。

有表示"离开(所在地),到另一地方"的,如:

[488] 若去太虚空里观那天,自是日月曘得不在旧时处了。(卷二)

[489] 圣贤不是教人去黑淬淬里守着。(卷十五)

这类句子通常有一个表示处所的宾语,若语境或上下文中含有表示"去"的目的地成分,"去"也可以不带宾语。如:

[490] 须是物格、知至,方能循循不已,而入于圣贤之域,纵有敏钝迟速之不同,头势也都自向那边去了。(卷十五)

[491] 此间王三哥之祖参议者云,尝登五台山,山极高寒,盛夏携绵被去。(卷二)

　　例[490]"去"前有个表示目的地成分"那边",例[491]上文有个表示目的地成分"五台山",所以,这两例中的"去"后均不带宾语成分。"去"的这一义项在现代汉语中已经成为其基本义了。

　　有表示"趋向"和后面的动词构成连动结构的,如:

　　　　[492]譬如将水放锅里煮,水既干,那泉水依前又来,不到得将已干之水去做它。(卷一)

　　　　[493]盖非不晓,但是说滑了口后,信口说,习而不察,更不去子细检点。(卷二)

　　这类句子中"去"的动作义已经很弱,只是表示一种行为或意念上的趋向,"去"的虚化特征较明显。这种现代汉语中常见用法在《朱子语类》中用例已经比较多了。

　　有表示表"距离、相距"义的,如:

　　　　[494]如尧舜所都冀州之地,去北方甚近。(卷二)

　　　　[495]谓在地尖处,去天地上下不相远,掩日光不甚得。(卷一)

　　这两例中的"去"都可以用"距、离或距离"替换,表示空间的差距。《朱子语类》中"去"还可以表示心理上的差距,如:

　　　　[496]人多以私见自去穷理,只是你自家所见,去圣贤之心尚远在!(卷九)

　　《朱子语类》中"去"表示"距离"义用法是上古汉语中的遗存,现代汉语中已经不用了。

　　有表示"去除"义的,"如:

　　　　[497]今之朋友,固有乐闻圣贤之学,而终不能去世俗之陋者,无他,只是志不立尔。(卷八)

　　　　[498]某适来,因澡浴得一说:大抵揩背,须从头徐徐用手,则力省,垢可去。(卷八)

　　"去"表示"去除"时可以带宾语如例[497],这种用法在现代汉语中常见;也可以不带宾语如[498],这种用法在现代汉语中不常见。

（二）作定语

《朱子语类》中"去"有少量用作定语的,有语素化倾向,其中心语表示时间的略多,如:

[499] 若要去时,须早去始得。（卷二十九）

[500] 去岁闻先生曰:"只是一个道理,其分不同。"（卷六）

[501] 幸而天假之年,许多道理在这里,今年颇觉胜似去年,去年胜似前年。（卷一百四十）

例[499]中"去时"为"去的时候"义,"去"仍有动作义;例[500]中"去岁"和例[501]中的"去年"同义,应该是和"今""前"相对,为区别词。不过"去年"在现代汉语中词汇化特征较明显,而"去岁"则没有保留到现代汉语中来。

《朱子语类》中作"去"的中心语的处所词不多,我们只找到一个"处",如:

[502] 这些道理,更无走作,只是一个性善可至尧舜,别没去处了。（卷八）

[503] 然藏著龟之地,须自有个合当底去处。（卷二十九）

这两例中的"去处"就是"所去的地方"。现代汉语中"去处"更像是一个词,因此,这种用例中"去"的语素化特征较为明显。

（三）作补语

《朱子语类》中"去"作补语有3种情况:

1. 作趋向补语

"去"跟在动词后面表示动作行为发展的物理或心理方向。《朱子语类》中"去"作趋向补语时大多直接跟在动词后面,如:

[504] 曰:"且要存得此心,不为私欲所胜,遇事每每着精神照管,不可随物流去,须要紧紧守着。"（卷十）

[505] 未到建阳,半路归去,便是不到建阳。（卷十五）

[506] 史且如此看读去,待知首尾稍熟后,却下手理会。（卷十）

[507] 忠信者,真实而无虚伪也;无些欠阙,无些间断,朴实头做

去,无停住也。(卷六)

也有少数跟在动宾短语后面,如:

[508] 欲真个见得仁底模样,须是从"克己复礼"做工夫去。(卷六)
[509] 善者固可师,不善者这里便恐惧修省,恐落在里面去,是皆吾师也。(卷三十四)

2. 作结果补语

"去"跟在动词后面表示"(离)开"或"(去)掉"义,且是由其前面动词所述动作或行为造成或引起的结果。如:

[510] 自后宰相居之,辄不利:王珪病死,章子厚韩忠彦蔡确皆相继斥去。(卷一百一十二)
[511] 为税官,若是父兄宗族舟船过,只得禀白州府,请别委官检税,岂可直拔放去!(卷一百一十二)

例[510]中的"斥去"相当于"斥走(掉)",例[511]中"放去"相当于"放(其)离开","去"分别是"斥""放"引起的结果,为结果补语。

如果位于表已然的语境中表示结果的"去"也可以分析为动态助词,如:

[512] 义刚录云:"常见一老僧云,李伯时家遭寇,伯时尚小,被贼并你子劫去。"(卷一百三十八)
[513] 庄子庖丁解牛神妙,然每到族,心必怵然为之一动,然后解去。(卷三十四)

例[512]中的"劫去"和[513]中的"解去"中的"去"本来也是结果补语,但因出现在表述已然事件的句子中,可以重新分析为动态助词,用"了"来替换,如:

[512]′ 义刚录云:"常见一老僧云,李伯时家遭寇,伯时尚小,被贼并你子劫了。"
[513]′ 庄子庖丁解牛神妙,然每到族,心必怵然为之一动,然后

解<u>了</u>。

替换后的句意和原句似乎并没有多大差别,据此可以看出,作已然体标记的"去"应该是从结果补语的"去"发展而来,从下面的例子中我们更容易看出二者之间的关系:

[514] 不是如一件物事,<u>放去了</u>又收回来。(卷五十九)
[515] 若<u>放去</u>,便是自家放<u>了</u>。(卷九)

例[514]中作为结果补语的"去"和表示已然的动态助词的"了"同现,"去"和"了"各司其职,此时的"去"应该是其作为结果补语的初始用法;例[515]中"去"和"了"处于对应位置,前一个分句是个假设句,没有突出表达"已然"的需要,"去"为结果补语;后一个分句表达了"已然"的意味,在本该用"去"的位置用了一个"了"。这就说明,结果补语"去"若进一步虚化,就变成动态助词了。

3. 作可能补语

"去"表示"过去""通过"义位于表示可能补语标记的"得"后面,形成"V得去"格式,表示动作行为可以成立或可以去做,为可能补语。如:

[516] 且如攻城,四面牢壮,若攻得一面破时,这城子已是自家底了,不待更攻得那三面,方入<u>得去</u>。(卷十九)
[517] 虽使前面<u>做得去</u>,若义去不得,也只不做;所谓"杀一不辜,行一不义而得天下,有所不为"。(卷三十四)
[518] 硬解时也<u>解得去</u>,但不晓其意是说甚底,上下文意都不相属。(卷七十六)
[519] 被那旧习缠绕,如何便<u>摆脱得去</u>!(卷二十八)
[520] 缘他晓得,故可以<u>担荷得去</u>。(卷二十八)
[521] 然又事事<u>处置得去</u>,且不自表着其能,此所以谓"其愚不可及也"。(卷二十四)

"V得去"格式前常常可以加上一个"能"。如:

[522] 故于此举其大纲以语之,而颜子便<u>能领略得去</u>。(卷二十四)
[523] 盖虽曰"仁能守之",只有这勇方能守得到头,方<u>能接得去</u>。

(卷三十七)

　　[524] 将这气去助道义,方能行得去。(卷五十二)

"V 得去"的否定形式为"V 不去"。如:

　　[525] 寓因问:"'推广得去,则天地变化,草木蕃;推广不去,天地闭,贤人隐',如何?"(卷二十七)

　　[526] 徐仁父问:"'充扩得去,则天地变化,草木蕃;充扩不去,则天地闭,贤人隐',如何?"(卷二十七)

这两例中,"去"作可能补语时,肯定形式用"V 得去"、否定形式用"V不去"格式。现代汉语中"去"除了跟在极个别移动动词后外,一般不独立用作可能补语。

(四) 作体助词

《朱子语类》中"去"作体助词用法的不多,从表达的范畴意义来看,可以分两类:

1. 表示"实现"

从句法角度看,"去"表"实现"有两种情况:

一是直接位于句末的动词后面,如:

　　[527] 理会得一寸,便是一寸;一尺,便是一尺。渐渐理会去,便多。(卷九)

　　[528] 观书,须静着心,宽着意思,沉潜反复,将久自会晓得去。(卷十)

　　[529] 如一面镜子,本全体通明,只被昏翳了,而今逐旋磨去,使四边皆照见,其明无所不到。(卷十五)

　　[530] 若能至德,则自兼那两事;若自下做去,亦可以到至德处;若只理会个至德,而无下二者,则空疏去。(卷三十四)

二是位于句末的动宾短语后面,如:

　　[531] 这意思便自有高视天下之心,少间便流入于清谈去。(卷三十四)

　　[532] 学者须要有廉隅墙壁,便可担负得大事去。(卷十三)

[533] 若只执一,亦成一边去,安得谓之至善! (卷十四)
[534] 若是等待,终误事去。(卷十四)

第一种情况下的"去"虽然很像动态助词,但我们未发现其后带宾语的情况,我们认为它们和第二种情况下的"去"功能应该是一致的,可以统一看作表事态的助词,其作用和现代汉语的事态助词"了"相当,上述例[527]—[534] 中的"去"都可以用现代汉语中的"了"替换。不过,不少这样的"去"虚化并不彻底,如:

[535] 如人负痛在身,欲斯须忘去而不可得。(卷十一)
[536] 最怕粗看了,便易走入不好处去。(卷八)

这两例中的"去"似乎都可以用"了"替换,但例[535] 中"去"仍带有"失去"或"消失"义,例[536] 中"去"仍带有一定的"趋向"义,这是它们和"了"不同的地方,说明这两个"去"的体标记化的程度还比较低。

2.表示"持续"

《朱子语类》中还有少数"去"跟在持续动词后面,表示动作行为或状态的持续。如:

[537] 方要做好事,又似乎有个做不好事底心从后面牵转去,这只是知不切。(卷九)
[538] 气运从来一盛了又一衰,一衰了又一盛,只管恁地循环去,无有衰而不盛者。(卷一)
[539] 择之问:"且涵养去,久之自明。"(卷九)
[540] 譬如大船有许多器具宝贝,撑去则许多物便都住了,众人便没许多力量。(卷三十四)

这几个用例中的"去"的功能和现代汉语中的"着"相当,可看成持续体标记。

(五) 作语气词

《朱子语类》中还有一些"去"出现在表实现的"了"后面,如:

[541] 只见太王有剪商之志,自是不合他意;且度见自家做不得此事,便掉了去。(卷三十五)

[542] 不是静坐时守在这里,到应接时便散乱了去。(卷四十五)

[543] 岂有虏人方入,你却欲掉了去?(卷一百三十一)

[544] 有一样底说,我只认做三年官了去,谁能闲理会得闲事,闲讨烦恼!(卷一百九十)

如果把这几个例句中的"去"去掉,句子的基本意义没有什么变化,因此,这样的"去"应该不表达什么具体信息,只能被看作语气词。我们认为,这几例中的"去"应该是表实现的事态助词进一步虚化的结果。如前所述,"去"作为事态助词虚化并不彻底,所以,为了表意更为明确,人们便在动词和"去"之间插入一个更为典型的实现体标记,这样就弱化了"去"的体标记功能,在"了"作为事态助词的用例中(如例[544])这种弱化情况尤为明显,"去"成了纯粹的语气词。由于《朱子语类》的前后期文献中均很少见"去"的这种用法,我们很难明确知道这类"去"所表达的语气意义,从已有的用例来看,"去"似乎可以认为起加强语气的作用。

三、《朱子语类》中的"来"

《朱子语类》中共出现"来"1619次,基本用法和《敦煌变文》中的用法差别不大,不过,有些用法使用频率上有所变化,在作为体标记方面也有一定的发展。和《变文》一样,《朱子语类》中也有一些"来"是双音节词的组成部分,主要有"如来"(4次)、"未来"(出现16次,其中作为词的9次)、"从来"(出现58次,其中作为词的40次)、"元来"(38次)、"适来"(16次)、"本来"(91次)、"以来"(116次)、"后来"(773次)、"近来"(51次)、"向来"(92次)等,这里也只考察独立成词的"来"的使用状况。

（一）作谓语动词

1. "来"独立作谓语动词

"来"保留作移动动词的本义,作句子谓语的核心成分,《朱子语类》中"来"作谓语动词时多数后面不带其他成分,如:

[545] 闽中之山多自北来,水皆东南流。(卷二)

[546] 祭义所谓"春禘秋尝"者,亦以春阳来则神亦来,秋阳退则神亦退,故于是时而设祭。(卷三)

[547] 盖他先主此国来,礼合祭他。(卷四十四)

[548] 如暗室求物,把火来,便照见。(卷八)

也有少量后面带处所宾语的,如:

[549] 自华来至中,为嵩山,是为前案。(卷二)

[550] 初,西域僧来东汉时,令鸿胪寺寄居;后以为僧居,因名曰"寺"。(卷一百二十六)

2. 和别的动词构成连动结构

有两种情况:

(1)"来+V"形式

"来"位于动词前,充当"V"的动词范围较为广泛,多为行为动词,多数后面不带其他成分。如:

[551] 若立它时,则又添一个来争,愈见事多。(卷四十三)

[552] 若把天外来说,则是一日过了一度。(卷二)

[553] 若是诚心感格,彼之魂气未尽散,岂不来享? (卷三)

[554] 自家只去抉开,不是浑沦底物,硬去凿;亦不可先立说,牵古人意来凑。(卷十一)

[555] 自将息,固是好,也要讨些药来服。(卷九)

少数后面带有宾语,如:

[556] 向过雪峰,见一僧云:"法堂上一木球,才施主来做功德,便会热。"(卷三)

[557] 中有某人,是向学之人,亦来劝往,云:"亦是从众。"(卷三)

[558] 上帝责其来服事左右,故周公乞代其死云:"以旦代某之身。"(卷三)

[559] 叔京来问"所贵乎道者三"。(卷三十五)

"来+V"结构中"来"表示移动的意味明显减弱,"趋向"义较为明显。

(2)"V+来"形式

"来"位于动词后,能够充当"V"的动词只有"入、走、进"等少数移动动词,如:

[560] 明德在人,非是从外面请入来底。(卷十四)

[561]"日月至焉",是有时从外面入来屋子底下。(卷三十一)

[562]而今都只是悠悠,碍定这一路,略略拂过,今日走来挨一挨,又退去;明日亦是如此。(卷一百二十一)

[563]介甫固不是,但教东坡作宰相时,引得秦少游黄鲁直一队进来,坏得更猛。(卷一百三十)

这几例中"来"还具有较明显的移动义,和作趋向补语的"来"有一定的差别,这类"V来"仍可以看作是连动结构。

(二)作补语

《朱子语类》中"来"作补语有两种情况:

1. 趋向补语

"来"位于"V+(宾)+来"结构中,但已不表示行为动作,而仅仅表示趋向,为趋向补语。有直接位于动词后边的,如:

[564]有是理后生是气,自"一阴一阳之谓道"推来。(卷一)

[565]论来只有一个心,那得有两样?(卷六十一)

[566]后来黄河水冲来,浊了。(卷二)

[567]只从头读来,便见得分晓。(卷十六)

[568]故上面从北官黝孟施舍说来,只是说个不怕。(卷五十二)

[569]近世诸儒之语,把来作一段工夫,莫无妨否?(卷五十二)

也有少数位于动宾短语后面的,如:

[570]江西山水秀拔,生出人来便要硬做。(卷二)

[571]因看刘枢家中原图,黄河却自西南贯梁山泊,迤逦入淮来。(卷二)

[572]知至之后,如从上面放水来,已自迅流湍决,只是临时又要略略拨剔,莫令壅滞尔。(卷十五)

[573]若浑天,须做得个浑天来。(卷二)

"来"作趋向补语在《朱子语类》中应用非常广泛,其具体用法已和现代汉语基本一致。

2. 可能补语

"来"位于"动词+得"短语后面,构成"V得来"格式,表示具备某种能

力或可能性。如:

> [574] 若其中元无此道理,如何会感动得来。(卷十三)
> [575] 曰:"'是集义'者,言是此心中分别这是义了,方做出来,使配合得道义而行之,非是自外而袭得来也。"(卷五十二)
> [576] 就这里克将去,这上面便复得来。(卷四十一)
> [577] 惟其可以感格得来,故只说得散。(卷三)
> [578] 看得来,他也只是养得分外寿考,然终久亦散了。(卷三)
> [579] 盖事事物物,莫非天理,初岂是安排得来!(卷四十)

这几例中的"V 得来"表示"能够 V(来)","来"为可能补语,这和现代汉语中的用法基本相同;不过《朱子语类》中表可能的"V 得来"对应的否定形式有"V 不得"和"V 不来"两种情况,如:

> [580] 诚得来是善,诚不得只是恶。(卷十五)
> [581] 今日等不来,明日又等,须是等得来,方自然相合。(卷五十八)

而现代汉语中"V 得来"则只有"V 不来"这一种对应的否定形式。在现代汉语中,"V 不得"对应的肯定形式是"可以 V"或"能(够) V",通常是表示客观条件或情况不许可,"V 不来"则只表示主观能力达不到,二者已经产生了明确的分工。如"做不得"表示的是"不可(以)做","做不来"表示的是"没能力做"。

(三)作表概数的助词

《朱子语类》中出现了不少"来"表示概数的用例,不过和《变文》中"来"跟在疑问代词多少后面表示概数的用法不同,《朱子语类》中的"来"主要跟在数词后面,这些数词大多数为系位组合结构,如:

> [582] 先生曰:"这有三十来个字,但看那个字是先。"(卷三十四)
> [583] 日月易得,匆匆过了五十来年!(卷一百四十)
> [584] 一日请食荔子,因论:"兴化军陈紫,自蔡端明迄今又二百来年,此种犹在,而甘美绝胜,独无它本。"(卷一百三十八)
> [585] 不知圣人当年领三千来人,积年累岁,是理会甚么?(卷一百二十四)

[586] 今逐年人户赛祭,杀数万来头羊,庙前积骨如山,州府亦得此一项税钱。(卷三)

也有一些"来"前只有一个位数词,如:

[587] 人若办得十来年读书,世间甚书读不了! (卷十)

[588] 一似有个大底物事,包得百来个小底物事;既存得这大底,其他小底只是逐一为他点过,看他如何模样,如何安顿。(卷五十九)

[589] 度那时节有百十人,有千来人,皆成部落,无处无之。(卷一百三十五)

还有少数"来"跟在数量短语后面表示概数,如:

[590] 而今尺蠖虫子屈得一寸,便能伸得一寸来许;他之屈,乃所以为伸。(卷十三)

[591] 老苏有九分来许罪。(卷一百二十九)

此外,我们还发现 1 个"来"跟在位系结构的数词后面的用例,如:

[592] 北斗去辰争十二来度。(卷二)

现代汉语中已没有这种用法。

(四) 作结构助词

《朱子语类》中有极少数"来"的功能相当于结构助词,起连接句法成分的作用。我们共发现 4 个用例,其中充当补语标记的 3 例,作定语标记的 1 例。如:

[593] 若孟子于此等,也有学得底,也有不曾学得底,然亦自有一副当,但不似圣人学来尤密耳。(卷三十四)

[594] 圣人说来却不浅近,有含蓄。(卷七十四)

[595] 曰:"'诚'字说来大,如何执捉以进德?"(卷九十七)

[596] 如某向来张魏公行状,亦只凭钦夫写来事实做将去。(卷一百三十一)

例 [593]"学来尤密"是"学得尤密"的意思,例 [594]"说来却不浅近"是"说得却不浅近"的意思,例 [595]"说来大"是"说得大"的意思,这三例中的"来"相当于现代汉语中的"得",为补语标记;例 [596]"写来事实"是"写的事实"的意思,其中的"来"相当于现代汉语中的"的",是定语标记。从使用频率来看,《朱子语类》中"来"作结构助词的用法发育非常不成熟,这可能是现代汉语中"来"无此类用法的原因。

(五) 作时间或处所词的修饰成分,充当定语

《朱子语类》中有少数"来"位于时间词或词语前面起修饰限制作用,充当定语成分。有两种情况:

一是"来"作区别词和"今"相对,表示"下一段"时间,如:

[597] 且如四时,到得冬月,万物都归窠了;若不生,来年便都息了。(卷一)

[598] 如"定、静、安"数字,恰如今年二十一岁,来年二十二岁,自是节次如此来,自不可遏。(卷十四)

[599] 今日明,来日又明。(卷七十一)

[600] 既喜其寿,只这寿上又惧其来日之无多。(卷二十七)

例 [597] [598] 中的"来年"指的是"下一年",例 [599] 中的"来日"指的是"下一日",例 [600]"来日"是指"下一段日子"或"未来的日子"。"来"均为区别词。

二是"来"仍为动词,表示位置朝说话人方向行动,如:

[601] 又曰:"因甚恁地知得来处?"(卷二十三)

[602] 倪录云:"知天是知源头来处。"(卷六十)

[603] 桧问:"来时仁仲何言?"(卷一百三十一)

[604] 楼曰:"某来时不曾得旨,须着入文字。"(卷一百三十一)

例 [601] [602] 中的"来处"即"来的地方",例 [603] [604] 中的"来时"即"来的时候"。"来"作"时""处"等词的定语时,用的是其作为动词的本义。

(六) 作为时间词的后缀

《朱子语类》中"来"除了上文提到的作为语素构成一些仍保留在现代汉语中的词语外,还有一些"来"跟在本来是时间词的单音节词语后构成双

音节时间词的用例,这些用法在现代汉语中已基本不用了。如:

[605] 古来圣人所制祭祀,皆是他见得天地之理如此。(卷三)

[606] 如人说神仙,古来神仙皆不见,只是说后来神仙。(卷十六)

[607] 所以夜来说道:"'天地之塞,吾其体;天地之帅,吾其性',思量来只是一个道理。"(卷三)

[608] 次早云:"夜来国秀说自欺有三样底,后来思之,是有这三样意思。"(卷十六)

[609] 今来学者一般是专要作文字用,一般是要说得新奇,人说得不如我说得较好,此学者之大病。(卷十)

[610] 今来现许多灵怪,乃是他第二儿子出来。(卷三)

[611] 湖南学者说仁,旧来都是深空说出一片。(卷六)

[612] 旧来看大学日新处,以为重在后两句,今看得重在前一句。(卷十六)

以上诸例中出现的"古来""夜来""今来""旧来"等均为近代汉语中特有的时间名词,在古代汉语和现代汉语中均无使用,是古汉语中单音节时间名词向现代汉语双音节时间名词发展过程中的过渡现象。

(七)"来"作语气词

"来"位于句中或句末,作表示某种语气或口气的标记,这些用法现代汉语普通话中已很难见到。有两种情况:

1."来"位于句末

《朱子语类》中"来"作句末语气词主要出现在陈述句、疑问句和感叹句中,如:

(1) 表示确信或强调口吻

"来"位于陈述句句末,表示肯定、确认或强调,相当于现代汉语中的句末语气词"的"。

[613] 想见凡天下之事无不讲究来。(卷二十四)

[614] 忠却是处事待物见得,却是向外说来。(卷九十七)

[615] 这里尽其诚敬,祖宗之气便在这里,只是一个根苗来。(卷二十五)

[616] 他只是见得圣人千头万绪都好,不知都是这一心做来。(卷二十七)

[617] 今人只说夜气,不知道这是因说良心来。(卷五十九)

(2) 表示"反诘"语气

"来"位于无疑而问的句子末尾,增强反问或感叹的力度。句中常有疑问代词或疑问副词与其呼应。如:

[618] 这处更有甚私意来? (卷四十)

[619] 这里面又那得个里面做出来底说话来? (卷一百二十一)

[620] 且如两汉晋宋隋唐风俗,何尝有个人要如此变来? (卷一百二十)

[621] 性那里有三品来! (卷四)

[622] 先生曰:"南轩向在静江曾得书,甚称说允升,所见必别,安得其一来!"(卷一百二十)

[623] 当时若使他解虚心屈己,锻炼得成甚次第来! (卷一百三十)

[624] 何曾有孝弟来! (卷十五)

[625] 曰:"中是理,理便是仁义礼智,曷尝有形象来!"(卷三)

例 [618]—[620] 是反问句,"来"分别与疑问代词"甚""那"及疑问副词"何尝"共现。从表达功能来看,这几例中的"来"与现代汉语中的"呢"类似;例 [621]—[625] 可看成反诘式感叹句,这几例中的"来"分别与疑问代词"那里""安""甚"及疑问副词"何曾""曷尝"共现。在感叹句中"来"的功能更接近现代汉语中的"啊"。此外,我们还发现一个不与疑问代词和疑问副词共现的用例:

[626] 用某字,有甚微词奥义,使人晓不得,足以褒贬荣辱人来? (卷五十五)

该例中"来"的功能似乎可以看作和现代汉语中的"吗"功能类似。

和《变文》相比,《朱子语类》中作句末语气词的"来"用例大大增加,这可能与汉语语气词在宋元时期由古代汉语语气词向现代汉语语气词加速转型发展时对表达形式的选择不稳定有关,在后世的发展过程中,"来"作为语气词的功能逐渐为其他新兴语气词所替代,而没有保留到现代汉语普通话中来。

2. "来"位于补语标记"得"和补语之间

《朱子语类》中出现了一种"来"位于补语标记"得"和补语之间的特殊用法,我们共搜集到 112 例。如:

[627] 圣人之心浑只是圆神、方知、易贡三个物事,更无别物,一似洗得来净洁了。(卷七十五)

[628] 明道论"修辞立其诚,所以居业",说得来洞洞流转。(卷六十九)

[629] 今人说得来太精了,更入粗不得。(卷六十六)

[630] 及至申酉戌,则那生气到此生得来充足无余,那物事只有许多限量,生满了更生去不得,须用收敛。(卷五十三)

[631] 曰:"这个,孟子本说得来粗。"(卷五十二)

[632] 誉亦是称奖得来过当。(卷四十五)

[633] 如"得百里之地而君之"一段,他自是大,只是成就得来偏。(卷二十四)

[634] 殊不知颜子乃是大勇,反是他刚果得来细密,不发露。(卷五十二)

[635] 他气质本来清明,又养得来纯厚,又不曾枉用了心。(卷一百)

《宋语言词典》认为这类"来"为"助词,衬音,无意义",但这种简单化的解释有两点值得怀疑:一是这类日常口语中句子为什么需要"衬音";二是为什么呈规律性出现的"来"会"无意义"。这是不符合语言"经济性原则"的。从句法上来看,上面各例中画波浪线的部分都是补语,不过,如果从句子的信息结构看,它们都是各句所要表达的话语重点,即句子的焦点成分,"来"的使用则刚好是将句子所表达的新旧信息成分分割开来,因此,"来"可以看作引出焦点信息的标记。下面这个例句更能说明问题:

[636] 与叔年四十七,他文字大纲立得脚来健,有多处说得好,又切。(卷一百一十)

例 [636] 中真正的补语是"脚健",但其中插入了一个"来",说明句子要表达的重点信息是"健",用"来"标明这一焦点成分。

从语法性质的角度看,作为"焦点标记"的"来"可归入语气词。

（八）"来"作体标记助词

和《变文》相比，《朱子语类》中"来"用作体标记的用例有所增加，非常值得注意的是"来"作表"实现"和"持续"体标记的用例的比例反而有所下降，用作表"曾然"的用例明显增多。下面来具体考察。

1. 表示动作行为"实现"或情状的"变化"

比较明确的用例有 16 例。

作为"实现"体标记的"来"大多直接位于动词或形容词后面，可看作"动态"助词；也有少数"来"位于分句或全句的末尾，可看作"事态"助词。如：

[637] 老来照管不到，为某诗序，又四六对偶，依旧是五代文习。（卷一百三十九）

[638] 小儿子教他做诗对，大来便习举子业，得官，又去习启事、杂文，便自称文章之士。（卷三十四）

[639] 曰："已前亦须如此一番明白来。"（卷一）

[640] 古者，小学已自暗养成了，到长来，已自有圣贤坯模，只就上面加光饰。（卷七）

[641] 但略略收拾来，便在这里。（卷六十二）

[642] 今集注只是就那上删来，但人不着心，守见成说，只草草看了。（卷一百二十）

[643] 淳录云："不觉成来却如此齐整。"（卷六十六）

[644] 曾子先于孔子之教者，日用之常，礼文之细，莫不学来，惟未知其本出于一贯耳，故闻一语而悟。（卷二十七）

[645] 但我才见个事来，便知这个事合恁地处，此便是"事之宜"也。（卷五十一）

[646] 如八陵废祀等说，此事隔阔已久，许多时去那里来！（卷一百二十七）

例 [637]—[640] 中"来"跟在形容词后面表示"变化"，例 [641]—[644] 中"来"位于动词后面表示动作行为"实现"，以上各例中的"来"都可以看作是"动态"助词；例 [645] [646] 位于动宾短语后面，表示事情或情况"已经发生"，可看成"事态"助词。这些"来"都是表示"已然"的体标记。

2. 表示行为或状态的持续

《朱子语类》中有极少数"来"用作"持续"体标记，我们只搜集到 2 例：

[647] 思只是默坐来思。(卷二十四)

[648] 想他平日这样处都理会来。(卷七)

例 [647] 中的"坐来"即"坐着",例 [648] 中的"理会来"即"理会着",这两例中的"来"和现代汉语中的"着"相当。从我们调查的情况来看,这种用法在书中仅是偶见,说明并不是常规用法,因此,在后世汉语中自然就消失了。

3. 表示有过某种"经历或体验",为经验体标记

《朱子语类》中有一些"来"位于动词后面表示曾经有过与该动词表示的动作行为的经历或体验。我们共收集到 15 个用例,这里略举几例:

[649] 只有韩文公曾说来,又只说到正心、诚意,而遗了格物、致知。(卷十八)

[650] 且如这一件物事,我曾见来,它也曾见来。(卷二十四)

[651] 为己者直拔要理会这个物事,欲自家理会得;不是漫恁地理会,且恁地理会做好看,教人说道自家也曾理会来。(卷八)

[652] 尧曰一篇,某也尝见人说来,是夫子尝诵述前圣之言,弟子类记于此。(卷五十)

[653] 这若不是公西华亲曾去做来,亲见是恁地,如何解恁地说!(卷三十四)

[654] 又如病起时说愿得不病,便是曾病来。(卷二十九)

[655] 虽当下便能接续,毕竟是曾间断来。(卷三十一)

[656] 庄周曾做秀才,书都读来,所以他说话都说得也是。(卷一百二十五)

从语法意义来看,这些用例中的"来"都可以用现代汉语中的"过"来替换,应该是"经验(或曾经)"体标记,不过从"来"所跟动词前或上文中通常都有一个时间副词"曾"或"尝"与其共现来表示"曾经"义,以及"来"后不带其他句法成分来看,"来"作"经验"体标记发育还不成熟。

此外,我们在《朱子语类》中还发现"来"与经验体助词"过"共现的现象,如:

[657] 圣人说底,是他曾经历过来。(卷十)

[658] 金溪之学虽偏,然其初犹是自说其私路上事,不曾侵过官路

来。(卷一百二十三)

例[657]"来"直接跟在"过"后面,例[658]"来"跟在动词宾语后面,都位于句子的末尾,这两例中的经验范畴义主要是由"过"来标记的,把这里的"来"看作语气词似乎更为合适。

4.表示动作行为"曾经实现或完成"

《朱子语类》中有不少"来"位于由行为动词构成的动宾或动补短语后面,表示动作行为或事件曾经完成或实现,为表示事态的助词,可看作表"曾然"的体标记,共有22例,大多数"来"与时间副词"(不)曾"或"尝"等共现,如:

[659]宁武子当卫成公出奔时,煞曾经营着力来。(卷二十九)

[660]宋齐愈旧曾论李公来,但他那罪过亦非小小刑杖断遣得了。(卷一百三十一)

[661]因论靖康执政,曰:"徐处仁曾忤蔡京来。"(卷一百三十)

[662]伏羲也自纯朴,也不曾去理会许多事来。(卷六十六)

[663]浅,故觉得枯燥,不恁条达,只源头处元不曾用工夫来。(卷一百一十五)

[664]伯恭亦尝看藏经来。(卷一百二十二)

例[659]—[661]中"来"与曾共现,例[662][663]中"来"与"不曾"共现,例[664]中"来"与"尝"共现。

有少数"来"不与时间副词共现的用例,我们找到6例:

[665]公孙丑先问浩然之气,次问知言者,因上面说气来,故接续如此问。(卷五十二)

[666]方待不说破来,又恐后人错以某之学亦与他相似。(卷二十七)

[667]曰:"这须是自见得,从小儿也须读孝经论语来,中间何故不教人如此?"(卷一百二十)

[668]渠平日写书来,字画难晓。(卷一百二十二)

[669]上蔡语虽不能无过,然都是确实做工夫来。(卷一百一十)

[670]横渠资禀有偏驳夹杂处,他大段用工夫来。(卷一百一十三)

这几例中虽然没有用表示"曾经"的时间副词,但句子整体表达的"曾经"义比较明显,可以确认,这种"来"就是独立用来表达"曾然"的体标记。这说明,和《变文》相比,《朱子语类》中"来"作为"曾然"体标记不仅用例有所增加,且作为体标记的独立性也大大增强了。

第四节 《朱子语类》中"着(著)"的标记化状况

《朱子语类》中"着"主要写成"著",共有2312例,用法比较复杂,祝敏彻(1991)曾考察该书中"着(著)"的用法,归纳出七种语法意义:1.单独作动词,有"附着、触到、遇到、注、用、使、穿等等意义;2.作语素,如"着落、着实、附着"等双音节词前一或后一语素;3.单独作名词;4.作助动词,常位于谓语动词或形容词之前,表示"要"或"该"的意思;5.作动词或者介词后缀,表示动词行为、状态变化或心理活动的持续,与现代汉语动词后缀"着"大致相同;6.作补语;7.作量词。① 这里在祝敏彻的基础上再做进一步考察。

一、"着(著)"作谓语动词

《朱子语类》中"着(著)"作谓语动词的用例占比已经不大了,但也有如下一些用例:

[671] 终日吃饭,不曾咬破一粒米;终日着衣,不曾挂着一条丝。(卷一百二十六)
[672] 义礼智信上着不得,又须见义礼智信上少不得,方见得仁统五常之意。(卷六)
[673] 渊是那空虚无实底之物;跃是那不着地了,两脚跳上去底意思。(卷六十七)

例[671]中"着"的意思是"穿";例[672]中"着"的意思是"用";例[673]中"着"的意思是"触到",这几个例句中"着"在句子中都充当谓语动词。

二、"着(著)"表示动作的结果

"着(著)"出现在动词后面表示动作行为对某一事物的一种涉及性结

---

① 参见祝敏彻《〈朱子语类〉句法研究》,长江文艺出版社1991年版,第151—155页。

果,在句法上有不带宾语和带宾语两种结构,下面分别讨论:

(一)"着(著)"后不带宾语

这种情况下"着"后面没有宾语,动作行为涉及的对象通常没有出现,有的是表达上没必要出现,有的是由于动词本身是不及物的,有的则是承前省略,包括肯定和否定两种形式。

1. 肯定式为"动+着(著)"

[674] 若耻恶衣恶食者,则是也吃着得,只是怕人笑,羞不如人而已,所以不足与议。(卷二十六)

[675] 今人说仁,如糖,皆道是甜;不曾吃着,不知甜是甚滋味。(卷六)

[676] 只是才唤醒,这物事便在这里,点着便动。(卷五十二)

[677] 如谷种、桃仁、杏仁之类,种着便生,不是死物。(卷六)

[678] 惟其如此,故于应事接物之际,头头捉着中。(卷七十七)

[679] 只认捉着,便据自家意思说,于己无益,于经有害,济得甚事!(卷八十)

[680] 富贵是眼下有时适然遇着,非我所能必。(卷四十二)

[681] 如人寻一个物事不见,终岁勤动,一旦忽然撞着,遂至惊骇。(卷二十五)

以上诸例中"着(著)"分别出现在"吃、点、种、捉、遇、撞"等动词后作结果补语,从表达的语义来看,这些动词是动作动词,用"着"来表示动作行为的某种涉及性的结果。例[674]和例[675]中"吃着"即是"吃到";例[671]中"点着"和例[677]中"种着"就是"点了""种了";例[678]和例[679]"捉着"即是"捉到";例[680]"遇着"和例[681]中"撞着"就是"遇到""撞到"。

2. 否定式为"动+不+着(著)"

[682] 杨龟山解此一句,引曾子修容阍人避之事,却是他人恭慢,全说不着。(卷三十五)

[683] 而今人元无一文钱,却也要学他去穿,这下穿一穿,又穿不着,那下穿一穿,又穿不着,似恁为学,成得个甚么边事!(卷二十七)

[684] 子贡也是意思高远,见得恁地,却不知划地寻不着。(卷三十二)

[685] 所以到老全使不着，盖不关为已也。(卷三)

[686] 后来在同安作簿时，因睡不着，忽然思得，乃知却是有本末小大。(卷四十九)

[687] 其人一面去捉，捉来捉去，捉不着，遂不见狮子了。(卷九十七)

在肯定式结构中，"着(著)"用在动词后表动作结果与作动态助词时在句法上没有明显的分别，让人对二者的功能难以作一目了然的区分；但是在否定结构中，动态助词和它前面动词之间一般是不能插入任何成分的，而"着(著)"出现在动词后表示动作结果的否定形式则可以直接在其前面加"不"，所以，此类用法的"着(著)"应该是动词，是动结式中的补语，对前面动词所产生的结果做补充说明。由于动词后面没有宾语，"动+着(著)"的否定形式比较单一，在"着(著)"前加否定词"不"，直接否定结果的实现。

(二)"着(著)"后带宾语

也有肯定和否定两种形式。

1. 肯定式为"动+着+宾"

[688] 理举者，全无欠缺。且如言着仁，则都在仁上；言着诚，则都在城上；言着忠恕，则都在忠恕上；言着忠信，则都在忠信上。(卷六)

[689] 他所以嫌某时，只缘是某捉着他紧处。(卷四十一)

[690] 此乃捉着真赃正贼，惜方见之，不及与之痛辩。(卷一百二十四)

[691] 若只遇着一重薄物事，便退转去，如何做得事。(卷二)

[692] 才遇着事，便以是心处之，便是不正。(卷十六)

[693] 然一向只就书册上理会，不曾体认着自家身已，也不济事。如说仁义礼智，曾认得自家如何是仁？(卷十)

"动+着(著)+宾"表示对事物实施某种动作行为而产生涉及性结果，该动词所涉及对象通常就是宾语。李淑霞(2005)指出："'着'的语法意义不是从'动+着+宾'的句法结构本身得出的，它依靠语境，如果没有语境，仅就'动+着+宾'的句法结构本身而言，'着'表示动作行为的涉及性结果并不凸显。"① 如例[688]"言着诚"既可以看作动作的持续，也可以看作动

---

① 李淑霞：《〈清平山堂话本〉动态助词研究》，2005年。

作涉及的结果,不过,有了上下文语境的交代,就凸现其动作行为的涉及性结果,是"言到诚"的意思。例[689]和例[690]的"捉着",据语境来理解就是"捉到";例[691]和例[692]"遇着"就是"遇到";例[693]"认着"就是"认得"。

这类"着(著)"具有作为"补充成分"的性质。如果"动+着(著)+宾"中"着(著)"不出现,句子就没有了动作结果的含义,就只能是表示某种动作行为本身了。

2.否定式:"动+宾+不+着(著)"/"动+不+着(著)+宾"

[694] 及后疑戮功臣时,更寻他不着。(卷一百三十五)

[695] 都是自用着力,使他人不着,故曰"仁由己,而由人乎哉"。(卷四十一)

[696] 颜子钻仰前后,只得摸索不着意思。(卷三十六)

[697] 此是颜子当初寻讨不着时节,瞻之却似在前,及到着力赶上,又却在后。(卷三十六)

例[694]和[695]是"动+宾+不+着(著)"格式,例[696]和[697]是"动+不+着(著)+宾"格式。这两种否定形式,"不"都是位于"着(著)"的前面,直接否定结果的实现,"动+宾+不+着(著)"形式在《朱子语类》中出现很多,但在现代汉语普通话中已不用,现代汉语普通话中只用"动+不+着(著)+宾"形式。

(三)"着(著)"作体标记助词

1 表示动作或状态的持续

在《朱子语类》中,"着(著)"作体标记时,大多数是用在可持续的动词之后表示动作行为或状态的持续,其句法表现有以下三种形式:

(1)"动+着(著)"

"着(著)"不带宾语,如:

[698] 且要存得此心,不为私欲所胜,遇事每每着精神照管,不可随物流去,须要紧紧守着。(卷六)

[699] 圣贤不是教人去黑淬淬里守着。(卷十五)

[700] 他那个都是资助我底物事,头头撞着,左边也是,右边也是,都凑着他道理源头处。(卷五十七)

[701] 不只是圣人说个事可乐,便信着。(卷一百二十一)

[702] 人心平铺着便好，若做弄，便有鬼怪出来。(卷一)

[703] 所谓求放心者，非是别去求个心来存着，只才觉放心，便在此。(卷一百一十三)

以上例句中的"动+着"都处于分句或全句的末尾。例 [698]—[700] 表示动作行为的持续，例 [701]—[703] 表示状态的持续。就主语(少数主语承前省略)和"着(著)"前动词之间的语义关系来看，多呈现为施事与动作的关系；就动词语义特征来看，动词本身多为持续动词。此类"动+着(著)"结构，句子整体意义通常表示主语处于有谓语动词表示的动作所造成的某种状态之中。

(2)"动+着(著)+宾"

"着(著)"带有宾语，如：

[704] 如见陈厮杀，擂着鼓，只是向前去，有死无二，莫更回头始得。(卷一百二十一)

[705] 若不用躬行，只是说得便了，则七十子之从孔子，只用两日说便尽，何用许多年随着孔子不去。(卷十三)

[706] 只守着一些地，做得甚事！(卷九)

[707] 盖他只管守着五峰之说不肯放，某却又讨得个大似五峰者与他说，只是以他家人自与之辨极好。(卷一百四十)

[708] 敬有死敬，有活敬。若只守着主一之敬，遇事不济之以义，辨其是非，则不活。(卷十二)

[709] 道夫辞拜还侍，先生曰："更硬着脊梁骨。"(卷一百一十五)

[710] 先生曰："公常常缩着一只手，是如何？也似不是举止模样。"(卷一百二十一)

[711] 他亦只是闭着门，在屋子里做得，不知出门去又如何？(卷一百三十一)

这些用例，动词的前后成分构成"施事——受事"关系，这种形式在《敦煌变文》中较为少见，应该是宋以后的新发展。不过，从我们收集到的具体用例来看，表示动作行为持续的用例(如 [704])还较少，大多为表示动作状态的持续用例(如例 [705]—[711])，说明《朱子语类》中这类"着(著)"还没有完全发育成熟。

(3)"动₁＋着(著)＋动₂"

这种格式一般表示动作行为的伴随方式,在近代汉语以及现代汉语中都是常见的,学界一般认为这种格式"动₁＋着(著)＋动₂"是连动句式,从"动₁"与"动₂"的语义关系来看,它们通常有共同的"施事主语","动₁"常为"动₂"的伴随方式,其中的"着(著)"则是表示动作行为的持续。

据曹广顺(1995)考察,"动₁＋着(著)＋动₂"格式虽在唐代已产生,但直到晚唐五代仍用的较少,还远没有普及开来,直到宋代,"动₁＋着(著)＋动₂"格式的用法才显得成熟。和《变文》相比,《朱子语类》中这类用例有较大程度的增加。如:

[712]"毅"训"强忍",粗而言之,是硬担当着做将去否?(卷三十五)

[713]且如昔日老男和尚,他后生行脚时,已有六七十人随着他参请。(卷一百三十二)

[714]此等事,本不用问人,问人只是杭唐日子,不济事,只须低着头去做。(卷一百三十二)

[715]理会道理,到众说纷然处,却好定着精神看一看。(卷九)

[716]夫子堕三都,亦是瞒着三家了做。(卷四十七)

[717]且如扬子直前日才见某人文字,便来劝止,且攒着眉做许多模样。(卷一百七十)

[718]因思与其将心在他上,何似闭着眼坐得此心宁静?(卷六十一)

这些用例中"着(著)"处在连动式的第一个动词之后,动₁和动₂的动作同时发生,"动₁＋着(著)＋(宾)"说明后者的状态或方式。

2."着(著)"表示动作或状态的完成或实现

《朱子语类》中存在不少"着(著)"跟在"非持续动词"后面,表示动作行为"实现"或状态"达成",为"已然"体标记的用例,如:

[719]《孟子》辩《告子》数处,皆是辩倒着《告子》便休,不曾说尽道理。(卷五十九)

[720]忽然死着,思量来这是甚则剧,怎地悠悠过了。(卷一百二十一)

[721]去,只是去着这些子;存,只是存着这些子,学者所当深

查也。(卷一百一十七)

[722] 今日撞着这事,明日撞着那事。(卷一百一十七)

[723] 且放下着许多话,只将这四句来平看,便自见。(卷七十九)

[724] 古之能文者,才用便用着这样字,如今不免去搜索修改。(卷一百三十九)

[725] 若知所止,便见事事决定是如此,决定着做到如此地位,欠阙些子,便自住不得。(卷十四)

上述诸例中"着(著)"前面的动词均不具有"持续性",动作行为或情状一发生即已达成或实现,这类"着(著)"均可用"了"替换,应该是标示"已然"的助词。曹广顺(1995)指出:"表示完成的'着'主要用于一些本身不能持续,也不能造成持续状态性结果的动词,或是动补结构之后,而在这两种情况下,表示持续态的助词'着'是不出现的。按宋代助词系统内的分工,表完成主要用助词'了(却)','着'用作表示完成,是唐代助词体系形成初期助词混用的延续,从这一点看,这种情况仍是助词体系尚未达到完善的一种表现。"①

王力(1958)认为:直到元代,"了"和"着"的分工还是不够明确的。到了明代以后,特别是17世纪以后,"了"和"着"才有了明确的分工。吴福祥(2003)认为完成貌"着"是由表"到"义的"着"虚化而来。林新年(2004)则认为"着"作为助词表完成貌的用法是"着"作为结果补语进一步虚化造成的。从历史发展来看,表完成的助词"着"与"却"的命运相似,在"了"作为完成体助词得到普遍应用的情况下,表完成的貌助词"着"最终也走向了消亡。

第五节 《朱子语类》中"将"的标记化状况

《朱子语类》里"将"共出现了2264次,其中表示"将领、将军"义的名词24例,作为语素的144例,其中"将久"9例,"将间"4例,"将息"6例,"将养"1例,"将来(时间名词)"124例,这些属于书面同形现象,不在本节的"将"的标记化状况讨论范围之内。需要说明的是《朱子语类》中有三种同形式的"将来",如:

---

① 曹广顺:《近代汉语助词》,语文出版社1995年版,第35—36页。

[726] 如前途等待一人,未来时且须耐心等待,将来自有来时候。(卷十一)

[727] 如"敬"字,只是将来说,更不做将去。(卷十二)

[728] 所谓持守者,人不能不牵于物欲,才觉得,便收将来。(卷九)

例 [726] 中的"将来"是时间名词,表示"未来"义;例 [727] 中的"将来"为动补结构,为"拿来"义;例 [728]"将来"中的"将"为动态助词,"来"为趋向补语。本节讨论排除"将来"表示时间名词的用例。

一、"将"作谓语动词

《朱子语类》中"将"作动词的有 285 例,主要表示"取、拿"义。从句法角度看,大多和其他动词连用,很少有单独作谓语动词的情况。常见的形式有以下几种情况:

(一)"将"＋趋向动词＋VP

这种结构中"将"后通常带"来""去"作为趋向补语,其中"来"出现的频率远远高于"去"的频率。后常跟动词短语,少数带光杆动词,如:

[729] 如此互将来品藻,方定得他分数优劣。(卷十三)

[730] 圣贤之言,须常将来眼头过,口头转,心头运。(卷十)

[731] 如尺与秤相似,上有分寸星铢,则体也;将去秤量物事,则用也。(卷六)

[732] 圣制经者,乃是诸书节略本,是昭武一士人作,将去献梁师成,要睬官爵。(卷十)

[733] 若不晓得,又且放下;待他意思好时,又将来看。(卷十一)

[734] 通常若卒乍未有进,即且把见成在底道理将去看认。(卷九)

例 [727][730]"将"后接"来",例 [731][732]"将"后接"去",补语后接的都是动词短语;例 [733]"将来"、例 [734]"将去"后接的都是光杆动词。

也有少数"将"后带双音节趋向动词"出来",如:

[735] 师成来点检,见诸史亦列桌上,因大骇,急移下去,云:"把这般文字将出来做甚么!"(卷十)

[736] 譬如秀才赴试,有一人先得试官题目将出来卖,只要三两贯钱,便可买得,人定是皆去买。(卷二十六)

例[735]"将出来"后带动词短语,例[736]"将出来"后带的是光杆动词。未见有"将"后接"出去"的用例。

(二)"将"+宾+(来/去)+VP

和《敦煌变文》相比,《朱子语类》中作为动词的"将"后带宾语的比例已经大大减少,常以"'将'+宾+来/去+VP"形式出现,如:

[737] 到易中,又将刚来配仁,柔来配义。(卷十一)

[738] 如今看文字,且要以前贤程先生等所解为主,看他所说如何,圣贤言语如何,将己来听命于他,切己思量体察,就日用常行中着衣吃饭,事亲从兄,尽是问学。(卷八)

[739] 不可终日思量文字,恐成硬将心去驰逐了。(卷十一)

[740] 如一江水,你将杓去取,只得一杓;将碗去取,只得一碗;至于一桶一缸,各自随器量不同,故理亦随以异。(卷四)

和上节所讨论的格式中"来/去"为趋向动词不同,这种结构中的"来/去"更像是"形式动词",有时在句中可以不出现。如:

[741] 若有理会不得处,深思之;又不得,然后却将注解看,方有意味。(卷十一)

如果我们把这个用例变成:

[741]′ 若有理会不得处,深思之;又不得,然后却将注解(来/去)看,方有意味。

意思基本不变。因为"来/去"是形式动词,这种结构中的"来/去"的位置就没有出现"出来/出去"的情况。

"将+宾+(来/去)+VP"格式的出现,为"将"被重新分析为介词成为可能。

(三)"将"+做/作N+(VP)

《朱子语类》中出现了不少作为动词的"将"和"做/作"连用,出现在"将+做/作N+(VP)"中的用例,这在前期文献中极少见而现代汉语不见的。如:

[742] 亦不要将做好底看,亦不要将做恶底看,只认本文语意,亦须得八九。(卷十一)

[743] 毁者,那人本未有十分恶,自家将做十分说他,便是毁。(卷四十五)

[744] "施诸己而不愿,亦勿施诸人",此只是恕,何故子思将作忠恕说?(卷六十三)

[745] 只是如日之中,则自然照天下,不可将作道理解他。(卷七十三)

这些用例中的"将做/作"是"拿做/作"的意思,如上面诸例所示,"将+做/作N"后通常另带一个动词或动词短语,也有少数后面没有动词的用例,如:

[746] 他是不识,好底将做不好底,不好底将做好底。(卷一百四十)

[747] 一只是不杂,不可将做一事。(卷六)

[748] 欧公直将作大忠,说得太好了。(卷一百三十四)

[749] 尝见古人工歌宵雅之三,将作重事。(卷八十一)

"将"和"做/作"之间有时可以插入趋向动词"来/去",如:

[750] 他是将来做个大事看了,如唐韩柳皆是恁地。(卷一百四十)

[751] 淳于髡是个天魔外道,本非学于孔孟之门者,陆子静如何将来作学者并说得!(卷四十四)

[752] 其实是古者卜筮书,不必只说理。象数皆可说。将去做道家、医家等说亦有,初不曾滞于一偏。(卷六十七)

例[750][751]"将"和"做/作"之间插入了"来",例[752]"将"和"做"之间插入了"去",为发现"将"和"作"之间插入了"去"的用例。这几例中的"来/去"应该是趋向补语。

二、"将"作副词

"将"作副词一般表示"将要""快要"等意思。《朱子语类》中"将"作副词的频率仍然不高,我们初步统计有323例。这里略举几例:

[753] 或谓只自持敬,虽念虑妄发,莫管他,久将自定,还如此得否?(卷十二)

[754] 天将降非常之祸于此世,必预出非常之人以拟之。(卷一)

[755] 若以为天不过而日不及一度,则趱来趱去,将次午时便打三更矣!(卷二)

[756] 向于某人家看华夷图,因指某水云:"此水将有入淮之势。"(卷二)

[757] 一日,传圣驾将幸师成家,师成遂令此人打并装叠书册。(卷十)

[758] 待日用常行处理会得透,则鬼神之理将自见得,乃所以为知也。(卷三)

[759] 人将死时,热气上出,所谓魂升也;下体渐冷,所谓魄降也。(卷三)

[760] 常先难而后易,不然,则难将至矣。(卷十三)

以上诸例中"将"和现代汉语中时间副词"将"的意义和用法已没有什么大的区别,这里也就不再细作分析了。

三、"将"作介词

"将"作介词是其在《朱子语类》中的主要用法,我们共搜集的"将"作介词的用例1094例,接近该书中"将"出现的次数的一半。从作用来看,大致可分为两大类,区别如下:

(一)表示工具、方式、范围、依凭等

如:

[761] 所以程子推出一个"敬"字与学者说,要且将个"敬"字收敛个身心,放在模匣子里面,不走作了,然后逐事逐物看道理。(卷十二)

[762] 所谓志者,不道将这些意气去盖他人,只是直截要学尧舜。(卷八)

[763] 将此意看圣贤许多说仁处,都只是这意。(卷六)

[764] 而今且将黄赤道说,赤道正在天之中,如合子缝模样,黄道是在那赤道之间。(卷二)

[765] 今只就起处言之,毕竟动前又是静,用前又是体,感前又是寂,阳前又是阴,而寂前又是感,静前又是动,将何者为先后?(卷一)

[766] 其他以心处这理，却是未熟，要将此心处理。(卷八)

[767] 若将别个做主，便都对副不着了。(卷六)

[768] 将知觉说来冷了。(卷四十七)

从句意来看，例[761][762]"将"可以用"拿、用"替换，起引介工具的作用；例[763][764]"将"是限定范围，可用"拿、就"替换；例[765][766]"将"引出标准，可以用"以"替换；例[767][768]"将"引出依赖对象或判断依据，可用"凭、依"替换。这些"将"的介词化特征较为明显，不过现代汉语普通话中已经没有这些用法了。

（二）引出动作的受事

如：

[769] 横渠将屈伸说得贯通。(卷三)

[770] 须得退步者，不要自作意思，只虚此心将古人语言放前面，看他意思倒杀向何处去。(卷十一)

[771] 如人一日只吃得三碗饭，不可将十数日饭都一齐吃了。(卷十)

[772] 这工大须用行思坐想，或将已晓得者再三思省，却自有一个晓悟处出，不容安排也。(卷十)

[773] 时既禁了史书，所读者止是荀扬老庄列子等书，他便将诸书划定次第。(卷十)

以上诸例中"将"所引介的名词均为后面动词所表示的动作行为的承担者，即受事，"将"的作用就是把它们的句法位置提前，且表示一定的处置意味。这种情况下，"将"和"把"的作用类似，绝大多数可以用"把"来替换。《朱子语类》中"将"作处置介词的用例出现频率是最高的。

四、"将"作动态助词

曹广顺(1995)曾指出，"宋代'将'字的意义，与唐、晚唐五代相比，更偏重于表示动态，在《朱子语类》中，表动态例句的比例，据考察，已经占到了80%以上。"不过，据我们考察，该书中可以比较明确看作动态助词的用例只有385个，占该书中"将"的全部用例的17%左右，这可能是因为统计方法的不同而造成的差异。从使用情况看，主要有以下几种类型。

（一）用在动作行为已经发生的句子中

《朱子语类》中一些"将"作动态助词时，出现在表述说话前事情已经发生或状况已经出现的句子中。如：

[774] 盖古人钱阙，方铸将来添。(卷八)

[775] 周子二程说得道理如此，亦是上面诸公挪攒将来。(卷一百二十)

[776] 五者从头做将下去，只微有少差耳，初无先后也。(卷一百二十一)

[777] 及闻一贯之说，他便于言下将那实心来承当得，体认得平日许多工夫，许多样事，千头万绪，皆是此个实心做将出来。(卷二十七)

[778] 先生笑云："此却是真个事急了，不觉说将出来。"(卷三十六)

[779] 中间胡广仲只管支离蔓衍说将去，更说不回。(卷一百四十)

[780] 如温公，只恁行将去，无致知一段。(卷九)

[781] 敏底只是从头呼扬将去，只务自家一时痛快，终不见实理。(卷十四)

[782] 文字在眼前，他心不曾着上面，只是恁地略绰将过，这心元不曾伏杀在这里。(卷十四)

从现象上看，例 [774]—[778] 中的"将"似乎可以被"了"替换，因此目前多数学者把这种情况下的"将"看作是"完成"标记，然例 [779]—[782] 则很难用"了"替换，这样，就无法用"完成标记"来统一解释这些用例，另外，从表达基本语义来看，这些用例的"将"的出现似乎不是"必须"的，如：

[783] 若只理会利，却是从中间半截做下去，遗了上面一截义底。(卷六十八)

[784] 及舜做出来，只与尧一般，此所谓真同也。(卷十)

[785] 惟其似是而非，故圣人便分明说出来，要人理会得。(卷二十九)

[786] 他于理无所见，只是胡乱恁地说去。(卷二十二)

若把这几个用例中画线部分和例 [776]—[779] 相应成分进行比较，其基本意义没有什么明显的变化。因此,从这个角度看,把这类"将"看作完成体标记也是十分勉强的。不过若从表达效果看,例[776]—[779]显然生动得多,"将"在这些用例中对动作行为的凸显作用是毋庸置疑的。

(二)用在表示动作行为或状态的持续的句子中

"将"出现在可持续的动词后面,整个结构或表示动作行为持续或表示行为引起的状态的持续,且"动+将"通常位于连动结构的前一部分,表示后一动作的行为状态和方式。如:

[787]"见孺子匍匐将入井,皆有怵惕恻隐之心",这处见得亲切。(卷十七)

[788]读书理会道理,只是将勤苦捱将去,不解得不成。(卷十一)

[789]且如人过险处,过不得,得人扶持将过。(卷二十)

[790]楞严经只是强立一两个意义,只管迭将去,数节之后,全无意味。(卷一百二十六)

[791]若恁地滚将来说,少间都说不去。他那个是说"上天之载,无声无臭"。(卷七十四)

[792]如两边擂起战鼓,莫问前头如何,只认卷将去,如此方做得功夫。(卷八)

[793]仲弓不解做得那前一截,只据见在底道理持守将去。(卷四十二)

[794]只是这个理,分做四段,又分做八段,又细碎分将去。(卷六)

如果把上述用例中"将"用现代汉语中的动态助词"着"替换,句子的原意均不会产生较大的改变,我们不妨把这种情况下的"将"也看作表示"持续"的范畴标记。

(三)用在动作行为未实际发生的句子中

《朱子语类》中有一些句子中的动作行为并未实际(或真实)发生,但说话人认为按事理或假定的前提应该发生,或者希望或要求事实某一动作行为,通常在动词后接"将",以凸显动作行为。如:

[795]古人于小学小事中,便皆存个大学大事底道理在。大学,只是推将开阔去。向来小时做底道理存其中,正似一个坯素相似。(卷八)

[796]日用应接动静之间,这个道理从这里迸将出去。(卷五十三)

[797]拈着底,须是逐一旋旋做将去始得。(卷十五)

[798] 不必如此思量推广添将去，且就此上看。(卷二十)

[799] 若圣人便有这般事，是他便发愤做将去。(卷三十四)

[800] 若便赶将出去，则祸根绝矣。(卷四十四)

[801] 使哀公能从，则圣人必一面行将去，闻于周王，使知之耳。(卷三十四)

[802] 刘原父才思极多，涌将出来，每作文，多法古，绝相似。(卷一百三十九)

例 [775]—[778] 表示的动作行为都是在常理或常态下发生的，例 [779]—[802] 表示动作行为假定发生，这两种情况下，"动词+将"表示动作发生的时间性并不明显，"将"在这里的作用只是凸显动作行为的发生。

值得注意的是，《朱子语类》中的"将"绝大多数后面带有"来、去、出来、出去"等趋向补语，因此，吴福祥（2004）认为这类"将""主要作趋向补语的标记"，然曹广顺（1995）、王国栓（2004）则认为是表示动态的助词。说明学界对"将"的语法性质和作用的看法存在分歧。我们认为这种结构中的"将"以看作动态助词为宜。理由有三：一是从具体的语料来看，并不是所有的"动+将"后带的都是趋向补语，如：

[803] 只如"莫春浴沂"数句，也只是略略地说将过。(卷四十)

[804] 只存此心，便是不放；不是将已纵出了底，依旧收将转来。(卷五十九)

[805] 大学，只是推将开阔去。(卷八)

[806] 后人读诗，便要去捉将志来，以至束缚之。(卷一百一十七)

[807] 他生将物出来，便见得是能。(卷七十四)

例 [803]"将"后的成分"过"应该是"动相"补语，例 [804]"将"后的成分"转来"则是"结果"补语，例 [805]"将"后的成分"开阔"是"状态"补语；例 [806] [807] 两例中"将"和趋向补语之间则分别有一个宾语"志"和"物"，显然，这些用例中的"将"不是趋向补语的标记。

二是动词和补语之间"将"的出现不具有句法上的强制性。请比较：

[808] 只问人借将来读，也得。(卷一百二十一)

[809] 前辈引经文，多是借来说己意。(卷九十六)

[810] 若豫先理会得，则临时事来，便从自家理会得处理会将去。

（卷一百四十）

[811] 格物,须是从切己处理会去。(卷十五)

[812] 见得是,便有是之之心;见得非,便有非之之心,从那缝罅里<u>迸将出来</u>,恰似宝塔里面四面毫光<u>放出来</u>。(卷五十三)

例 [808]"借"和"来"之间有"将",例 [809]"借"和"来"之间则没有"将";例 [810]"理会"和"去"之间有"将",例 [811]"理会"和"去"之间没有"将";例 [812] 中"迸"和"出来"之间有"将","放"和"出来"之间没有"将"。说明"将"的出现不是句法上的要求,只是表达上的需要,而若作为补语标记通常具有句法上的强制性。

三是"将"位于形容词后,使"形+将"带有"变化"义。如:

[813] 元来无所有底人,见人胡说话,便<u>惑将去</u>。(卷五)

[814] 只就明处渐<u>明将去</u>。(卷十四)

[815] 且如而今天气渐渐地<u>凉将去</u>,到得立秋,便截断,这已后是秋,便是变。(卷七十五)

[816] 如齐桓尚自白直,恁地<u>假将去</u>。(卷六十)

例 [813] 中"惑将去"有"变惑了"的意思,例 [814] 中"明将去"有"变明了"的意思,例 [815] 中"凉将去"有"变凉了"的意思,例 [816] 中"假将去"有"变假了"的意思。这说明,这几例中的形容词在带上"将"以后均获得了动态义。

现在再回头看前文所考察的"将"作为动态助词的三种情况,如果我们把"(二)"小节各用例中的"将"看作"持续"范畴标记,问题应该不大,其余两类表面上存在"已然"和"未然"的区别,其实根据具体用例来看,"已然"类句子(如例 [774]—[782]) 的时间性特征大多是句子本身所含有的,未必是通过"将"表达的,例 [783]—[786] 未使用"将",句子仍具有"已然"义就是证明。如果排除句子所体现的时间性特征,我们认为可以把"已然"句和"未然"句中的"将"统一处理,它们的作用都是为了强调动作行为的发生,为表"发生"的范畴标记。

第六节 本 章 小 结

根据上文的考察,我们可以把《朱子语类》中各动态范畴标记语法化发展情况纳入下面的梯度对照表：

词语 ＼ 指标	结果／趋向补语	动相补语	体助词	动态范畴义
讫	+	+		
毕	+	+		
了	+	+	+	已然
得	+	+	+	已然／持续／先时
取	+	+	+	已然／持续／发生
却		+	+	已然／持续
过	+	+	+	曾经
去	+	+	+	已然／持续
来	+		+	已然／持续／经历
着（著）	+	+	+	已然／持续
将			+	持续／发生

　　和《敦煌变文》相比，《朱子语类》中动态标记的语法化状况出现了如下一些变化：1.没有发现"已、竟"作完成义结果补语的用例，故本表将这两个词语剔除；2."讫、毕"出现了动相补语的用法；3."得"增加了标记"先时"的用法；4."取"增加了标记"发生"的用法；5."过"语法化为动态助词，分担了"来"的部分用法，作"曾经"的标记（"来"仍有标记"曾经"的用例），表明"经历"范畴出现了一定的内部分化；6."将"作为"发生"范畴的主要标记逐渐明确化。

第四章 《元刊杂剧三十种》动态标记的语法化状况

引 言

和《敦煌变文》相比,《朱子语类》中的动态标记有了较大的发展,最显著的特征是一些原先的标记词不再充当动态标记,完全退出了动态标记系统,还有一些词作为动态标记使用频率大为减少,呈明显的衰落趋势,而另一些词语的使用频率则大大增加,处于优势地位。下面我们将对具体的可充任动态标记的词语进行分类考察。

第一节 《元刊杂剧三十种》"了"的标记化状况

《元刊杂剧三十种》"完结"类词语的作为动态标记的状况有了进一步发展,"讫"和"毕"的用例大大减少,只各出现两次。现列举如下:

> [1] 一行人取情招伏讫,那些那些他愁戚。(张鼎智勘魔合罗)
> [2] 左右推转,斩讫报来! (诸葛亮博望烧屯)
> [3] 快顿脱了金枷连玉锁,早毕罢了燕侣共莺俦。(陈季卿悟道竹叶舟)
> [4] (坐定,把盏科) (看书讫,荆王云了) (末云) 不是谈是非,今日难行。(醉思乡王粲登楼)

例 [1] [2] 中的"讫"和例 [4] 中的"讫"都是表示"完结"义的补语,例 [3] 中的"毕"为动词,这几个用例说明,在元杂剧中"讫"和"毕"已停止进一步虚化且使用频率极低,已基本退出动态范畴的标记系统,然"了"却此消彼长地成为完结类词语中标记动态范畴的主要词语。本小节主要考察"了"在《元刊杂剧三十种》的标记化状况。

"了"发展到元代,用法变得十分复杂。本节打算从字面着眼,对《元刊杂剧三十种》(以下简称《三十种》) 中的"了"作较为全面的统计分析。据初步统计《三十种》中出现"了"用例 1882 次,下面分别予以说明。

一、"了"作为实词

《三十种》中"了"作为实词主要表示"末(完)了""了结""终了"等意义。这种用法是保留了从古代汉语中继承下来的"了"的本义。《三十种》中"了"的这种用例最多,我们统计到的有 1139 例,占"了"的所有用例中的绝大多数。这显然与剧本这种特殊的文学体裁有关。

从句法位置和句法作用来看,"了"作为实词时有如下几种情况:

(一)"了"为核心动词

这类用例中"了"为唯一的动词,如:

> [5] 无为而治数十年,陛下今日早了,俺几时了? (辅成王周公摄政)
>
> [6] 等天子将摄行的国事亲临御,微臣报国忠心恁时了。(辅成王周公摄政)
>
> [7] 一会家心焦,何日了,越把我磨剑的志节懒堕却。(萧何月夜追韩信)
>
> [8] 你道我白身无靠何时了? (萧何月夜追韩信)
>
> [9] 似此怎生了? (汉高皇濯足气英布)
>
> [10] 做经商寻资本,依本分教村学,便了。(散家财天赐老生儿)

从收集到的用例来看,这类用例中"了"大多是光杆动词,不带宾语或补语,但前面通常有状语修饰或限制,因此"了"是典型的谓语动词。

(二) 行为动词+"了"

1. "了"直接和动词连用

有两种情况:

①"了"为动词

前一个动词表示一个动作行为,"了"表示该行为结束,如:

> [11](昌邑王云了)(云) 为君末及一月,造下罪一千一百二十七椿,殿下犹不知! (承明殿霍光鬼谏)
>
> [12](等驾上,云住,睡了)(门神上了)(正末扮岳飞魂子引二将上,开)(地藏王证东窗事犯)

从句法形式上看,这里的"了"出现的位置和普通的动态助词差别不大,但表达重心不同,这种结构中的话语重心在"了"上,普通动态助词的话语重心在"了"前的动词上。这种用法大多出现在舞台提示语中,表示是一个表演行为结束后,再开展下一个表演行为。

②"了"为名词

表示"终了(或最终)的时候":

[13](末云)大夫,你这三条计……到了出不的关云长之手。《关大王独赴单刀会》

[14]曹操埋伏将校,隐慝军兵,准备下千般奸狡,施穷智力,费尽机谋,临了也则落的一场谈笑,倒倍了一领西川十样锦征袍! (关大王单刀会)

《三十种》中用作名词的"了"非常少,我们就发现以上2例。

2.用于动宾短语后面

以"动+宾+了"形式出现,但其中的"了"为实词,表示该动宾短语所表示的事件或行为结束。如:

[15](见昌邑王了)(云了)殿下知罪么? (承明殿霍光鬼谏)

[16](正末起身读外末[满庭芳]了)(外末云,吟[凤栖梧]了)(正末冷笑科)愚汉又有思乡之意。(陈季卿悟道竹叶舟)

[17](过去见礼数了)(驾云)(云)陛下万岁! (关大王单刀会)

[18](净、旦说计了)(驾上云)(奏住)(驾云了)(申生、重耳哭住)(驾一行上)(旦与申生祭食,药死神獒了,重耳走下)(回奏了)(驾云了)(正末扮阁官托砌末上,云)咱家六官大使王安,奉官里圣旨,皇后懿旨,赍三般朝典,将东官太子赐死。(晋文公火烧介子推)

[19](外与药了,末与银了,外下)(张鼎智勘魔合罗)

从句法角度看,动宾短语通常有一个主语(有的主语在句中省略了),这个主语是动作的发出者,和动宾短语构成一个整体做大主语,"了"作谓语。

《三十种》中绝大多数"了结、完了"义的"了"出现在舞台提示语中,最典型的格式是与"做、等"共现,构成"做……了""等……了"格式:

[20]（等隋何过来见了）（唱宾）住者！（汉高皇濯足气英布）

[21]（等众呼噪了）（做住）（太后上）（云）虽然大事定，一喜一悲。（辅成王周公摄政）

[22]（做取药与外末了）（外吃药了）（外问末□□□□上秘诀之道）（正末云）昔日四皓隐于商山，巢由避于颍水，此乃达道之仙。（陈季卿悟道竹叶舟）

[23]（等脱了，做拆开两半了，云）媳妇儿，你将取一半，我收着一半。（相国寺公孙汗衫记）

这种格式明确了"了"为表实义的动词的性质。和《朱子语类》相比，《三十种》中这种承古用法占了绝对优势，不过考虑文体的特殊性，不能因此判定元代"了"仍主要用作动词，因为实际上除舞台提示语外，在正式的台词中"了"用作动词的情况非常少，这反映了当时口语中"了"使用的实际状况。

3．"不＋了"作可能补语

《三十种》中有一些和"不"连用的"了"形成"不＋了"形式充当动词补语的用例。这些"了"功能已经开始虚化，但实词义还比较明显，有"实现"或"达成"的意义。

[24] 不打死今番豁不了冤！（承明殿霍光鬼谏）

[25] 随不了老兄心，去不了俺汉朝节。（关大王单刀会）

[26] 子是刎颈交□□伤身，离不了这短剑白练药酒。（晋文公火烧介子推）

[27] 都子为辱家门豁不尽心头气，献姊妹遮不了脸上羞。（（承明殿霍光鬼谏））

这种用法在现代汉语中很常见。

4．虚化为语素

我们在《三十种》中还发现少量"了"充当语素的用例。因这些语言单位还具有一定的实义，只是功能降级，也就在此附带说明一下。如：

[28] 我早子归地府，葬荒丘，是一个了休。（承明殿霍光鬼谏）

[29] 想不想于今日，都了绝爽利，休尽我精细。（诈妮子调风月）

[30] 则是你了得！（诸宫调风月紫云亭）

《三十种》中共出现"了休"2 例,"了绝""了得"各 1 例。"了休、了绝"和现代汉语中的"了结"义近,但都没有保留到现代汉语中来,"了得"在现代汉语中还常用。

二、用在动词后单纯表示动态

《三十种》中存在不少"了"用在动词后面单纯表示动态的用例,主要有三种用法。

(一) 表示到说话时动词所表示的动作行为已经实现了,这种用法和现代汉语中的用法是基本一致的。如:

[31](正末做抱病挟柱,开) 自从打了二贼,一卧二旬而不起,好是烦恼人咱。(承明殿霍光鬼谏))

[32](正末带枷上,开) 自宣某到了阙下,不引见官里,有秦桧将某送下大理寺问罪。(地藏王证东窗事犯)

[33](旦云了) 我则理会庞涓刖了孙膑,不曾见张仪冻杀苏秦。(鲠直张千替杀妻)

[34][耍孩儿] 这楚重瞳能有十年运,(驾云了) 去十分消磨了六分。(萧何月夜追韩信)

[35] 一头吃了你药,险医杀官人!(张鼎智勘魔合罗)

[36] 小生却则酒肆之中,饮了几杯。(李太白贬夜郎)

[37] 他是外嫁了的人,已后自入张家坟,如何主得我和您! (散家财天赐老生儿)

[38] 现如今荆州刘表献了江东,益州刘璋坏了皇宫。(诸葛亮博望烧屯)

[39](云) 本待不烦恼来,觑了这山河形势,不由小生不烦恼。(醉思乡王粲登楼)

[40][雁儿落] 你自吞了名利钩,向苦海谁人救? (陈季卿悟道竹叶舟)

[41] 早则不凌云气贯斗牛,枉了你战笃速把丹墀叩。(陈季卿悟道竹叶舟)

[42][三煞] 趁着那哑咿数声橹响离了江口,见明滴溜一点渔灯古渡头。(陈季卿悟道竹叶舟)

我们统计到《三十种》这类用例 497 例,约占"了"作动态助词用法情况的 88 % , 说明在元代"了"作动态标记时, 表示"已经实现"为其主要用法。

（二）表示说话之后动词所表示的动作行为才实现的, 如果没有句内时点参照, 现代汉语普通话中一般不这样用。如:

[43]（张飞云了）若得胜, 交你腰间挂了虎符, 若不赢交你识我斩砍权谋。(诸葛亮博望烧屯)

[44]（张飞云了）张将军咱两个立了文书, 那夏侯惇你手里若亲拿住,（张飞云了）则怕踏尽铁鞋无觅处?（诸葛亮博望烧屯）

[45] 莫忘了正道者! 将浮生讲究, 经了些夕阳西下水东流。(陈季卿悟道竹叶舟)

[46][幺篇] 直等蛮王, 见了吾皇, 怎时节酒态轩昂, 诗兴飘扬。割舍了金銮殿上, 微臣待醉一场。(李太白贬夜郎)

上面各例中, 说话时, "了"前动词所表示的动作行为并没有发生, 但在说话后有可能实现, 即"了"表示"将要实现"。我们在《三十种》中收集到这类用例 68 例, 我们在未收入该书的关汉卿杂剧《窦娥冤》中也发现了这样的用例:

[47] 左右, 也不必等待雪晴, 便与我抬他尸首, 还了那蔡婆婆去罢。(感天动地窦娥冤)

[48]（正旦再跪科, 云）大人, 如今是三伏天道, 若窦娥委实冤枉, 身死之后, 天降三尺瑞雪, 遮掩了窦娥尸首。(感天动地窦娥冤)

（三）表示动作行为的实施, 从时间上看, 动作实施的时刻, 就是说话的时刻, 现代汉语中没有这样的用法。如:

[49] 不付能这性命得安存, 多谢了烟火神灵搭救了人。(晋文公火烧介子推)

[50]（蹅竹马儿调阵子上）（渔翁、霸王一折了）（驾一行上）（末扮吕马童上, 云）怎想今日, 乌江岸上, 九里山前, 送了你呵! （萧何月夜追韩信）

例 [49] 话一说出口就在致"谢", 例 [50] 说话时正在实施"送"这个行

为,还处于"完成"动作的过程中。《三十种》这种用例极少,只发现这两例。我们在该书未收的其他作品中也只发现两例:

[51](钱大尹做怒科,云)耆卿,你种的桃花放,砍的竹竿折!(柳云)多谢了哥哥。《钱大尹智宠谢天香》

[52]兄弟多谢了哥哥。大姐,到你家中,拜你那妈妈去来。《杜蕊娘智赏金线池》

需要说明的是,在杂剧中,我们只找到"谢"(3例)和"送"(1例)这两个动词后面的"了"有这种用法,没有发现别的动词后面的"了"有类似的使用情况。

不难看出,在元杂剧中,"了"的使用并不受"时"的限制,因此,没有"时"的意义,只有"体"的意义。如果把"了"的以上三种情况概括起来,我们不妨认为"了"是一种"实现(已然)体"的语法标志,第一种情况表示的是已经实现(既然)、第二种情况表示将要实现(即然)、第三种情况表示当下实施(当然)。

三、用于句末表达事件状态

吕叔湘《现代汉语八百词》对现代汉语中"了"位于句末时的功能有过介绍:"主要肯定事态出现了变化或即将出现变化,有成句作用。"曹广顺(1987)起初也曾把"了"作为语气词来考察,不过认为"'了'字是对全句作一种陈述,表示句子所表达的事态、变化已经实现,完成了。"很显然,这个描述就已经将"了"划在语气词功能范围之外了,说明曹广顺认识到通常被看作语气词的"了"和普通语气词之间的不同,因此,后来他(1995)就明确将其归入"事态助词"。《三十种》中存在不少类似的用法。有两种情况,具体如下:

(一)单用于句末

作为独立的句末助词。如:

[53](周舍云)倒着他道儿了!《赵盼儿风月救风尘》

[54]然如此省艰难,怕乞良的成病了。(辅成王周公摄政)

[55]怎生见天子待花白--会来,却又无言语了?(汉高皇濯足气英布)

[56](太子云了)到山中了,深山里决饿杀!(晋文公火烧介子推)

[57] 果然曾反呵,不枉了;若不曾反呵,这老子那里问三监是俺弟兄,敢都杀了,枉苦了无罪生灵。(辅成王周公摄政)

从句意来看,例 [53] 表示的是一种事态发展性质的确认,例 [54] 是猜测可能出现的状况,例 [55] 是对已出现的具体表现的询问,例 [56] 是对行为结果的确认,例 [57] 中的"不枉了"是表示性质判断,"都杀了"似乎可以分析为"都杀了了"是对已然事件的确定性陈述。这几例的共同点是在说话人主观看来,"了"前的成分表述的都是已然事实或事件,用"了"来加强对这种"已然"的确认或进行确定性的表达。

(二) 和别的语气词同现

《三十种》出现了少量别的语气词和"了"一起出现在句末的用例。我们见到的有"了也"8 例、"了末"1 例、"了呵"4 例、"呵了"1 例,举例如下:

[58] 有个老宰相,共个老婆婆,火烧了也。(晋文公火烧介子推)

[59] 这早晚小千户敢来家了也。(诈妮子调风月)

[60](外末云了)(末云了)哥哥,你有此心,莫不错寻思了末?(闺怨佳人拜月亭)

[61](正末又扮庄老上,开)自曹州曹南庄上卖了长寿孩儿,又早二十年了呵!(看钱奴买冤家债主)

[62](云)我往常伶俐,今日都行不得了呵!(诈妮子调风月)

[63] 直等立新君呵了。(辅成王周公摄政)

例 [58] [59] 句末为"了也",这种用法宋代文献已有不少用例,这里是对以往用法的继承;例 [60] 的"了末"、例 [61] [62] 的"了呵"和例 [63]"呵了"则是元杂剧中新出现的用例。

关于句末"了"的定性问题,目前学界有人将其归入语气词或语气助词,但从句法表现来看,很难从"语气"的角度给出统一的解释。如例 [53]—[56]"了"虽然位于全句的句末,但例 [53] 是感叹句,例 [54] 是陈述句,例 [55] 是疑问句,语气类别不一致;例 [56] [57]"了"则是位于分句中,不能表示全句的语气。而从例 [58]—[63] 这组用例来看,如果句子要表达特定的语气或口气往往要另加上一个语气词,说明这类"了"表语气的作用并不明显,因此我们同意吴福祥的看法,将其看作"事态助词",归入广义的时体范畴。

四、用于句末动词后兼表动词的情状（动态）和整个事件状态

有时动词本身的行为就是一个事件核心内容,当动作或行为的实现也就代表事件的结束或实现,从句法表现看,这类动词通常不带宾语或补语,位于句子或分句的末尾。在这种情况下,该动词后的"了"就兼有表示动词的"动态"和事件的"事态"两种作用。有两种情况:

(一) 位于全句的末尾

[64] 悲呵,悲定寰区的圣主归天早,喜呵,喜继万世君王定了。(辅成王周公摄政)

[65] [醉春风] 他不想夫妇恩重如山,待将一个亲男儿谋算了。(鲠直张千替杀妻)

[66] 因这妇人待一心杀害哥哥,是小人杀了。(鲠直张千替杀妻)

[67] (卜儿一行云了) 小梅怎生走了？(散家财天赐老生儿)

[68] 婆婆,我省得,咱张孝友孩儿被陈虎那厮亏图了。(相国寺公孙汗衫记)

[69] 今日三监和武庚流言至此,只因微臣呵反了。(辅成王周公摄政)

根据朱德熙(1982)的观点,以上诸例中的"了"都可以分化成"了1"和"了2"变成:

[64]′ 悲呵,悲定寰区的圣主归天早,喜呵,喜继万世君王定了1了2。

[65]′ [醉春风] 他不想夫妇恩重如山,待将一个亲男儿谋算了1了2。

[66]′ 因这妇人待一心杀害哥哥,是小人杀了1了2。

[67]′ (卜儿一行云了) 小梅怎生走了1了2？

[68]′ 婆婆,我省得,咱张孝友孩儿被陈虎那厮亏图了1了2。

[69]′ 今日三监和武庚流言至此,只因微臣呵反了1了2。

基本上意义没什么变化。这里"了1"管辖动词,表动态;"了2"管辖全句,表事态。因此,位于全句末的"了"为较为典型的动态助词与事态助词的合体形式。

（二）位于分句的末尾

[70]（正末扮拔禾上云）叫胖姑儿，你醉了，等我咱！（薛仁贵衣锦还乡）

[71]是谁人把剑客赶去了，扭身躯猛回头观觑着。（萧何月夜追韩信）

[72]（正末扮岳飞魂子引二将上，开）某三人自秦桧屈坏了，俺阳寿末终，奉天佛牒，玉帝敕，东岳圣帝教，来高宗太上皇托梦去。（地藏王证东窗事犯）

[73]今来有罪的罚了，有功的赏了也。（辅成王周公摄政）

本组用例中"了"都位于分句末尾动词的后面，按照目前学界的共识，复句中分句没有独立的语气，自然也就不会有独立的表示分句语气的助词。如果我们把"了2"看成是语气词，那么这几个用例中的"了"自然就不会是"了2"，只能是"了1"。可事实上，从表达作用来看，我们很难看成他们与上一组例句有什么明显的差别，如果我们把"了2"看成事态助词，这个障碍就不存在了，我们把这两种情况中的"了"统一看成兼表动态和事态的助词。

（三）和别的语气词同现

主要是和"呵""也""也末哥"连用。从"了"后需要另附语气词来看，"了"应该不是语气词，而是体助词，其功能因其前附成分的不同而略有差别。下面分别考察。其中和"也"连用的11次，和"也末哥"连用的2次。绝大多数位于全句或分句末尾，只有极个别位于句中。

1. 和"呵"连用

《三十种》中"了"和"呵"连用的5次，具体如下：

[74]（正末又扮庄老上，开）自曹州曹南庄上卖了长寿孩儿，又早二十年了呵！（看钱奴买冤家债主）

[75]我往常伶俐，今日都行不得了呵！（诈妮子调风月）

[76]我醉了呵，东倒西歪尽不妨。（严子陵垂钓七里滩）

[77]你去了呵，交人道做爷娘的鳏寡，做孩儿的谎诈，交人道你个媳妇儿不贤达。（相国寺公孙汗衫记）

[78]他夺了呵夺汉朝，篡了呵篡了汉邦，倒与俺闲人每留下醉乡。（严子陵垂钓七里滩）

例[74]中"了呵"跟在体词性谓语后面,例[75]中"了呵"跟在补语后面,这两例中的"了"只能被看作表事态的助词;例[76]和例[77]中"了呵"跟动词后面且位于分句末尾,后面其他句法成分可看成兼表动态和事态的助词;例[78]中"了呵"位于句中,"呵"起咏叹作用,前面是一个动词,后面又跟一个带有宾语的重复动词,这个宾语实际上是前面动词的直接宾语,因此,该例中的"了"应该是动态助词。

2. 和"也""也末哥"连用

《三十种》中"了"和"也"连用的11次,和"也末哥"连用的2次,下面举例说明:

[79] 这早晚小千户敢来家了也。(诈妮子调风月)

[80] 量小生才不及傅说,辩不及蒯彻,被这厚礼卑辞送了也。(生死交范张鸡黍)

[81] 妹子,我和您哥哥厮认得了也,你却招取兀那武举状元呵,如何?(闺怨佳人拜月亭)

[82] 早去了也末哥,早去了也末哥,向前来扯住禅师问。(地藏王证东窗事犯)

例[79]—[81]中"了"和"也"连用,例[82]中"了"和"也末哥"连用,从语法功能来看,"了"后跟"也"和"也末哥"的作用差别不大。例[79]中"了"跟在宾语后面,只能被看作表事态的助词;例[80]和例[81]、例[82]中"了"跟在动词后面,可以理解为既表动态又表事态的助词。

小　结

我们对《三十种》中"了"的各类用法进行了粗略的统计,结果如下:

作动词	作名词	作语素	表动态	表事态	兼表动态事态
1212	2	4	567	51	47

第二节　《元刊杂剧三十种》"得失"
类词语的标记化状况

《元刊杂剧三十种》中"得失"类词语有了进一步发展,最突出的情况是在书面上出现了"得""的"分化,"取"和"却"的助词功能出现了明显的衰弱迹象。下面将分别进行考察。

一、《元刊杂剧三十种》中的"得"的标记化状况

《朱子语类》中,"得"一共出现了 535 处,用法多样,有的作一个词中的语素;有的单独作动词;有的作动词前的助动词;有的作动补结构中的补语;有的作结构助词;有的作动态助词。

（一）"得"作语素

"得"作语素主要出现在"记得、认得、不得已、得知、显得、省得、兀得、消得、了得"等词语中,其中"记得"9 例、"认得"12 例、"不得已"5 例、"得知"1 例、"显得"5 例、"省得"5 例、"兀得"1 例,"消得"9 例,"了得"1 例;这里各举 1 例:

[83] 秀才,我不曾来时,你作一词,我尚记得。(陈季卿悟道竹叶舟)

[84]（外末云）小生都不认得。(陈季卿悟道竹叶舟)

[85] 臣不得已非心乐,划地似临深渊般兢兢战战,履薄冰般怯怯乔乔。(辅成王周公摄政)

[86] 休教人得知是神人。(小张屠焚儿救母)

[87]（太子云了）显得臣也忠心,扶你晋朝天下！（晋文公火烧介子推)

[88] 弟子省得也末哥,省得也末哥,谢师父指引上天堂路。(马丹阳三度任风子)

[89] 我正唱到不肯上贩茶船的小卿,向那岸边厢习蹬,俺这虔婆道:兀得不好拷末娘七代先灵！（诸宫调风月紫云亭)

[90] [后庭花] 怎消得把千钟禄位享,将万民财物诓,把二品皇宣受,将三台银印掌。(承明殿霍光鬼谏)

[91]（卜云了）咭！则是你了得！都是你个吸人髓虔婆直攮到底！(诸宫调风月紫云亭)

例 [88] 中的"省得"是"理解、明白"的意思,例 [89] 中的"兀得"即"兀的"是"这、这个"的意思,例 [90] 中的"消得"是"值得、配得"的意思,例 [91] 中的"了得"是"了解、明白"的意思,这几个词没有保留到现代汉语中来(现代汉语中虽然有"省得""了得"这样的词语,但和元杂剧中的同形词

语不是一个意思)。其他用例中出现的"记得、认得、不得已、得知、显得"等保留到现代汉语中来了,且意义基本保持不变。

(二)"得"作谓语动词

"得"作谓语动词,表示"得到"义,一般带有宾语,我们收集到92例。从宾语的词性来看,既有体词性的,也有谓词性的,如:

[92]据他那阿鼻罪过天来大,得个人身也不亏他。(看钱奴买冤家债主)

[93]婆婆,我如今往庄上去计点,怕小梅分娩时分,若得个儿孩儿,千万存留了咱。(散家财天赐老生儿)

[94][混江龙]得其民望,沛公戈戟入咸阳。(承明殿霍光鬼谏)

[95][上马娇]饶你百事聪,所事奸,那个曾人马得平安!(陈季卿悟道竹叶舟)

[96]争如我茅庵草舍,蒲团纸帐,高卧得清闲。(陈季卿悟道竹叶舟)

[97]不付能这性命得安存,多谢了烟火神灵搭救了人。(晋文公火烧介子推)

[98][金盏儿]你道一个月借军还,我道三十日却得身安。(楚昭王疏者下船)

以上用例,"得"均为动词,作谓语中心词,例[92]—[94]带体词宾语,例[95]—[97]后带谓词宾语,例[98]"得"后是主谓短语做宾语。

(三)"得"作助动词

《三十种》中"得"作助动词的用例较少,我们只找到11例,大部分表示"能够、可能"的意思,如:

[99](驾云了)为甚俺这樵夫得脱身?(晋文公火烧介子推)

[100][正宫端正好]我不去玉堂游,也不向东山卧,得磨陀且自磨陀。(陈季卿悟道竹叶舟)

[101][混江龙]消磨了圣人之教,几时得经纶天地整皇朝?(萧何月夜追韩信)

[102]孔子道,危行言逊远害,不得中行而与之,必也狂狷进退乎哉?(晋文公火烧介子推)

[103]则为五行差干运难迭办,不得随圣主展江山。(醉思乡王粲

登楼)

[104] 凡人不得用貌相,海水不可用斗量。(醉思乡王粲登楼)

例 [99]—[101] 为肯定形式,"得"都可以理解成"能够"或"可能(可以)";例 [102]—[104] 为否定形式,"不得"为"不能"或"不可"义。

表示"要或需要"义的只有 1 例:

[105](末云)许愿时有孙儿来,须得他同去。(小张屠焚儿救母)

该例中的"须得"即为"须要"。

(四)"得"作补语

《三十种》中"得"独立作补语的用例大致可以分为以下几种类型:

1. 作可能补语

《三十种》"得"作可能补语其后既有后接宾语成分的用例,也有不接宾语成分的用例,以"动+不得"形式表示"不可能(性)"居多,以"动+得"形式表示"可能(性)"的用例相对较少。请看下面的用例:

[106](开门科了)(抱俫儿上了)这的做得俺后代刘朝主人公。(诸葛亮博望烧屯)

[107] 本待麻线道上不和你一处行,(云)你依得我一件事,依得我愿随鞭? (诈妮子调风月)

[108](卜儿云了)(云)有俺侄儿刘大,他都主得。(散家财天赐老生儿)

[109][哪咤令]恨不得七甲八步,那甲敢十歇九住,避不得千辛万苦。(张鼎智勘魔合罗)

[110] 你若是雪不得冤,报不得恨,则怎地空干罢。(晋文公火烧介子推)

[111](夫人云了)燕燕不会,去不得! (诈妮子调风月)

[112](等长老做意)怕你写不得,将来我自写。(相国寺公孙汗衫记)

例 [106]—[108] 为肯定形式的可能补语,"得"表示动作或行为目标实现的可能性;例 [109]—[112] 为否定形式的可能补语,"不得"表示"不可能"或"不可以"。

2. 作结果补语

《三十种》中"得"作结果补语仍有"得到"义,后通常接有宾语,做光杆补语的极少,如:

[113] 若将巧计干求得,人不为仇天降灾。(小张屠焚儿救母)

[114] 恰救得苍生安息,便不能得龙休安宁!(辅成王周公摄政)

[115] 想名利有时尽,乞得田园自在身,我怎肯再入红尘。(泰华山陈抟高卧)

[116](二净一折)(荆王上,云住)(正末背剑上,云)自从离洛阳,一路上感得一场天行病,争些送了性命。(醉思乡王粲登楼)

[117] 这的未曾寻着庞统,投至请得伏龙,更压着渭河边姜太公。(诸葛亮博望烧屯)

除例 [113] 外,其余用例后都接有宾语,从语义关系来看,这些宾语都是受"动+得"短语管辖,"得"则是前面动词产生的结果。

3. 作动相补语

《三十种》中也有不少"得"作动相补语用例,如:

[114] 猛听得哭声喧喉,才望见幡影悠悠,眼见的滞魂夷犹。(死生交范张鸡黍)

[115] 光塔塔坟墓前,湿浸浸田地上,不闻得鱼腥肉腥,茶香酒香。(散家财天赐老生儿)

[116] 怎生般不应当,脱着衣裳,感得这些天行好缠仗。(闺怨佳人拜月亭)

[117] 燕燕子理会得龙盘虎踞灭燕齐,谁会甚儿婚女聘成秦晋!(诈妮子调风月)

这几例"得"是用在感知类动词后面表示动相,虽然意义有较大程度的虚化,但仍有一定的"获得"义,这是唐宋以来"得"作动相补语时的主要用法。但我们在《三十种》中却发现1例"得"在表示"去掉"义的结构中作动相补语的用例:

[118] 濯呵濯得了腮边血污,涤呵涤得净面上尘灰。(辅成王周公摄政)

该例中的"得"可用"却"或"去"替换，"濯得""涤得"实际上分别是"濯去""涤去"的意思。这种现象的存在，说明到元代"得"作动相补语其符号价值大于其语义价值了，是其脱实向虚过程中的进一步的发展。不过从"濯得"后还用了一个表示动态的助词"了"来看，该例中的"得"还没有成为动态助词。

(五)"得"用作结构助词

《三十种》中"得"作结构助词有了进一步发展，除了作补语标记外，还出现了少量的状语标记的用法，这是《朱子语类》及其以前的文献中所未见的。

1. 作补语标记

《三十种》中"得"作补语标记的用法占绝大多数，我们共收集到213个用例。这里仅举例说明：

> [119] 你兀的不惹得旁人骂！(相国寺公孙汗衫记)
> [120] 万代人传，倒大来惹得关张笑。(张鼎智勘魔合罗)
> [121] [甜水令] 姊姊骨甜肉净，堪描堪塑，生得肌肤似凝酥。(诈妮子调风月)
> [122] [油葫芦] 便似画俺在潇湘水墨图，淋得俺湿漉漉。(张鼎智勘魔合罗)
> [123] [雁儿落] 听说罢唬了魂，说得我半晌如痴挣。(小张屠焚儿救母)
> [124] [水仙子] 呀呀呀我这里正觑着，嗨嗨嗨唬得我魂魄飘。(张鼎智勘魔合罗)
> [125] 扶持得万乘当今帝，稳坐龙亢金椅。(醉思乡王粲登楼)
> [126] [四煞] 待争来怎地争，待悔来怎地悔？怎补得我这有气分全。(诈妮子调风月)
> [127] 倘或间失手打破这盏儿呵，家里有几个七里滩赔得过！(严子陵垂钓七里滩)
> [128] [殿前欢] 俺千户跨龙驹，称得上的敢望七香车。(诈妮子调风月)

例[119][120]是结果补语；例[121][122]是状态补语；例[123][124]是程度补语；例[125][126]是可能补语；例[126][127]是趋向补语。这些补语都以"得"作为标记。

2. 作状语标记

我们在《三十种》中发现 2 例"得"位于状语和谓语动词之间的用例，这是在以往文献中所未见的：

[129] 把两付藤缠儿轻轻得按的搧毗，和我那压钏通三对，都绷在我那睡裹肚薄绵套里，我紧紧的着身系。(闺怨佳人拜月亭)

[130] 见那金花诰帝宣，没因由得要团圆。(闺怨佳人拜月亭)

这里的"得"应该是结构助词，作状语标记，这种用法在现代汉语书面语中被"地"所替代。

（六）"得"作动态助词

和《朱子语类》相比，《三十种》中"得"作动态助词的比例大大降低。我们只收集到几十例，主要用法如下：

1. 表"完成"或"实现"

[131][滚绣球] 这两个吃剑头，久以后，死得来不如猪狗。

[132][调笑令] 这厮短命，没前程，做得个轻人还自轻。(承明殿霍光鬼谏)

[133] 只落得坟头上一盏浇奠酒。(死生交范张鸡黍)

[134] 我过得萧墙，我待朝帝王。(承明殿霍光鬼谏)

[135] 虏得些金枝玉叶离了乡党，若不是泥马走康王。(地藏王证东窗事犯)

[136][金盏儿] 淋的不寻俗，听得便眉舒，不朗朗摇响蛇皮鼓。(张鼎智勘魔合罗)

例 [131] 中"死得"即"死了"，例 [132] 中"做得"即"做了"，例 [133] "落得"即"落了"，例 [134] "过得"即"过了"，这几例中的"得"是标记典型的表"实现"的助词；例 [135] 中的"虏得"仍带有一定的动相义，但从全句的意思看，表实现的特征更为明显，可归入表"实现"的助词；例 [136] "听得"位于表先时的位置，但后面有一个表时间承接的词"便"，因此也可看成单纯的表"实现"的助词。

2. 表"进行"或"持续"

《三十种》中"得"表持续的用例不多，只找到十来例，如：

[137] 满满的捧流霞,相留得半霎,咫尺隔天涯。(闺怨佳人拜月亭)

[138] 我手执的是斑竹纶竿,谁秉得你花纹象笏。(严子陵垂钓七里滩)

[139] 等净提得俫儿了。(相国寺公孙汗衫记)

[140] 到晚边得他被底成双睡。(诈妮子调风月)

[141] 你家中有小太子重耳,好生将得项上头来便休,若不将出头来,交您全家儿赐死。(晋文公火烧介子推)

这几例中"得"前的动词都是可持续的动词,"得"可用现代汉语中的动态助词"着"替换,应该是"持续体"标记。

二、《元刊杂剧三十种》中"的"的标记化状况

从字面形式来看,"的"的本义应该是"靶心",由此引申为"目标""鲜明""的确"等义项,意义均很实在,是中古以前的常用义。《元刊杂剧三十种》中出现"的"用例的句子共有998条,但这些"的"大多是作虚词用法,在《朱子语类》及其以前文献中所极少见的。不过,从来源来看,我们认为这个虚词"的"跟古代汉语中的"的"应该只是同形词,二者并无关联。《三十种》中作虚词用的"的",应该是唐宋以来作虚词用的"得"在书面上进行同音分化的结果。这在《三十种》中可以找到比较充分的证据。请看下面的几组用例:

A:a. 你救孩儿一身苦,强如把万僧斋,<u>显的</u>哥哥你敬客。(看钱奴买冤家债主)

b. 子为有神灵,也<u>显得</u>我无罪责。(辅成王周公摄政)

B:a. 我则知十年前共饮的旧知交,谁认<u>的</u>甚么中兴汉光武! (严子陵垂钓七里滩)

b. 我恰骂了你几句权休罪,须是咱间别了多年不<u>认得</u>。(薛仁贵衣锦还乡)

C:a. 你道东吴国鲁大夫仁兄下手,则<u>消的</u>西蜀郡诸葛亮先生启口,奏与那海量仁慈的汉皇叔。(关大王单刀会)

b. 不索司房中插状子当官告,<u>消得</u>我三指大一个纸题条。(岳孔目借铁拐李还魂)

D:a. (等驾上云了)<u>兀的</u>不羞杀微臣! (汉高皇濯足气英布)

b.兀得不好拷末娘七代先灵！（诸宫调风月紫云亭）

以上四组用例中,用例 a 中的"显的、认的、消的、兀的"和用例 b 中的"显得、认得、消得、兀得"完全同义,实际上就是同一词语的两种书写形式,可见这些 a 用例中的"的"是从"得"分化而来。

本小节从字形出发,对《三十种》中的"的"作穷尽性考察。

（一）"的"作语素

《三十种》"的"作为构词成分的用例较多,主要有以下几种类型:

1. 作指示代词或疑问代词后缀

这类用法构词最多,主要有"这的、那的、阿的、兀的、甚的、怎的"等,其中"这的"50 例、"那的"12 例、"阿的"2 例、"兀的"39 例、"甚的"17 例、"怎的"4 例。下面各举 1 例:

[142]［乔牌儿］ 兀的须显出我那不乐愿,量这的有甚难见？（闺怨佳人拜月亭）

[143]（小旦云了）那的是你有福如我处那！（闺怨佳人拜月亭）

[144]阿的是五夜其高,六日向上,解利呵过了时晌,下过呵正是时光。(闺怨佳人拜月亭)

[145]觑了他兀的模样,这般身分,若脱过这好郎君？ （诈妮子调风月）

[146]（尚古自醉醺醺终日如泥样。）子听的调弦品竹,甚的是论道经邦。(承明殿霍光鬼谏)

[147]（张千云）哥哥,你问他怎的？（岳孔目借铁拐李还魂）

"的"作代词后缀的情况在现代汉语中已经消失了。

2. 作动词后缀

主要有"显的、认的、消的、省的"等动词,其中"显的"4 例,"认的"5 例,"消的"4 例,"省的"3 例,下面各举 1 例:

[148]化的俺一方之地都餐素,显的出家儿无荣辱。(马丹阳三度任风子)

[149]（正末云）你认的俺四个？（陈季卿悟道竹叶舟）

[150]只消的一管霜毫,数张白纸,写万古清风,不够一醉工夫！（李太白贬夜郎）

[151]（驾云了）（云）小人虽是个庄家汉，也省的些个小勾当。（晋文公火烧介子推）

上列诸例中的"显的、认的、消的、省的"在《三十种》中有相应的记录形式。"显得、认得、省得、消得"同现且意义和用法相同。这正说明"的"来源于"得"书面形式的异化。

3.作描绘情状的词语前缀

主要有"的溜、的溜溜、的薛薛"等词语，各有1个用例：

[152][一只手拿住系腰，一只手揝住道服。]我却两只手轻举，的溜扑摔下阶除。[咱是个敲牛宰马任风子，浑家放心？]（马丹阳三度任风子）

[153]怪早来喜珠儿的溜溜在檐外垂，灵鹊儿咋咋地头直上噪，昨夜个银台上剥地灯花爆。（尉迟恭三夺槊）

[154][想着，则怕歹人来到，不由咱心中自懊恼，常怀着逢贼盗。]的薛薛心惊胆战，普速速肉跳身摇。（张鼎智勘魔合罗）

例[152]中的"的溜"和例[153]中"的溜溜"只是程度不同而已，基本义都是"顺滑、顺溜"的意思；例[154]中"的薛薛"表示"颤抖或颤动的样子"，这几个词都是描绘物态或情状的。

4.其他情况

在"本的、端的"等词语中作后缀，其中"本的"1例，"端的"15例。"本的"即本来的意思，如：

[155][石榴花]俺本的提刀屠，翻做了知心交。[论仁义，有谁学。]（鲠直张千替杀妻）

"端的"意义稍复杂一点，主要有三个义项：
①的确；果然：

[156]对阵，三国英雄汉云长，端的豪气有三千丈！（关大王单刀会）

②事情的底细：

[157] 呼左右,亲问端的。((张鼎智勘魔合罗)

③究竟:

[158] 您端的是姑舅也那叔伯也那两姨?(闺怨佳人拜月亭)

(二)"的"作补语

1. 独立作可能补语

"动+的/不的"格式表示某种动作实现的"可能(性)/不(没)可能性"。如:

[159] 元来是倚强压弱富家郎,下的手也王伯当

[160] 怕不歪吟得几句诗,胡诌的一道文,心术不正,何足论也,一味地立碑碣谄佞臣。(死生交范张鸡黍)

[161] 若是御林军肯把赵氏孤儿护,我与亢金上君王做的主!(冤报冤赵氏孤儿)

[162] (做杀科)(做杀不的三科)先生喋,你今日不合死,明日我来杀你。[(马云了)你怎生杀的我!](马丹阳三度任风子)

[163] [他那里会理朝纲?]据这厮每村沙莽撞,念不的书两行,开不的弓一张,便朝为田舍郎,暮登天子堂!(承明殿霍光鬼谏)

[164] 今只有钱学不的哥哥五湖四海,更他也受用不的千年万载。(看钱奴买冤家债主)

作可能补语"的/不的"《三十种》中很多情况下写成"得/不得",如例[160]中"歪吟得几句诗"中的"得"和下文"胡诌的一道文"中的"的"读音和功能应该完全一样,二者可以看成异文形式,这种用法在现代汉语书面语中一般只写成"得/不得"。

2. 结果补语

"的"有"获得""得到"义,位于别的动词后面,表示由该动作行为带来的结果。如:

[165] [[调笑令]巴到日暮,看天隅,见隐隐残霞三四缕。钓的这锦鳞来,满向篮中贮。(严子陵垂钓七里滩)

[166] 投至奏的九重禁阙君王准,交烧与掌恶酆都地藏神。[屈杀
了岳飞、岳云、张宪三人,已上升三个全身。](地藏王证东窗事犯)

[167][牧羊关]　生不遇天时尔,道不行呵予命也。]咱人子审的
这出处是的便是英杰。[伊尹起呵,万姓俱安,巢由隐呵,一身自洁。]
(死生交范张鸡黍)

[168] 你若是打听的山妻,照顾着豚犬。[一头里亡过夫主,散了家
缘,兄弟呵!](岳孔目借铁拐李还魂)

3. 作动相补语

“的”位于别的动词后面只表示“获得”“得到”义,但并不强调是由动作
行为带来的结果。如:

[169][可早高烧银烛忧照红妆!]子听的闹垓垓歌舞人来往,韵悠
悠羌管声嘹亮。(承明殿霍光鬼谏)

[170] 那其间,借的金鼓旗幡,你那洗尘酒开怀如送路盏。[可为军
民不安,朝廷有难,你卿呵,休别时容易见时难!](楚昭王疏者下船)

[171][正宫端正好]　下云台,来朝会,不听的华山里鹤唳猿啼。
[道人不为苍生起,子是报圣主招贤意。](泰华山陈抟高卧)

作动相补语的“的”都可以用“到”来替换,如例[169][171]中的“听
的”可以替换为“听到”,例[170]中的“借的”可替换为“借到”。如果在表
示已然的语境中,作动相补语的“的”也可以分析为动态助词,如:

[172][[满庭芳]须是我羞归故里,只为我昂昂而已,快快而回。]
空学的赡天才,无度饥寒计,又不曾展眼舒眉。[子被你误了我也儒冠
布衣,熬煞人也淡饭黄虀。](醉思乡王粲登楼)

本例中的“空学的赡天才”,既可以理解为“空学到赡天才”,又可以理
解为“空学了赡天才”,如果作后一种理解,这里的“的”就可以被看成动态
助词了。

(三)“的”用作结构助词

《三十种》中“的”作结构助词又有以下几种用法:

1. 作补语标记

“的”用在带补语的动词和形容词后面,起标示补语的作用,如:

[173][则怕你坐不久龙床。]俺死呵落得个盖世界居民众众讲,岳飞父子每不合舍性命,生并的南伏北降,出气力西除东荡。(地藏王证东窗事犯)

[174][雁儿落] 原来亲的子是亲,恨后须当恨。[那里是女不将娘敬重,却是钱引的人生分。](散家财天赐老生儿)

[175]这上坟的潇洒,祭祖的凄凉。[斟量,是两下里人来的稀草长的荒。](散家财天赐老生儿)

[176][陵谷高深悉变赶,山河气象映青虚。]秘养的精神似水,颜色如朱。(陈季卿悟道竹叶舟)

[177]自从俺父亲就那客店上,生扭散俺夫妻两个,我不曾有片时忘的下俺那染病的男儿,知他如今是死那活那? (闺怨佳人拜月亭)

[178]怎生擎的住我这眼泪,把的住我这情肠、放的下我这愁怀!(看钱奴买冤家债主)

[179]一口气不上来抵住喉咽,气的我手儿脚儿滴羞笃速战。(承明殿霍光鬼谏)

[180][[感皇恩] 呀!]唬的我魂魄悠悠,不提防有人随后。[嗨!](晋文公火介子推)

[181]我若是去的迟,有他那歹婆娘使心机。(岳孔目借铁拐李还魂)

[182](等外末云了)你是个谎说的好! (汉高皇濯足气英布)

例[173][174]中"的"位于动词和结果补语之间,例[175][176]中"的"位于动词和状态补语之间,例[177][178]中"的"位于动词和可能补语之间,例[179][180]中"的"位于动词和程度补语之间,例[181][182]中"的"位于动词和性状补语之间,这些用例中的"的"都起连接动补成分的作用,应该是作为补语标记的结构助词,这种用法的"的"和作补语标记的"得"应该是异文形式,现代汉语书面语中已经不用了。

2.作定语标记

"的"用在作定语的名词、代词、动词或形容词后面,作定语的标记词。如:

[183](末云)呆汉,望见你去的路么? (陈季卿悟道竹叶舟)

[184]你须是他娶到的妻,至如今二十春。[你全无半星儿情分,平白地磣可可剪草除根。](鲠直张千替杀妻)

[185][这其间炊黄粱一饭才熟。]早辞了白发的爷娘,割舍了青春配偶。[好不聪明愚浊汉,疾省悟报官囚。](陈季卿悟道竹叶舟)

[186]他为甚遥闪在栏干外? 和他那献果木猿猱也到来,我山野的心常在。[俺那里水似蓝,山如黛。]

[187]见一个富相知,惢白一辈儿传一辈儿。见一个贫劣的亲戚,识的他却皮隔皮。(楚昭王疏者下船)

[188][双调新水令]我眼悬悬整盼了一周年,你也枉把你这不自由的姊姊来埋怨。恰才投至我贴上这缕金钿,一霎儿向镜台傍边,媒人每催逼了我两三遍。(闺怨佳人拜月亭)

[189]是你那孝子曾参赛过卢医。你又不是恰才新认义,须是你的亲侄。哎!(张鼎智勘魔合罗)

[190]您将那《梁武忏》多读几卷,《消灾咒》剩看与几遍。你便,可怜,老夫的命蹇,你将俺张孝友孩儿来追荐。(相国寺公孙汗衫记)

[191]从今后罢刀兵,四海澄清,且放闲人看太平。我也不似出师的孔明,休官的陶令,则待学那钓鱼台下老严陵。(泰华山陈抟高卧)

[192]今日和天也顺时光! 则那逆天的天不交命亡,顺天的祸从天降;逆天的神灵不报,顺天的受灾殃! (地藏王证东窗事犯)

例[183][184]中"的"跟在动词后面,例[185][186]中"的"跟在名词后面,例[187][188]中"的"跟在形容词后面,例[189][190]中"的"跟在代词后面,例[191][192]中"的"跟在动宾短语后面,这些后带"的"的词语均为定语,修饰后面的中心语,"的"是定语的标记,这种用法和现代汉语基本相同。此外,我们还发现一个"的"位于数词和中心词之间的用例:

[193][赏花时]则为一貌非俗离故乡,二四的司公能主张,三个人狠心肠。(好酒赵元遇上皇)

现代汉语中没有这样的用法。
3. 作状语标记
"的"用在作状语的副词、形容词或象声词后面,作状语标记词。如:

[194]今日不比往常,他每怕不口和咱好说话,他每都喜孜孜的笑里藏刀。(关大王单刀会)

[195][油葫芦]我但有些卧枕着床脑袋疼,他委实却也心内惊,他

急慌的请医人诊了脉却笑容生。(诸宫调风月紫云亭)

[196] [俺这新状元,早难道花压得乌纱帽檐偏。] 把这盏许亲酒又不敢慢俄延,则索扭回头半口儿家刚刚的咽。(闺怨佳人拜月亭)

[197] [朝天子] 百忙里忙让咱,猛然的见他,不由我吃忕忕心头怕。[(太子云了) 太子问臣声唤子甚的?] (晋文公火烧介子推)

[198] (入房科) 呼的关上枕门,铺的吹灭残灯。(诈妮子调风月)

[199] 一个胸膛里着翻背,一个嘴缝上中直拳。一个早扑地腮搵土,一个哼的脚梢天。(马丹阳三度任风子)

例 [194] [195] 中"的"跟在形容词后面,例 [196] [197] 中"的"跟在副词后面,例 [198] [199] 中"的"跟在象声词后面,这些词语在句子中均作状语,"的"应该可以看作状语标记,这种用法相当于现代汉语书面语中的结构助词"地"。不过值得注意的是《三十种》中"的"作状语标记跟在单纯的形容词后的用例较少,大多数是跟在重叠的形容词后面,如:

[200] [与人家打勤劳做生活有甚妨!] 怕不待时时的杀个猪,勤勤的宰个羊,觅几邓文通钱将我娘待养。(小张屠焚儿救母)

[201] [你每多披取几副甲,剩穿取几层袍。] 你待暗暗的埋伏紧紧的邀?(关大王单刀会)

4.转指标记

"的"位于谓词性词语后面,使该词语转指名词性事物。如:

[202] 他道亲的身安疏的交命卒。[四口儿都是亲那个疏?] (楚昭王疏者下船)

[203] [混江龙] [晋灵公偏顺,朝廷重用这般人。] 忠正的市曹中斩首,逸侯的省府内安身。[为国有功的当重刑,于民无益的受君恩。] (冤报冤赵氏孤儿)

[204] [不自然上天有感,圣寿无疆!] [尾声] 死的坟墓上封赠了官,活的殿角边颁赐与赏。[调和鼎鼐,燮理阴阳。] (死生交范鸡黍)

[205] 贫道穿的葫落衣,吃的是藜藿食。[睡时节幕天席地,喝喽喽鼻息如雷。] (泰华山陈抟高卧)

[206] [[沽美酒] 如今被论人当了罪责,不想那元告人安然在。] 快将那陈言献策的请过来! (辅成王周公摄政)

[207](云) 玉娘,你记得那<u>寄信的</u>末?（张鼎智勘魔合罗）

例 [202] [203] 中"的"位于形容词后面,例 [202] 中的"亲的""疏的"分别转指"亲的人""疏的人",例 [203] 中"忠正的""谗佞的"分别转指"忠正的人""谗佞的人";例 [204] [205] 中"的"位于动词后面,例 [204] 中的"死的""活的"分别转指"死的人""活的人",例 [205] 中"穿的""吃的"分别转指"穿的衣服""吃的东西";例 [206] [207] 中"的"位于动宾短语后面,例 [206] 中的"献策的"转指"献策的人",例 [207] 中"寄信的"转指"寄信的人"。"的"表转指的使用情况和现代汉语中的用法基本相同。

(四)"的"作动态助词

《三十种》中有不少"的"位于动词后表示动作行为情貌的用例,具体有以下几种情况:

1. 表"完成"或"实现"

"的"出现在具有"已然"义的语境中,表示动作行为"完成"或"实现",如:

[208] [[四煞]　受了人精金子挼越定夺,要了人亲女儿分付勾当。] 准的几椿儿,买金珠打银器诸般上。(死生交范张鸡黍)

[209] [(末云) 俺亲眷,你爷娘都肯了,则有你不肯哩。] 与你些打眼目衣服头面,妻也,守志杀刚捱的满三年。(岳孔目借铁拐李还魂)

[210] [我祖上流传三辈儿。] 贾员外为钱干绝嗣,说的俺祖公名字。[二十年用心把钥匙,原来都是俺祖上金资。](看钱奴买冤家债主)

[211] 想自家空学的满腹兵书战策,奈满眼儿曹,谁识英雄之辈?[好伤感人也!](萧何月夜追韩信)

[212] [臣恐夫尊卑,将无能冢宰权休罪。] 第一来曾奉的先君圣敕,第二来现佐着当今皇帝。[若不如此,怎敢看稳拍拍文武班齐。](辅成王周公摄政)

以上诸例中的"的"前动词虽然不同,但动词所表示的动作行为均已实现,因此用例中的"的"都可以用典型的表实现的体标记"了"来替换。例 [208] 中的"准的"相当于"准了",例 [209] 中的"捱的"相当于"捱了",例 [210] 中的"说的"相当于"说了",例 [211] 中的"学的"相当于"学了",例 [212] 中的"奉的"相当于"奉了",把这几例中的"的"看作表实现体的标记应该是没有问题的。

2. 表"进行"或"持续"

"的"位于可持续动词后面,凸显该动作行为的进行或所处的持续状态。如:

[213](等外末云了)(正末做听的科)(陈季卿悟道竹叶舟)

[214][殿前欢]扶策的我步瑶阶,心怀七里滩钓鱼台。[醉醺醺迈出龙门外,似草店上般东倒西歪,把我脑掸的抢将下来。](严子陵垂钓七里滩)

[215][天下乐] 百忙的麻鞋断了蕊。[难行,穷对付,扯的的蒲包上? 麻且拴个住。](张鼎智勘魔合罗)

[216][恐民乱摄行国事,为君幼权典枢机。]但将傍的他朝夕,归政与君王就臣位,便是我孝当竭力。[上不愧三庙威灵,下不欺九曲黔黎。](辅成王周公摄政)

[217][油葫芦] 那几个首户闲官老秀才,他每都很利害,把老夫监押的去游街。[我谢神天便将羊儿赛,我待相知便把羔儿宰。](散家财天赐老生儿)

[218]整整的三昼夜水浆不到口,沿路上几时曾半霎儿迟留。[身穿的缌麻三月服,心怀着今古一天愁。](死生交范张鸡黍)

[219][混江龙]存的孙刘曹操,平分一国作三朝。[不付能河清海宴,雨顺风调。](关大王单刀会)

[220][倘秀才]林泉下浊腥爽口,御宴上堂食热手,留的前生喝下酒。[你道这一粗汉,共那寿亭侯,是故友。](关大王单刀会)

例[213]表示动作的进行,例[214]—[218]表示动作行为的持续,例[219][220]表示动作状态的持续。从功能来看,这些用例中的"的"和现代汉语中的持续体标记"着"相当。

3. 表"先时"

"的"位于两个连续发生的动作行为的前一个动词后面,表示该动作行为发生后再发生另一个行为动作。如:

[221][快活三]俺两个曾麦场上捎了谷穗,树头上摘青梅,倒骑牛背上品羌笛,偷的生瓜来连皮吃。(薛仁贵衣锦还乡)

[222][收尾]忠臣难出贼臣彀,陛下宣的文武公卿讲究。[用刀斧将秦桧市曹中诛,唤俺这屈死冤魂莫盏酒!](地藏王证东窗事犯)

[223]臣披不的金章紫绶，刚道的个诚惶顿首，臣讲不的舞蹈扬尘三叩头。[感陛下特怜念，旧公侯，亲自来问候。]（承明殿霍光鬼谏）

[224][[双调新水令]泪汪汪心攘攘出城门，好交人眼睁睁有家难奔。]仰天掩泪眼，低首搵啼痕，懒步红尘，倦到山村，入的宅门，愁的是母亲问。（小张屠焚儿救母）

[225][双调新水令]屈央着野人心，直宣的我入宫来，笑刘文叔，我根前是何相待？[待刚来则是，矜夸些金殿宇，显耀些玉楼台，莫过是玉殿金阶，我住的是草舍茅斋，比您不曾差夫役着万民盖。]（严子陵垂钓七里滩）

例[221]是先"偷生瓜"后"连皮吃"，例[222]是先"宣文武公卿"后"讲究"，例[223]是先"道个诚惶"后"顿首"，例[224]是先"入宅门"后"愁母亲问"，例[225]是先"宣我"后"（我）入宫来"，都是表示第一个动词行为实现后，紧接着发生另一个行为；如果没有表示另一个行为的后续成分，句子信息则不完整。因此，这些位于前一动词后的"的"不仅有表示动作"完成"或"实现"功能，还有预示后续动作行为发生的功能。这些用例中的"的"是先时体标记。有时为了强调动作行为的顺序性，句子中还会出现一些标示时间先后的词语，如：

[226][（等外云了）你道我近不得他？]来，咱白厮打，你赢的我，你便去；我赢的你，我便去。[（做厮打科）]（马丹阳三度任风子）

[227][一个主意争天下，一个封金谒故交。]上的灞陵桥，曹操便不合神道，把军兵先掩了。（关大王单刀会）

[228]将西蜀地面争，关将军听的又闹，敢乱下风雹。（关大王单刀会）

例[226][227]中的"便"、例[228]中的"又"都有标示动作顺序的作用，使动作先后的次序更突出，不过单从标示顺序来说，这里的"便""又"不是必须的，它们的出现主要是起强调作用。

4. 表动作"发生"

《三十种》中还有一些"的"位于动词后面，可是从语境来看，这些句子并没有突出动作行为是否实现的意思，如：

[229][你道隔汉江，起战场，急难亲傍？]交他每鞠躬躬送的我来

船上! (关大王单刀会)

[230][大丈夫心别,来,来,来!]我觑的单刀会似村会社。(关大王单刀会)

[231][内伤,外伤,怕不待倾心吐胆尽筋竭力把个牙推请,则怕小处尽是打当。]只愿的依本分伤家没变症,慢慢的转受阴阳。(闺怨佳人拜月亭)

[232][九间大殿,百尺高竿,我则是侧身撒手遭涂炭。]怕的城荒国破,常子是胆战心寒。(楚昭王疏者下船)

例[229]是个使令句,说话时动作行为还没有发生,但需要发生;例[230]表达的是说话时同时发生的动作行为;例[231][232]表达的都是日常发生的心理状况。从现代汉语的表达方式来看,这几个用例中的"的"似乎可以不出现,不过,我们认为这几个"的"不是为了单纯的"衬音",而是为了凸显其前面动词所表达的动作行为,即为了强调动作行为本身的发生,可看作"发生"体标记。

(五)"的"作语气词

《三十种》中还有一些"的"用于句末,表示某种语气或口气的用法。主要出现陈述句中,也有少数出现在疑问句中的用例。如:

[233][这邻庄近都知委。]说的都是的,受了些风寒暑湿,饥饱劳役。(薛仁贵衣锦还乡)

[234]本待要皂腰裙,刚待要蓝包髻,则这的是接贵攀高落得的!(诈妮子调风月)

[235]这两下里,捻捎的,有多少功绩? (诈妮子调风月)

[236](云)贫道想您求贤的,没一个用到头的。(诸葛亮博望烧屯)

[237][你本待告贫道下山,与您出些气力。]那一个是有下梢的!(诸葛亮博望烧屯)

[238][天下乐]我将他拖到官中便下牢,我这里先交,交他省会了。]把他似打家贼并排匣定脚,首领每去解了你的? 祇候人当了你的袍,我把他牛马般吃一顿拷! (岳孔目借铁拐李还魂)

例[233]—[237]都是陈述句,在陈述句中"的"表达的是肯定、确信或强调的口气;例[238]是疑问句,"的"表示要求确认的口吻。这些用法和现代汉语中"的"作语气词时的用法基本一致。

三、"取"的标记化状况

《三十种》中"取"用例不多,共出现 89 例,用法也比《朱子语类》简单,其中作动词使用的有 67 例,其余的用作动态助词。用作动词的和现代汉语完全相同,本节就不再讨论了。这里只考察"取"作动态助词时的使用情况。

《三十种》中"取"作动态助词的用例有 22 个,又分以下几种情况:

(一)表示动作行为的实现

《三十种》中"取"作表"实现"的体助词约 12 例,大多后面带宾语,如:

[239] [收尾煞] 便加做一品官,剩受取几文钱。(承明殿霍光鬼谏)

[240] (正末云了)(小旦云了) 妹子,我和您哥哥厮认得了也,你却招取兀那武举状元呵,如何? (闺怨佳人拜月亭)

[241] 有人告取受赃,则不与招伏状。(死生交范张鸡黍)

[242] 你受取门排十二戟,户列八椒图。(薛仁贵衣锦还乡)

[243] [后庭花] 我往常笑别人容易婚,打取一千个好嚏喷。(诈妮子调风月)

[244] [哨遍] 并不是婆娘人把你抑勒,招取那肯心儿自说来的神前誓。(诈妮子调风月)

[245] 有一日拜取兴刘大元帅,试看雄师拥麾盖。(醉思乡王粲登楼)

[246] 你依着范尧夫肯付舟中麦,他不学庞居士放取来生债。(看钱奴买冤家债主)

例 [239]—[244]"取"出现在已然事件中,句中表示的动作行为已经实现,例 [245] [246] 表述的是尚未发生的事件,不过例 [246] 是假定未来要实现的情况,例 [246] 表示的是按理应该实现的情况,从语法意义来看,这些用例中的"取"都可以用现代汉语的"了"替代,应该是"实现体"标记。

(二)强调或突出动作行为的发生

在《三十种》中我们找到 4 例"取"仅起强调或突出动作行为的发生作用的用例,如:

[247] 与我干取些穷活计,休惹人闲是非。(鲠直张千替杀妻)

[248] 你学取些贤孝心,我有宽宏量,休学那忤逆婆娘。(小张屠焚

儿救母)

[249] 有一日掌了朝纲,你做取那领着头厅相。(诸葛亮博望烧屯)

[250] 你学取休官弃职汉张良,不如闻早归山去。(陈季卿悟道竹叶舟)

如果将这几例中的"取"去掉,句义不会产生明显改变,如例[248]中第二个"学"后没有"取",但和前面的"学取"的基本含义应该一样,只是加上"取"更加凸显"学"的动作性,即强调该动作的发生。这类"取"可看作"发生体"标记。

(三) 表示动作行为或状态持续

《三十种》中有 6 个"取"跟在可持续的动词后面,表示动作行为或状态的持续的用例,如:

[251] (等脱了,做拆开两半了,云) 媳妇儿,你将取一半,我收着一半。(相国寺公孙汗衫记)

[252] 你每多披取几副甲,剩穿取几层袍。(关大王单刀会)

[253] 现如今新天子守取蟠龙亢。(承明殿霍光鬼谏)

[254] 你如今出下业冤,到明日陪着死钱,这衣服你与我但留取几件。(岳孔目借铁拐李还魂)

[255] (旦云) 你死也,留取这衣服何用?(岳孔目借铁拐李还魂)

例 [251] 中"将取"和"收着"互文,说明这里的"取"和"着"功能相同,例 [252]—[255] 中的"取"都是这种用法,是"持续体"标记。

不难看出,和《朱子语类》相比,《三十种》中的"取"作为动态助词使用的范围和数量进一步缩小,已经彻底走向了衰落。

四、"却"的标记化状况

《三十种》中共出现"却"188 处,绝大多数用作副词,作动态标记的不多,此外还有极少数作动词和语素的。下面我们对该书中的"却"的运用情况进行具体的考察。

(一)"却"作语素

《三十种》中有 5 例"却"作语素充当"却才"的构词成分的例子,列举如下:

[256] 却才对西风卷了钓丝，又早随明月棹着扁舟。(陈季卿悟道竹叶舟)

[257] 却才那齐管仲行无道，又见鲁义姑逞粗豪，咱呵可甚晏平仲善与人交！(萧何月夜追韩信)

[258] 我却才义定手向前紧取覆。(冤报冤赵氏孤儿)

[259] 你一个有德行吾师却才到来，我这里展脚舒腰拜。(岳孔目借铁拐李还魂)

[260] [红绣鞋] 我得了严假限一朝两日，你却才支吾到数次十回，你管惹场六问共三推。(张鼎智勘魔合罗)

这几例中"却才"就是"刚才"的意思，是合成词，"却"在其中充当语素。

(二)"却"作副词

和《朱子语类》一样，《三十种》中绝大多数"却"也是作为副词使用的，主要作语气副词，还有少量的作关联副词。下面分别举例说明。

1. 作表语气的副词

《三十种》中"却"作语气副词用时也有表转折语气和表解说语气两种情况，如：

(1) 表转折语气

主要表示事实和前提或预期相反的情况，如：

[261] 见一个贫劣的亲戚，识的他却皮隔皮。(楚昭王疏者下船)

[262] 抚治的民安国泰，却又早将老兵骄。(关大王单刀会)

[263] 虽然你岸边头藏了战船，却索与他水面上搭起浮桥。(关大王单刀会)

[264] 俺四个品竹调丝，自歌自舞，岂不乐乎！正是几处笙歌几处愁，直饿的似夷齐瘦。你却不去凤阁前，鸾台后，金榜标名，划地向异境神游。(陈季卿悟道竹叶舟)

[265] 你使了刘家钱，却上张家坟，俺这两口儿好无气分！(散家财天赐老生儿)

[266] [正宫端正好] 我本是个钓鳌人，却做了扶犁叟。(关大王单刀会)

[267] 当初把福变为灾，今日否极也却生泰。(辅成王周公摄政)

[268] 我本待签一个来，却签着你两个。(李太白贬夜郎)

例[261]—[263]中"却"后成分表达的内容和前提相反,转折语气较轻,可用现代汉语中的"可(是)"替代;例[264]—[268]"却"后成分表达的内容和预期相反,转折语气较重,可用现代汉语中的"反而"替代。"却"用作转折副词在《三十种》中是其主要用法。这种用法一直保留到现代汉语中来。

(2)表解说语气

"却"用在说明句中,表示一种解说的口吻,如:

[269]我则道有人,觑了这动静,原来不是人,却是这古刺刺风摆动营门前是这绣旗影。(汉高皇濯足气英布)

[270](做见科了)臣道是谁家个客人,原来却是殿下。(晋文公火烧介子推)

[271](见驾了)(云了)小生却则酒肆之中,饮了几杯。(李太白贬夜郎)

[272]如今宫墙围野鹿,却是金殿锁鸳鸯。(李太白贬夜郎)

[273]则是问天博换一个儿,却指望养小防备老。(散家财天赐老生儿)

[274]那鞭却似一条玉蟒生鳞角,便是半截乌龙去了爪牙。(尉迟恭三夺槊)

这几个用例都是用来说明情况的,从表达语意的角度来说,"却"可以被去掉而基本不会改变原句的意思,因此,"却"可以被看作是用来加强语气的。现代汉语中似乎已经没有这种用法了。需要说明的是我们在《三十种》中只找到这几例使用"却"的说明句,未发现"却"用于释因句中的用例,说明和《朱子语类》相比,《三十种》中"却"的使用范围有所缩小。

2.表关联的副词

"却"在句中起连接上下文逻辑语义的作用,《三十种》这种用法不多,我们只找到以下一些例子:

[275]我见他言语慌忙,手脚张狂,事急也却索着忙。(承明殿霍光鬼谏)

[276]咱两口儿泰安州还了香愿,却来曹州曹南打听孩儿消息咱。(看钱奴买冤家债主)

[277]烹鸡方味美,炊黍却尝新。(死生交范张鸡黍)

　　[278][挂金索]我只见面壳定个骷髅,黄干干黑消瘦,却便似刀剐我这心肠,痛杀杀难禁受。(死生交范张鸡黍)

　　[279][滚绣球]我则见御园,怎生选,这战场宽展,却煞强如那乱哄哄地荆棘侵天。(尉迟恭三夺槊)

　　和现代汉语中"却"通常用来表示转折的用法不同,例[275]—[279]中"却"都是表示顺接关系的,从功能来看,以上诸例中的"却"相当于现代汉语中的"就、便"。这种用法在现代汉语中已经不存在了。

　　(三)"却"作补语

　　《三十种》中"却"作补语的用例极少,我们只找到两例:

　　[280]顺皇天洗净日边云,与黎民去却心头病。(辅成王周公摄政)

　　[281]你快说离却淮夷的日期。(辅成王周公摄政)

　　例[280]中的"去却"即"去掉",例[281]中"离却"即"离开",两例中的"却"都是动相补语。可以看出,"却"在《三十种》中作补语的用法已极度萎缩,到现代汉语中已基本无此类用法了。

　　(四)"却"作动态助词

　　《三十种》中"却"作动态助词用法的用例较少,我们只找到11例,其中10例作表"已然"的体助词,1例作表"持续"的体助词。具体情况如下:

　　1.表动作行为的实现或情状的变化

　　《三十种》中"却"作表"已然"的体助词有两种情况:

　　一是位于动词后面,表示动作行为的完成或实现,共出现8次。如:

　　[282]显他那拔山举鼎英雄处,投至红尘迷却阴陵路,又早乌江不是无船渡。(陈季卿悟道竹叶舟)

　　[283][六幺序]不争掩弃却周天下,永别离老弟兄。(辅成王周公摄政)

　　[284]自然配却三才,应却三台,窜却三苗。(辅成王周公摄政)

　　[285][梁州第七]从遇着那买卦的潜龙帝主,饶却算命的开国功臣,便实时拂袖归山隐。(泰华山陈抟高卧)

　　[286]失却龙驹怎战争,别了虞姬那痛增。(萧何月夜追韩信)

　　[287][七弟兄]是他变却相貌,怎生饶,五蕴山当下通红了。(冤报冤赵氏孤儿)

"却"表示动作的完成或实现,是其在《三十种》中作为动态助词时的主要用法。

二是位于形容词后,表示情形或状态的变化,只出现 2 次。如:

[288] 空喂得那疋战马咆哮,劈楞简(铜)<u>生疏却</u>,那些儿俺心越焦。(尉迟恭三夺槊)

[289] 一会家心焦,何日了,越把我磨剑的志节<u>懒堕却</u>。(萧何月夜追韩信)

例 [287]"生疏却"表示由原来(熟练)的情状变得"生疏",例 [289]"懒堕却"表示由原来(勤勉)的情状变得"懒堕","却"相当于现代汉语中的"了"表示情状变化。

2. 表动作行为或状态的持续

《三十种》中"却"表动作行为或状态的持续的用例极少,我们仅发现 1 例,如:

[290] 他滴溜着虎眼鞭鼢,我吉丁地着劈楞简(铜)<u>架却</u>。(尉迟恭三夺槊)

例 [290] 中的"架却"即"架着",表示动作状态的持续,可看作"持续"体标记。"却"这种用法在《三十种》中已接近消亡了。

第三节 《元刊杂剧三十种》"移位"类词语的标记化状况

和《朱子语类》相比,《元刊杂剧三十种》中"移位"类词语作动态标记不够活跃,表现为"过"和"来"作为动态标记的用例很少,"去"作为动态标记的用法消失,因此,本节只考察"过"和"来"的语法化状况。

一、"过"的标记化状况

《三十种》中"过"出现 181 次,其中作语素 17 例,作名词 13 例,作副词 2 例,独立作动词用的最多,共 98 例。因这些用法与"过"的语法化关系不大,这里只作简单的举例说明。

"过"作语素时主要出现"不过"中,共 16 例,还有一例出现在"过从"

中,如:

[291]［倘秀才］止不过屈志在蓬窗下,亲近着管城砚台。(醉思乡王粲登楼)

[292] 若不遇二汉祖宽洪海量,尽今生不过绿袍槐简,那世里才能够紫绶金章!(死生交范张鸡黍)

[293] 怎禁咱徐庶,向人前把我强过从!(诸葛亮博望烧屯)

例［291］中"止不过"即"只不过","不过"是具有转折意味的连词;例［292］的"不过"为"不外乎"或"仅仅"的意思;例［293］"过从"是"交往"的意思。这几种用法都保留在现代汉语中。

"过"作名词主要表示"过错""罪过"义,如:

[294] 他怎肯记小过忘人大恩?(相国寺公孙汗衫记)

[295] 有功虽仇必赏,有过虽亲必诛。(萧何月夜追韩信)

例［294］中的"小过"即"小过错",例［295］"有过"应该是"有罪过"的意思。

"过"作副词主要表示"过度、过分"义,如:

[296] 过蒙君宠赐天恩,风云不忆风雷信,琴鹤自有林泉分。(泰华山陈抟高卧)

[297] 陛下且莫过奖。(醉思乡王粲登楼)

《三十种》中"过"做副词用的"过"我们只发现这两例。

"过"作动词时义项最多,既有保存到现代汉语中的义项,也有一些现代汉语中消失的义项,如:

[298] 我挪动脚啰过的何方去,咱那举意他早先知。(诸宫调风月紫云亭)

[299] 你肯交双宿双飞过一生,便则我子弟每行依平。(诸宫调风月紫云亭)

[300]［天下乐］子见铁甲将军夜过关。(楚昭王疏者下船)

[301]［圣药王］那老儿过六旬,近七旬,他道是老而不死是何人!

(晋文公火烧介子推)

[302] 小生肯过房这孩儿。(看钱奴买冤家债主)

[303] [三煞] 明日索一般供与他衣袂穿,一般过与他茶饭吃。(诈妮子调风月)

[304] 可又别无使数,难请街坊,则我独自一个婆娘,与他无明夜过药煎汤。(闺怨佳人拜月亭)

例[298]中的"过"用的是本义,例[299]中"过"是"度过"的意思,例[300]中"过"是"通过"的意思,例[301]中"过"是"超过"的意思,例[302]中"过房"是"过继"的意思,以上这些义项,现代汉语中均有保留;例[303]中"过"和上文的"供"互文同义,应该是"供给"的意思,例[304]中"过"和下文"煎"互文同义,应该是"煎、熬"的意思,"过"的两种用法在现代汉语中已经消失了。

在上一章我们已经提到,动态助词"过"在形成中,主要与"动+过"格式发展有关,因此,本节仍只重点考察"过"位于动词后的表现。

(一)"过"作为趋向补语

"过"表示动作行为的方向或去向,大多跟在移动动词后面,少数跟在可造成位移结果的动词后面,如:

[305] 趁着烟霞伴侣,舞西风归去,我交你朗吟飞过洞庭湖。(陈季卿悟道竹叶舟)

[306] 转过这绿杨堤,芳草渡,蓼花洲。(陈季卿悟道竹叶舟)

[307] 出殡威仪迎过路口,登午门君王望影楼,陛下若可怜微臣,遥望着灵车奠一盏酒!(承明殿霍光鬼谏)

[308] 驰驿马践尘埃,度过长江一派。(地藏王证东窗事犯)

[309] [梅花酒] 你若将我恼犯了,我敢揝住你那头梢,膀转身摇,腾的漾过你那花梢。(马丹阳三度任风子)

[310] 我子见沙鸥惊起芦花岸,忒楞楞飞过蓼花滩。(萧何月夜追韩信)

[311] 这个滴溜板笃的似风车转,拳来躲过似放过一蚕椽。(马丹阳三度任风子)

[312] 沉枪,枪尖儿看看地着脊背,着脊背透过胸膛。(尉迟恭三夺槊)

[313] 假装些厮收厮拾,伴做个一家一计,且着这脱身术谩过这打

家贼。(闺怨佳人拜月亭)

[314] [柳青娘] 子着这些儿见识,瞒过这老无知。(张鼎智勘魔合罗)

例 [305]—[310]"过"前均为移动动词,"过"表示空间移动的方向,例[311]—[314]"过"前为非移动动词,"过"仅表示一种意念意味的方向。后者实际上是"过"由从物理空间向心理空间的一种投射,是通过隐喻而产生的虚化现象,这种虚化为"过"进一步发展成动态助词提供了可能,请看下面的用例:

[315] 唱话的小一,则好打恁兀那把门的老嘿,切不可放过这没钱雁看的。(诸宫调风月紫云亭)

[316] [呆古朵] 奶奶可怜见小冤家把你做七世亲娘拜,高抬手饶过这婴孩。(看钱奴买冤家债主)

把例 [315] [316] 中"过"看成趋向补语应该是没问题的,但如果我们用动态助词"了"将"过"替换掉,变成:

[315]′ 唱话的小一,则好打恁兀那把门的老嘿,切不可放了这没钱雁看的。

[316]′ [呆古朵] 奶奶可怜见小冤家把你做七世亲娘拜,高抬手饶了这婴孩。

句子的意思基本没变,因此如果把例 [315] [316] 中的"过"重新分析成动态助词也不是毫无理据的。

"过"作趋向补语时常和"来""去"连用,如:

[317] [滚绣球] 土砖墙腾的跳过来,转茅庵厌的行过去。(马丹阳三度任风子)

[318] 若言招女婿,下财钱将他娶过去。(诈妮子调风月)

(二)"过"作可能补语

"过"跟在动词后面,已"得／不过"形式表示动作行为能否实现,或目标能否达到。《三十种》中"过"作可能补语出现在否定结构中稍多,出现在肯定结构中只见到 1 例。如:

[319] 谩<u>不过</u>湛湛青天,离不了漫漫黄沙。(看钱奴买冤家债主)

[320] [幺篇] 待不去呵逆<u>不过</u>亲眷情,待去呵应不过兄弟口。(死生交范张鸡黍)

[321] 惯曾出外偏怜客,违<u>不过</u>昆仲情怀。(小张屠焚儿救母)

[322] 倘或间失手打破这盏儿呵,家里有几个七里滩赔<u>得</u>过! (严子陵垂钓七里滩)

例 [319]—[320] 中均以否定形式"不过"作可能补语,表示"不可能",例 [322]"过"跟在标记词"得"后面,表示"可能"。

(三)"过"作动相补语,表"完结"义

"过"跟在动词后面,表示动作行为结束,即上一章中所讨论的"过 1",《三十种》中只有 4 例:

[323] 了些浆水饭那肯停时霎,巴的纸钱灰烧<u>过</u>无牵挂。(看钱奴买冤家债主)

[324] 一时间宠幸,数日间忺<u>过</u>。(诈妮子调风月)

[325] 饮<u>过</u>酒今番不枉,你若不为帝决为王。(诸葛亮博望烧屯)

[326] 受<u>过</u>了客旅淹留,且放些酒后疏狂。(醉思乡王粲登楼)

这几例中"过"都具有"完结"义,不过和完成体助词不同的是,这几例中"过"只强调"结束",并不凸显"完成"或"实现"义,例 [326] 为了凸显"实现"义则另外加了一个体助词"了",因此,这些"过"应该是动相补语。

(四)"过"作动态助词

《三十种》中"过"作动态助词的用例不多,有两种主要用法。

1. 作表"实现"的体标记

"过"表"实现",可以看作"过 1"的进一步虚化。在《三十种》中我们只找到 3 例:

[327] 觑了他兀的模样,这般身分,若脱<u>过</u>这好郎君? (诈妮子调风月)

[328] 一头里亡<u>过</u>夫主,散了家缘,兄弟呵! (岳孔目借铁拐李还魂)

[329] 我便收撮了火性,铺撒了人情,忍气吞声,饶<u>过</u>你那亏人不志诚。(诈妮子调风月)

这几例中的"过"分别与上文(如例[327][329])或下文(如例[328])中的表"实现"的"了"对应,应该可以看作"实现"体标记。同时,如果我们把例[328]和例[316]联系起来看,则可以认为这个"实现"体标记是由表"完结"义的动相补语"过1"虚化而来的。至于"过1"保留到现代汉语中来了,但"过"作为"实现"体标记的用法没有保留到现代汉语中来,可能是和其他表"实现"的体助词(如"了")竞争失败的结果。

2. 作表"经验"的体标记

"过"动词所代表的动作行为"曾经发生",为经验体标记。《三十种》中只有2例:

[330]我受过的辛苦,缘何不知?(晋文公火烧介子推)
[331]虽隔着千里关河,不曾有半个时辰意中捱过。(诸宫调风月紫云亭)

例[330]"过"位于肯定句中,表示有那样的"经验",例[331]"过"位于否定句中,表示没有那样的"经验",是"经验"体标记,为"过2"。不过从只有极少用例的情况来看,《三十种》中"过"作为"经验"体标记发育还不太成熟。

(五)小结

和《朱子语类》相比,《三十种》中"过"的用法似乎更加"古典",主要表现是:(1)"过"作动词用法的比例远远大于非动词用法,而《朱子语类》中"过"的动词用法所占比例则小得多;(2)"过"作补语的类型比《朱子语类》的类型少;(3)"过"作动态助词的用法的比例比《朱子语类》中的比例更小;(4)《三十种》中"过"还存在作为"实现"体标记的用法,这种用法在《敦煌变文》中存在,而在《朱子语类》中已经消失。对于这种"复古"现象,我们考虑可能与文献的语体有关。《朱子语类》是语录体的文献,应该是高度贴近当时的口语,而口语总是最活跃的发展要素;《三十种》则是文艺作品,虽然口语化程度较高,但毕竟是经过艺术加工的语言,受书面语言的影响较大,再加上《三十种》出现的时间距《朱子语类》的时间不是很长,因此,虽然出现的历史时期较晚,但其语言表达形式落后于真实口语的发展状况也是可能的,所以,并不能据此认为"过"的发展到元代出现了"倒退"现象。

二、"来"的标记化状况

《三十种》中共出现"来"726次,大多作为动词使用,共有427例,还有一些作为双音节词的构词语素，主要有"未来（出现 2 次，其中作为词的 1 次）、从来（出现 19 次，其中作为词的 6 次）、元来（44 次）、以来（2 次）、后来（4 次）、倒大来（8 次）、大刚来（6 次）"等，《三十种》中"来"作动词时和现代汉语用法基本一致，为节省篇幅，下面的考察就不包括"来"作动词和作语素这两种情况了。

（一）趋向补语

《三十种》中也存在大量"来"位于"V+（宾）+来"结构中，作趋向补语的情况，有 115 例，有直接位于动词后边和位于动宾短语后面两种情况，如：

[332]［幺篇］更做道你好处，打换来的，却怎看得非轻，看得值钱，待得尊贵！（诈妮子调风月）

[333]（外旦云）张婆婆，这个孩儿是这哥哥送来？（小张屠焚儿救母）

[334]［小梁州］这半壁衫儿是我拆开，你可是那里将来？（相国寺公孙汗衫记）

[335]兀的是那一个袁天纲算来的卦？（相国寺公孙汗衫记）

[336]我邯郸店黄粱梦经过，觉来时改尽旧山河，正是一场兴废梦南柯。（陈季卿悟道竹叶舟）

[337]你孩儿便似病海中救出你母灾，我便是火坑中救出你儿来。（小张屠焚儿救母）

[338]钓的这锦鳞来，满向篮中贮。（严子陵垂钓七里滩）

[339]［双调新水令］屈央着野人心，直宣的我入官来，笑刘文叔，我根前是何相待？（严子陵垂钓七里滩）

[340]咱三口儿洛阳居住，往曹州曹南探亲来。（看钱奴买冤家债主）

例 [332]—[336] 中"来"直接跟在动词后面，例 [337]—[340] 中"来"跟在动宾短语后面，"来"作趋向补语时的这两种句法表现一直保持到现代汉语中。

（二）作表大概数量的助词

《三十种》中"来"表大概数量的用法与《朱子语类》又有较大的不同。《朱子语类》中的"来"表概数主要跟在数量词语后面，《三十种》中这种用例极少，只发现两例，如：

[341]（等云了）那二十来个败残军,你敢拿不住?（诸葛亮博望烧屯）

[342]那军多半向火内烧,三停来水上漂。(关大王单刀会)

还有一例是位于疑问代词后面,这种用法在《变文》里出现,《朱子语类》中未见,如:

[343]则交我烘地了半晌口难合,不觉我这身起是多来大。(诸宫调风月紫云亭)

绝大多数情况是"来"位于名词后面,和名词一起构成一种比拟的数量,有 5 例,如:

[344]快将斗来大铜锤准备,将头稍钉起,待□□掂只,打烂大腿,尚古自豁不尽我心下恶气!(《关大王单刀会》)

[345][呆古朵]不似这朝昏昼夜,春夏秋冬,这供愁的景物好依时月,浮着个钱来大绿兙兙荷叶。(闺怨佳人拜月亭)

[346]若是儿家,女家,有争差,有碗来大紫金瓜。(薛仁贵衣锦还乡)

[347]你这般忍冷耽饥觅着我,越引起我那色胆天来大。(诸宫调风月紫云亭)

[348][金盏儿]唬的我面没罗,口搭合,想伊胆倒天来大!(汉高皇濯足气英布)

这几例中的"N 来大"可以理解成"像 N 那么大",如"斗来大"即"像斗那么大","钱来大"即"像钱那么大","碗来大"即"像碗那么大","天来大"即"像天那么大",这是《三十种》中出现的新用法。

还有两例"来"位于程度副词后面,如:

[349]肚岚耽吃得偌来胖,没些君臣义分,只有子母情肠!(李太白贬夜郎)

[350][混江龙]许来大中都城内,各家烦恼各家知。(闺怨佳人拜月亭)

这两例中的"偌、许"均为表示程度的副词,"偌来胖""许来大"分别表示"胖"的程度和"大"的程度,这里的"来"表示大概量。这也是《三十种》中出现的新用法。

《三十种》中"来"表示大概数量的用法,除第一种情况外,其余三种情况都没有保留到现代汉语中来。

(三) 作结构助词

《三十种》中也有极少数"来"的功能相当于结构助词,如:

[351] 一会家自暗想,怎生来今日晚了时光! (严子陵垂钓七里滩)

[352] 他如今穿着领柘黄袍,我若是轻抹着该多大来罪名! (严子陵垂钓七里滩)

[353] 今日到家,多大来喜悦。(承明殿霍光鬼谏)

例 [351] 中"怎生"是疑问副词作状语,"来"可看成状语标记;例 [352] [353] 中"多大"均为疑问代词作定语,"来"可以看作定语标记。这两种用法现代汉语中均不存在。

(四)"来"作区别词,充当定语

《三十种》中一些"来"修饰限制时间词,充当定语成分。其中"来岁"1例,"来生"3例,"来日"9例,这里各举1例:

[354] 来岁到神州,将高节清修,白玉阶前拜冕旒,叮咛奏。(生死交范张鸡黍)

[355] 你依着范尧夫肯付舟中麦,他不学庞居士放取来生债。(看钱奴买冤家债主)

[356] 今日不得已也,且随众还家,到来日绝早到坟头。(生死交范张鸡黍)

这里的"来"和"今"相对,表示"下一段"时间,例 [354]"来岁"指的是"下一年",例 [555] 中的"来生"指的是"下一生",例 [556] 中的"来日"指的是"下一日"。"来"均为区别词。

(五) 作为时间词的后缀

《三十种》中也有少量"来"跟在本来是时间词的单音节词语后构成双音节时间词的用例,其中"昨来""今来"各1例,"晚来"5例。如:

[357] [幺篇] 子是你扢皱眉,古都着嘴,全不似<u>昨来</u>,村村棒棒,叫天吖地。(薛仁贵衣锦还乡)

[358] <u>今来</u>有罪的罚了,有功的赏了也。(辅成王周公摄政)

[359] 白日坐一襟芳草裀,<u>晚来</u>宿半间茅苫屋。(严子陵垂钓七里滩)

上例中出现的"昨来"即"昨天","今来"即"今天"或"现在","晚来"即"晚上",现代汉语中已无此类用法。

(六)"来"作语气词

《三十种》中"来"作语气词的用法也比较常见,有位于句末和句中两种情况,和《朱子语类》相比,作用更加广泛。下面分别考察:

1."来"位于句末

《三十种》中"来"作句末语气词的有 26 例,分布覆盖陈述句、疑问句、祈使句、感叹句各个句类,如:

(1) 用于陈述句末

[360](小旦还科了)(云) 我是一时逗你来。(散家财天赐老生儿)

[361] 待不去来,他来相访,相领相将。(好酒赵元遇上皇)

[362] [倘秀才] 典与一个有儿女官员是孩儿命乖,卖与个无子嗣的人家是孩儿大采,撞见个有道理爷娘是他修福来。(看钱奴买冤家债主)

[363] (末云) 你孩儿墙那壁,道你合毒药药死你亲侄儿来。(张鼎智勘魔合罗)

例 [360] 有解说的口气,例 [361] 表犹疑的口气,例 [362] 有假设的意味,例 [363] 有肯定强调的意味,"来"的作用是增加句子的音节长度从而彰显这些语气或口气。

(2) 用于疑问句末

《朱子语类》中"来"在疑问句中出现时只位于反问句的末尾,表示反诘语气。《三十种》中"来"的作用范围扩大了许多。如:

[364](都审了,是真命科)(云) 哥哥,你更待那里去来? (诸葛亮博望烧屯)

[365](祇候云了)(唤高山见了,跪住)(末云) 你药杀李德昌来?

(张鼎智勘魔合罗)

[366](做住了,云)怎生这秀才却共这汉是弟兄来? (闺怨佳人拜月亭)

[367] 既是我谋反,那里积草屯粮? 谁见来? (地藏王证东窗事犯)

例 [364] 是一般的探问,"来"相当于现代汉语中的"啊";例 [365] 是求证问,"来"相当于现代汉语中的"吗";例 [366] 是探究问,"来"相当于现代汉语中的"呢";例 [367] 是反诘问,"来"相当于现代汉语中的"啦"。

(3) 用于祈使句末

《朱子语类》中未见"来"用在祈使句末尾的用例,然《三十种》中"来"在祈使句中的使用数量大大超过其他三个句类,主要跟在"去"后面,如:

[368](正末冷笑云) 季卿,疾忙去来! (陈季卿悟道竹叶舟)

[369](云) 道童,准备去来,这里却有四十年天子! (诸葛亮博望烧屯)

[370](带云) 婆婆,他每去了,咱也家去来! (相国寺公孙汗衫记)

[371] 我和你告官司去来。(岳孔目借铁拐李还魂)

例 [368][369] 是吩咐口气,例 [370] 是建议口气,这三例中的"来"相当于现代汉语中的"吧",例 [371] 是命令句,现代汉语中无相关的语气词。

(4) 用于感叹句末

《三十种》中"来"用于感叹句的用例比较少,只有以下 3 例:

[372] 隋何,我知道,自古已来,那里有天子接降将礼来! (汉高皇濯足气英布)

[373] 我是蔡丞相亲眷,我便不这般受穷来! (醉思乡王粲登楼)

[374] 到我行休交拜,我道是因甚来! 子一句话道的我泪盈腮。(薛仁贵衣锦还乡)

例 [372] 是反诘感叹形式,句子的感叹性较强,"来"相当于现代汉语中的"啊";例 [373] 是表示慨叹的感叹句,有一定的叙述性,"来"相当于现代汉语中的"啦";例 [374] 是表示醒悟的感叹句,"来"相当于现代汉语中的"呢"。

2. "来"位于句中

《三十种》中"来"作为语气词位于句中约 23 例,《朱子语类》中此类"来"主要位于补语标记和补语之间,《三十种》中句中语气词"来"大多数也是这种用法,不过作补语标记的"得"书面形式分化为"得""的"两种,如:

[375] 一会家怨气难消,吃的来醉醺醺。(鲠直张千替杀妻)

[376] 欺负俺孩儿年纪小,出家儿施善道。吃的来噎噎腌腌醉醺醺。(岳孔目借铁拐李还魂)

[377] 托赖着圣明天子,百灵咸助,杀的败残军前追后逐,赶的来一个皆无。(薛仁贵衣锦还乡)

[378] 老的来没颠倒,便死也死得着,一任你乱下风雹!(冤报冤赵氏孤儿)

[379] 烧得来半熟,慌用手来拿,早是我涩奈无收煞!(晋文公火烧介子推)

[380] [滚绣球] 这两个吃剑头,久以后,死得来不如猪狗。(承明殿霍光鬼谏)

[381] 谎得来无巴臂,不曾三年乳哺,一划台肥。(李太白贬夜郎)

[382] 这其间哭得来一丝两气。(岳孔目借铁拐李还魂)

[383] 如今刀子根底,我敢割得来粉磕麻碎!(诈妮子调风月)

例 [375]—[378] 的补语标记为"的",例 [379]—[383] 的补语标记为"得",应该仅仅是书面形式不同而已,功能并没有差异。

此外,《三十种》中还有少量的"来"位于主谓之间的用例,如:

[384] [三煞] 母亲第一来残疾多,第二来年纪老。(鲠直张千替杀妻)

[385] [六煞] 第一来将女色再不亲,第二来把香醪再不吃,堆金积玉成何济。(马丹阳三度任风子)

[386] [鹊踏枝] 他笑咱,唱的来不依腔,舞的来煞颠狂。(严子陵垂钓七里滩)

例 [384] 中"来"位于主谓谓语结构的小主语后面,例 [385]"来"位于句子的主语后面,这两例的共同特点是"来"位于序数词后面,表示按序述说新信息内容,"来"类似于张伯江、方梅(1996)所说的"篇章主位"标记;例[386]情况稍微复杂一些,主要是其中的"的"可作两种理解,如果将"的"理解成转指标记,那么"来"的前后成分之间就是主谓关系,"来"则很像张伯江、方梅(1996)所说的"话题主位"标记,如果把"的"看成补语标记,则"来"的前后成分之间就是述补关系,"来"就可以看作焦点标记。

(七)"来"作体标记助词

和《朱子语类》相比,《三十种》中"来"用作体标记的功能逐渐集中,《朱子语类》中"来"作表"经验"和"持续"体标记的用法在《三十种》中消失了,该书中"来"作体标记的用法主要在以下两个方面:

1. 表示动作行为"实现",比较明确的用例有 14 例。

下面各例中的"来",和现代汉语中表"实现"的"了"基本相当:

[387](刘封上,见住了)(云)刘封,吾计中用来未? (诸葛亮博望烧屯)

[388] 我想来,则不如不会倒好。(晋文公火烧介子推)

[389] 那婆娘打扮来便似女猱,全不似好人家苗条。(鲠直张千替杀妻)

[390] 问甚么安排来后,目前鲜血交流。(关大王单刀会)

[391](云)当日婆婆上席去来,我暗使人唤的个稳婆与小梅凭脉来。(散家财天赐老生儿)

值得注意的是《三十种》"来"出现在"待 V 来"格式中,表示"将来完成(或实现)"如:

[392][四煞] 待争来怎地争,待悔来怎地悔? (诈妮子调风月)

[393][牧羊关] 将太子待放来如何放? (晋文公火烧介子推)

[394] 交太子待走来如何走? (晋文公火烧介子推)

[395] 待不从呵,时常感他恩德多;待从来,争奈家寒生受。(鲠直张千替杀妻)

这种类似于"将来完成体"的用法在先前的文献中极少见到,应该是汉语表"已然"的范畴在这个时期的新发展。

2. 表示动作行为"曾经实现",共有 9 个较为明确的用例。

下面这几个用例中"来"均表示动作行为或事件曾经完成或实现,应该是作表"曾然"的体标记:

[396] (云) 臣等三人每,曾与国家出气力来。(地藏王证东窗事犯)

[397] 我每常几曾和一个男儿一处说话来,今日到这里无奈处也,怎生呵是那? (闺怨佳人拜月亭)

[398] 当得无话休,或一句差,这厮没饭生受时,我曾赍发他盘缠来! (醉思乡王粲登楼)

[399] (外云了) (云) 本待不烦恼来,觑了这山河形势,不由小生不烦恼。(醉思乡王粲登楼)

[400] (云) 婆婆见末,这埚儿有人上坟祭奠来。(散家财天赐老生儿)

[401] 我几时交你杀了他使命来? (汉高皇濯足气英布)

"来"作"曾然"体标记均位于句末,应该是"事态"助词,值得注意的是,《三十种》中"来"不与表示"曾经"的时间副词共现的用例占比有所增加,如例[399]—[401],说明这种"来"作为体标记具有较高程度的独立性,为以后的进一步发展提供了基础。

第四节 《元刊杂剧三十种》中"着"的标记化状况

在元杂剧中,"着"有多种用法。本节只从字形角度着眼进行考察,不考虑语音上的差异。《元刊杂剧三十种》中"着",共出现722处,有少量用作构词成分,其中"归着"3例,"着末"3例,"着落"1例,"衣着"1例,这里各举1例:

[402] [快活三] 杀人贼有下落,杀人贼有归着,杀人贼今日有根苗。(鲻直张千替杀妻)

[403] [他是汉家,咱是楚家,你不交书叫他去吵,他如何敢来?] 到底难将伊着末。[你恰施劣缺,显雄合。] (汉高皇濯足气英布)

[404] [[尧民歌] 哥哥,你养侍白头娘,我在死囚牢,常言道舌是斩身刀。] 当年祸福不相交,今日官司有着落。[哥哥休焦,把这个躯好觑着,是必休交俺残疾娘知道。] (鲻直张千替杀妻)

[405] 缺食的买米柴,无衣着截绢帛,正饥寒愁满怀,得丰荣喜满腮。(散家财天赐老生儿)

例[402]中的"有下落""有归着""有根苗"应该是同义表达式,从这里可以看出,"归着"应该就是"下落"的意思。关于"着末"《元语言词典》列了两个义项:1 沾惹;撩惹。2 着落。例[403]中的"着末"从上下文来看,应该是"沾惹、撩惹"的意思。"归着"和"着末"在现代汉语普通话中已经不见了。例[404]中的"着落"和例[405]中的"衣着"保留到现代汉语中来了,且意义没有什么变化。

本节主要讨论独立成词的"着"的用法。

一、"着"作谓语动词

《三十种》中"着"作谓语动词时有多种义项,通常带有宾语,我们共收集到 70 个用例。举例如下:

[406][兵器改为农器用,征旗不动酒旗摇。]军罢战,马添膘;杀气散,阵云消;役将校,作臣僚;脱金甲,着罗袍。(关大王单刀会)

[407][我都折毁尽些新镶鑲,关扭碎些旧钗篦。]把两付藤缠儿轻轻得按的撇毗,和我那压钏通三对,都绷在我那睡裹肚薄绵套里,我紧紧的着身系。(闺怨佳人拜月亭)

[408][两国挽争,难使风雷性。]三不归一灭行,着死图生,剑砍了差来的使命。(汉高皇濯足气英布)

[409][二煞] 出门来一脚高,一脚低,自不觉鞋底儿着田地。(诈妮子调风月)

[410][谁想半路里这妇人把哥哥所算了。]不由心焦躁,因此上着命身亡,便死呵并无悔懊。(鲠直张千替杀妻)

[411][正是一字连珠格,三重坐禄星。]你休道俺不着情,不应后我敢罚银十锭,未酬劳先早陪了壶瓶。(泰华山陈抟高卧)

[412][我虽是无歹心胡作,若我这句话合该一千,须我不得将闲话儿展。]嫂嫂,你着马先行。[我空说在骏马之前。](鲠直张千替杀妻)

[413][滚绣球]你着我就席上央他几瓯,那汉劣性子输了半等

[414][[迎仙客]比及下撒子,先浸了麻槌。]行杖的腕头齐着力,直打得紫连青,青间赤。(张鼎智勘魔合罗)

[415][[拙鲁速]臣将抽头不抽头,向杀人处便攒头。]秦桧安排钩钩,正着他机彀,怎生收救?(地藏王证东窗事犯)

例[406]中的"着罗袍"即"穿罗袍",例[407]中"着身系"即"贴(挨)

着身系",例 [408] 中"着死图生"即"置于死(地)图生",例 [409] 中"着田地"即"落田地",例 [410] 中"着命身亡"即"负命身亡",例 [411] 中"不着情"即"不讲情",例 [412] 中"着马先行"即"乘(坐)马先行",例 [413] 中"着我就席上"即"命(令)我就席上",例 [414] 中"齐着力"即"齐用力",例 [415] 中"正着他机彀"即"正中他机彀"。以上用例中"着"均为动词,在句中作谓语中心语。

二、"着"用作介词

《三十种》中有少量"着"虚化为介词后带名词构成介宾短语作句中核心动词修饰语或补语的情况,我们收集到 37 例,如:

[416] 我自思忆,想我那从你的行为,被这地乱天翻交我做不得精俐。假装些厮收厮拾,佯做个一家一计,且着这脱身术谩过这打家贼。(闺怨佳人拜月亭)

[417] 我若烂醉在村乡,着李二公扶将,到草舍茅堂,靠瓮牖蓬窗,新苇席清凉,旧木枕边厢,袒脱下衣裳,放散诞心肠,任百事无妨,倒大来免虑忘忧,纳被蒙头,任意翻身,强如您宰相侯王,遭断没属官象牙床,泥金亢。(严子陵垂钓七里滩)

[418] [子你是赵氏孤儿护身符!] 着那厮满门良贱尽遭诛,你看我三尺龙泉血模糊。[须臾,须臾,前生厮少负,今日填还去。](冤报冤赵氏孤儿)

[419] [恰才时唬的我慌上慌,从今后不索你忙上忙。] 既然坟院儿属刘,怎肯着家缘姓张?(散家财天赐老生儿)

[420] [休道打,折末便支起九鼎油镬。] 老的来没颠倒,便死也死得着,一任你乱下风雹!(冤报冤赵氏孤儿)

[421] 这书,一个举霜毫,一个板着臂膊,一个把咱扶着,道两行字便是我生天疏,却交无事还乡故。这好事要人做,不想二百长钱买了命处!哥哥!你着指修书。(好酒赵元遇上皇)

[422] 量这个张屠户朝无夜粮!他可怒从心上起,可怜见老母亲病着床。(小张屠焚儿救母)

三、"着"在动词后作补语

《三十种》中有一些"着"位于动词后作补语的用例,大致分三种情况:

(一)"着"作可能补语

"着"位于动词后面表示该动词实现的可能性或有价值,又有肯定和否定两种形式。

1. 肯定式为"动+(得、的)+着"

"着"出现在肯定式可能补语用例较少,我们只找到4例,其中3例前有补语标记:

> [423](各做睡科)(正末云)婆婆,我怎睡得着!(看钱奴买冤家债主)
>
> [424] 老的来没颠倒,便死也死得着,一任你乱下风雹!(冤报冤赵氏孤儿)
>
> [425] 后代人知,汉中王几年几月几日,在馆驿内跪着英布,吃了一盏酒,便死呵也死的着也!(汉高皇濯足气英布)

"着"作可能补语后一般不带宾语,前面通常有补语标记,如例[423][424] 前有标记词"得",例[425] 前有标记词"的"。我们还发现1例"着"前没有标记的可能补语用法:

> [426](等外末云了)(末云)我住处你寻着?(陈季卿悟道竹叶舟)

例[426] 中的"寻着",就是"能寻到"的意思,这里的"着"应该也是可能补语。

2. 否定式为"动+不着+(宾)"

"着"表示否定可能时的句法形式和表示否定结果时的句法形式相同,我们只能根据上下文的语意来辨别。下面几例的"动+不+着"有"不可能"义,可看作否定式可能补语:

> [427] 二三年,唤不起,若在省部里敢每日画不着卯历。(泰华山陈抟高卧)
>
> [428] 俺两个如还厮撞见,使不着巧语花言。[(外云了)他若是驾云轩,折末平地升仙,我将这摘胆剜心手段显。](马丹阳三度任风子)
>
> [429] [一家四口儿,在这东平府在城居住。]有侄儿刘端,字正一,是个秀才,为投不着婆婆意,不曾交家来。[如今老夫六十岁也,空有万贯家财,争奈别无子嗣。](散家财天赐老生儿)

表示不可能的"动＋不＋着"和典型的否定式可能宾语"动＋不＋得"意义基本相同,其中的"着"往往可以用"得"替换,如例[427]中的"画不着"可以替换为"画不得",例[428]中的"使不着"可以替换为"使不得",例[429]中的"投不着"可以替换为"投不得"。由于元代"动＋不＋得"已成为表示否定可能的主要形式,因此《三十种》中用"动＋不＋着"表示否定可能的用例极少。

(二)"着"作结果补语

"着"位于动词后表示由动作引起或涉及的结果,也有肯定和否定两种形式:

1. 肯定式为"动＋着＋(宾)"

[430][[醉春风]送了我也竹叶似瓮头春,花枝般心爱妻。]则为恋香醪,寻着永别杯,待怎生悔?[怎生悔?](好酒赵元遇上皇)

[431](云)来到朝门外,子怕撞着杨敞,不如子从后宰门入去。(承明殿霍光鬼谏)

[432][[斗鹌鹑]　贪财的本性难移,作恶的山河易改。]这小的死里生福,逢着善哉。[你孩儿掘着丧门,遇着太岁,逢着吊客。](小张屠焚儿救母)

[433][[鬼三台]　臣在生时多生受,驰甲胄,做先锋帅首,向沙塞,拥貔貅。]臣说着呵自羞,想微臣挟人捉将一旦休,子落的披枷带锁遭重囚。[臣想统三军永远长春,不想半路里拔着短等。](地藏王证东窗事犯)

[434](小旦云了)你说的这话,我猜着也啰!(闺怨佳人拜月亭)

[435](做背惊云)打呵打着实处,道呵道着虚处。(汉高皇濯足气英布)

以上用例中的"着"分别出现在"寻""撞""逢""掘""拔""猜""打""道"动词后充当结果补语,从语义内容上看,这些动词是动作动词,"着"表示这些动作行为的一种涉及性结果。例[430]中"寻着"即"寻到";例[431]中"撞着"即"撞到";例[432]中的"逢着"即"逢到""掘着"即"掘到""遇着"即"遇到";例[433]"拔着"即"拔到";例[434]"猜着"即"猜到";例[435]中的"打着"即"打到""道着"即"道到"。这类"着"具有"补充式"中"补充成分"的特性。"动＋着＋(宾)"如果没有"着",就没有了动作结果的含义,而只能表示一种动作行为了。如果结果义不太明显,这样的"着"也可

以看作动相补语,如:

[436] 觑着兀的般着床卧枕,叫唤声疼,撇在他个没人的店房。[常言道:相逐百步,尚有徘徊。](闺怨佳人拜月亭)

例 [436] 中的"觑着"也可以理解成"觑到",但从上下文来看,结果性较弱,"着"的虚化程度更高,看成动相补语问题应该不大。

2. 否定式为"动+不着+(宾)"

"着"为结果补语时的否定形式和作可能补语时的否定形式为同构形式,区分"可能"和"结果"只能根据语意来判别。下面的用例应该是表示否定的结果补语:

[437] 为家私消乏上,三口儿去曹州曹南镇上探亲来。]不想命不快,探亲不着,又下着这大雪。大嫂,似这般怎生呵!(看钱奴买冤家债主)

[438] 揾不迭腮边泪,挠不着心上痒,割不断业心肠。(看钱奴买冤家债主)

[439] 正打你行过去,若拿不着怎地支吾?(诸葛亮博望烧屯)

例 [438]、例 [439] 是"动+不着+宾"格式,例 [437] 用的则是"动+宾+不着"格式(可看作是前者的变式),"不"位于"着"前,直接否定结果的实现,表示预期的动作行为的结果没有实现。

(三)"着"作动相补语

《三十种》有些"着"跟在非持续的动词后面,同时也不表示结果(已然结果或预期结果),而是表示动作发生的瞬时状态,同时兼有引介动词宾语的作用,这类"着"可归入动相补语。如:

[440] [何不回他几句话,唤道我怎生般不出才?]等再说着我时,看我数说这厮几句。(醉思乡王粲登楼)

[441] 见一个要蛾儿来往向烈焰上飞腾,正撞着银灯,拦头送了性命。(诈妮子调风月)

[442] 王孙每宝马金鞍,士女每香车绮罗,正遇着春昼暄,丽日和,褻春风绿柳如烟,含夜雨桃红似火。(小张屠焚儿救母)

[443] [沽美酒]若说着俺的祖先,大豪富有家缘。又道我披着蒲

席说有钱（相国寺公孙汗衫记）。

[444]〔〔滚绣球〕 他樽前有半点儿言，筵前带二分酒。〕那汉酒性愫不中调斗，你是必挂口儿则休提着那荆州。〔圆睁开杀人眼，轻舒开捉将手。〕（关大王单刀会）

[445]〔君再让八般大礼，臣索跳九鼎油镬。〕若论着安邦治国非臣功效，是两般文武大小臣僚。（辅成王周公摄政）

"着"作动相补语应该是由结果补语进一步虚化而来，形式上没有太大的区别，判断主要是从语意上来看的。不过，"着"作结果补语时意义较为实在，通常不能去掉；"着"作动相补语时意义较虚，多数情况下，去掉后句子的意义变化不太大。请比较：

[446]〔双调新水令〕当日个为多情一曲《满庭芳》，曾贬得苏东坡也趁波逐浪。何况这莺花燕市客，更逢着云雨楚山娘。（诸宫调风月紫云亭）

[447]留着些，或时遇着热逢着寒与你每子母穿，省可里煞煎。（岳孔目借铁拐李还魂）

如果把这两例中加着重号的"着"去掉，变成下面的形式：

[446]′ ＊〔双调新水令〕当日个为多情一曲《满庭芳》，曾贬得苏东坡也趁波逐浪。何况这莺花燕市客，更逢云雨楚山娘。

[447]′ 留着些，或时遇热逢寒与你每子母穿，省可里煞煎。

例[446]′从语意角度看非常别扭，不可说；例[447]′则依然可说。据此我们把前者看作结果补语，后者看作动相补语。

另外，从形式上看"着"作动相补语和"着"作表持续动态助词也没有太大的差别，区别它们主要看"着"前动词的意义，在排除是结果补语的情况下，如果前面是持续动词，则"着"一般是动态助词，如果是非持续动词，则可考虑是动相补语。请比较：

[448]不知俺爷心是怎生主意，提着个秀才便不喜："穷秀才几时有发迹？"（《闺怨佳人拜月亭》）

[449]自酿下黄炉酒，自提着斑竹篓，直吃的醉朦胧月朗风清，闲

快活傲天长地久。(陈季卿悟道竹叶舟)

例[448]中"提"是"谈(起)"的意思,为短暂性动词,该例中的"提着"实际上就是"一提到"或"每提到"的意思,这里的"着"标示的显然是"时点"而不是"时段",所以,这种情况下的"着"实际上表示的是"非持续";例[449]中的"提"是"拿、持"的意思,为持续性动词,"提着"表示的是动作"提"在一段时间内保持的状态,具有"时段"义。据此我们认为例[448]中"着"是动相补语,例[449]中的"着"是动态助词。

四、"着"作量词

仅发现1例:

[450] [几句良言耳边道,三载忠心眼前报。]一志心怀这一着,你一日坟中走一遭,乡内寻钱买纸烧,他处烦人沽酒浇。[你若是执性迷心不听我教,直交你淡饭黄齑直到老。](散家财天赐老生儿)

例[450]中"着"跟在数词"一"后面,表示数量单位。这种用法我们在以前的文献中没有发现,应该是个新兴的用法。

五、"着"作动态助词

《三十种》中"着"作动态助词的用例最多,说明此时"着"的语法化程度已经发展到较高阶段。从语法意义来看,主要有这样几种情况:

(一)"着"表示动作行为的实现

《三十种》中还有少数用"着"表示"实现体"的情况,我们找到了如下几例:

[451] 我不和这厮合口,丞相请着我哩,怕怪来迟。(醉思乡王粲登楼)

[452] 俺这个狠精灵,他那生时节决定,犯着甚爱钱巴镘的星。(诸宫调风月紫云亭)

[453] 大嫂!这米将去春得熟着,与母亲煎汤吃。(小张屠焚儿救母)

[454] [昭帝驾崩,昌邑王即位。]文官尚书杨敞,武官老夫,俺二人扶立着他。(承明殿霍光鬼谏)

[455]（带云）太子共我绝粮三日，我每日割着身上肉，揬做山林内拾得野物肉，与太子充饥。(晋文公火烧介子推)

[456][石榴花]我想与皇家出气力二十年，我也曾居帅府掌军权。今日向都堂出纳着帝王宣，不付能得升迁，做个官员。(承明殿霍光鬼谏)

[457]（做意了）这般者波！怕不问时权做兄弟，问着后道做夫妻。(闺怨佳人拜月亭)

[458]去那虎啸风泰山顶过到三千遍，去那龙喷浪长江里走迭二百遭。但说着后魄散魂消！（散家财天赐老生儿）

以上用例中动词所表示的动作行为或状态都已经实现，"着"都可以换成实现体标记"了"，应该是实现体助词。不过，《三十种》中"着"这种用法所占比例极小，这可能也是"着"作为已然体标记遭到淘汰的重要原因。

(二)"着"表示动作行为或状态的持续

《三十种》"着"作"持续"体标记的用法占了绝大多数表示动作或状态的持续。从实际用例来看，表示"持续"的要占大多数，共有458例。可以细分以下几种情况：

1. 表示行为动作的持续进行

"着"前的动词通常是具有动态语义特征的行为动词，"着"表示动作在某个时段内持续进行，有131例。

[459]我这里劝着，道着，他那里不睬分毫。别人的首级他强要，则你那小心儿里不肯自量度。(马丹阳三度任风子)

[460]俺随那众老小每出的中都城子来，当日天色又昏暗，刮着大风，下着大雨。《闺怨佳人拜月亭》

[461]纳我在交椅上坐地，挪着手脚身起。[地铺着绣褥，香喷金貌。](好酒赵元遇上皇)

[462][倘秀才]　见他战笃速惊急列慌慌走着，划划地痴汉呆答孩孩孜孜觑我。(陈季卿悟道竹叶舟)

[463]他见一日三万场魆焦到不得哩，咱正踏着他泛子消息。(诸宫调风月紫云亭)

[464]这的真术艺，休道是脱空，您却睁着眼并不敢转动。(诸葛亮博望烧屯)

[465]每日三二里家捱着行前后又早数月，今将到荆州。(醉思乡

王粲登楼)

[466] [梅花酒] 厌地转过秉墙,携手儿相将,轻踏践残芳,直望着厅堂,将蛾眉涩道登,到毯楼软门外,你却则末得慌张?（诸宫调风月紫云亭)

[467] 可知我恰轻敲着他那边厢越分外的响。(诸宫调风月紫云亭)

以上诸例中"着"前动词均具有明显的动态义,"着"表示动作行为处于进行的过程中,因此,传统语法学将这种情况下的"着"看作是表"进行"的体标记。

2. 表示行为状态的持续

"着"跟在具有静态语义特征的行为动词后面,表示该动作处于持续状态,有 271 例。如:

[468] 他若不肯来时,你只把马带着,休放了过去,好歹请他来。(钱大尹智宠谢天香)

[469] 小娘子,就靠着小官坐一坐,可也无伤!（望江亭中秋切鲙)

[470] 况兼俺正厅儿虽是则些娘大,坐着俺那爱钞的劣虔婆。(诸宫调风月紫云亭)

[471] 咱若是跎汉呵由他,提着那觅钱后在我。(诸宫调风月紫云亭)

[472] 见紧邦邦剪了臂膊,直停停舒着脖项。(诸葛亮博望烧屯)

[473] 老夫不是别人,韩魏公便是。私行到岳寿门首,吊着一个先生,我放了,看有甚么人出来。(岳孔目借铁拐李还魂)

[474] [倘秀才] 你子索躬着身将他来问候,跪着膝愁愁劝酒。(关大王单刀会)

[475] [衔冤负屈,因此上气填胸雨泪如珠。] 这书,一个举霜毫,一个板着臂膊,一个把咱扶着,道两行字便是我生天疏,却交无事还乡故。(好酒赵元遇上皇)

[476] 更做果木丛中占了第一,量这厮有多少甜滋味?压着商川甘蔗,鄱阳龙眼,杭地杨梅,吴江乳桔,福州橄榄,不如魏府鹅梨。(李太白贬夜郎)

[477] [后庭花] 说你是赵驸马堂上宾,我是屠岸贾门下人。道你藏着一岁麒麟子,也飞不出九重龙凤门。(冤报冤赵氏孤儿)

[478] 有叔叔李伯英,与叔伯兄弟李文铎,开着个生药铺,对着门住。(张鼎智勘魔合罗)

这些用例中的动词不具有活动性特征,"着"跟在这些动词后面表示在特定时段内,该动词表示的行为或方式持续处于同一种状态。《三十种》中"着"出现在这类用例中最多。

3.表示心理活动或状态的持续

"着"跟在心理动词后边,表示心理活动的持续状况,有40例。如:

[479] 信着我父亲呵,世间人把丹桂都休折,留着手把雕弓搣。《闺怨佳人拜月亭》

[480] 不争你恋着个石季伦千钟富,怎发付陶朱公一叶舟。(陈季卿悟道竹叶舟)

[481] 你依仗着有金有钱,欺负俺哥哥无亲无眷,不曾见浪包娄养汉倒陪钱!(鲠直张千替杀妻)

[482] 整整的三昼夜水浆不到口,沿路上几时曾半霎儿迟留。身穿的缌麻三月服,心怀着今古一天愁。(死生交范张鸡黍)

[483] 你为赵家恩念着疼痛,我为弟兄,厮敬重,似亲昆仲。(冤报冤赵氏孤儿)

[484] (净云了)我道来,去了这晋朝臣,您可索堤备(防备)着楚兵来。(晋文公火烧介子推)

[485] 这答儿曾卖了老夫一个小厮,专记着恩人名字。《看钱奴买冤家债主》

以上各例中的"信、恋、依仗、怀、念、堤备、记"等均为心理动词,没有显性的动作或状态特征,因此,这些用例中"着"表示的是一种抽象的语法意义,说明这些"着"已经高度语法化了。

4.表示动作行为结果的状态持续

在一些"动词+着+结果宾语"的结构中,"着"不表示动作行为的持续,而是表示动作行为产生的结果状态的持续,有16例。如:

[486] 如何这文书上写着"王大、王二、王三打死平人葛彪"?《包待制三勘蝴蝶梦》

[487] 怕后人不解,垒座坟台,镌面碑牌,将前事该载,后事安排,

免的疑猜,写着道六十岁无儿散家财的刘员外。(散家财天赐老生儿)

　　[488][红绣鞋]画着青鸦鸦几株桑树,闹吵吵一簇村夫。这一人血漉漉臂扶着一轮车;这一个槐树下死;这一个剑锋诛。(冤报冤赵氏孤儿)

　　[489][这个穿红袍的大故心毒!]想绝故事无猜处,画着个奚幸我的闷葫芦。(冤报冤赵氏孤儿)

　　[490]梳着个霜雪般白鬏髻,怎将这云霞般锦帕兜?(诈妮子调风月)

　　《三十种》中这类结构较少,多数用例中的动词为“写”(如例[486][487]),还有两例动词为“画”(如例[488][489]),一例动词为“梳”(如例[490]),说明和其他用法相比,这种用法发育还不太充分。

　　尽管在以上四种情况中,因为动词语义特征的不同使得“动词+着”在语法意义上存在细微的差别,但总体上看,都有表“持续”的共同特征,我们不妨把这里的“着”统统作为“持续”体标记来看待。不难看出,作为持续体标记,《三十种》的“着”已具备现代汉语中的各种表现形式,且使用频率也相当高,说明到此阶段,“着”作为持续体标记的语法化已趋于成熟。

六、作语气词

　　《三十种》中有少量“着”作语气词的用例,如:

　　[491](云)大嫂,这假朱砂,母亲吐了,别无救母之方。俺两口望着东岳爷爷拜,把三岁喜孙,到三月二十八日,将纸马送孩儿醮盆内做一枝香焚了,好歹救了母亲病好。上圣有灵有圣着!(小张屠焚儿救母)

　　[492](等糜芳糜竺交猜科)(云)哥哥,你猜着。(诸葛亮博望烧屯)

　　[493][因此上相识伴当每都将我厮敬。]今日是自家生日,小孩儿又是满月,怕有相识弟兄每来时,大嫂,筛着热酒着,看有甚么人来。(马丹阳三度任风子)

　　例[491]是一个祈祷句,表示请求的口气;例[492][493]是使令句,对听话人提出要求,表示吩咐或命令的口气。因此,这几例中的“着”可看作是表祈使的语气词。不过,值得注意的是,元杂剧中类似的表祈使语气词的大多写作“者”,如:

[494] 不争你杀了他楚使命,则被你送了我也汉隋何!]拿着那汉者

[495] 来,来,来,好生的送我到船上者,咱慢慢的相别!（关大王单刀会）

因此,从功能来看,这两例中的"者"和前三例中的"着"应该是同词异形形式,不过,《三十种》中的表语气的"着"用例的使用频率大大低于"者"的使用频率,这说明,至少在书面语上,"着"开始让位,逐渐向专职的动态助词方向发展了。

第五节　《元刊杂剧三十种》中"将"的标记化状况

"将"是汉语史上发展极为复杂的一个词。到元代出现了功能的最大化。不仅古汉语中的一些意义和用法仍有存留,还出现了一些近代汉语中特有的功能以及一些保存到现代汉语的功能。本节考察对象排除词形相同的表示名词的具有"将军""将领"义的"将"。

一、作动词的"将"

在《杂剧》中,"将"共有 375 例,其中动词性用法 58 例(含动词性语素如"将养"2 例、"将息"1 例、"将护"1 例、"将傍"5 例,本小节不考察这些作语素的"将")。从词源来看,"将"表示"扶持""带领"等义,为动词。《广雅·释言》对"将"所作的与本节讨论范围有关的解释分别是"扶也""请也""且也"。《杂剧》中仍有一些古代用法。

[496] 则共我这般携手儿相将,举步儿同行,他想所事满心儿快活。(诸宫调风月紫云庭)

[497] 怕不待相随相从相将去,子怕逢虎将无人祭祖。(楚昭王疏者下船)

[498] 如今俺父亲将我去也,你好生的觑当你身起。(闺怨佳人拜月亭)

[499] 既然楚大夫肯将太子去楚,老夫家中,有老母无人侍养。老夫还家,等太子雪冤时分,臣迎太子来。(晋文公火烧介子推)

[495] [496] 两例中"将"是"扶持"的意思,当属本义;[498] [499] 两

例中的"将"有"带领"或"携带"的意思。以上两种意思是上古汉语"将"作动词的常见义。此外《杂剧》中"将"还有"拿"的意思,如:

[500] 嫂嫂将着紫藤鞭,催动缰辕,赚的你到家解了我冤。(鲠直张千替杀妻)

[501] 国舅仗着宝剑道:"你家中有小太子重耳,好生将得项上头来便休,若不将出头来,交您全家儿赐死。(晋文公火烧介子推)

"将"表示"拿"的意思可以看成是"携带"义的进一步引申,这种用法在中古汉语中常见。通常情况下,表"携带"义的"将"后带"兼语",表"拿"义的"将"后带"宾语",但《杂剧》中出现了这样的表达式:

[502] 士大夫自古尚风节,恰便似三寸草将来撞巨钟,枉自摧折。(死生交范张鸡黍)

例 [502] 中的"将"也是"拿"的意思,但却出现在连动结构当中,从"将"的语法化过程来看,这种用例的出现非常重要,它为"将"的介词化提供了句法环境。

下面用例中的"将"虽然仍然可以看作动词,但其动作义已经非常虚了:

[503] 杀的是玉叶金枝,有如榆柳;将凤子龙孙,不如猪狗! (晋文公火烧介子推)

[504] 将孩儿焰腾腾一炉火光,碜可可一灵身丧。(小张屠焚儿救母)

[503] [504] 两例中"将"后面的成分中虽然没有其他动词,但本身都具有表述性,[503] 表述的是对待"将"后的宾语"凤子龙孙"的态度,[504] 表述的是对"将"后的宾语"孩儿"的处理情况。这两个例子,从整个句子的意义来看,都带有一定的处置意味,因此,其功能结构应该分析为"将+处置对象+表述成分";从信息结构的角度来看,句子的表达重心均在后面的表述成分上,因此,"将"作为动词在句中的表述意味大大减弱。所以,我们不妨把这类用例看成是"将"由动词向处置介词过渡过程中的功能外溢现象,即"将"在介词化过程中由于功能的不稳定而产生的泛化用法。"将"

的这种功能外溢现象应该是其语法化达到较高程度时出现的,因此,在中古前期的文献中不易发现,以往对处置式来源的探讨也都没有关注到。

二、作介词的"将"

在《三十种》中,"将"作为动词的用例已经非常少了,但"将"用作介词的情况相当普遍,共有 286 例。主要有以下三种情况:

(一) 表"面向",相当于现代汉语中的"向、对"

　　[505] 若是秦穆公将卿傲慢,你子是必曲着脊躬着身将火性减,善取奏你休冒渎天颜。(楚昭王疏者下船)
　　[506] 想你自许昌,自许昌将曹操降,将曹操降见君王,见君王赐朝章…… (诸葛亮博望烧屯)
　　[507] 我将那东南山去路将他问,他指一指灵隐寺行者分明近。(地藏王证东窗事犯)

例 [505] 中"将卿傲慢"是"对你傲慢",例 [506] 中"将曹操降"就是"向曹操投降",例 [507] 中的"将他问"是"向他问(路)"。这种用法在上古汉语中未见,现代汉语中也极少见,是近代汉语中特有的用法。

(二) 表"依凭",相当于现代汉语中的"拿、用"

　　[508] 将他乾坤忠孝,盖世英雄,来报那杀父母冤仇。(楚昭王疏者下船)
　　[509] 你待要着死撞活,将功折过,你休那里信口开呵。(汉高皇濯足气英布)
　　[510] 又没甚公事忙,心绪攘,若有大公事失误不惹灾殃? 量这些儿早不将心记想。(张鼎智勘魔合罗)

这三例中的"将"都可以理解成"拿"或"用";不过在《杂剧》中,也有用"把"来表示"依凭"的,如:

　　[511] 将凤凰池拦了前路,把麒麟殿顶杀后门。(死生交范张鸡黍)

例 [511] 中"将"和"把"互文,应该是同义的,但它们和引介"处置"对象的"将"或"把"不同,在此例中二者都是表示"依凭"。此外,我们还发现一个比较特殊的用例：

> [512] 非干，不奈烦，他将斩父恨处心将天下反。(楚昭王疏者
> 下船)

例 [512] 中，前一个"将"字短语"将斩父恨"是后一个"将"字短语"将天下反"发生的原因，这种表"原因"的"将"在《杂剧》中并不多见，这里就暂归入"依凭"类用法顺带说明，不作专门讨论了。

需要说明的是，"将"的表"依凭"或"原因"的用法没有发展到现代汉语中来。

(三) 引介"处置"或"致使"对象，相当"把"

《杂剧》中作为介词的"将"绝大多数用例是用来标示动作行为的对象或承担者，并将其句法位置移到动词之前，其作用和"把"相同。如：

> [513] 俺这老婆，肚皮里将六韬三略盛，面皮把四时八节擎。(诸宫
> 调风月紫云亭)
> [514] 则明日管舞旋旋空把个裙儿系，劳穰穰干将条柱杖儿拖。
> (诸宫调风月紫云亭)
> [515] 怎消得把千钟禄位享，将万民财物诓，把二品皇宣受，将三
> 台银印掌。(承明殿霍光鬼谏)

以上用例中，"将"和"把"都处于互文格式中，不难看出，二者的作用完全相同，王力先生把"将"和"把"所构成的这种格式成为"处置式"，因此，我们不妨把这里"将"的作用看作是"引介'处置'对象"。值得注意的是，《杂剧》中由"将"引介对象的处置式中出现的大多数是光杆动词：

> [516] 太师顿然省，将诗句议论。道这个呆行者，好言而有准；道
> 那八个字，自包天地自杀身。(地藏王证东窗事犯)
> [517] 早是你不合将堂上双亲躲，你却待改换你家门小可。(诸宫
> 调风月紫云亭)
> [519] 我故国神游，见物换星移几度秋。将浮生讲究，经了些夕阳
> 西下水东流。(陈季卿悟道竹叶舟)
> [519] 子待要恶紫夺朱，不肯将贤人举。(薛仁贵衣锦还乡)

这种格式现代汉语普通话中已经不存在了。

《杂剧》中还有少数用例中"将"字介宾结构后面跟的不是动词,而是形容词:

> [520] 帐前旗卷虎潜竿,腰间剑插龙归鞘。抚治的民安国泰,却又早将老兵骄。(关大王单刀会)
>
> [521] 当日做好事回来,路逢着一人。施全心胆大将他坏,秦桧福气大难侵近。(地藏王证东窗事犯)

这两个用例均具有"致使"义,可把"将"引介的名词看作"致使"对象,而句中的形容词实际上表达的是致使的结果。这种表达式和现代汉语中"把(将)"字句表达致使义的句法结构有着很大的不同。请比较:

> [522] 那孩子凄惨的哭声,将母亲的心都哭碎了。
>
> [523] 老王的一句话,把她的脸都说红了。

不难看出,在现代汉语中,有致使义"把(将)"字句一般要带结果补语,而例[522][523]所表达的"致使义",实际上是通过作为谓语中心语的形容词的"使动"用法来实现的。

另外,《杂剧》中还有一些表示"否定处置"义的"将"字句,如:

> [524] 他每北面而朝,能可南面而立。臣恐夫尊卑,将无能冢宰权休罪。(辅成王周公摄政)
>
> [525] 将秦桧贼臣不须论,想他诳上欺君,苦虐黎民,近有东岳灵文,交替了陈寿千年无字碑,古自证不的本!(地藏王证东窗事犯)
>
> [526] 将别话不遗留,怕孩儿成人长后,交与俺子父每报冤仇!(冤报冤赵氏孤儿)

例[524][525][527]是直接将否定词放在核心动词前,现代汉语一般不这样用。

不过,我们也发现了少数核心动词后带其他成分的表"处置"或"致使"义的"将"字句,具体有以下几种情况:

1. 带结果补语

[527] ……这个发蓬松铁拐斜拖；这个曾将那华阳女度脱；这个绿
罗衫笑舞狂歌。(陈季卿悟道竹叶舟)

[528] 愿把臣全家监籍，乞将臣九族诛夷。(辅成王周公摄政)

[529] 将我这泪眼揉干，望不见他。(相国寺公孙汗衫记)

以上三例中加着重号部分都是表示由前面动词造成的结果，为结果
补语。

2. 带趋向补语

[530] 快将那陈言献策的请过来！(辅成王周公摄政)

[531] (高祖云了，大怒) 将尉迟拿下！(尉迟恭三夺槊)

[532] 半夜后，将王员外儿神珠玉颗抱去，明日午时，去在那火池
里烧死！(小张屠焚儿救母)

以上三例中做补语的成分都是表趋向的动词，为趋向补语。

3. 带介宾短语

[533] (云) 乞陛下将此二贼打为庶民，成君下于冷宫，圣鉴不错。
(承明殿霍光鬼谏)

[534] (唱) 似我也退朝罢，谁肯将你货与帝王家。(晋文公火烧介
子推)

[535] 做将文册同卜兆书一发放在金滕柜中了，出来科。(辅成王
周公摄政)

这三例中动词后面都带了介宾短语。例 [533] "为庶民" 表示受事名词
"二贼" 因动词 "打" 而产生的改变；例 [534] "与帝王家" 表示动词 "货" 的
对象；例 [535] "在金滕柜中" 表示动词 "放" 的处所。从句法角度看，这三
个介宾短语也可以看作补语。

4. 带数量宾(补)语

[536] 您将那《梁武忏》多读几卷，《消灾咒》剩看与几遍。(相国寺
公孙汗衫记)

该例中动词"读"和"看(与)"都带了数量短语,其中"几卷"表名量,和前面的"《梁武忏》"同指,为"读"的宾语;"几遍"表动量,为"看(与)"的补语。

5. 带拷贝动词

所谓拷贝动词,就是在句子中某一动词以"复制"的方式再次出现。如:

[537] 恁知他是谁是谁,我将你来记一记。(岳孔目借铁拐李还魂)

该例中加着重号的"记"通常被看成是前一个动词"记"的"拷贝",它和前面的"一"一起充当独立的句法成分,但目前学界对其语法性质的认识略有分歧,有人认为是"补语",还有人认为是"动态标记"。

6. 带动态助词

[538] 他将骏马牵着,苦也,这正是马有垂缰报。(马丹阳三度任风子)

该例中加着重号的"着"为动态助词,表示动作的"持续"。不过,在书中我们没有找到"将"字结构中有动词带其他动态助词的情况。

需要说明的是,《杂剧》中4、5、6这三类用例极少见,我们只各找到了一例。而这些用法在现代汉语中则是比较普遍的。

三、副 词 "将"

《杂剧》中还有5例"将"位于谓词前,作谓词的修饰语,如:

[539] 为甚么嫂嫂意留连,将言又不言?(张千替杀妻)

[540] 母亲,三月二十八将近,你儿三口儿,待往太安神州东岳庙上烧香去,说与母亲。(小张屠焚儿救母)

[541] 信着寡人心天晚早违了初限,借秦兵登旧路,从日出至夜将阑。(楚昭王疏者下船)

[542] 不付能较,每日三二里家捱着行前后又早数月,今将到荆州。(醉思乡王粲登楼)

[543] 这里版乱将兴,政事难行,异端并起!(醉思乡王粲登楼)

[544] "和风习习乍晴暄,罗衣初试穿。"为甚么嫂嫂意留连,将言

又不言。(鲠直张千替杀妻)

[545] 殿下！这孝子心难学，将奈何周宗庙。(辅成王周公摄政)

[546] 母亲，三月二十八将近，你儿三口儿，待往泰安神州东岳庙上烧香去，说与母亲。(小张屠焚儿救母)

这几个例句中的"将"都表示"将要"或"即将"的意思，可以看作"时间副词"，该用法在上古常见，但《三十种》中所占比例不大，在同时期其他文献中出现的频率也不高，如刘公望(1989)和孟浩(2009)在对《老乞大》中的"将"考察时，均未提及"将"作副词的情况，而这种用法在现代汉语中又变得比较常见。

四、动态助词"将"

在《杂剧》中，"将"作动态助词共有24例，这种用法是中古至近代汉语中特有的，上古汉语和现代汉语普通话中均没有这种用法。主要有以下三种用法：

1. 用在行为动作已经发生的句子中，共有15例，如：

[547] 走将来揪住我这吕公绦。(《马丹阳三度任风子》)

[548] 婆娘家到得那里，子三句言语，早走将回去。(《马丹阳三度任风子》)

[549] 且向困中，受穷，问甚死将不葬麒麟冢！(《赵氏孤儿》)

[550] 哥哥，昨朝中牟县解将一火强盗来，作何发落了？(《岳孔目借铁拐李还魂》)

2. 用在动作行为将要实施的句子中，共有8例，如：

[551] 只除恁的智勘将出来。(《张鼎智勘魔合罗》)

[552] 媳妇儿，大哥有着身穿的汗衫儿脱将来。(《公孙汗衫记》)

[553] 我说来的言词你寄将去，休忘了我一句。(《严子陵垂钓七里滩》)

[554] 取将个托儿来，快疾赸过！(《诸宫调风月紫云亭》)

3. 用在"动作行为持续"的句子中，如：

[555] 嗨！好情理呵，他紧紧将马驮将去了！（张鼎智勘魔合罗）

[556] 我若烂醉在村乡，着李二公扶将，到草舍茅堂……（严子陵垂钓七里滩）

[557] "拿着这汉，咱见楚王去来！"（等外云了）（做惨科，背云）我若拿将这汉见楚王去，这汉是文字官，不曾问一句，敢说一堆老婆舌头！我是个武职将，几时折辨过来？（汉高皇濯足气英布）

[558] 等那穹苍，到那时光，汉室忠良，议论商量，引领刀枪，撞入门墙，拖下龙床，脱了衣裳，木驴牵将，闹市云阳，手脚舒长，六道长钉钉上，咱大家看一场。（严子陵垂钓七里滩）

关于动态助词"将"的语法意义，以往学者（如王景丹2001）大多认为是表"完成"，即"将"为完成体助词，若从第1类用例来看，这种意见似乎能说得过去，但存在这样几个问题：

一是从语料来看，"将"在句子中的出现不是必须的，请比较：

[559] 也交请将姓张的来。（《诸葛亮博望烧屯》）
[560] 也交请来。（《诸葛亮博望烧屯》）

例[559] "请"后面带了"将"，例[560] "请"后面没带"将"，但两个用例的语法意义没什么太大的区别。实际上，《杂剧》中作为动态助词的"将"，除上述第3种用法外，都可以去掉而不改变语法意义，如：

[561] 取将个托儿来！（《诸宫调风月紫云亭》）
[562] 我说来的言词你寄将去，休忘了我一句。（严子陵垂钓七里滩）

下面两例中和前面相应的同形动词后则没带"将"，句子的语法意义似乎没有明显的变化：

[561]′ 取那魔合罗来！（《张鼎智勘魔合罗》）
[562]′ 我修书一封，着人寄去，必来救我。（《崔莺莺待月西厢记》）

若"将"是表完成的体助词，则一定不能去掉。

二是通过观察我们发现，在第1、2两类用例中，"将"通常不单用，往往

后面带有移动动词或趋向动词,如果把这些移动动词或趋向动词去掉,句子往往不能成立,如:

> [563] 空将文业攻,武艺学,至如学将来有甚好?(《萧何月夜追韩信》)
> [564] 醉醺醺跳出龙门外,似草店上般东倒西歪,把我脑撺的抢将下来。(《严子陵垂钓七里滩》)

改成:

> [563]′ *空将文业攻,武艺学,至如学将有甚好?
> [564]′ *醉醺醺迈出龙门外,似草店上般东倒西歪,把我脑撺的抢将。

我们在《杂剧》以及较早的文献《祖堂集》和《朱子语类》中均未找到这种用法。这说明,在这类用法中,"将"和移动动词或趋向动词同现具有一定的强制性,而完成体助词则一般不会有这样的强制性要求。

三是从第3类用法来看,除例[557]外,其余各例本身并没有"完成"义。曹广顺(1990)曾经分析过唐诗中的这样几个用例:

> [565] 骑将猎向南山口,城南狐兔不复有。
> [566] 携将道士通宵语,忘却花时尽日眠。
> [567] 跨将迎好客,惜不换娇姬。
> [568] 常思和尚当时语,衣钵留将与此人。

他认为这几个例子中"'将'的作用,近乎近代汉语中表持续态的'着'。"我们认为例[557]—[560]中的"将"也属于这类用法。只是唐诗中此种用例较多,而元杂剧中能见到的此种用法已经很少,呈现出一种衰落的趋势。

根据语法意义,我们可以把用作动态助词"将"的功能概括为两类:在第一种情况下,各用例中的动作行为已经实施或发生了,在第二种情况下,各用例中的动作行为将要发生或实施,如果我们不考虑"已然"和"未然"的情况,那么这两种情况下的"将"作用应该是统一的,既然用例都有表示"发生"的意义,我们完全可以把这类"将"看成是"发生体"的标记,不妨称之为"将1";第三种用法中,"将"实际上是作为"持续体"的标记,其作用和现代汉语中的"着"相当,可以称之为"将2"。

五、发语助词"将"

《杂剧》中还有2个较为特殊的"将"的用例:

> [569]将谓韩信功名如此艰辛,元来这打鱼的觅衣饭吃更是生受。(《萧何月夜追韩信》)
>
> [570]佳人恸哭黄昏后,将谓山翁总不知。(《陈季卿悟道竹叶舟》)

这2个例句中的"将",与前文提到的几种用法都不同,属于发语助词。孙经世曾论及此用法:"将,词也,或为发语词。"这种用法在现代汉语中已经消失。

小　　结

上文我们对《三十种》中的"将"进行了穷尽性的考察。本次考察共收集到用例433个,但各种用法所占比例存在着较大的差别,具体统计如下:

类别 数量	用作 动词	用作介词			用作 副词	用作动态助词	
		表依凭	表面向	引介处置对象		表发生	表持续
用例数	61	6	11	284	21	47	3
占比	14%	1.39%	2.5%	65.6%	4.8%	10.85%	0.7%

从统计结果来看,虽然"将"用作动词仍占一定的比例,但和上古汉语中"将"主要用作动词相比,这个比例已经相当低了;此时介词用例占绝对优势,这说明这是"将"在元代汉语中的主要用法,不过表"依凭"和"面向"的用法使用频率极低,这可能是这两种用法没有发展到现代汉语中来的原因;还有一个值得注意的现象是,《杂剧》中已经有了一定数量的"将"作副词的用法,虽然所占比例不高,但至少说明,在"将"由动词到副词的发展过程中,《杂剧》所代表的语言,是其发展的重要阶段;此外,尽管现代汉语普通话中"将"已经不再用作动态助词,但在不少方言中还有这样的用法,从杂剧中"将"作动态助词的用例所占的比例来看,我们可以为方言中的用法找到合理的源头。

第六节　本　章　小　结

现在我们将《三十种》中各动态范畴标记语法化发展情况纳入下面的梯度对照表：

词语＼指标	结果／趋向补语	动相补语	体助词	动态范畴义
了			＋	已然／当然
得	＋	＋	＋	已然／持续
的	＋	＋	＋	已然／持续／发生／先时
取			＋	已然／持续／发生
却		＋	＋	已然／持续
过	＋	＋	＋	曾经／已然
去	＋	＋	＋	已然／持续
来	＋		＋	已然／曾然
着（著）	＋	＋	＋	已然／持续
将			＋	持续／发生

和《朱子语类》相比，《三十种》中动态标记的语法化状况出现了如下一些变化：1.未见"讫、毕"作完成义结果补语的用例。2."了"作"结果／趋向补语"和"动相补语"标记的用例消失，说明"了"已经完成作为动态助词的语法化过程；同时，除了标示"已然"外，还出现了标示"当然"的用例，这种语法在现代汉语中消失了，可看作其语法化尚未稳定时的功能外溢现象。3.在书面上出现了"得""的"对立现象，"得"不再标示"先时"，可能是"的"参与标记系统承担了该功能的结果。4.和"了"一样，"取"作"结果／趋向补语"和"动相补语"标记的用例消失，说明其也完成了语法化，但却没有保留到现代汉语中来。5."过"除作"曾经"的标记外，还增加了表示"已然"的用例。6."来"的功能范围缩小，只出现表示"已然"和"曾然"的用例，从而出现了"曾经"和"曾然"的对立，说明汉语"经历"范畴的内部分化至此已经完成。

第五章 《老乞大》四种版本中的
动态标记的比较

本章我们打算对四种版本《老乞大》中的典型动态助词逐一考察,包括"了""的""得""过""来""着(著)""将"七个。其中有的和现代汉语中的用法已经差别不大,有的处于逐渐虚化的阶段,有的则退出了现代汉语动态标记系统。通过四种版本中的动态助词的对比研究,以期发现元明清三代动态助词系统的演变和发展规律。

为了行文的简洁和方便,我们根据语言接近现代汉语特点的程度,分别用"A、B、C、D"对来自各版本的用例分别标序,其中例句前标示 A 的为《原本老乞大》(以下简称"原本")中的用例,标示 B 的为《老乞大谚解》(以下简称"谚解本")中的用例,标示 C 的为《重刊老乞大》(以下简称"重刊本")中的用例,标示 D 的为《老乞大新译》(以下简称"新译本")中的用例。

第一节 《老乞大》中"了"的发展情况

"了"在《老乞大》四个版本中出现的数量成递增趋势,其中"原本"中出现 255 例,"谚解本"中出现 305 例,"重刊本"中出现 361 例,"新释本"中出现 386 例。在"原本"和"谚解本"中还存在一些表示"完(了)"义的"了"用例,如:

> [1] A 这锒刀钝,不快,若干草几时切得了?
> B 这斩刀不快,许多草几时切得了?
> CD 这斩刀不快,许多草几时斩得完呢?
> [2] A 比及吃了时,俺也了也。
> B 比及吃了时,我也了了。
> C 你吃了时,我也就完了。
> D 你吃时,我这里也就好完了。

这两组用例中前两个版本中"了"(加着重号的) 在后两个版本的相应位置均被"完"替代,可见其仍是实词。本小节将其排除在外,主要考察

"了"作为助词使用的情况。从调查情况来看,具体表现如下:

一、"了"在四个版本中相应的位置均出现。这类用例最多。如:

[3] A 俺这月初一离了王京。
B 我这月初一离了王京。
C 我在这月初一日离了王京。
D 我在这月初一日间离了王京。

[4] AB 捕盗官袭将去,到个村里,差了一百个壮后生……
B 捕盗官袭将去,到个村里,差了一百个壮汉……
CD 那捕盗官赶到村里,差了一百个壮汉……

从表达的语法意义来看,这类"了"都是用来表示动作或行为"已经实现"。说明从元到清,作为已然体标记已是"了"的主要功能。

二、"了"在 A 中未出现,在其余版本的相应位置则出现了。如:

[5] A 大明也,辞了主人家去来。
B 天亮了,辞了主人家去来。
CD 天亮了,告辞主人家去罢。

[6] A 每日学长将那顽学生师傅呈着。
B 每日学长将那顽皮学生师傅上禀了。
C 每日学长将那皮顽的学生禀了师傅。
D 每日学长将那皮顽的学生师傅禀了。

例 [5] 中 A 的相应位置是语气词"也",表示确认的口气,其余版本中均换作"了",说明在明代以后"了"已经出现了向语气词进一步虚化的情况;例 [6] A 本相应的位置使用的是一个后来作为"持续"专用体标记的"着(著)",后来的版本中均换成了表示"已然"的体标记"了",说明在元代二者分工还不十分明晰,抑或"已然"范畴和"持续"范畴发展到元代还存在纠缠现象。

三、"了"在 AB 中未出现,在 CD 中相应位置则出现了。如:

[7] A 俺好生饱了,收拾△碗碟着。
B 我好生饱了,收拾△碗碟着。
CD 我们吃得大饱了,收拾了碗碟罢。

[8] A 我学了半年有余<u>也</u>。

　　B 我学了半年有余△。

　　CD 我学了半年有余了。

　　例 [7] AB 句的"收拾"后均无动态助词,句末有表示祈使的语气词"着",CD 句的"收拾"后则加上了"了",句末表示祈使的语气词换成了"罢",说明动作行为并没有实际发生,因此 AB 句不用动态助词,CD 句用"了"表示的是"待实现",这种表达方式似乎是清代特有的(现代汉语往往用"处置式");例 [8] A 句末尾用的是语气词"也",B 句则无任何标记,CD 句则用了"了",如果从对应关系来看,"了"应该和"也"功能相当,值得注意的是 CD 句中出现了动态助词"了"和句末语气词(或亦可看作事态助词)"了"同现的格式,此种格式保留到现代汉语中来了。

　　四、"了"在 AB 中出现了,在 CD 中相应位置则未出现。如:

[9] A 通滚算着,除了牙税缴计外,也觅了加五利钱。

　　B 通滚算着,除了牙税缴计外,也寻了加五利钱。

　　C 通共计来,除了牙税脚价之外,也可得△加五的利钱。

　　D 通共算来,除了牙税脚价之外,也可得△加五的利钱。

[10] A 这马都卸下行李,松动肚带,取了嚼子,这路傍边撒了,着吃草者。

　　B 这马都卸下行李,松了肚带,取了嚼子,这路傍边放了,着吃草着。

　　C 把这马上行李卸下,松了肚带,去了嚼子,就在这路傍放△他吃些草。

　　D 把这马上的行李卸下,松了肚带,去了嚼子,就在这路傍放△他吃些草。

[11] A 俺草料、面都是你家里买来的,你减了些个如何?

　　B 我草料、面都是你家里买来的,你减了些个如何?

　　CD 这草、料、面都是你家里卖出来的,减少△些钱如何?

　　例 [9] 中 AB 句中"觅(寻)"后都用了"了",事实上,从语境看,这个句子表示的是预期得利,而不是实际发生的情况,因此,CD 句将"了"删除了,这也说明,尽管明清时期"了"标示"已然"的功能已经比较明确,但仍然有"跨界"使用的情况,直到清代才相对稳定下来。例 [10] AB 句中加着重号的"了"实际上是用来表示"先时"的,CD将句式改为连动结构,因此"了"就没有存在的必要了;和例[9]类似,例[11]中加着重号的"了"也是出现在"未实现"的结构中,CD将其删去。

五、"了"在ABC中出现了,在D中相应位置则未出现。如:

> [12] A 觑那射着的弓手,那人左胳膊上射伤,不曾伤了性命。
> 　　　B 看那射着的弓手,那人左胳膊上射伤,不曾伤了性命。
> 　　　C 看那被射的弓手,胳膊上射上,却不曾伤了性命。
> 　　　D 看那被射的弓手,胳膊上射上,却不曾伤△性命。
> [13] A 比及吃了时,俺也了也。
> 　　　B 比及吃了时,我也了了。
> 　　　C 你吃了时,我也就完了。
> 　　　D 你吃△时,我这里也就好完了。

例[12]表示事件实际上"未发生",例[13]所说的行为也"尚未发生",然这两例ABC中均用"了",说明"了"早期也可用在表示"未然"的句子中,至清代,由于功能逐渐明晰才"专职"表示"已然"。

六、"了"在ABC中未出现,在D中相应位置则出现了。如:

> [13] A 多少年纪△? 三十五岁也。
> 　　　B 多少年纪△? 三十五岁了。
> 　　　C 有多大年纪△? 三十五岁了。
> 　　　D 有多大年纪了? 三十五岁了。

例[13]中ABC的问句末尾均未出现"了",D则加上了"了",此句中"了"虽仍表示"已然",但充当语气词的作用较为明显,说明至清代"了"已经出现了进一步虚化为语气词的迹象。

第二节　《老乞大》"的、得"的发展情况

《老乞大》中"的""得"并用,界限不都是严格的。"的""得"虽然形异,但音同或音近,在各版本中的语法意义和作用大都基本一致,有时在相同的句法环境表相同的意义时仍混用。因此,本章将二者纳入一个小节进行考察。

一、《老乞大》中的助词"的"

"的"在《老乞大》"原本"中出现 389 例,"谚解本"中出现 434 例,"重刊本"中出现 468 例,"新释本"中出现 501 例,呈递增状况。主要有以下几种情况:

(一)"的"在四个版本中相应的位置均出现。如:

[14] A 咱每一个人牵着两个去,絟的牢者。
　　 B 咱们一个人牵着两个去,絟的牢着。
　　 CD 咱们一个人拉着两个马去,絟的牢着。
[15] A 好生细细的过者。
　　 B 好生细细的切着。
　　 CD 好生细细的斩罢。
[16] A 俺是行路的客人,更待做甚么客!
　　 B 我是行路的客人,又肯做甚么客!
　　 C 我们都是行路的客人,肯做甚么客!
　　 D 我们都是行路的客人,肯做甚么客呢!
[17] AB 那靴底都是两层净底,上的线蜡打了,锥儿细,线粗……
　　 CD 那靴底都是两层净底,上的蜡打了,锥子细,线粗……

例 [14] 中"的"是补语标记,例 [15] 中"的"是状语标记,例 [16] 中"的"是定语标记。这几例中的"的"均可归入结构助词,可见"的"作为结构助词在元明清三代发展较为稳定。例 [17] 中"的"应该是动态助词,表"先时"的标记。

(二)"的"在 AB 中出现了,在 CD 中相应位置则未出现。大致分为两种情况。

一是"的"被直接删除,如:

[18] AB 这里离城有的五里路。
　　 CD 这里离城还有△五里路。
[19] A 咱每往前行的十里来田地里,有个店子,名唤瓦店……
　　 B 咱们往前行的十里来田地里,有个店子,名唤瓦店……
　　 C 咱们往前走△十多里路,有个店,名叫瓦店……
　　 D 咱们往前走△十多里路,有一个店,名叫做瓦店……

[20] AB 盛草的筐儿也没,什么将的草去?

CD 盛草的筐也没有,拿甚么盛△草去?

[21] A 俺正饥渴时,主人家这般与茶饭吃,怎生忘的恁?

B 我正饥渴时,主人家这般与茶饭吃,怎生忘的你?

C 我们正在饥渴时候,主人家就这般给茶饭吃,怎能忘△你的情?

D 我们正在饥渴时候,主人家就这般给茶饭吃,怎么能忘△你的情呢?

以上用例中“的”表达的语法意义比较复杂:例[18] AB 中的“的”跟在表存在的动词“有”后面,强调一种状态,现代汉语中有时也可以用“着”来表示;例[19] AB 中的“的”可看作是表示“先时”的标记;例[20] AB 中的“的”跟在持续动词“将”后面,可看作表“持续”的体标记;例[21] AB 中“的”表示“发生”或“变化”。但这些用例中“的”在 CD 句中均被删除了,说明到了清代,“的”的这些用法已经不具典型性了,或者已经消失了。

二是“的”的位置被其他动态助词取代,如:

[22] A 将卓儿来。教客人每则这棚底下坐的吃饭。

B 将卓儿来。教客人们只这棚底下坐的吃饭。

CD 拿卓子来,教客人们就在这棚子底下坐着吃饭。

[23] A 咱这高丽言语只是高丽田地里行的,过的义州,汉儿田地里来,都是汉儿言语。

B 我这高丽言语只是高丽地面里行的,过的义州,汉儿地面来,都是汉儿言语。

CD 我这朝鲜话只可在朝鲜地面行得去,过了义州,到了中国地方,都是官话。

例[22] AB 中的“的”表示动作状态的持续,在 CD 中被“着”取代;例[23] 中“的”标记的是“先时”,在 CD 中被“了”取代。

(三)“的”在 AB 中未出现,在 CD 中相应位置则出现了。也有两种情况。

一是 AB 中相应位置没有任何别的助词,CD 中加上了“的”,如:

[24] A 那般者,去△时节,便寻恁家里去。俺偏背你那?

　　B 若能勾去△时节,便寻你家里去。我偏背你?
　　C 若能去的时节,一定寻到你家去。我肯忘了你么?
　　D 若能去的时节,一定要寻到你家去的。我肯忘了你么?
[25] AB 好么,好么? 几时来△? 家里都好么?
　　CD 好么,好么? 几时来的? 家里都好么?

　　例 [24] 中动词"去"是"时节"的定语,若从现代汉语的角度看,动词作定语为有标记项,是需要加上定语标记的,然 AB 中定中之间未出现相应标记词,说明元明时期这种句法结构对标记词还未有强制性要求,CD 句中加上结构助词"的",作为定语标记,说明从句法角度看,到清代这种结构的发展趋于完善了;例 [25] CD 中在"几时来"后加上"的",有突出对"已然行为(或事件)加以确认"的意味,这个"的"已经语气词化了,AB 句没有用"的",表明元明时期"的"可能尚未有(或者是不具有典型的)表达语气的功能。

　　二是 AB 中相应位置是"了",CD 中改为"的",如:

[26] A 你学了多少时? 我学半年有余也。
　　B 你学了多少时? 我学了半年有余。
　　CD 你学的多少时节了? 我学了半年有余了。
[27] A 俺七月初头离了。
　　B 我七月初头离了。
　　C 我七月初头起身的。
　　D 我从七月初头起身离家的。

　　例 [26] AB 中用"了"来表示动作行为的实现,在 CD 中换成了"的",这是一个非常奇怪的现象。据我们考察(见本书第四、六章),"的"标示"完成(或实现)"这一功能主要是在元代或明代前期,至清代因为"了"作为已然范畴的优势标记几乎已经一统天下了,我们在书中也没有找到其他类似的用例,因此,该例中为什么用"的"替换"了"实在不好解释;例 [27] AB 中句末的"了"应该是个事态助词,本身具有一定的表达语气的作用,在 CD 中用表示语气的"的"替换是比较容易理解的。

　　(四)"的"在 ABC 中均出现了,在 D 中却消失了。只发现 1 例。

[28] A 今年为旱涝不收,十两钞籴的一斗米。

B 今年为旱涝不收,一百个钱籴的一斗米。

C 今年因旱涝不收,一百个钱籴的一斗米。

D 今年因旱涝不收,一百个钱籴△一斗米。

该例中"的"应该是表可能的助词,因为到清代,"的"已不再有这样的作用了,所以被删去了。

(五)"的"在 ABC 中均未出现,在 D 中则出现了。如:

[29] A 千零不如一顿,则不如都卖与他每倒快也,既你待卖时,咱每商量。

B 千零不如一顿,倒不如都卖与他,你既要卖时,咱们好商量。

C 千零不如一顿,倒不如都卖与他好,你总要卖呢,咱们好商量。

D 千零不如一顿,倒不如都卖与他好,你总要卖的,咱们好商量。

[30] A 主人家,怎种着火者。俺明日五更头早行也。

B 主人家,你种着火。我明日五更头早行。

C 主人家,你种些火。我明日五更天起来,就要早走。

D 主人家,你种些火。我明日五更天起来,就要早走的。

例 [29] AB 句中没用语气词,C 句用的语气词是"呢",然"呢"主要是表示加强语气的作用,作用相对单一,D 句改成"的",就使得句子的肯定和确认的口气得到凸显;例 [30] BC 中没用语气词,A 中用了沿用自上古的表肯定的语气词"也",D 句则换成了"的",显然也是表达语气的,和例 [29] D 中的"的"一样,这里的"的"也是个语法化程度较高的语气词。

二、《老乞大》中的助词"得"

"得"在《老乞大》"原本"中出现 62 例,"谚解本"中出现 60 例,"重刊本"中出现 55 例,"新释本"中出现 54 例,呈递减趋势。四个版本中均有"得"作动词的情况,如:

[31] A 俺沿路来时,好生多得他济。

B 我沿路来时,好生多得他济。

　　　　　CD 我一路上多亏得他帮助。

也有在"晓得,值得,记得"等词语中做语素的,如:

　　　　[32] A 这夏店俺是曾走了一两遭,都忘了,那里记得来?
　　　　[33] C 辽东新来,不晓得这实在价钱。
　　　　[34] D 这几个羊也不值得走一遭。

本小节只考察"得"作虚词的时候的表现,其他情况不予考虑。
《老乞大》中"得"主要有以下几种用法:
(一)"得"在四个版本中相应的位置均出现。从句法作用的角度看,主要有四种情况:
一是作可能补语,如:

　　　　[35] A 恁这月尽头到的大都那到不得?
　　　　　　　B 你这月尽头到的北京么到不得?
　　　　　　　C 你这个月底能到北京么到不得?
　　　　　　　D 你这个月底能到北京么到不得呢?

该例中"得"和"不"一起构成否定的可能补语。
二是作动相补语,如:

　　　　[36] A 你底似的休早行,俺听得前头路涩有。
　　　　　　　B 你十分休要早行,我听得前头路涩。
　　　　　　　C 你们不要十分早行,我听得前头路涩有歹人。
　　　　　　　D 你们不要十分早行,我听得前头路上甚惹有歹人。

该例中"听得"大约相当于现代汉语中的"听到","得"表达的是"动相",为动相补语。
三是作补语标记,如:

　　　　[37] AB 吃得饱那不饱?
　　　　　　　CD 吃得饱不饱?

该例中的"饱""不饱"均为可能补语,"得"位于中心动词和补语之间,作补语标记。

四是作动态标记,如:

[38] A 我曾打听得,高丽田地里卖的行货,底似十分好的倒卖不得……

B 我曾打听得,高丽地面里卖的货物,十分好的倒卖不得……

CD 我曾打听得,朝鲜地方所卖的货物,十分好的倒卖不去……

该例中的"得"和"曾"同现,可用"过"替换,因此,可以看作是表"经历"范畴的动态助词。

(二)"的"在 AB 中出现了,在 CD 中相应位置则未出现,如:

[39] AB 却怎么那般打水? 我不理会得。

C 为甚么那般打水? 我不理会△。

D 为甚么那般打水呢? 我不理会△。

[40] AB 有人问着,一句话也说不得时……

CD 倘有人问,一句话也说不出来……

[41] A 这桥梁、桥柱比在前哏牢壮,阿的涯十年也坏不得。

B 这桥梁、桥柱比在前忒牢壮,这的捱十年也坏不得。

C 就是这桥梁、桥柱也比在前收拾的牢壮,再过十几年也不能坏的。

D 这桥梁、桥柱也比在前更牢壮,再过十几年也不坏了。

[42] A 俺也打听得,今年这里田禾不收。

B 我也打听得,今年这里田禾不收。

C 我也曾打听△,今年这里年成不好。

D 我也曾打听△,今年这里实在田禾不收。

[43] A 这般时,真个在前曾见人打水,终不曾学,从今日理会得也。

B 这般时,真个在前曾见人打水,终不曾学,从今日理会得了。

CD 果真的么? 向来常见人打水,从不曾试,今日却会了。

例 [39] AB 中的"得"可以看作是表示"确定"口气的语气词,也可以看成是动相补语,"理会得"即"理会到",CD 将"得"删去,语气变得单纯;例 [40]"得"和"不"一起构成情状补语,因此,CD 用趋向补语"不出来"来替代;例 [41] AB 中"不得"是做"坏"的可能补语,在 C 中将述补结构改成同义偏正表达式"不能坏";例 [42] AB 中的"得"应该是个表"经历"的动态助词,因为 CD 中使用了表"经历"的副词"曾",就将"得"删除了;例 [43] AB 中"得"后分别带了语气词"也、了",CD 中就用一个"了"将两个成分都替代了,因此 CD 中的"了"表达的语法意义应该是"了₁·了₂",所以 AB 中的"得"应该相当于表示"已然"的动态助词"了₁"。

(三)"的"在 AB 中未出现,在 CD 中相应位置则出现了,如:

[44] A 既恁这月初一日离了王京,到△今半个月,怎么才到的这里?

B 既是这月初一日离了王京,到△今半个月,怎么才到的这里?

C 既是这个月初一日离了王京,到得半个月,怎么才到这里?

D 既然这个月初一日间从王京起身的,到得半个月,怎么才到这里来呢?

[45] A 咱这高丽言语只是高丽田地里行的……

B 我这高丽言语只是高丽地面里行的……

C 我这朝鲜话只可在朝鲜地面行得去……

D 我这朝鲜话只可在朝鲜地方行得去……

例 [44] AB 中相应位置没有助词,CD 中用了"得"似乎只起衬音作用;例 [45] AB 中的"的"本是个可能补语,CD 用"得去"替代,如将"去"看成补语,那么这里的"得"则只能是表示可能补语的标记。

(四)"的"在 ABC 中均出现了,在 D 中相应位置则未出现,如:

[46] AB 房子委实窄,宿不得。

C 房子实在窄小,住不得。

D 房子实在窄小,宿不下。

该例 D 中将 ABC 中的"不得"改为"不下",属于可能补语的同义替代。

(五)"的"在 ABC 中未出现,在 D 中相应位置则出现了,如:

[47] A 主人家哥,小人这里溷践了,姓也不曾问△。哥哥贵姓?

B 主人家哥,小人这里搅扰了,姓也不曾问△。大哥贵姓?

C 主人家,我们搅扰这半日,连尊姓也不曾问△。大哥贵姓?

D 主人家,我们搅扰这半日,连尊姓也不曾问得。大哥贵姓?

这里 D 中增加的"得"应该是为了凸显动态范畴义,其语法意义应该与现代汉语表"经历"范畴的"过"相当。

(六)"的"在 A 中未出现,在 BCD 中相应位置则出现了,如:

[48] A 我试尝△微微的有些淡。

B 我尝得微微的有些淡。

CD 我尝得略略有些淡。

该例 A 中"尝"后没有助词,BCD 中均出现了"得",这个"得"意义比较模糊,既可以看作是动相补语,也可以看作是表"已然"的动态助词。

第三节　《老乞大》中"过"的发展情况

本小节我们通过对《老乞大》中"过"的使用情况统计,具体看看"过"在元明清三代的发展及演变。

我们认为,表示动作"完毕"的"过 1"还没有完全虚化,是动相补语,只有"过 2"才是动态助词,表示"曾然"。

"过"在《老乞大》中用例不多,A 本见 24 处, B、C 本见 22 处,D 本 21处,差别不是很大,绝大部分"过"用作动词,有和"来"一起使用的。如:

[49] ABD 到街上立地的其间,一个客人赶着一群羊过来。

[50] AB 验了文引,仔细的盘问了,才放过来。

C 先验了文引,又仔细的盘问明白后头,才放过来。

D 先验了文引,又仔细的盘问明白,才放过来。

　　这种"过来"连用在句子中其实作趋向补语的意味更浓些,但意义仍是很实在的,表示通过某一空间位置。《老乞大》中还有很多"过"是作为独立的动词来使用,但大多是引申义的,如:

> [51] A 你要过的牙税钱,各该着七两五钱,你却回将来。
> 　　　B 你要过的牙钱,通该着一钱二分,你却回将来。
> 　　　C 你要过的牙钱,该一钱五分,你却退出来罢。
> 　　　D 你要过的牙钱,该二钱四分,你却退出来罢。
> [52] AB 背念过的,师傅与免帖一个。
> 　　　CD 背得过的,师傅给他免帖一个。

　　例[51]的"过"义约等于"缴",为比喻义;例[52]的"过"为"过关",作核心动词"背(念)"的可能补语,属于从"空间域"向"意念域"的引申。

　　《老乞大》中"过"作动态标记的用例很少,我们仅找到以下几个相关的用法:

> [53] A 既这般的呵,伴当,恁三个一就都出过者。
> 　　　B 既这般时,火伴你三个,一发都出了着。
> 　　　CD 既这般说,火伴你三个人一齐都拿出来给他。
> [54] A 烧的锅热时,着上半篦清油,将油熟过,下上肉,着些盐,着
> 　　　　　箸子搅动。
> 　　　B 烧的锅热时,着上半篦香油,将油熟了时,下上肉,着些盐,
> 　　　　　着箸子搅动。
> 　　　C 烧热了,放上半篦香油,待油大熟了,下上肉,着些盐,把快
> 　　　　　子搅动。
> 　　　D 烧热了,放上半篦香油,待油大熟了后头,下上肉,着些盐,
> 　　　　　把快子搅动。
> [55] A 已前盘缠△了的火帐都算计明白。哥哥,俺每回去也。
> 　　　B 已前盘缠△了的火帐都算计明白。大哥,我们回去也。
> 　　　C 从前用过盘缠△的火帐都算明白了。大哥我们回去了。
> 　　　D 从前盘缠过了的火帐,都算明白了。大哥我们回去了。
> [56] A 这夏店俺是曾走了一两遭,都忘了,那里记得来?
> 　　　B 这夏店我曾走了一两遭,都忘了,那里记得?
> 　　　C 这夏店我在先走过一两遭,如今都忘了,那里记得?

D 这夏店我在先曾走了一两遭,如今都忘了,那里记得?

例[53][54]中 A 本用"过",其余版本相应的位置均不用"过",其中例[53]中的"过"出现在祈使句中,B 句中在相应的位置将"过"改成"了",可以看出 A 中的"过"应该表示"完毕"义,根据句意不妨将其看作动相补语或者是表"完成(待完成)"的体助词;例[54] A 中的"过"在 B 中被"了时"、在 D 中被"了后头"替代,表明"过"表示的是一种"先时"范畴,可看作"先时"体标记。然"过"标示"完成"和"先时"只在古本中出现,说明明清时期这些用法基本消失(至少是不常用了)。例[55] AB 中未出现"过",C 中增加了动词"用"后带"过",应该表示"曾经";D 中在"盘缠了"中间插入了"过",这里的"过了"应该构成了复合动态,"过"应该是表示"完毕"义的动相补语。例[56]是典型的具有"曾经"义的句子,只是 ABD 版本中均用"曾……了"表示,因此 C 中的"过"应该是"曾经"体范畴标记。

另外,我们在汪维辉主编的《朝鲜时代汉语教科书丛刊》中还发现这样一个用例:

[57] A 酒也醉了,茶饭也饱了也。怎休怪。
B 我们酒也醉了,茶饭也饱了。你休怪。
C 我们酒也醉了,饭也饱了。多谢。
D 我们酒也醉了,饭也饱了。多谢。你别要见过。

该例 D 中出现的"你别要见过"比较费解(李泰洙编的《老乞大》四个版本的对照本中没有这句话),如果单就"见过"而言,这里的"过"似乎可以看成表"曾经"的标记,但该句整体应该是个祈使句,能否将其中"见过"理解成"见怪"? 由于我们找不到更多的文献材料来证实,这里只能存疑了。

第四节 《老乞大》中"来"的发展情况

刘坚等(1992)指出:事态助词"来"产生的时间可能在初唐前后,唐代以后,文献中开始出现用例并逐渐增多,到晚唐五代时,使用就比较广泛了。两宋表示"曾经"的事态助词"来"继续使用,用法上也有一些新的发展,出现了与其他助词连用的例子。与之连用的助词主要是"过",还出现了用于否定句的例子。元代"来"仍广泛应用,除单用外,与其他助词连用的情况也明显增多。明代以后,助词"来"的使用总的看是呈减少的趋势,在一些明代受元白话影响较大的文献里,"来"出现的频率仍较高,与其他助词连用的情况也仍继续出现。清代"来"的用例更少了,但是这个时期出现了与"着"结合构成的双音词"来着"。"来着"出现的时间应该在清代初期前后。

本小节打算通过对《老乞大》四个版本中的"来(著)"使用情况的考察,来了解其在元明清三代发展的大致情况。

"来"在《老乞大》"原本"中出现257例,"谚解本"中出现245例,"重刊本"中出现225例,"新释本"中出现227例。其中一般以上是作行为动词或趋向动词的,如:

[58] A 伴当,恁从那里来?
　　　BC 大哥,你从那里来?
　　　D 阿哥,你从那里来?
[59] A 你去问主人家索几个席子薰荐来……
　　　B 你去问主人家要几个席子薰荐来……
　　　CD 你去问主人家要几领席子草荐来……
[60] AB 今日再想起来,有三十里多地。
　　　CD 今日想起来,有三十多地。

例[58]中的"来"为具有实在意义的表示"移动"的行为动词,例[59]中的"来"的行为义较弱,为趋向动词,例[60]中"来"和"起"一起表示趋向,在具体考察时我们将上述用法的"来"排除在外。

从语法表现来看,《老乞大》中的"来"主要有以下几种情况:

一是跟在谓词后面,作动态助词。如:

[61] A 父母在生时,家法名听好来,田产物业有来,孳畜头匹有来,人口奴婢有来。
　　　B 父母在生时,家法名声好来,田产家计有来,孳畜头口有来,人口奴婢有来。
　　　C 他父母在世时,家法名听好来,田地房产都有,又有骑坐的牲口,使唤的奴婢。
　　　D 他父母在生时,家法名听好来,田地房产都有,又有骑坐的牲口,使唤的奴婢。

该例中"来"位于充当谓语核心成分的形容词"好"和表存在的动词

"有"后面,都可以用"过"来替换,表示"曾经拥有",因此,这几个"来"都可以被看成动态助词,为"曾经"体标记。值得注意的是 AB 本中用了四个"来",CD 中只剩下一个"来",说明到清代"来"作动态助词已经不常见了。

二是位于全句或分句的末尾,表示事态,为事态助词。这类用例相对较多。如:

[62] A 在先则是土搭的桥来,如今都是板幔了。
B 在先只是土搭的桥来,如今都是板鞔了。
C 在先是土搭的,如今都用板幔了。
D 在先是土搭的,如今都是用板幔了。

该例中"来"位于小句的末尾,和时间副词"在先"呼应,表示原先曾出现的情况,是"曾然"体标记,为事态助词。"来"作为事态助词时还可以和"了"连用,表示的事件是已经完成了的。如:

[63] A 俺有一个伴当落后了来……
B 我有一个火伴落后了来……
C 我有一个朋友落后了△……
D 我因有一个朋友落后了△……
[64] AB 你这店西约二十里来地,有一座桥塌了来……
CD 离你这店里约走二十里来地,有一座桥塌了来……

这两例中动作是过去完成了的,均有"了"表示"已然",再用"来"以加强表达"曾经"意味,这种"来"和例 [62] 中的"来"的语法作用应该相同。这里的一个事实是,无论是例 [62] 还是例 [63]、例 [64] 中,"来"作事态助词均只出现在 AB 本中,CD 中都被删除了,说明"来"在清代作事态助词已不太普遍了。从我们收集到的语料来看,到清代,"来"往往被"来着"替代。如:

[65] A 你谁根底□(原本缺一字,疑为"学"字) 文书来?
B 你谁根底学文书来?
C 你跟着谁学书来?
D 你跟着谁学书来着?

该例 ABC 本中均用"来"表示"曾然",在 D 本中换成了"来着",这为现代汉语中事态助词"来着"的来源提供了一个清晰的线索。

三是作句末语气词使用。多数出现在祈使句中,且常和"去"连用。如:

[66] A 咱每则投顺承门关店里下去来。
B 咱们往顺城门官店里下去来。
CD 咱们往顺城门官店里下△。

[67] A 投俺下的房子里去来。
B 我下处去△。
CD 我到下处去△。

例 [66] AB 句末都使用了"来",例 [67] 中只有 A 句末使用了"来",其余版本中均将"来"删去了,说明此处"来"不具有表示动作行为或动态(事态)的作用,通过下面的用例,我们大致可以了解此类"来"的作用。

[68] A 叫唤主人家,辞了去来。
B 叫主人家,辞了去来。
CD 辞了主人家去罢。

[69] A 回了酒钱去来。
B 会了酒钱去来。
CD 会了酒钱去罢。

[70] A 则投这路北兀那人家寻个宿处去来。
B 只投这路北那人家寻个宿处去来。
CD 就往路北那人家寻个睡觉处罢。

例 [68][69] CD 中将"来"直接换成"罢",例 [70] 中 CD 则是将"去来"换成"罢",因此,我们不妨认定,祈使句句末的"来",就是一个语气词,在元明时常用,到清代被"罢"替代。

"来"作语气词有时也出现在疑问句末尾,如:

[71] A 俺这里今年夏里天旱了……那里将巢的米来?
B 我这里今年夏里天旱了……那里有巢的米△?
C 我这里今年夏天大旱……那里有巢的来?

D 我这里今年夏天大旱……那里还有粜的来?

[72] A 牙税钱都算了也,俺这马契几时税得了△?

B 牙税钱都算了,我这马契几时税了△?

C 牙税钱都数了,我这马契多站要税了来?

D 牙税钱都算了,我这马契多站要税了来?

例 [71] 是反问句,其中 ACD 句末用"来";例 [72] 为一般的询问句,AB 句末用"来"。从例 [71] B、例 [72] CD "来"可以不出现来看,句末的"来"应该是不参与句子概念意义的表达,可以看作是语气词,其功能大约相当于现代汉语中的"呢"。

第五节 《老乞大》中"着(著)"的发展情况

《老乞大》四个本子中的"着"用法很不一致。古本中出现了 255 次之多,其次是谚解本也达 240 次,新释本和重刊本分别为 120 次和 113 次。其中,有不少"着(著)"用作动词或介词,意义和语法颇为复杂,如:

[73] A 前不着村,后不着店也,咱每则迷那里宿去?

B 前不着村,后不着店,咱们只投那里宿去?

CD 前不着村,后不着店,咱们又投那里去宿(呢)?

[74] A 俺那里男子汉不打水,则是妇人打水,着个铜盔,头上顶水。

B 我那里男子汉不打水,只是妇人打水,着个铜盔,头上顶水。

C 我那里男子汉不打水,都是女人们打水,把个铜盔放在头上顶水。

D 我那里男子汉不打水,都是女人们打水,那个打水的女人们,放个铜盔在头上顶水。

[75] A 将油熟过,下上肉,着 1 些盐,着 2 筋子搅动。

B 将油熟了时,下上肉,着 1 些盐,着 2 筋子搅动。

C 待油大熟了,下上肉,着些盐,把快子搅动。

D 待油大熟了后头,下上肉,着些盐,把快子搅动。

[76] A 活时节着什么来由不受用?

B 活世节着什么来由不受用?

　　　　CD 活世节为什么不寻些快活受用呢?

[77] A 炒的半熟时,调上些酱水,生葱料物打拌了,锅子上盖覆
　　　了,休着出气。

　　　B 炒的半熟时,调上些酱水,生葱料物拌了,锅子上盖覆了,
　　　休着出气。

　　　C 炒的半熟了,调上些酱水,把生葱料物着上,盖好了锅,不
　　　教出气。

　　　D 炒的半熟了,调上些酱水,把生葱料物着上,盖好了锅,不
　　　要出气。

　　以上例句中例 [73]“着(著)”是“靠”的意思;例 [74] AB 中的“着
(著)”在 CD 中都改成了“放”;例 [75] 中“着(著)1”是“加入(或放入)”
的意思,“着(著)2”在 CD 中都改成了“把”,似乎有介词化的倾向;例 [76]
AB 中的“着(著)”在 CD 中都改成“为”;例 [77] AB 中“着(著)”在 C 中
改成“教”,在 D 中改成“要”,从语境来看,C 句中的“教”具有使令义,似乎
更接近其本义。《老乞大》中还有不少“着(著)”表示使令的用法,如:

[78] A 撤著,便著那人背书。

　　　B 撤着谁的,便着那人背书。

　　　C 内中撤着谁的,便着那人来背书。

　　　D 内中抽着一个,便叫那人来背书。

[79] A 这马都卸下行李……著吃草著。

　　　B 这马都卸下行李……着吃草着。

　　　C 把这马上行李卸下……就在路旁放他吃些草。

　　　D 把这马上的行李卸下……就在路旁放他吃些草。

[80] A 那般者,布袋里钞将来都检了,著牙人先检了,你卖主
　　　自检。

　　　B 这们便布袋里取银子来,着牙人先看,你卖主自家看。

　　　C 既这么着,银子在布袋里,教牙子先看了,你卖主自家
　　　再看。

　　　D 既这么着,银子在布袋里,取银子来,教牙子先看了,你卖
　　　主自家再看。

　　从后面的改文来看,以上例句 AB 中加着重号“着”字有“教”“让”“使”

"派"等义,虽然仍是动词,但是意义又虚化了一步,逐渐向介词靠拢。另外我们发现这样一组用例,AB 中没有用"着(著)",但 CD 中用"着(著)"的情况:

[81] AB 留一个看房子,别个的牵马去来。

C 留一个看房子,着两个拉马去罢。

D 且留一个看房子,着两个拉马去罢。

该例 CD 中的"着(著)"应该也是使令动词。下面的用例中"着(著)"应该是介词用法:

[82] A 浅浅的井儿,则著绳子拔水。

B 浅浅的井儿,只着绳子拔水。

C 那井不大深,只用绳桶打水。

D 那井深浅,只用绳桶打水。

[83] A 既没时,且著布衫襟儿抱些草去,我将料水去。

B 既没时,且着布衫襟儿抱些草去,我将料水去。

CD 既没有筐,且把衣襟抱些草去,我取料水去。

例 [82] AB 中"着(著)"在 BC 中均被换成了介词"用",例 [83] AB 中"着(著)"在 CD 中均被换成了介词"把",因此这两例 AB 中的"着(著)"是介词。

我们发现,在《老乞大》中,"着(著)"作为动词和介词,就使用情况而言,AB 本多于 CD 本。上述诸例中除个别用例外,大多数"着(著)"在 CD 本中都被相应的词语替换了。这反映了元代甚至明代"着"字的用法比较混杂,在同一作品里动词、介词、助词用法同时出现,到了清代这种状况有所改变,动词和介词"着"不再活跃,而"着"的助词用法则继续得到发展,直至后来演变为现代汉语中典型的助词。因此,本节对作动词和介词的"着(著)"就不作重点考察,而主要关注"着(著)"作动态标记或标记化及与之相关的用法。

《老乞大》中作动态标记的"着"的语法功能丰富多样,现代汉语中"着"所具备的功能在《老乞大》中几乎都可以看到,同时也保留了处于过渡阶段的痕迹,如表结果义完成义等。在四个本子里,表持续和进行态的"着"变化不是很明显,表结果完成义的"着",AB 本要多于 CD 本,说明元明到清的发展过程中，"着"逐渐向时体助词靠拢，而结果义完成义的功能，则由另外的助词来表达了，如"的""了"等，下面我们结合具体用例，作一些简要的说明。

一、"着（著）"作"持续"范畴标记

具体又有以下几种情况：

（一）表示动作行为的持续。即一般所说的"进行体"。如：

[84] A 我拿著马，恁净手去。
　　 B 我拿着马，你净手去。
　　 CD 我拉着马，你自出恭去。

[85] A 休那般说，俺偏出外呵，顶著房子行那？
　　 B 休那般说，偏我出外时，顶着房子走？
　　 C 别那般说，谁人出外带着房子走？
　　 D 你休那般说，谁人出外顶着房子走？

[86] A 你道的是，我也心里那般想著有。
　　 BC 你说的是，我也心里这般想着。
　　 D 你说的是，我也心里这般么想着。

　　这几个用例中，四个版本中在相应的位置都用了"着（著）"，说明作为"进行"体标记的"着（著）"在元明清三代发展一直是稳定的。

　　（二）表示动作行为或结果处于某种状态。即表示状态的持续。如：

[87] A 如今那贼现在官司牢里禁著有。
　　 B 如今那贼现在官司牢里禁着。
　　 CD 如今那贼现在牢里监禁着。

[88] A 伴当，你将料捞出来，冷水里拔著……
　　 B 火伴，你将料捞出来，冷水里拔着……
　　 CD 伙伴，你把料捞出来，冷水里拔着……

[89] A 更这马上驼著的些小毛施帖里布，一就待卖去。
　　 B 这马上驼着的些少毛施布，一就待卖去。
　　 C 这马上驼着的些微几匹毛蓝布，一并都是要卖的。
　　 D 这马上驼着的些少毛蓝布，一并都是要卖的。

[90] AB 每一个竹签上写著一个学生的姓名，众学生的姓名都这

般写著,一个竹签筒儿里盛着。

C 每一个竹签上写着一个学生的姓名,众学生的姓名都一样
写着,一个签筒里盛着。

D 每一个竹签上写着一个学生的名字,众学生的名字都一样
写着,放在一个签筒里盛着。

[91] A 兀的灯来也,壁子上挂著。

B 这的灯来了,壁子上挂着。

C 点灯来了,壁子上好挂△。

D 点灯来了,墙上上好挂△。

例[87][88][89]三例"着(著)"表示的是动作行为的持续状态,例
[90][91]表示的是动作行为结果的持续状态。值得注意的是除例[91]外,
其余各例四个版本中在相应的位置都用了"着(著)",说明"着(著)"的此
类用法相对稳定,例[91]的特别之处在于该例中"着(著)"前动词"挂"并
没有实际发生,也就是说还没有形成事实结果,只是说话人的要求,这和其
余各例动作行为实际(或假定)发生略有不同,因此,该例CD句就将"着"
删去了。

(三)表示伴随状态的持续。通常出现在V2是移动动词的"V1着V2"
结构中,如:

[81] A 俺年时根著汉儿伴当到高唐……也觅了些利钱。

B 我年时跟着汉儿伙伴到高唐……也寻了些利钱。

CD 我当年跟着中国人到高唐……也得些利钱。

[82] A 后头有一个骑马的贼,带着弓箭根着行。

B 后头有一个骑马的贼,带着弓箭跟着行。

CD 后头有一个骑马的贼,带着弓箭跟着走。

[83] A 差了一百个壮后生……才拿著回来。

B 差了一百个壮汉……才拿着回来。

C 差了一百个壮汉……才拿着回来。

D 差了一百个壮汉……才能拿着回来。

例[81]中的"到"、例[82]中的"行(走)"、例[83]中的"回来"都是移
动动词,它们前面"跟(根)着(著)"或"拿着(著)"均表示移动时的伴随状
态,所有用例的ABCD中"着(著)"均出现了,和现代汉语中的用法基本一

致,说明"着"的这种用法在元代就已经发展成熟了。

（四）表示动作行为方式的持续。通常处于连动结构中,前面的"动＋着（著）"是后一个动作的行为方式,如

[84] A 俺有一个伴当落后了来,俺沿路上慢慢的行著今（疑为"等"之误）候来,为那上迟了来。

B 我有一个伙伴落后了来,我沿路上慢慢的行著等候了,因此上来的迟了。

C 我有个朋友落后了,所以在路上慢慢的走着等候他来,故此来的迟了。

D 我因有一个朋友落后了,所以在路上慢慢的走着等候他来,故此来的迟了。

[85] A 咱每各自睡些个,厮轮著起来勤喂马。

B 咱们各自睡些个,轮着起来勤喂马。

C 咱们各自睡罢,轮着班起来勤些喂马。

D 咱们各自睡觉,轮着起来勤喂马。

例 [84] 中"行（走）着（著）"是"等候"的方式,例 [85] 中"轮着（著）"是"起来勤喂马"的方式,"着（著）"是表示方式的持续,四个版本均无变化。

二、"着（著）"作动相（或结果）补语

[86] A 撤著,便著那人背书。

B 撤着谁的,便着那人背书。

C 内中撤着谁的,便着那人来背书。

D 内中抽着一个,便叫那人来背书。

[87] A 俺通是十一个马,量著六斗料与十一束草著。

B 我共通十一个马,量著六斗料与十一束草著。

C 我通共十一个马,要量六斗料、十一捆草。

D 我通共十一个马,量着六斗料、十一捆草。

[88] A 帖落上绘著一块砖头著。

B 洒子上绘着一块砖头着。

C 要把柳罐上绘着一块砖头才好呢。

D 柳罐上绘着一块砖头才好。

[89] A 俺五个人打著三斤面的饼著,俺自买下饭去。

B 我五个人打着三斤面的饼着,我自买下饭去。

CD 我五个人打三斤面的饽饽,我自去买下饭菜。

[90] A 通滚算著,除了牙税缴计外,也觅了加五利钱。

B 通滚算着,除了牙税缴计外,也寻了加五利钱。

C 通共算来,除了牙税脚价之外,也可得加五的利钱。

D 通共计来,除了牙税脚钱之外,也可得加五的利钱。

　如果仔细体味,以上各例中的"着(著)"似乎都可以用现代汉语中的趋向动词来替换:例[86]中的"着(著)"可以替换为"到",例[87]—[89]中的"着(著)"可以替换为"上",例[90]中"着(著)"可以替换为"起来",其作用似乎介乎表示方向与动作完成之间,说明"着"字在其虚化的历史阶段,与趋向词的功能有重合的地方,孙朝奋(1997)因此推测"具备表示趋向的功能,可能就是'着'字嬗变为完结体的关键所在。"并且举出长沙话、闽南话作为证据,闽南话里含有趋向义的"着"字变体还有相当的动词性。而且,表完结的"着"字完全可以由趋向补语"起来"替换。

　"这个茶,你喝着怎么样?"

　"这个茶,你喝起来怎么样?"(转引自孙朝奋,1997)

　因此,这些用例中的"着"表示的实际上是一种动相,可以看作动相补语(例[86]中"着(著)"表结果的意味更强,可看成结果补语)。

三、"着"作语气词

　《老乞大》中有不少"着"作语气词的用例,其作用丰富多样,主要有以下一些情况:

　(一) 表假设,常见的有"那般着""这么着"。如:

[91] A 那般者,咱每去来。

B 那般着,咱们去来。

C 那般着,咱们去罢。

D 既是这般,咱每不可都去。

[92] A 那般者,我借去。

B 这们时,我借去。

CD 这么着,我借去。

　例[91]D、[92]B中"着(者)"没出现,说明其余版本中的"着(者)"

没有概念意义,只能是语气词,这两例中,"着(者)"都出现在假设条件分句中。

(二) 表使令、吩咐。如:

　　[93] A 这马每都絟住者,教那两个起来。
　　　　 B 这马们都絟住着,教那两个起来。
　　　　 CD 这马且絟着,教那两个起来。
　　[94] A 哥哥,你与俺排布者。
　　　　 BC 大哥,你与我摆布着。
　　　　 D 大哥,你且与我算计着看。

　　这两组例句都是吩咐对方做事的,例 [93] 中 AB 句和例 [94] 中的 ABC 句中的"着(者)"都是表达吩咐口气的语气词,不过,从句法功能看,例 [93] CD 句和例 [94] D 句中的"着"应该是动态助词,不是语气词。

(三) 表催促。如:

　　[95] A 咱每休磨拖,趁清凉,就马每吃的饱时,赶动者。
　　　　 B 咱们休磨拖,趁凉快,马又吃的饱时,赶动着。
　　　　 CD 咱们不要拖延,趁凉快,马又吃的饱,赶早快走。

　　该例具有催促的口吻,AB 句用了语气词"着(者)"CD 句则将其删去了。

(四) 表请求。如:

　　[96] A 你是牙家,你算了者。
　　　　 B 你是牙家,你算了着。
　　　　 C 你是牙子,你算一算。
　　　　 D 你是牙行,你数一数。

　　该例 CD 句将句式改了,句末没用语气词,AB 中的"着(者)"表示请求的口气。

(五) 表建议、商量。如:

　　[97] A 咱每做汉儿茶饭者。

> B 咱们做汉儿茶饭着。
> C 咱们做汉人筵席。
> D 咱们若做汉人筵席呢……

该例中 ABC 是表示建议，AB 用了语气词"着（者）"，C 句没用语气词，D 句改成了假设句，语气词也换成了"呢"，所以"呢"和"着（者）"没有对应关系。

需要说明的是，尽管我们根据句子的表达意图将"着（者）"的作用大致分成以上几种情况，其实，语气表达的界限不都是很严格的，在不同的语境下，听话者不同，说话人的态度、口气不同，请求、商量、吩咐便不好区别。以上举的这些例子相互也有纠葛之处，但本文不打算讨论，我们只是想说明"着（者）"作为语气词在《老乞大》中可以表达各种丰富多样的语气，该词在元明时是个比较活跃的语气词，到清代，则逐渐退出历史舞台了。

值得注意的是，在《老乞大》中作为语气词的"着（者）"和其他用法的"着（著）"是有区别的，尽管在 BCD 本中二者都写成"着"，但在古本中则分别写作"者"和"著"，因此，我们完全可以认为，《老乞大》中语气词"着"和动态助词"着"只是在 BCD 版本中出现了形式上的偶合，它们实际上是两种不同性质的同形词。

第六节 《老乞大》中"将"的发展情况

"将"是近代汉语中比较活跃的动态助词之一，在现代汉语中却消失了，仅在个别方言地区有所保留，其消失的情形，在《老乞大》中有着较明显的反映。本小节将对此作具体的考察。

"将"在《老乞大》"原本"中出现 109 例，"谚解本"中出现 99 例，"重刊本"和"新释本"中均出现 14 例。"将"在《老乞大》中的用法还是比较复杂的，有用作语素的，如：

> [98] A 咱每人厮将就厮附带行呵好有。
> B 咱们人厮将就厮附带行时好。
> C 咱们的人都要将就些彼此挈带着好。
> D 咱们的人都要将就些彼此挈带着些好。

该例中"将"是"将就"的构词成分，为构词语素。

也有少量用作副词的,如:

> [99] A 日头却早这早晚也。
> 　　B 日头却又这早晚也。
> 　　CD 你看这个时候却又将晚了。

该例 CD 中的"将"为时间副词,我们在《老乞大》中仅找到这一例,且 AB 本中没有这种用法,这是非常有意思的现象,因为"将"在中古和现代汉语中是个高频时间副词,而在《老乞大》中的使用却几近于无,其中原因非常值得进一步探究。

在 AB 本中多数用作动词,如:

> [100] A 疾快将草料来,拌上者,尽教,则教吃着,咱睡去来。
> 　　　B 疾快将草料来,拌上着,尽着他吃着,咱睡去来。
> 　　　C 快拿草料来,拌上馈他,且尽他吃着,咱们好去睡。
> 　　　D 快些拿草料来,拌上馈他,且尽他吃,咱们好去睡。
> [101] A 差了一百个壮后生,将着弓箭器械,把那贼围在一个山峪里。
> 　　　B 差了一百个壮汉,将着弓箭器械,把那贼围在一个山峪里。
> 　　　CD 差了一百个壮汉,带着弓箭器械,把那贼围在一个山峪里。

例 [100] CD 本把 AB 中的"将"改为动词"拿",例 [101] CD 本则把 AB 中"将"改为动词"带",说明 AB 中出现的"将"为动词。《老乞大》中"将"作动词用法主要出在 AB 本中,在 CD 本中大多被其他相关的动词所替代。据我们初步的统计,"将"作动词,在 A 本中出现 65 次,B 本中出现 51 次,CD 本中各出现 2 次。

《老乞大》中还有一些"将"用作介词,如:

> [102] A 初喂时,则将料水拌与他。
> 　　　B 初喂时,只将料水拌与他。
> 　　　C 初喂的时候,就把料水拌草与他吃。
> 　　　D 初喂他的时候么,就把料水拌草与他吃。

[103] A 伴当,你将料捞出来。

B 火伴,你将料捞出来。

CD 火伴,你把料捞出来。

在这两例中,CD本均将AB中的"将"换成了介词"把"。我们在AB本中共收集到作介词用的"将"15例,其中CD本改为"把"的共有10例,这说明了"把"字句在清代较元明时大大增多,已有替代"将"字句之势。李泰洙认为,AB本中许多受事主语句或曰宾语前置句,是受蒙古语句式的影响,CD本中这些句子变为"把"字句是对汉语语法的回归。

本小节重点考察"将"作为动态范畴标记在《老乞大》四个版本中的发展变化,对上述各种用法不作过多的探讨。

从我们掌握的材料来看,"将"作动态范畴标记在《古本老乞大》中出现27例,在《老乞大谚解》中出现25例,而在CD本中则消失了。具体有两种情况:

一是在CD本中被直接删除,如:

[104] A 恰早来吃饭处贴将来的钞。

B 今早起吃饭处贴将来的银子。

C 今早我们在吃饭处找△来的银子。

D 今早吃饭处找△来的银子。

[105] A 恁牵回这马去,再牵将别个的来饮。

B 你牵回这马去,再牵将别个的来饮。

C 你牵回这马去,再△牵别的来饮水。

D 你把这马牵回去,再牵△别个来饮水。

[106] A 我去税了,送将来与恁。

B 我去税了,送将来与你。

CD 我去上税,送△来与你。

[107] A 疾快取将咱每的柱杖来搅料。

B 疾快取将咱们的柱杖来搅料。

CD 快拿△咱们的柱杖来搅料。

从语法意义的角度看,例[104][105]AB中的"将"前面的动词"贴""牵"都是持续动词,因此这两例中的"将"可以理解为表持续的标记,作用大约相当于现代汉语中的"着";至于例[106][107]AB中的"将"的

功能学界看法又分歧,目前多数学者认为是"完成体"标记,王国栓(2004)
则认为这种"将"是音节助词,无语法意义,刘公望(1989)认为是表示将然
或始发的行为动作;实际上,从 CD 句可以将其删除不用的情况来看,我们
觉得"将"表达的范畴应该与时点、时段无关,现代汉语中的"着、了、过"所
表达的动态范畴均建立在一定的时间参照的基础上,所以"将"和它们应该
没有语法意义上的对应关系,因此,王国栓才认为其是音节助词,但为什么
近代汉语中要如此大规模地用"将"来衬音,他又说不清楚,倒是刘公望所
说的"表示始发的动作行为"更符合实际情况,我们认为这种"将"就是为
了加强表现力、突出动作行为的发生,可以看作是表"发生"的体标记。

二是在 CD 本中被"了"替代,如:

> [108] A 这钞都捡了也,俺数将布去。
> B 这银子都看了,我数将布去。
> C 这银子都兑了,好照数点了布去。
> D 这银子都兑了,点数了布去。
>
> [109] A 你这马,他每都一发买将直南卖去,便将到市上,也则兀
> 的是。
> B 你这马,他们都一发买将山东卖去,便到市上,也只一般。
> C 你这马,他们都要一齐买了到山东卖去,就到市上卖去,
> 也是一样。
> D 你这马,他们都要一齐买△到山东卖去,就到市上卖去,
> 也是一样。

例 [108] AB 中的"将",CD 中都被换成"了",例 [109] AB 中的"将",
在 C 本中被"换成""了",在 D 本中直接被删除了。以往学界的主流观点是
"将"为"完成体"标记,后被"了"所取代,这些例子似乎可以作为证明。可
事实上,就总体而言,《老乞大》中作为动态助词的"将"被"了"替代的仅有
4 例,还不及所有用例的六分之一,说明"将"和"了"并没有严格的对应关
系。仔细考察"将"被"了"替代了用例,我们发现,这些"将"出现的句子
中的动作行为都是"未然"的,并没有发生,而是打算或要求发生的,因此也
就存在"完成"的情况,事实上,CD 句之所以把"将"换成"了",多是因为
"将"出现在连动结构中前一个动作行为后面的,有一定的"先时"特征,换
成"了"以后往往就成了"先时"结构句了。如果我们把例 [109] 和下面这
个例句进行比较:

[110] A 我着孩儿每做將粥来与恁吃。
B 我着孩儿们做將粥来与你吃。
C 我教孩子们做△些粥来与你们吃罢。
D 我叫孩子们做△些粥来与你们吃罢。

例 [110] 是一个典型的先时结构句,只有先"做粥",然后才能"与恁(你)吃",不过,这里的"將"也不是表"先时"范畴的标记,而是突出动作行为的"发生"。例 [109] 中也是只有先"买(马)",然后才"到山东卖去",至于为什么例 [109] CD 句把"將"换成"了",而例 [110] CD 句则直接把"將"删去,我们认为与"將"所表达的"发生"范畴整体消亡有关:到清代,"將"已不再作为"发生"体标记使用了,直接用动词表示动作发生已是普遍现象,因此把"將"删去复合当时的表达习惯。而就先时结构而言,前一个动作行为是以"发生"为参照点,还是以"实现(完成)"为参照点,并不影响人们对句意的理解,并且到清代,用"了"出现在先行动词后面来表达"先时"意义也已经是普遍做法,所以例 [109] 中 CD 被用"了"代替"將"也就能够解释得通了。现在我们再来看例 [108],事实上,该例 AB 句的"先时"特征并不明显,因为句末的"去"可以理解为趋向动词,而 CD 句换成"了"以后,"去"则只能理解成实义动词了,这从另一个侧面说明,"將"表示的语法意义和"了"并不一致。

其中例 [124] 中的"將"表动作的发生或实施,例 [125] 中"数將布去"相当于"数了布去",助词"將"是假设"数"这一动作的完成。"將"可以看成是发生体的标记。

第七节　本 章 小 结

通过本章的比较,不难看出,就动态助词而言,存在 AB 本和 CD 本的对立,即 A 本和 B 本大体上相差不大,C 本和 D 本也比较接近,但是 AB 本与 CD 本的差异是比较明显的,这就说明,从元明到清代,汉语动态助词和动态范畴有着较大的发展。具体表现在以下几个方面:

1. 动态助词的功能有朝明晰化、单一化发展的趋势。从语法功能看,AB 本中动态助词的混用现象比较明显,常常一个动态助词同时具有几种用法,或几个动态助词具有一种相同的用法。如"着"是表示持续的助词,也有表示完成的用例,"的""得"可表动作获得结果、先时、完成、持续等。而到 D 本中,"着"就主要用来表示"持续"了,同时"持续"范畴主要用"着"

来标记了。

2. 汉语动态系统出现了调整。和动态助词发展相对应,汉语的动态范畴也发生了系统变化,主要表现在 AB 本中的"先时"范畴在 CD 本中因"的"标记功能的变化而出现了由"了"取代其位置而该范畴最终向"已然"范畴归并的趋向,"发生"范畴在 CD 因"将"的助词功能的消失而失去了标记形式,造成了该范畴的消亡。具体情况我们将在下一章进行讨论,这里就不再展开论述。

3. 单个助词的发展存在如下表现:"了"在 CD 版本中使用比例有逐渐增多的倾向,现代汉语中动态助词"了"的语法功能在书中几乎都可以找到,说明"了"已经完成了它的虚化过程,正处于逐步调整和完善中。"的""得"之间的界限不是很严格,语法意义和作用大都一致,但"的"的使用频率远远高于"得",这两个词主要出现在 AB 本中,有的表示动作完成,但在清代的版本中要么被"了"取代,要么被直接删除,有的表示动作的进行、持续,但在清代的版本中多被改为"着";AB 本中的"着"主要是表示动作状态的持续,但也有少数表示动作完成,CD 本中后一种用法消失了;变化最大的是"将"和"来",这两个词在 AB 本中作为动态助词使用还比较普遍,但到 CD 本中则全部消失了;最为特殊的是"过",整体来看,四个版本中"过"的用例都远远少于"着""了",这说明"着""了"虽然还余有虚化过程的痕迹,但已经是相当普遍的动态助词了,而"过"则不然,还没有完成自己的功能定位。我们认为一个重要原因是,《老乞大》中表示动作完成义的还有"了""完",表示曾经义的"来"。现代汉语中表示"完成"的"过 1"和表示"曾经"的"过 2"在表完成义的"了"和曾经义的"来"之间,"过"的发展空间甚小,因此也就不可能得到广泛应用。对于这种现象,曹广顺(1995)的观点是:明清之后,"来"逐渐走向消亡,伴随着"来"的衰落,"过"的使用频率增加了。在这个过程中,显示了助词体系对系统内部助词功能与发展的一种制约作用,显示了各助词之间的相互影响和限制。

第六章　汉语动态范畴的历时发展

一般来说,现代汉语常见动态范畴主要有三个:1.以"了"为主要标记手段的"完成(实现)体"范畴;2.以"着"为主要标记手段的"持续(进行)体"范畴;3.以"过"为主要标记手段的"曾经体"范畴。不过从汉语史的角度看,汉语的动态范畴的发展曾经非常复杂,经历了从混沌到分化再到逐渐明晰的过程,其间的一些范畴无论从语法意义还是标记手段来看,尚无法明确归入上述三类范畴的任何一类中去,这就意味着,在汉语发展的历史上曾经出现过一些比现代汉语更为复杂的动态表达方式,有的我们可以明确地将其归为一类,概括为一个范畴,还有的则较为模糊的,只是具有某种倾向性特征,似乎也可以概括成一个范畴,如果能够理出其大致的相对独立的发展线索,我们也姑且将其命名为一个范畴,否则就根据其和典型范畴的相似程度进行归类处理。这样我们就划分出"已然""发生""先时""持续""经历"五个范畴,本章着重考察它们的发展变化的历程,并探索其中的发展动因和机制。

第一节　汉语"已然"范畴的主要来源及其发展

关于现代汉语中"了"标示的动态范畴,学界有不同的说法,有的称作"完成"(貌、体、态)范畴,有的称作"实现"(貌、体、态)范畴,还有的称作"变化""界变"(貌、体、态)范畴。为了避免因术语的分歧造成的麻烦,本文采用徐赳赳(1992)的处理办法,将其称作"已然"范畴。

对"已然"范畴的来源,自王力(1958)起不断有学者进行探讨,其中作专门考察和讨论的有梅祖麟(1981)、刘坚等(1992)、曹广顺(1995)、李讷、石毓智(1997)、吴福祥(1998)、蒋绍愚(2001)、石锓(2015)等。不过,以往的这些探讨大多是建立在"了"的语法化及其所在格式的演变发展基础上的,其中以梅祖麟比较有代表性,他认为现代汉语的表"完成"的格式来源于"动+宾+完成动词"这个句式。然从语言发展的实际情况来看,汉语"已然"范畴的形成过程比梅氏所论要复杂得多。事实上,刘坚等(1992)、曹广顺(1986,1995)、吴福祥(1996)都曾介绍过汉语"已然"范畴形成早期的一些除"了"以外的词语作为"完成"体标记的使用和发展情况,如果我们对这些早期的标记词语进行分类，就不难发现，这些词语除了梅先生所说的"完成动词"之外，至少还可以再分出"得失动词"和"移位动词"两个类别。我们认为，探究"已然"范畴的来源，这些词语的使用和发展情况同样是不能忽视的。下面试作考察。

一、来自《敦煌变文》的真实语料

梅祖麟（1981）曾指出，"现代汉语完成貌的形成可以分成两个阶段：从南北朝到中唐，'动+宾十完成动词'这个句式早已形成，但南北朝表示完成主要是用'讫、毕、已、竟'，后来词汇发生变化，形成唐代的'动+宾+了'。从中唐到宋代，完成貌'了'字挪到动词和宾语之间的位置，挪前的原因有二：（1）动宾短语后面的'（不）得'和结果补语同时也往前挪，（2）放在动宾之间的结果补语早就表示完成貌。"

一般认为，《敦煌变文》汇集的是晚唐至北宋初年的作品，正好处于梅先生所说的第二阶段的早期，考察其中的表示"已然"义语料的具体表现，可以勾勒出汉语"已然"范畴在形成初期的大致状况。请看下面的用例：

[1] 太子见已，遂遣车匿迎前问之："公是何人，行步忽速？"（《敦煌变文集新书》）

[2] 其心净已，则一切功德清净。（《敦煌变文集新书》）

[3] 秋胡行至林下，见一石堂讫，由羞一寻，仕〔是〕数千年老仙，洞达九经，明解七略，秋胡即谢，便乃只承三年，得九经通达。（《敦煌变文集新书》）

[4] 帝知枉杀孝真，即将梁元纬等罪人于真墓前斩之讫。（《敦煌变文集新书》）

[5] 自家见了，尚自魂迷；他人睹之，定当乱意。（《敦煌变文集新书》）

[6] 长大了择时婿与人，六亲九族皆欢美。（父母恩重经讲经文1）

[7] 远公出得寺门，约行百步以来，忽然腾空而去，莫知所在。（庐山远公话）

[8] 世尊，弟子阿娘造诸不善，堕乐（落）三涂，蒙世尊慈悲，救得阿娘之苦。（大目乾连冥间救母变文并图一卷并序）

[9] 直须认取浮生理，不要贪阗（填）没底坑，（《敦煌变文集新书》）

[10] 终朝散日死王摧，何所栖心求解脱，听取维摩圆满教，不受阿毗罪报身。（维摩诘经讲经文3）

[11] 道由言讫,便奔床卧,才着锦被盖却,摸马举鞍,便升云雾,来到隋文皇帝殿前,且辞陛下去也。(《敦煌变文集新书》)

[12] 如似种子醲田中,种却一石收五斗。(佛说阿弥陀经讲经文(二))

[13] 耶娘年老悟迷去,寄他夫人两车草;(《敦煌变文集新书》)

[14] 其妻见儿被他卖去,随后连声唤住,肝肠寸断,割妳身亡。(《敦煌变文集新书》)

[15] 村人曰:"其女适与刘元祥为妻,已早死来三年。"(《敦煌变文集新书》)

[16] 天公见来,知是外甥,遂即心肠怜愍,乃教习学方术伎艺能。(《敦煌变文集新书》)

上述诸例中加着重号的词语如果用现代汉语中的"了"替换,语法意义应该不会有太大的差别,因此均可以被看作"已然"范畴标记。但这些词的本义是有较大差别的,说明汉语"已然"范畴的来源不是单一的。从上述标记词的本义出发,我们大致可将其分为三类:1.完成动词,如"已、讫、了"等;2.得失动词,如"得、取、却"等;3.移位动词,如"来、去"等。

二、完成动词的"已然"标记化及其发展

关于完成动词发展成"完成体"标记问题的研究已经有了不少成果,但存在一定分歧。如梅祖麟(1981)认为完成体标记的源头是"讫、毕、已、竟",蒋绍愚(2001)则认为"更准确地说,'了'的前身只是'已'"。吴福祥(1998)曾给出了汉语完成体助词语法化过程的链条模式:结果补语 > 动相补语 > 完成体助词。同时指出:"动相补语居于虚化链的中段,显然是一种虚化中的语法成分。由于动相补语是一种处于虚化过程之中的语法成分,所以不同的动相补语或者同一动相补语处在不同的虚化阶段,往往显示出不同的虚化程度。有的动相补语还带有明显的'结果'义,虚化程度较低,性质近于结果补语……有的动相补语已完全失去'结果'义,只表示实现或完成,虚化程度甚高,性质近于完成体助词……"我们以吴福祥的链条模式为依据对梅祖麟所列的完成动词进行考察,以是否发展到动相补语阶段为标准,来判断某一动词是否与体标记有联系。下面我们通过对专书的调查来对有关问题进行探讨。

《敦煌变文》中表示完成义的"竟"有49例,"讫"有87例,"毕"有40例,"已"有450例。其中"竟"和"毕"只有动词和副词两种用法,显然该书中

的"竟""毕"与动态范畴无关;"讫"和"已"的一些用例则值得注意:

[17] 梁王启大将军曰:"此酒食可供将军兵事(士)。"子胥既见此言,即令兵众饱食。兵事食讫。(伍子胥变文)

[18] 景帝收表讫,忽然不见孝真,景帝惊怪曰:"宇宙之内,未见此事。"(搜神记)

[19] 善友既蒙龙王差鬼兵送出海岸,送已却回。(双恩记)

[20] 母闻说已,怒色向儿:"我是汝母,汝是我儿,母子之情,重如山岳,出语不信,纳他人之闲词,将为是实。"(目连缘起)

例[17][19]为"动+完成动词"格式,例[18][20]为"动+宾+完成动词"格式。例[17][18]中的"讫"和例[19]中的"已"均含有一定的"完了"或"结束"义,为动相补语;例[20]的"已"和现代汉语中表"已然"的体助词"了"已经高度接近了,应该是已然范畴标记,不过蒋绍愚(2001)认为"已"和"了"还略有不同,"已"具有"绝对分词"性质。

《敦煌变文》中出现"了"293例,但绝大多数为动词用法。也存在一些"动+宾+完成动词"格式,如:

[21] 子胥解梦了,见吴王嗔之,遂从殿上褰衣而下。(伍子胥变文)
[22] 作此语了,遂即南行。(伍子胥变文)

这些"了"应该是完结动词,还没有虚化,但处于第二动词位置,为虚化提供了句法条件。下面的这些用例则非常值得注意,如:

[23] 自家见了,尚自魂迷;他人睹之,定当乱意。(维摩诘经讲经文(五))

[24] 长者身心欢喜了,持其宝盖诣如来。(维摩经押座文)

这里的"了"已经高度虚化,完全可以看成"已然"范畴标记。而下面的用例则更有意思:

[25] 寻时缚了彩楼,集得千万在室女,太子即上彩楼上,便思(私)发愿:若是前生合为眷属者,知我手上有指镮之人,即为夫妇。(悉达太子修道因缘)

[26]〔吟断〕说了夫人及大王,两情相顾又回惶。(欢喜国王缘)

"了"不仅表示"已然",而且后面带了宾语。很显然,该例中的"了"和现代汉语中表动态的"了"已无太大区别。不过,类似的用例极少,说明"了"作"已然"体标记此时还处于发展初期。

《朱子语类》中不见"已""竟"作为表示完成义补语或助词出现的用例,然出现"讫""毕"作为动相补语的用例,如:

[27] 言毕,再三诵之。(卷七十五)
[28] 先生以礼钥授直卿,令诵一遍毕。(卷八十六)
[29] 语讫,若有所思然。(卷六十三)
[30] 每看一代正史讫,却去看通鉴。(卷一百一十七)

《朱子语类》中"毕"作补语的用例大量增加,说明有虚化的迹象,但仍没有发现"毕"充当动态助词的用例。同样该书中也没有可以明确分析为充当动态助词的"讫",且和《敦煌变文》相比,"讫"的用例也大大减少,这说明,"讫"在《朱子语类》中语法化已经停止,在后来的文献中我们也没有发现这两个词语作动态助词的用法。这种情况印证了蒋绍愚先生认为此类完成动词与完成体助词"了"没有联系的观点。

《朱子语类》中"了"有少量仍用作动相补语,如:

[31] 关了门,闭了户,把断了四路头,此正读书时也。(卷十)

从上下文的意思看,"关了门"表示的是"关上门","闭了户"是"闭上户","把断了四路头"意思是"把断掉四路头"。不过,"了"除含有表示上述动相的意味外,也蕴含着动作的完成或实现,只是其虚化程度又远远不如表示"已然"的体助词"了",是一种半虚化的状态,即虽已虚化,但还没有最后完成,仍有一定的词汇意义,句法上可以看作动相补语。

《朱子语类》中"了"绝大多数用作"已然"体助词,如:

[32] 周世宗取三关,是从御河里去,三四十日取了。(卷二)
[33] 武侯区区保完一国,不知杀了多少人耶?(卷十八)

例[32]"了"后不带宾语,例[33]"了"后则带有宾语,均表示动作行为的"完成"或"实现"。此外，书中还有不少"了"位于形容词和动宾（补）结构后的用例：

[34] 以下人不能识得损益之宜，便错了，坏了，也自是立不得。（卷二十四）

[35] 他自是做一番天地了，坏了后，又恁地做起来，那个有甚穷尽？（卷二十七）

[36] 别人不晓禅，便被他谩；某却晓得禅，所以被某看破了。（卷四十一）

例 [34]"了"跟在形容词后表示"变化"；例 [35] 加着重号"了"跟在宾语后面，例 [36]"了"跟在补语后面，不少学者将后二者看作语气词或"了1＋了2"，我们将其统一看成"事态"助词，归入"已然"范畴。

不难看出，《朱子语类》中"了"已具有现代汉语中"已然"标记"了"的主要用法形态，说明到此为止，来自完成动词的"已然"标记的语法化过程已初步实现。

《元刊杂剧三十种》不仅不见"已""竟"作为表动态标记的用例，"讫"和"毕"也基本退出动态范畴的标记系统，"了"成为完结类词语中标记"已然"范畴的主要词语。元杂剧中的"了"有大量作为动词的用例，主要出现在舞台提示中，可能与文体有关。除此之外，"了"主要用作动态助词，我们未发现有用作动相补语的用例，说明"了"向专职助词方向发展又更进了一步。元杂剧中"了"主要用作表示"已然"。如：

[37] 车驾起行了，倾城的百姓都走，俺随那众老小每出的中都城子来。（闺怨佳人拜月亭）

[38] [柳叶儿] 吃了顿黄梁仙饭，强如炼葛洪九转灵丹。（陈季卿悟道竹叶舟）

[39] 我眼悬悬整盼了一周年，你也枉把你这不自由的姊姊来埋怨。（闺怨佳人拜月亭）

[40] 炳灵公圣裁，小龙王性乖，无半时摔碎了你天灵盖！（小张屠焚儿救母）

[41] 早起天晴，如今陡恁的好雨，衣裳行李都湿了，且是无躲雨处。（张鼎智勘魔合罗）

[42] [鬼三台] 女孩儿言着婚聘，则合低了胭颈，羞答答地嗫声，划

地面皮上笑容生,是一个不识羞伴等。(诈妮子调风月)

[43] 大丈夫英勇结英豪,圣人言有道伐无道。把传家儿绝嗣了,天呵!严霜偏杀无根草!(冤报冤赵氏孤儿)

[44] (正末扮岳飞魂子引二将上,开)某三人自秦桧屈坏了,俺阳寿未终,奉天佛牒,玉帝敕,东岳圣帝教,来高宗太上皇托梦去。(地藏王证东窗事犯)

以上各例中的"了"几乎分别占据了现代汉语中"了"所能分布的各种句法位置:例[37]为"动+了"格式,例[38]为"动+了+宾"格式,例[39]为"动+了+补"格式,例[40]为"动+补+了+宾"格式,例[41]为"形+了"格式,例[42]为"形+了+宾"格式,例[43]为"动+宾+了"格式,例[44]为"动+补+了"格式,可以说,到元杂剧时代,"了"已经具备了现代汉语中"了"的全部功能。

除表示"已然"外,我们还发现元杂剧中"了"还有少量的如下用例:

[45] [菩萨梁州] 却待盼望程途,肯分截着走路。正打你行过去,若拿不着怎地支吾?(等云了)那二十来个败残军,你敢拿不住?(张飞云了)张将军咱两个立了文书,那夏候惇你手里若亲拿住,(张飞云了)则怕踏尽铁鞋无觅处?(张飞云了)若违犯后不轻恕!(张飞云了)若得胜,交你腰间挂了虎符,若不赢交你识我斩砍权谋。(诸葛亮博望烧屯)

[46] (末云)岳大嫂,我从头说与你一遍。我死了三日,你烧了我尸首。(岳孔目借铁拐李还魂)

[47] 左右,也不必等待雪晴,便与我抬他尸首,还了那蔡婆婆去罢。(感天动地窦娥冤)

[48] 不付能这性命得安存,多谢了烟火神灵搭救了人。(晋文公火烧介子推)

[49] (末扮吕马童上,云)怎想今日,乌江岸上,九里山前,送了你呵!(萧何月夜追韩信)

例[45] [46] [47]中加着重号"了"前的动词所表示的动作行为或状态均没有真实发生或实施,还处于一种"未然"状态;例[48] [49]中"了"前动词表示的动作行为说话时正在实施,是"当然"行为。现代汉语普通话中一般没有这两种的用法。在此前的文献中我们也没发现有类似的用例。因此,我们不妨把这些现象看作是"了"作为专职化动态助词早期功能不太稳定情况下的一种功能"外溢"现象。这些少量的功能"外溢"的用例并不影响我们对"了"在元代成为专职作"已然"标记的主要助词的判断。

三、得失动词的"已然"标记化及其发展

近代汉语中,表示"获得""获取"义的"得、取"、表示"失去""退却"义的"却"(本文将其统称为"得失"类词语)曾大量出现在表示动态范畴的语法环境中,虽然在现代汉语中已找不到这类词语作为动态标记的痕迹,但在《敦煌变文》《朱子语类》等文献中却大量存在,有的甚至被研究者认为是"表示完成体的主要手段"(曹广顺 1995)。先来看《敦煌变文》中的用例:

[50] 若广引持经现世、皴验、及当得菩提,可无尽也。(金刚般若波罗蜜经讲经文)

[51] 自从浑沌已来,到而今留得几个,总为灰烬,何处坚牢。(不知名变文(二))

[52] 直须认取浮生理,不要贪阛(阗)没底坑。(妙法莲华经讲经文(二))

[53] 终朝散日死王摧,何所栖心求解脱,听取维摩圆满教,不受阿毗罪报身。(维摩诘经讲经文 3)

[54] 我等三人总变却,岂合不遂再归程。(破魔变文)

[55] 茶吃只是腰疼,多吃令人患肚,一日打却十杯,肠胀又同衙鼓。(茶酒论)

这些用例中的"得""取""却"虽然都还含有一定的"得到"或"失去"义,但主要是表示动作行为的"完成"或"实现",应该可以看作是"已然"标记词。实际上,在比《敦煌变文》更早的一些唐代作品中,"得失"类词语表示动态义的用例已大量存在。曹广顺(1995)即将"却""得""取"归入动态助词,并指出"助词'却'的产生,是汉语发展史上一个重要变化,它改变了过去汉语中以副词、时间词语或结果补语、表示完成义的动词来表达动态完成的方法,产生了一个新的词类和新的语法格式。""唐代以后,汉语完成态助词有所更替,但由'却'奠定的完成态助词的功能、意义,以及两种语法格式始终没有改变。"

[56] 汉帝不忆李将军,楚王放却屈大夫(李白《悲歌行》)

[57] 林花撩乱心指愁,卷却罗袖谈箜篌。(卢仝《楼上女儿曲》)

[58] 嫁取个有情郎,彼此当年少,莫负好时光。(明皇帝《好时光》)

[59] 既称绝世无,天子何不唤取守京都。(杜甫《戏作花卿歌》)

[60] 闭门私造罪,准拟免灾殃。被他恶部童,抄得报阎王。(拾得《诸佛留藏经》)

[61] 我见一痴汉,仍居三两妇。养得八九儿,总是随宜手。(寒山《我见一痴汉》)

如果将这几例中加着重号的成分用"已然"体助词"了"替换,句子的意义均不会有太大的改变,因此,将它们看作表"已然"的标记应该没有大问题。不过,唐代"得失"类词语标记"已然"义时存在一定的分工,通常情况下,"取得"义词倾向于用来表达积极义,"失去"义词倾向于表达消极义。下面这首诗中的用法比较典型:

[62] 二月卖新丝,五月粜新谷。医得眼前疮,剜却心头肉。(聂夷中《咏田家》)

该诗中"医眼前疮"是好事,用"得"标记动态;"剜心头肉"不是好事,用"却"标记动态。再看下面两个例子:

[63] 薄雪燕蓉紫燕钗,钗垂簏簌抱香怀。一声歌罢刘郎醉,脱取明金压绣鞋。(李郢《张郎中宅戏赠二首》)

[64] 旁看甚可畏,自家困求死。脱却面头皮,还共人相似。(《王梵志诗》)

例[63]描述的是欢娱的场景,用"取"标记"脱"的动态;例[64]的诗意具有消极倾向,则用"却"标记"脱"的动态。这说明,唐代"得失"类词语作为动态标记仍具有一定的动相义。此外,值得注意的是除少数用例如例[38]外,它们后面绝大多数带有宾语或补语,这正好和由"完成动词"而来的标记很少带宾语或补语的用法形成句法互补。

《朱子语类》中"得失"类词语作"已然"体标记的情况出现了一些变化,主要表现为"得"出现在动作行为没有真实发生的句子中,表示一种假设的将来的完成或实现,同时"取""却"作动态标记的用法的用例大幅下降。不过,在这一阶段,这类词语仍然是作"已然"范畴标记的重要手段。如:

[65] 有如此道理，便做得许多事出来，所以能恻隐、羞恶、辞逊、是非也。(卷四)

[66] 旁人见得，便说能成仁。(卷一)

[67] 但只于这个道理发见处，当下认取，簇合零星，渐成片段。(卷第一百一十七)

[68] 今人以邪心读诗，谓明哲是见几知微，先去占取便宜。(卷八十一)

[69] 设醮请天地山川神只，却被小鬼污却，以此见设醮无此理也。(卷三)

[70] 先生曰："趯翻却船，通身下水里去！"(卷一百一十四)

和《敦煌变文》不同的是，《朱子语类》中得失类词语作"已然"标记出现了不少不带宾补成分的用例，如例 [66] [67] [69]，从句法功能的角度说，这类词语与完成类词语的功能边界模糊了。

到元杂剧中，得失类词语作为动态标记又产生了重要变化，主要表现在"得"的书面形式分化为"得""的"两种形式，"取""却"作"已然"体标记用例大幅减少，出现了衰落趋势。下面是我们在《元刊杂剧三十种》中调查到的用例：

[71] [调笑令] 这厮短命，没前程，做得个轻人还自轻。(诈妮子调风月)

[72] 虏得些金枝玉叶离了乡党，若不是泥马走康王。(地藏王证东窗事犯)

[73] 与你些打眼目衣服头面，妻也，守志杀刚捱的满三年。(岳孔目借铁拐李还魂)

[74] 想自家空学的满腹兵书战策，奈满眼儿曹，谁识英雄之辈？(萧何月夜追韩信)

[75] [后庭花] 我往常笑别人容易婚，打取一千个好嚏喷。(诈妮子调风月)

[76] 有一日拜取兴刘大元帅，试看雄师拥麾盖。(醉思乡王粲登楼)

[77] 失却龙驹怎战争，别了虞姬那痛增。(萧何月夜追韩信)

[78] 空喂得那疋战马咆哮，劈楞简(铜)生疏却，那些儿俺心越焦。(尉迟恭三夺槊)

　　和《朱子语类》不同的是,元杂剧中这类标记后大多带宾语或补语,体现了一种"复古"倾向。说明当动词后不带宾补成分时,"得失"类词语作"已然"标记在和"了"竞争中处于劣势。

四、移位动词的"已然"标记化及其发展

　　在汉语动态范畴的发展史上,表示位置移动的词语"过、去、来"(本文统称为"移位"类词语) 等也曾虚化充当"已然"范畴的标记,不过,就使用频率而言,它们的使用数量要低于其他两类词语,在竞争中处于劣势。这类词的虚化时间较晚,在《敦煌变文》中只有一些萌芽。我们先来看"过"的用例:

　　[79] 哀哀慈母号青提,亡过魂灵落于此。(大目乾连冥间救母变文)

　　[80] 先亡父母及公婆,亡过父母及(姊) 妹,愿降道场亲受戒,不堕三涂地狱中。(押座文)

　　这两例中的"亡过"即"死了"的意思。《敦煌变文》中与"已然"义有关的"过"只出现在"亡"后面。不难看出,上面的用例在"亡过"后面皆另有所述,来解释或描述"亡"以后发生的情况,联系上下文来看,这些用例中的"过"都具有"过后、以后"的意味,因此我们认为将其看作"时间补语"或表时间的"动相补语"似乎更为合适。因此,只能作为语法化的萌芽看待。

　　《敦煌变文》中"去"表"已然"义的用法极少,仅见 5 例,吴福祥 (1996) 曾列举三例:

　　[81] 耶娘年老悁迷去,寄他夫人两车草;(孔子项托相问书)

　　[82] 〔去花诗〕:一花却去一花新,前花是价(假) 后花真;假花上有衔花鸟,真花更有彩(采) 花人。(下女夫词)

　　[83] 老去和头全换却,少年眼也拟(椀) 挽将。(地狱变文)

　　这里再将另外两例补出:

　　[84] 走去心中常忆念,佛前发愿早归来。(经讲盂兰盆经文)

　　[85] 其妻见儿被他卖去,随后连声唤住,肝肠寸断,割妳身亡。(孝子传)

以上诸例中"去"都可以用现代汉语中的"了"替换,不过,和"了"纯粹表示"实现"不同,这里的"去"仍带有"失去""离去"等动相义,可以和下例作比较:

[86] 阿耶卖却孩儿去,贤妻割妳遂身亡。(孝子传)

例 [86] 中"卖却孩儿去"和例 [85] 中"(孩)儿被他卖去"意义基本相同,不同的是后者只用了一个虚化的助词"去",前者则既用了一个表示动态的助词"却",后又用了一个相当于动相补语的"去"。这说明,《变文》中"去"作为动态助词的标记化程度还较低。

《敦煌变文》中"来"作为"已然"范畴标记的用例相对较多,比较明确的有 14 例。请看下面的例子:

[87] 村人曰:"其女适与刘元祥为妻,已早死来三年。"(搜神记)
[88] 天公见来,知是外甥,遂即心肠怜愍,外乃教习学方术伎能。(搜神记)

这两例中"来"都可以用现代汉语中表示"已然"的体助词"了"替换,说明其语法化的程度已经比较高了。

到《朱子语类》时代,与"已然"范畴有关的位移动词的语法化程度进一步提高,如:

[89] "敬"字,前辈都轻说过了,唯程子看得重。(卷第十二)
[90] 有人云:"草草看讨易传一遍,后当详读。"(卷第六十七)
[91] 观书,须静着心,宽着意思,沉潜反复,将久自会晓得去。(卷十一)
[92] 若是等待,终误事去。(卷十四)
[93] 但略略收拾来,便在这里。(卷六十二)
[94] 如八陵废祀等说,此事隔阔已久,许多时去那里来! (卷一百二十七)

例 [89] [90] 中"过"表示动作的完毕,杨永龙(2001)、陈妍(2006)等人将其看作表"完成体"助词,不过这种"过"只能表示"完成、结束"(参见刘月华 1988),不能表示"实现",我们将其看作动相补语,这种用例的出现,说明现代汉语中表示"完结"义的"过"在此时已经产生了。例[91][92]中的"去"似乎都可以用"了"替换,但仍带有一定的"趋向"义,这是它们和"了"不同的地方,说明这两个"去"的体标记化的程度还比较低。例[93]中"来"位于动词后面表示动作行为"实现",是"动态"助词;例[94]位于动宾短语后面,表示事情或情况"已经发生",可看成"事态"助词。这两例中"来"都是表示"已然"的范畴标记。

《元刊杂剧三十种》中"移位"类词语的作动态标记不够活跃,表现为"过"和"来"作为动态标记的用例很少,"去"作为动态标记的用法消失。先来看"过"用例:

> [95]我便收撮了火性,铺撒了人情,忍气吞声,饶过你那亏人不志诚。(诈妮子调风月)
> [96]一头里亡过夫主,散了家缘,兄弟呵!　(岳孔目借铁拐李还魂)

这两例中"过"可以用"了"替换,表"实现",可以看作表完结义"过"的进一步虚化。不过和"了"不同的是,这类"过"仍有一定的"趋向"或"失去"义。元杂剧中这种用法极少,我们在《元刊杂剧三十种》中只找到3例,这种极低的使用频率可能是这种用法没有发展到现代汉语中来的原因。

和其他"移位"类词语相比,元杂剧中"来"作"已然"标记的用例相对较多,《元刊杂剧三十种》中比较明确的用例有14例。如:

> [97](刘封上,见住了)(云)刘封,吾计中用来未?　(诸葛亮博望烧屯)
> [98][四煞]待争来怎地争,待悔来怎地悔?　(诈妮子调风月)

例[97][98]"来"都表示动作行为"实现",是"已然"范畴标记,但值得注意的是例[98]"来"出现在"待V来"格式中,表示"将来完成(或实现)"。

从句法表现看,"过"作已然标记时"V过"后通常带宾语;而"来、去"作已然标记时"V来/去"后通常不带直接成分,造成了"来/去"常位于分句或全句末尾的现象,为"来"向"事态助词"(也有人认为是语气词)方向发展提供了句法条件("去"则退出了动态范畴标记系统)。

五、从范畴来源看汉语"已然"范畴的形成机制

关于"已然"范畴的形成机制问题学界讨论较为热烈,论者主要从现代汉语"已然"体助词"了"产生和发展的过程入手进行探讨,但分歧较多。梅祖麟(1981)认为,"现代汉语完成貌的形成可以分成两个阶段:从南北朝到中唐,'动+宾十完成动词'这个句式早已形成,但南北朝表示完成主要是用'讫、毕、已、竟',后来词汇发生变化,形成唐代的'动+宾+了'。从中唐到宋代,完成貌'了'字挪到动词和宾语之间的位置。"梅先生的这个意见引起了一系列的争议:一是"动+了+宾"是不是由"动+宾+了"中"了"的"前挪"发展而来的。梅先生本人持"前挪"说,提出"已然"范畴的形成机制为结构类推;曹广顺(1986)、刘坚等(1992)以"前挪"说为前提,认为"已然"体标记产生机制为词汇替代;李讷、石毓智(1997)和吴福祥(1998)则持"加宾"说,即"动+了+宾"来源于"'动了'+宾语",所不同的是李讷、石毓智认为"'动了'+宾语"中的"了"在带宾语前已经是体标记了,吴福祥则认为存在一个"[动+了动相补语] + [宾] > [动+了+宾]"过程。二是"讫、毕、已、竟"等完成动词和"了"有无联系。大多数研究者对梅祖麟的看法没有提出质疑,蒋绍愚(2001)则认为"'V/讫/竟/毕'都可以翻译成现代汉语的'V完'。""更准确地说,'了'的前身只是'已'。""'已'本是梵文的'绝对分词'的翻译,表示做了一事再做另一事,或某一情况出现后再出现另一情况,进入汉语后,也可以表示动作的完成。"三是"动+了+宾"出现的时间问题。曹广顺(1986)认为"从宋初起,'了'已用作完成貌助词,用于'动了宾'格式",李讷、石毓智(1997)也持"宋初说";不过,吴福祥(1996,1998)分析了一些出现在唐五代文献中出现的"动了宾"格式的用例,同时又指出"唐五代文献里,能被确认为'动了宾'格式的用例是比较少见的。"石锓(2015)则认为"晚唐五代的'动词+了+宾语'结构中的'了'是补语,北宋以后的'动词+了+宾语'结构中的'了'大部分应是助词。"四是"动+了+宾"格式能否作为体标记的判断标准。绝大多数学者和梅祖麟一样,都以"动+了+宾"格式的形成作为"了"完成语法化的标准,石锓(2015)则认为"'动词+了+宾语'格式不能作为检验'了'语法化的标记",提出"判定'了'由动词语法化为助词的标记应该是:非动作动词和补语结构在'了'前出现。"

我们认为以往对"已然"范畴来源的探讨存在两个方面的问题:一是把"已然"范畴的来源的探讨建立在助词"了"的来源探讨上。如果仅从"了"的发展变化来看,以往人们给出的结论虽然存在一定的分歧,但都应该是没

有什么大的问题的。然从汉语动态范畴的实际发展情况来看,从唐代开始一直到元代,汉语表"已然"标记的词语始终不只是"了"一个词语,因此,我们觉得应该把考察的视野放大到所有的标记词的发展变化上面。二是把考察的重点放在了句法形式上,从单纯的句法角度来判断标记的形成和发展变化,这必然使研究思路受到束缚。我们认为,范畴的形成必然涉及的意义和形式两个方面,语法意义的类化和概括化是语法范畴形成的意义基础,与此相应的标记手段的选择和应用则体现为形式标记的语法化过程,其成熟的标志是标记手段的单一化。因此,就"已然"范畴的发展而言,其成熟标志应该以"了"取代其他词语成为"已然"范畴唯一标记来判定。

　　从"已然"范畴的形成的历史进程来看,在唐代就已经出现了明显的意义类化,但概括化程度较低,与之相应的是标记手段多元,随着意义抽象程度的加深,一些本义和抽象义相差较远的词语标记能力越来越弱,逐渐退出该范畴的标记系统,到元代"了"就占据了明显的优势。为了便于比较,我们对《敦煌变文》和《元刊杂剧三十种》这两本公认具有不同时代代表性的文献中"已然"标记使用情况进行了初步统计,下面是统计的结果:

《敦煌变文》"已然"标记的使用情况

数量＼词别	了	得	取	却	过	去	来
用例数	29	43	8	154	8	5	14
占比	11.1%	16.5%	3%	59.1%	3%	1.9%	5.4%

《元刊杂剧三十种》"已然"标记的使用情况

数量＼词别	了	得		取	却	过	去	来
		得	的					
用例数	655	27	21	12	10	3	0	14
占比	88.3%	3.6%	2.8%	1.6%	1.3%	0.4%	0	1.9%

　　通过前文的考察和上面的统计可以看出,至少从唐到元,来源于表"完成"的动词"了"(其他完成动词如"毕、讫、竟"始终没有发展成明确的表动态的助词)与来源于表"得失"的"得、取、却"及来源于表"移位"的"过、去、来"作为"已然"标记一直处于长期共存的状态,当然,其间有着此长彼消的发展过程。最大的特点是在唐代由"得失(以"却"为主要代表)"类词语为

主要标记手段发展到元代由"了"作为主要标记手段,"移位"类词语作为标记手段则一直占比不高且呈逐步下降的趋势。

　　显而易见,汉语"已然"体范畴来源不是单一的,以往建立在"了"的语法化基础上的关于"已然"范畴的形成机制的探讨就不那么可靠了。因此,我们自然就可以看出梅祖麟的"完成动词"来源说和语言事实并不完全吻合。首先,正如蒋绍愚先生指出的,除"已"外,"讫、毕、竟"等词语和"了"并无直接联系,自然就不存在"词汇发生变化"现象,关于这个问题蒋先生已经进行了充分的说明,这里就不再赘述;下面我们从句法表现来看"了"的"挪位"问题。为了论述的方便,我们重点将"却"和"了"放在一起进行比较。

　　李讷、石毓智(1997)曾指出,"'却'在唐宋时期的使用频率远不及'了'",从我们调查的情况来看,这个结论似乎与语言事实不符。从上表中我们可以看出,"却"和"了"作为"已然"标记的使用频率是处于发展变化之中的:"却"在《敦煌变文》中占比为59.1%,处于绝对优势地位,至《元刊杂剧三十种》中则只占比1.3%,而"了"在《敦煌变文》中占比仅为11.1%,处于相对劣势地位,到《元刊杂剧三十种》中就占比88.3%,处于绝对优势,二者此消彼长的情况非常明显。从句法表现来看,唐五代时"却"和"了"的分布表现为格式互补的情况,"却"主要出现在"动+却"或"动+却+宾"格式中,如:

　　　[99] 邪正悉打却,菩提性宛然。(《六祖坛经》)
　　　[100] 龙潭便点烛与师,师拟接,龙潭便息却。(《祖堂集》)
　　　[101] 故遇善知识开真法,吹却迷妄,内外明彻,于自性中万法皆见。(《六祖坛经》)
　　　[102] 一念恶,报却千年善心,一念善,报却千年恶灭。(《六祖坛经》)

　　例[99][100]中"却"后没有宾语,例[101][102]中"却"后带有宾语。"了"主要出现在"动+了"或"动+宾+了"格式中,如:

　　　[103] 不禀授《坛经》,非我宗旨! 如今得了,递代流行,得遇《坛经》者,如见吾亲。(《六祖坛经》)
　　　[104] 志诚曰:未说时即是,说了即不是。(《六祖坛经》)
　　　[105] 画人卢珍看壁了,明日下手。(《六祖坛经》)

[106] 又问:"有善知识言,学道人但识得本心了,无常来时,抛却壳漏子一边着。(《祖堂集》)

例 [103][104]"了"前动词没有宾语,例 [105][106]"了"前动词带有宾语。

如果不考虑具体的词语,而把"却""了"看作是标记符号,则"却"出现的格式有"动+体标记"和"动+体标记+宾","了"出现的格式有"动+体标记"和"动+宾+体标记",综合起来看,现代汉语中"已然"标记"了"所能出现三种主要句法形式"动了""动了宾""动宾了",在唐五代时已经全部具备了。此外,我们还收集到如下用例:

[107] 雪峰便放却垸水了,云:"水、月在什摩处?"(《祖堂集·钦山和尚》)

[108] 师才举前话,僧指傍僧曰:"这个师僧吃却饭了,作怎么语话。"(《五灯会元》)

尽管例子中的"却"都具有较明显的动相义,但应该属于吴福祥所说的"虚化程度较高,性质接近于完成体助词"那种类型。如果这样,该用例的体标记格式则可归纳为"动+体标记1+宾语+体标记2",应该是现代汉语中"动+了1+宾+了2"的雏形。

鉴于以上情况,我们有理由认为,从句法角度来判断"已然"范畴的产生与否是缺少说服力的,就此而言,我们同意石毓(2015)。实际上,如果从语法意义的角度看,唐五代时期的一些"动+了"用例如例 [103][104] 中的"了"只能被看作是"完成体"标记,而不能被看成其他语法成分,这也为李讷、石毓智(1997)和吴福祥(1998)的"加宾"说提供了证据。其实,从现象上看,曹广顺(1986)、刘坚等(1992)的"词汇替代"说也不是没有道理的,语言事实表明,汉语"已然"范畴形成的初期,如果不考虑其他标记词语,只是将"却"和"了"进行比较,二者则呈现出比较明显的结构上的互补分布,然最终"动了宾"替代了"动却宾"。因此,我们觉得探讨二者消长的原因,可能是比较有意义的。

探讨词语的语法化离不开对词语意义变化的考察。现在我们再从来源的角度来看一看汉语史上曾经出现过的那些标记词。首先,如前文所述,来自"得失"和"移位"类的表已然的标记或多或少带有一定的动相义而和动相补语纠缠不清(这也是多数研究者认为语义不好把握而转而求助句法形式的原因),主要是因为从理据来看,"得失"和"移位"类词语的来源义本身和"已然"不构成直接联系,其范畴义的产生依赖于基本义的引申,如"得失"类词语因表示由某一动作行为造成"得到"或"失去",结果产生了就意味着该动作行为已结束,这样行为目标则"实现"或"达成",同样,"移位"类词语也是因为位置"移动"表示"变化",由此而说明引起变化的动作和行为已经"完成"或"实现",这两类词语的语法化过程可以概括为:概念→情状→功能;而以"了"为代表的完结义动词本身就和"完成"或"实现"直接相关,其语法化只是直接由概念域向功能域转换,意义变化较为单纯,因此明确性较高。范畴义的明确程度应该是决定范畴标记选择的一个重要因素,前二者在这方面缺少优势。

其次,除"了"以外,早期的充当"已然"标记的词语在语法化过程中大多出现多功能、多方向发展的情况。这里仍以"却"为例。《敦煌变文》中"却"除了语法化为动态标记外,还有不少语法化为副词的用例,如:

[109] 我所以弃如灰土,自力修行,如今看即证菩提,不可交却堕落。(维摩诘经讲经文(五))

[110] 时宝积等闻维摩此语,却问居士曰:"不委庵园世尊何时说法?"(维摩诘经讲经文(一))

[111] 不邀诸德,偏道我名,对弥勒前却纪纤尘,向海水畔偏夸滴露。(维摩诘经讲经文(四))

[112] 佛与众生不塞离,众生贪恋却轮回。(金刚般若波罗蜜经讲经文)

例 [109] 中的"却"表频度,例 [110] 中的"却"表关联,例 [111] 中的"却"表转折,例 [112] 中的"却"表解说。

根据我们的统计,《变文》中"却"作副词用法的有 47 例,和作动态标记的"却"之比约为 1:3.3;《元刊杂剧三十种》中"却"作副词用法的则达到 163 例,和作动态标记的"却"之比为 16.3:1。吴福祥(2004)曾对《朱子语类辑略》中"却"的各种用法作过分别统计,将他的统计结果综合起来,我们得到该书中"却"作副词和动态标记之比则高达 19:1。不难看出,从唐至宋元,"却"作动态标记和作副词的用法发生了巨大的反比例变化,这种变化必然造成语言使用者对"却"的功能进行取舍,而将其作为"已然"标记作用让渡给"了"。

第二节　"发生"范畴的产生与消亡

汉语发展史上曾出现过一个特殊的语法格式,其核心成分为"动+将+(X)"。这种用法古代汉语中未见,现代汉语普通话中也不再使用,是近代汉语中特有的现象,引起了研究者浓厚的兴趣。目前学界对其关注主要表现在这样几个方面:1."将"的语法性质。这方面分歧较大,曹广顺(1990)、李泉(1992)、刘坚等(1992)、吴福祥(1996)等认为是动态助词;吴福祥(2004)认为是结构助词;曹广顺(1995)认为多数为动态助词同时也有一些用例中的"将"为结构助词;王国栓(2004)认为是音节助词。2."将"的语法意义。多数持动态助词看法的学者都认为"将"主要是表示完成或持续;吴福祥(2004)认为"将"是趋向补语的标记;王国栓(2004)认为是"调节句子的节奏";郑淑花(2013)则认为"将""语法功能具有多样性特征,相当于现代汉语中的'着''了''过'"。3."将"的消失。目前学界研究"将"历时发展的学者如陈刚(1987)、刘公望(1989)、武振玉(1991)、曹广顺(1995)等一致认为"动+将"最终是被"动+了"所替代。

可以看出,目前学界对"动+将"中的"将"的性质和作用的认识存在分歧,现有的研究成果尚未给出令人满意的权威结论,因而,以此基础对"将"的消失历程的判断也就值得怀疑了。因此,本节打算从前人研究的分歧处入手,从历时的角度,以《全唐诗》《敦煌变文》《朱子语类》《老乞大》等专书为语料来源,再作进一步的探讨。

一、唐诗中的"动+将"结构

曹广顺(1990)曾考察过"动+将"从魏晋南北朝到宋代的发展情况,认为唐以前该形式中的"将"仍为动词,至唐代开始虚化,我们同意曹广顺的意见,把唐代看成是"动+将"结构中"将"语法化的初始阶段。故本节以唐为开端,对其进行考察。

曹广顺主要是从形式入手,重点考察"动+将"句法表现,并以此为基础分析其中的"将"的语法意义,即先形式后意义的分析方法。这种做法的好处是便于观察,但缺点是不好解释同一种语法格式中"将"为什么会有不同的语法意义。因此我们对曹广顺的方法稍加改进,从语法格式的范畴化的角度考虑问题,将形式和意义结合起来,考察二者在范畴化过程中的关联性。

从宏观表现看,唐诗中"动+将"结构分带宾语和不带宾语两种情况。

（一）"动＋将"带宾语

主要有两种句法表现：

[113] 依稀似曲才堪听，又被移将别调中。(高骈《风筝》)

[114] 亚身受取白玉鞍，开口衔将紫金勒。(元稹《望云骓马歌》)

[115] 携将道士通宵语，忘却花时尽日眠。(白居易《赠苏炼师》)

[116] 买将病鹤劳心养，移得闲花用意栽。(李中《赠胸山孙明府》)

例 [113][114] 宾语后无其他成分，例 [115][116] 宾语后又接了一个动词短语，形成了"V₁＋将＋宾 V₂"格式。

（二）"动＋将"不带宾语

主要有三种句法表现：

[117] 假如君爱杀，留着莫移将。(白居易《裴常侍以题蔷薇架十八韵见示因广为三十韵以和之》)

[118] 白首忽然至，盛年如偷将。(孟郊《吊卢殷》)

[119] 晴日偷将睡，秋山乞与诗。(姚合《答胡遇》)

[120] 诛剥至千金，留将与妻子。(《拾得诗》)

[121] 借问往年龙见日，几多风雨送将来。(胡曾《叶县》)

[122] 火急捉将来，险语唯须脱。(《王梵志诗》)

[123] 掘得一宝藏，纯是水晶珠。大有碧眼胡，密拟买将去。(《寒山诗》)

[124] 可怜黄雀衔将去，从此庄周梦不成。(周朴《咏蝶》)

例 [117][118]"动＋将"后不带任何成分；例 [119][120]"动＋将"后带有另外一个动词或动词短语；例 [121][122]"动＋将"后带了一个表趋向的补语"来"，例 [123][124]"动＋将"后则带了一个表趋向的补语"去"。

（三）唐代"动＋将"中"将"的语法功能

曹广顺(1990)认为"'将'在唐代应当说是一个用法比较复杂的、表示动态或动向的助词。""一种用作趋向补语的标志，表示动作的趋向性"，"有一部分'将'字表示动态"。我们先来看曹广顺认为是趋向补语标志的三个用例：

[125] 凭人寄将去，三月无报书。(元稹《酬乐天书怀见寄》)

　　[126] 家僮若失钓鱼竿,定是猿猴把将去。(卢仝《出山作》)
　　[127] 送将欢笑去,收得寂寥回。(袁不约《客去》)

　　例[125]中"将"跟在动词"寄"后面,《全唐诗》中"寄将"共出现7例,现将其余的6例列举如下:

　　　　[128] 寄将东洛去,心与物相随。(白居易《莲石》)
　　　　[129] 后集寄将何处去,故山迢递在匡庐。(白居易《送后集往庐山东林寺兼寄云皋上人》)
　　　　[130] 京师故人不可见,寄将两眼看飞燕。(岑参《入蒲关先寄秦中故人》)
　　　　[131] 柔丝漫折长亭柳,绾得同心欲寄将。(唐彦谦《无题十首》)
　　　　[132] 唯将旧物表深情,钿合金钗寄将去。白居易《长恨歌》
　　　　[133] 夜启群仙合灵药,朝思俗侣寄将归。(韦应物《紫阁东林居士叔缄赐松英丸棒对忻》)

　　这6个用例中的"寄将"的意思和例[125]中的意思基本相同,但从句法表现看,只有例[132]和例[125]相同,例[128][129]"将"后带有宾语,例[130]"将"后的"两眼"应该是兼语,例[131]"将"后无任何成分,例[133]"将"后的"归"是个实义动词。如果把例[125]中"将"看作补语标记,则例[128]—[130]中的"将"无法得到统一解释。
　　例[126]中"将"跟在动词"把"后面,《全唐诗》中"把将"共出现4例,其余3例如下:

　　　　[134] 把将娇小女,嫁与冶游儿。(元稹《代九九》)
　　　　[135] 花纸瑶缄松墨子,把将天上共谁开。(白居易《送萧炼师步虚词十首卷后以二绝继》)
　　　　[136] 无事把将缠皓腕,为君池上折芙蓉。(徐夤《尚书筵中咏红手帕》)

　　这3例中的"把将"和例[126]中的"把将"意义差别也应该不太大,但后面都没有跟趋向补语,更重要的是,和"寄"不同,"把"并不是表示"趋向性动作"的动词,可见,把例[126]中的"将"看作趋向补语标记不太合适。

至于例[127]，"将"和趋向补语"去"之间隔着一个宾语"欢笑"，将其看成补语标记则更不合适了。因此，我们不同意将以上用例中的"将"看作补语标记，认为应该统一归入动态助词。

"将"作用动态助词，在唐代还处于发展初期，因此其意义和功能还不十分明确。曹广顺认为主要"表示动作完成或获得结果"。多数后面带宾语的"将"可以作这样的分析。如：

[137] 掷金换得天边桂，凿壁偷将榜上名。(王仁裕《示诸门生》)

[138] 腊内送将三折股，岁阴分与五铢钱。(徐夤《病中春日即事寄主人尚书二首》)

[139] 检与神方教驻景，收将凤纸写相思。(李商隐《碧城三首》)

[140] 输将虚白堂前鹤，失却樟亭驿后梅。(白居易《花楼望雪命宴赋诗》)

这几例中的动词均不表示持续义，"将"看作"表示动作完成或结果"应该问题不大。但如果"将"跟在具有持续义的动词后面，情况就复杂了。如：

[141] 占将南国貌，恼杀别家人。(徐铉《赠浙西妓亚仙·筵上作》)

[142] 亦逢毛女无憀极，龙伯擎将华岳莲。(李商隐《七月二十八日夜与王郑二秀才听雨》)

[143] 鸟偷飞处衔将火，人摘争时蹋破珠。(白居易《吴樱桃》)

[144] 丞相功高压武名，牵将战马寄儒生。(元稹《酬张秘书因寄马赠诗》)

把这几个用例中的"将"理解成表示动作完成或理解成表示动作的持续都未尝不可。

此外，曹广顺还认为"动1＋将（＋宾）＋动2"格式中的"'将'的作用，近乎近代汉语中表示持续态的'着'"。如果"动1"为持续动词，这个结论应该没有问题，如：

[145] 里正被脚蹴，村头被拳搓。驱将见明府，打脊趁回来。(《王梵志诗》)

[146] 匣里残妆粉，留将与后人。(孔氏《赠夫诗三首》)

　　[147] 画出欺王墨,擎将献惠连。(贯休《上冯使君山水障子》)

　　[148] 塞驴放饱骑将出,秋卷装成寄与谁。(张籍《赠贾岛》)

如果"动1"是非持续动词,"将"就不能看作表持续的标记了,如:

　　[149] 悄悄失途子,分将秋草并。(卢纶《纶与吉侍郎中孚司空郎中曙苗员外》)

　　[150] 吾归此有时,唯须一番箔。死将喂青蝇,吊不劳白鹤。(《寒山诗》)

把这两例中的"将"看作表示已然的助词可能更合适。

二、《敦煌变文》时期的"动 + 将"结构

　　学界一般认为,《敦煌变文》反映的主要是晚唐五代时期的语言风貌。对于该书中"将"表动态用法,李泉(1992)、曹广顺(1995)、吴福祥(1996)等皆做过考察,李泉主要从功能方面进行讨论,曹、吴皆从句法形式入手进行考察,不过曹广顺将"动 + 将 + 趋向"格式放在考察范围之内,吴福祥则将其排除在外。这里,我们在三人研究的基础上再做进一步的探讨。

　　从句法表现看,《敦煌变文》基本继承了唐诗中"动 + 将"主要分布形式,只是各种用法的使用频率发生了变化,主要表现为"动 + 将 + 宾"结构占比明显减少,较为典型的只发现 2 例:

　　[151] 频多借问,明妃遂作遗言,略述平生,留将死处若为陈说?(王昭君变文)

　　[152] 尘砂贤圣周回绕,无限龙神左右旋,音乐幡花与螺钹,迎将舍利此中安。(佛说观弥勒菩萨上生兜率天经讲经文)

另有 3 例"领将"带宾语的用例:

　　[153] 既是当直,与寡人领将三百将士,何不巡营一遭! (汉将王陵变)

　　[154] 与寡人领将一百识文字人,抄录将来! (汉将王陵变)

　　[155] 领将陵母,鬓发齐眉,脱却沿身衣服,与短褐衣,兼带铁钳,转火队将士解闷。(汉将王陵变)

考虑到"将"作动词时,本来即具有"带领"义,这里的"将"看作动词或助词均可,也可以看作非典型的"动+将+宾"结构。

《敦煌变文》中"动+将"不带宾语的结构也产生了一定的变化,主要表现在两个方面,一是出现了"被+(名)+动+将"结构,如:

　　[156] 三年已前,有一青提夫人,亦到此间狱中,被阿鼻地狱牒上索将,今见在阿鼻地狱中。(大目乾连冥间救母变文并图一卷并序)
　　[157] 一虎虽然猛,不如众狗强;窠被夺将去,吓我作官方。空争并无益,无过见凤凰。(燕子赋)

例[156]为"被+名+动+将",例[157]为"被+动+将"。曹广顺(1990)指出这种结构"是'动+将'结构与'被'字句融和的产物,只有如此,它才能满足'被'字句一般不带宾语和要求带表示完成或获得结果的补语的双重要求。"

二是"动+将+趋向补语"结构占比明显增多。大多为"动+将+来","动+将+去"很少,只有4例,其中还有两例为重复例,而"动+将+来"则有121例。这里只各举2例:

　　[158] 随时行李看将去,奔鲁排比不久回。(维摩诘经讲经文(四))
　　[159] 黑绳系项牵将去,地狱还交渡奈河。(悉达太子修道因缘)
　　[160] 屈请将来,令交瞻相,大王便悉此事。(八相变)
　　[161] 汉将王陵来斫营,发使交人捉他母,遂将生杖引将来……(汉将王陵变)

不过,需要说明的是,《敦煌变文》"动+将+来"结构中"唱将来"就有108例之多。如:

　　[162] 乐者一心合掌着,经题名字唱将来。(三身押座文)
　　[163] 要似世尊端正相,不过孝顺也唱将来。(故圆鉴大师二十四孝押座文)
　　[164] 当日世尊欲说法,因更有甚人来也唱将来。(维摩诘经讲经文〈一〉)
　　[165] 各请敛心合手掌着,断除法相唱将来。(金刚般若波罗蜜经讲经文)

曹广顺(1990)、李泉(1992)把这种格式也归入"动＋将＋（趋向）补"结构,这就意味着,在他们看来,"唱将来"中的"将"是表"已然"的助词,"来"是趋向动词。可是这无法解释《敦煌变文》中有时把"唱将来"写成"唱将罗"这种现象。如:

　　[166] 奉计当时闻法了,谁人领解唱将罗。(金刚般若波罗蜜经讲经文)

　　[167] 五眼义门排遣了,若干心数又如何,指示恒河沙数如(了),经中便请唱将罗。(金刚般若波罗蜜经讲经文)

不难看出,这两例中的"唱将罗"和前面几例中的"唱将来"意义和用法完全一样,在《敦煌变文》中,我们找到了 12 例(李泉统计有 7 例) 这种形式的用例。这就说明,"唱将来"中的"来"所表示的音节并不明晰,因而,抄录者将其记录为"罗",这从侧面表明了"来"不是趋向补语,而是更虚的语气词。

从功能角度看,《敦煌变文》中"动＋将"除了唐诗中所表现出来的通常被认为是表示已然和持续的用例外,还出现了新的特点:一是"将"前面的动词为非趋向性动作动词的用例所占比例有所增加,除上面所分析了"唱将来"外,还有一些别的动词,如:

　　[168] 织得锦成便截下,撰将来,便入箱。(董永变文)

　　[169] 沉与麝,手中台,供养权时尽意怀;直待圣人心错乱,随伊动处娆将来。(维摩诘经讲经文〈五〉)

　　[170] 叶似蝇头□得大,蚕如蚁脚养将来。(《敦煌变文集新书》)

这 3 例中"将"前面的动词"撰、娆、养"均不是表示"趋向性动作"的动词。曹广顺(1995) 分析了《祖堂集》中的"将"前面动词不表示趋向性动作的一个用例:

　　[171] 道吾问:有一人无出入息,速道将来。(曹广顺用例)

他认为这类句子中的"将"的功能主要是和补语一起表示动作的"开始",说明他认识到,用"表示'动作完成或获得某种结果等状态'"或"表示'状态的持续'"已不能概括这一时期"将"的全部功能了。我们认为例

[168]—[170]与例[171]功能是一致的,但是否把其中"将"的功能归纳为"开始"范畴标记,还需要和其他用例中"将"的作用统一考虑。

《敦煌变文》中"动+将"出现的另外一个新特点就是"将"出现在不表示已然事件的用例中,如:

　　[172]交吾若是广分张,如似微尘不可量,略与光严说少许,君须一一记持<u>将</u>。(维摩诘经讲经文〈四〉)
　　[173]白庄处分左右:"与我寺内寺外,处处搜寻,若也捉得师僧,速领<u>将</u>来见我。"(庐山远公话)
　　[174]一段经文三段唱,且当第一唱<u>将</u>罗。(金刚般若波罗蜜经讲经文)
　　[175]皇帝曰:"<u>脱将</u>朕去,复何侍从,几人同行?"(叶净能诗)

例[172][173]"将"出现在表示吩咐或叮嘱的句中,前面的动词表示的动作行为并没有实际发生,但按说话人的要求(或请求)需要实施,是即将发生的行为。例[174]中"唱将罗"前有个表示即将发生的时间副词"且",例[175]是个假设句,动作行为实际上并没有真实发生。

曹广顺(1995)认为"在这种例句中'将'字似乎已经变成了一种后缀,没什么实际意义了。"但这个"后缀"的性质和作用是什么?他并没有做进一步说明。我们认为不宜把一个"将"划分成多个类别,这不符合语法研究的简单性原则,因此,认为这类将仍然是动态助词,其作用就是凸显或强调动作行为的发生,虽然这些行为说话时尚未发生,但即将发生,是一种"即然"状况。上文所提到的被曹广顺认为表示"开始"的那一类"将"和这类用例中的"将"性质和作用是相同的。陈望道(1973)曾在《汉语提带复合谓语的探讨》一书中指出,"动+将+去"结构中"将"这是"表示当时出现特出的趋向"的。我们认为陈先生的这个意见是非常具有启发性的,所谓"当时出现"换一种更简洁的说法就是"发生",我们不妨把"将"看作是一种表示"发生"范畴标记。"将"的这种用法应该是在《敦煌变文》时代开始的。宋元时期"将"的这种用法得到较大的发展,成为主要功能。

三、宋元时期的"动+将"结构

"动+将"在宋元时期得到了较大的发展,突出表现为"将"后单纯带宾语的结构基本消失,后带趋向补语成为主要形式,同时出现了大量的带复合趋向补语的用例,下面我们将通过对《朱子语类》(以下简称"朱子")和《元

刊杂剧三十种》(以下简称"杂剧")两部著作对其进行考察。我们先来看后带单纯趋向补语的形式,如:

[176] 今看将来,恐是两事。(朱子·卷三十)

[177] 走将来揪住我这吕公绦。(杂剧·马丹阳三度任风子)

[178] 所谓信者,真见得这道理是我底,不是问人假借将来。(朱子·卷二十八)

[179] 有那等不染尘埃,不识兴衰,靠峡偎崖,撒网担柴,寻觅将来,则那的便是人才!(杂剧·严子陵垂钓七里滩)

[180] 这一个道理,从头贯将去。(朱子·卷二十七)

[181] 好情理呵,他紧紧将马驮将去了!(杂剧·张鼎智勘魔合罗)

[182] 只管充扩将去,则万物只管各得其分。(朱子·卷二十七)

[183] 盖当此时只有些子未安乐,但须涵养将去,自然到圣人地位也。(朱子·卷三十六)

例 [176]—[179] 的补语为"来",例 [180]—[183] 的补语为"去",其中例 [176][177] 和 [180][181]"将"前面是单音节动词,例 [178][179] 和例 [182][183]"将"前面是复合动词。

宋元时期"动+将"后带的复合趋向补语的形态已经十分丰富了。如:

[184] 便是一个印合脱将下来,一般言语,一般容颜,一般身材!(杂剧·相国寺公孙汗衫记)

[185] 五者从头做将下去,只微有少差耳,初无先后也。(朱子·卷一百二十一)

[186] "坤以简能",坤最省事,更无劳攘,他只承受那干底生将出来。(朱子·卷七十四)

[187] 婆娘家到得那里,子三句言语,早走将回去。(杂剧·马丹阳三度任风子)

[188] 先生转身而言曰:"须是翻将转来,始得。"(朱子·卷四十五)

[189] 至说处,则自能寻将上去。(朱子·卷三十一)

以上诸例中"将"后的补语分别是"下来""下去""出来""回去""转

来""上去",这些复合趋向补语的出现,是宋代以后"动+将"格式在句法形式方面的重要发展。另外值得注意的是我们在宋代文献《朱子语类》和元代文献《元刊杂剧三十种》中未发现"动+将"只带宾语的用例,只发现少量带和趋向补语同现的宾语用例,如:

> [190] 后人读诗,便要去捉将志来,以至束缚之。(朱子·卷一百一十七)
> [191] 他生将物出来,便见得是能。(朱子·卷七十四)
> [192] 原来神灵先送将孩儿来了!(杂剧·小张屠焚儿救母)
> [193] 正末云:也交请将姓张的来。(杂剧·诸葛亮博望烧屯)

这说明"动+将+宾"这种格式在宋元时期已经走向衰落。

从功能的角度看,尽管目前学界对这一时期"动+将"中的"将"看法还存在一定的分歧,不过,我们认为,到了宋元时期,"将"的作用已较为明晰,如果细分,主要有三种情况:

一是用于表示已然事件的句子中。如:

> [194] 中庸自首章以下,多是对说将来。(朱子·卷六十四)
> [195] 我只是一个印板印将去,千部万部虽多,只是一个印板。(朱子·卷二十七)
> [196] 悄悄悄他偏掩映着,他他他走将来展脚舒腰。(杂剧·张鼎智勘魔合罗)
> [197] 醉醺醺跳出龙门外,似草店上般东倒西歪,把我脑揎的抢将下来。(杂剧·严子陵垂钓七里滩)

二是用于事件并未实际发生的句子中。如:

> [198] 曰:"只管充扩将去,则万物只管各得其分。"(朱子·卷二十七)
> [199] 然须两件凑合将来,方成一德,凡十八种。(朱子·卷七十八)
> [200] (正末云)只除恁的智勘将出来。请李文铎去!(杂剧·张鼎智勘魔合罗)
> [201] 穿着个破背褡,虱子儿乱如麻,拿将来砖上揞,最少有

三四把。(杂剧·薛仁贵衣锦还乡)

三是用于表示动作行为或状态持续的句子中。如：

　　[202] 且如看地盘一般,识得甲庚丙壬戊子逐字揎<u>将去</u>,永不差误。(朱子·卷二十七)
　　[203] 痛理会一番,如血战相似,然后涵养<u>将去</u>。(朱子·卷九)
　　[204] 他紧紧将马驮<u>将去</u>了!(杂剧·张鼎智勘魔合罗)
　　[205] 我若烂醉在村乡,着李二公扶<u>将</u>,到草舍茅堂,靠瓮牖蓬窗,新苇席清凉。(杂剧·严子陵垂钓七里滩)

　　例 [194]—[197] 中的"将"似乎都可以用"了"来替换,不过如果我们把这些用例中的"将"去掉,似乎也并不改变句子的表已然的性质,这就意味着"将"的出现与否与句子的"已然"义的表达关系不大,即"将"的出现并不是为了凸显动作的时间性特征,而仅仅是凸显动作行为的发生。表示"发生"可能就是"将"与"了"的不同之处。例 [198] [199] 是讲述事理的句子,分别强调的是"扩充"和"凑合",并不在于动作行为是否真实发生;例[200] [201] 是假设句,是表达假定发生的情况。这 4 个用例中,"动词+将"表示的动作发生的时间性并不明显,"将"在这里的作用只是凸显动作行为的发生。因此,如果我们将一、二两种情况统一考虑,可以认为其中的"将"的作用是相同的,都是为了凸显动作行为本身,强调其发生,可看作表"发生"的范畴标记。曹广顺 [1990] 曾指出一些"将"是表示动作行为的"开始",也就是这个意思。例 [202]—[205] 中的"将"可以被"着"替换,其功能似乎与"着"相当,不过这类句子的"持续"是否由"将"来凸显的,目前尚不好判断,姑且把这类"将"看作是表"持续"的范畴标记。需要说明的是,宋元时期"将"这种用例占比已经极少了,我们在《元刊杂剧三十种》中仅找到 3 例,说明这种功能在当时已经衰落了。因此,我们不妨认为,宋元时期,"将"主要是用作发生体的标记。
　　关于宋元时期作为动态助词"将"的主要功能,以往的学者如曹广顺(1995)、郑淑花(2013)等大多认为其与"了"相当,即表示"完成""实现"或"变化",即表示已然的助词。实际上,即使是用于表示已然的句子中,宋元时期的"将"和"了"也存在一个大致的分工,请看下面的用例：

　　[206] 吉凶定了,他自勉勉做<u>将去</u>,所以属阴。(朱子·卷七十六)

[207] 今人亦有说道知得这个道理,及事到面前,又却只随私欲做将去,前所知者都自忘了,只为是不曾知。(朱子·卷七十六)

[208] 柳耆卿临行做了一首词,词寄〔定风波〕,小人就记将来了。(杂剧·钱大尹智宠谢天香)

[209] 自家李庆安的便是。买了个风筝儿放将起去,不想一阵大风刮在这家花园内梧桐树上抓住了。(杂剧·钱大尹智勘绯衣梦)

上述 4 个例子中,"动 + 了"表示的动作行为大都已实施完毕或实现,时间性的特征较为明显。而"动 + 将"时间性特征则不太明显,如例 [206] [207] 中"将"前动作行为并未真实发生,例 [208] 中"将"前动作行为虽然已经实现,但句末另用了一个表示时间特征的事态助词"了",例 [209] 中的"放风筝儿"行为并没有结束,说明这些用例中的"将"与句子的时间性关系不大,仅仅是作为强调或凸显动作行为发生的标记。

需要说明的是动作的"发生"和动作的"完成或实现"之间虽然有一定的差别,但二者的界线不是很明显,"发生"是以动作的起点为视点,而"实现"是以动作的终点为视点,有很多动作起点和终点之间并没有多少可以让人感受到的距离,这就使得在某些情况下会出现"实现体"标记和"发生体"标记互用现象,在宋元时期的一些用例中,"将"和"了"的用法有时区别也不是十分明显的。如:

[210] A. 若不如此,被外人蓦然捉将去,也不知。(朱子·卷九)

B. 他却须要以圣人文字说者,此正如贩盐者,上面须得数片鲞鱼遮盖,方过得关津,不被人捉了耳。(朱子·卷一百二十四)

[211] 呀,蠢动含灵,皆有佛性。飞将一个大蝴蝶来,救出这蝴蝶去了。呀,又飞了一个小蝴蝶打在网中,那大蝴蝶必定来救他。(杂剧·包待制三勘蝴蝶梦)

如果把例 [210] A 和例 [211] 中的"将"换成"了",也不会影响话语的表达。因为例 [210] A 是个在假定前提下会出现的事件,就"也不知"而言,"被外人蓦然捉将去"是其"不知"的内容,应该是已经既成事实了;例 [210] B 中"不被人捉了耳"的"了"则不能换成"将",因为其前面的小句"方过得关津"中有一个明确的时间限定词"方",就意味着它后面表述也应该凸显时间性特征;例 [211]"飞将一个大蝴蝶来,救出这蝴蝶去了"是一个已经实现了的事件,不过,后面的"又飞了一个小蝴蝶打在网中"中的"了"似乎也不能换成"将",因为这是一个凸显"已然"的表述,用"发生体"标记就不太合适。"将"和"了"的区别还可以通过下面的例子体现出来:

> [212] 如做得个船,且安排桨楫,解了绳,放了索,打将去看,却自见涯岸。(朱子·卷一百二十一)
>
> [213] (云) 引章妹子,你跟将他去。(外旦怕科,云) 姐姐,跟了他去就是死。(杂剧·赵盼儿风月救风尘)

例 [212] [213] 中"将"和"了"似乎是不能互换的,因为例 [212] 中的"解了绳,放了索"表达的都是"先时"行为,而"打将去看"是在假定的前提下实施的行为,并没有真实发生;例 [213] 前面的"你跟将他去"是个祈使句,是要求"发生"动作行为(当然,这个行为也可能是"持续"的),所以不适宜用表示"实现"的"了",后一句"跟了他去就是死"是假定动作行为实现以后的情况,所以也不应该用"将"。

四、"发生"体范畴的消亡

"发生"体范畴在元代发展到高峰,明代开始衰落,清代中后期在书面语中基本消失。消失的主要特征是"将"不再被作为动态范畴标记使用。目前学界主流看法是"将"被"了"替代,即"将"所标记的范畴归入了"完成(或实现)"范畴(这也是多数学者认为"将"标记的是"完成体"的原因)。如曹广顺(1995)就认为"由于趋向补语'来''去'的虚化,'将'字在部分句子中可有可无的情况,和以后'了'字的兴起,大概就是大致'将'字在现代汉语中基本消亡的原因。"然我们对真实语料的考察后发现,情况要复杂得多。目前学者们通常用前后不同历史时期文献中的相应句法形式的比照来分析"将"和"了"之间的对应关系,由于在普通文献中检索到的语料具有或然性,很难看清不同时期语料间的真实对应关系,我们打算对《老乞大》四个版本进行考察,因为相同内容的表达方式的变化可以更容易、更清晰地看出不同表达方式之间的内在联系。

从我们掌握的材料来看,"将"作动态范畴标记在《古本老乞大》中出现 27 例,在《老乞大谚解》中出现 25 例,而《老乞大新释》和《重刊老乞大》则无一例"将"作动态助词的用法,说明至少在当时的口语中"动+将"格式已经基本消失了。我们先来看"古本"中出现"将"而后来三个版本中均未出现"将"的两个用例:

[214] A 量酒,打将二两钞的酒来。(古本老乞大)

B 卖酒的,拿一十个钱的酒来。(老乞大谚解)

C 卖酒的,打二十钱的酒来。(老乞大新释/重刊老乞大)

[215] A 粪拾在笼子里头,收将来,休教别人将去了。(古本老乞大)

B 粪拾在筐子里头,收进来,休教别人将去了(老乞大谚解)

C 马粪拾在筐子里头,收进来,不要教别人拿了去。(老乞大新释/重刊老乞大)

例[214] 中"将"在后三个版本中直接去掉了,"谚解"还将动词"打"换成了"拿",后两个版本又恢复成"打";例[215] 中"将"在后三个版本中去掉后,又加了一个趋向动词"进",这个"进"应该和"将"本身关系不大,可能是为了表意更加明确而加的。"古本"中这两例"将"均没有被替换成"了",而是直接消失了。

"古本"中其余的 25 例"动+将"保留在"谚解"中,其中只有 4 例"将"在后来的版本中被"了"替换。现列举如下:

[216] A 我与你四锭钞,肯时便卖,你不肯时,赶将去。(古本老乞大)

B 我与你二两银,肯时便卖,你不肯时,赶将去罢。(老乞大谚解)

C 我馈你二两银,若肯便卖,若不肯,你就赶了去罢。(老乞大新释)

D 我给你二两银,若肯便卖,若不肯,你就赶拿了去罢。(重刊老乞大)

[217] A 兀的鼻子里流脓,……俺怎么敢买将去?(古本老乞大)

B 那鼻子里流脓,……我怎么敢买将去?(老乞大谚解)

C 那鼻子里流脓,……我怎么肯买了去?(老乞大新释/重刊老乞大)

[218] A 这钞都检了也,俺数将布去。(古本老乞大)

B 这银子都看了,我数将布去。(老乞大谚解)

C 这银子都兑了,好照数点了布去。(老乞大新释)

D 这银子都兑了,点数了布去。(重刊老乞大)

[219] A 你这马,他每都一发买将直南卖去,便将到市上,也则兀的是。(古本老乞大)

B 你这马,他们都一发买将山东卖去,便到市上,也只一般。(老乞

大谚解)

　　C 你这马,他们都要一齐买到山东卖去,就到市上卖去,也是一样。(老乞大新释)

　　D 你这马,他们都要一齐买了到山东卖去,就到市上卖去,也是一样。(重刊老乞大)

　　如果不考虑动词的变化,则这些用例的语法格式对应还是比较整齐的,例 [216]—[218] 中"将"在后两种版本中均被"了"替换了,例 [219] 中"将"在《老乞大新释》中是被直接删除的,只是在《重刊老乞大》中才用"了"替换了。这说明在这个用例中"将"是否被看成"已然"标记,并不是确定的。

　　除了上述的几个用例外,古本和谚解本中其余 21 个用例中的"将"在后来的版本中均被直接删除。这里略举几例:

　　[220] A 火伴,你赶将马来,咱打驼驮。(老乞大谚解)

　　B 伴当,你赶将马来,咱每打驼驮。(古本老乞大)

　　C 火伴,你赶马来,咱好打朵子。(老乞大新释/重刊老乞大)

　　[221] A 恁客人则这车房里安排宿处,我着孩儿每做将粥来与恁吃。(古本老乞大)

　　B 你客人只这车房里安排宿处,我着孩儿们做将粥来与你吃。(老乞大谚解)

　　C 客人们且这车房里收拾,我教孩子们做些粥来与你们吃罢。(老乞大新释)

　　D 客人们且这车房里收拾,我叫孩子们做些粥来与你们吃罢。(重刊老乞大)

　　[222] A 旧例买主管税,卖主管牙钱,你各自算将牙税钱来。(老乞大谚解)

　　B 旧例里买主管税,卖主管牙,你各自算将牙税钱来。(古本老乞大)

　　C 旧例买主管税,卖主管牙钱,你各自算牙税钱。(老乞大新释)

　　D 旧例买主管税,卖主管牙钱,你各自数牙税钱。(重刊老乞大)

　　[223] A 这里离城有的五里路,着两个后头赶将头口来……(古本老乞大/老乞大谚解)

　　B 这里离城还有的五里路,着两个在后赶牲口来……(老乞大新

释 / 重刊老乞大)

这些用例中"将"在后两个版本中均没出现,这就意味着,在后两种版本编订者看来,去掉"将",并不影响句子意思的表达,或者是在当时的汉语口语中已经没有用"将"的表达式,先前版本中的"将"到此时已属多余,没有存在的必要了。

至于"将"消亡的原因,以往人们多认为是受"了"发展的影响。从理论上讲,出现在表已然事件中的"将"被"了"替代是顺理成章的事。因为过去"发生"的事,通常也就是"完成(或实现)"了的,以往研究者分析的用例有不少属于这一类,如陈刚(1987)曾对这样一些用例进行了比较:

A《水浒传》用例	B《儒林外史》用例
那厮是那里对妖人,如何从 半天里吊将下来!	说着,那眼泪如豆子大掉了下来。
看看苏醒,扶将起来。	两个礼罢,说着扶了起来。
张青扯住耳朵,灌将下去。	四个客人一齐扶着灌了下去。
隔桌子把这妇人轻轻地提 过来。	说着便将那妇人轻轻一提,提了将 过来。

在此基础上,陈刚提出了这样的假设:"《水》用'动将趋'式着重的是动作的出现,而《儒》用'动了趋'式着重在动作的完成? 着重点的不同使得后者代替了前者。"这里他所说的"动作的出现"即我们所说的"动作发生",说明他并没有和其他论者一样把"将"看成是表"完成"的助词,这是他的高明之处,只是用"着重点的不同"来解释"了"对"将"的替代理由不够充分。因为无法解释,为什么到《儒林外史》时代,人们就不再着重"动作的出现"? 事实上,从这两组例句的时间性特征来看,都表示的是"已然"事件,从汉语发展的历史事实来看,到《儒林外史》时代,"了"作为体助词发展已经完全成熟(参见梅祖麟1981,曹广顺1995,李讷、石毓智1997),成为标记"已然"的强势成员,而"将"则因为趋向动词的语法化成为动态标记家族的成员而导致其标记作用的弱化,同时,从逻辑关系来看,"已然"蕴含着"发生",因此,在表达已然事件时,人们多愿意用强势标记词"了"来凸显句子的已然性,而较少选用"将"来突出动作行为的发生了。当然,这只是从理论上推测,说明用"了"替代"将"的可能性和合理性。然从《老乞大》诸版本发展的事实来看,用"了"替换"将"的 4 个用例却都不是表述已然

事件,而是即将发生的"去"的先时前提,遵循的是句内时间参照,而不是事实时间参照(参见郭锐 2015)。而真正表达已然事件的用例却没有用"了"来替代而是直接把"将"去除了,如:

[224] A 这锅刀是俺亲眷家的,不付能哀告借将来,风刃也似快。(古本老乞大)

B 这锅刀是我亲眷家的,他不肯,我哀告借将来,风刃也似快。(老乞大谚解)

C 这锅刀是我亲眷家的,他不肯借,是我恳求借来,风霜一样狠快的。(老乞大新释／重刊老乞大)

[225] A 恰早来起吃饭处贴将来的钞。(古本老乞大)

B 今早起吃饭处贴将来的银子。(老乞大谚解)

C 今早我们在吃饭处找来的银子。(老乞大新释)

D 今早吃饭处找来的银子。(重刊老乞大)

[226] A 后头别处官司却捉住那贼,发将来,今年就牢里死了。(古本老乞大／老乞大谚解)

B 后头别的地方的官府却捉住那贼,发到这里官府处来,今年就牢里死了。(老乞大新释)

C 后头别的地方的官府却捉住那贼,发到这里官府来,今年就牢里死了。(重刊老乞大)

[227] A 有几个马,一处赶将来。(古本老乞大)

B 他也有几匹马,一处赶将来。(老乞大谚解)

C 他也有几匹马,一同赶来要卖。(老乞大新释／重刊老乞大)

这也说明"将"仅仅是"发生"体标记,而不是目前学界多数人认为的是"完成(实现)"体标记。

因此,理论上的推测仅仅是"将"消亡的可能原因之一,我们必须进一步推究其消亡的真实原因。我们认为从根本上来看,"将"的消亡与其范畴义的"磨损"有关,其主要原因有二:一是"将"的初始作用是"凸显"动作行为的"发生",而事实上,仅用动词本身即可表示动作行为的实施,加上"将"不过是增加表达的"显着(或"生动")"性;二是宋元以来,"来、去"等趋向动词的逐渐朝动(事)态助词方向发展,也具有了表示类似"(曾经)发生、实现、开始"等功能(参见曹广顺 1995),从而部分地分担了"将"的范畴义的标记功能,造成了"将"的"非必须"身份,使其变成了"可有可无"。实际上,即使是在"将"的作用比较明确的宋代,其出现与否也没有必然性。我们以动词"迸"为例,在《朱子语类》中进行了调查,得到的语料如下:

[228] 见得非,便有非之之心,从那缝罅里迸将出来,恰似宝塔里面四面毫光放出来。(朱子·卷一百二十一)

[229] 又曰:"日用应接动静之间,这个道理从这里迸将出去。"(朱子·卷五十三)

[230] 尝观一般花树,朝日照曜之时,欣欣向荣,有这生意,皮包不住,自迸出来;若枯枝老叶,便觉憔悴,盖气行已过也。(朱子·卷四)

[231] 凡看文字,端坐熟读,久久于正文边自有细字注脚迸出来,方是自家见得亲切。(朱子·卷十九)

[232] 知未至,虽轧勒使不为,此意终迸出来。(朱子·卷三十一)

[233] 许多道理,皆自圣人身上迸出来。(朱子·卷三十八)

[234] 如个宝塔,那毫光都从四面迸出去。(朱子·卷五十三)

[235] 如贾谊胸次终是闹,着事不得,有些子在心中,尽要迸出来。(朱子·卷五十八)

[236] 地虽一块物在天之中,其中实虚,容得天之气迸上来。(朱子·卷七十四)

[237] 人若能虚心下意,自莫生意见,只将圣人书玩味读诵,少间意思自从正文中迸出来,不待安排,不待杜撰。(朱子·卷一百三十七)

全书共出现 10 个"迸 + 趋向补语",其中出现"将"的用例只有 2 个,从使用频率来看,"将"的使用几率远远小于不使用的几率,这可能才是作为动态助词"将"消失的真正原因。而作为范畴标记的"将"的消亡,也就意味着"发生"体范畴自然消亡了。

第三节 "发育不良"的汉语"先时"范畴

两个连续事件,通常是前一个事件完成或实现,成为后一事件实施或实现的前提或背景,那么前一个事件即为先时事件。现代汉语中没有专门的表示"先时"的体范畴,通常以已然体标记"了"和表示时间顺序词语共同表达。然由中古到近代的汉语中曾经出现过一些专门表达"先时"的词语,如蒋绍愚(2001)曾经分析过《贤愚经》中出现的这样的用例:

[238] 佛说此已,诸在会者,信敬欢喜,顶受奉行。(蒋先生用例)

[239] 语己辞还所止。(蒋先生用例)

[240] 供养己,即便过去。(蒋先生用例)

[241] 食已,徐问所以来意。(蒋先生用例)

蒋先生认为这些用例中的"已"不是通常人们(如梅祖麟1981)所认为的那样表示"完成",而是类似于梵文的"绝对分词"。杨永龙(2001)将类似的"一方面表示……所述事件的实现,另一方面表示这一事件先于另一事件发生"这种语法意义概括为[实现+先时]。和普通的已然范畴体标记不同的是,用来标示[实现+先时]范畴义的词语,除了表示"已然"义,还具有"绝对分词"的功能特征,即具有语篇上的续后功能,这样就形成了一种较为朦胧的动态范畴。为了和"已然"范畴相区别,我们将其命名为"先时"范畴。

一、"先时"范畴的早期表现

从历时的角度看,汉语中最早专门用作"先时"标记的词语应该是"已",蒋绍愚(2001)曾对魏晋南北朝时期的"已"作过专门的考察分析。至晚唐五代时,《敦煌变文》中仍有一些"已"出现在"先时"语境中的用例,如:

[242] 舍利弗闻已,一任便为。(《敦煌变文集新书》)

[243] 外道方思惟,彼是有福德之人,我须归依,归依已,便得度。

[244] 母闻说已,怒色向儿:"我是汝母,汝是我儿,母子之情,重如山岳,出语不信,纳他人之闲词,将为是实。"

[245] 佛慰问已,便坐佛前。(《敦煌变文集新书》)

[246] 太子座已,专注修行。(《敦煌变文集新书》)

[247] 时太子闻是语已,悲泪满目。(《敦煌变文集新书》)

和一般的表示"已然"的标记词的句法位置相对自由不同,这些用例中的"已"只出现在两个表示连续行为的前一个行为的动词或动词短语后面,其后面的动作行为的出现往往具有表达上的强制性,如:

[242]′? 舍利弗闻已

[243]′? 外道方思惟,彼是有福德之人,我须归依,归依已

[244]′？母闻说已

[245]′？佛慰问已

[246]′？太子座已

[247]′？时太子闻是语已

显然,去掉后续成分后,这些句子的表达独立性很差,这就说明,"已"具有不同于一般"已然"标记的作用,具有"示后"性。蒋绍愚(2001)认为这类"已""本是梵文的'绝对分词'的翻译,表示做了一事再做另一事,或某一情况出现后再出现另一情况,进入汉语后,也可以表示动作的完成。"也就是说上述用例中用"已"标示的这种语法范畴不是汉语固有的,而是受梵语影响的"外来"范畴。

《敦煌变文》中和这类"已"用法类似的还有少数用"讫"作标记的用例,如:

[248] ……下厅拜舞,谢皇帝讫,上厅坐定。(《敦煌变文集新书》)

[249] 言讫捻刀和泪剪,占顶遮眉长短匀,(《敦煌变文集新书》)

不过曹广顺(1995)、吴福祥(1998)等认为这类"讫"还没有完全虚化,是补语。这也说明《变文》时代的"先时"体范畴还处于形成过程之中,并不稳定。

二、《朱子语类》时代的"先时"范畴

到宋代,"已"的功能出现了调整,副词化发展比较充分,动态标记功能逐渐丧失,《朱子语类》中"已"不再作为表示完成义补语或助词出现,退出了表"先时"范畴的历史舞台。《朱子语类》中表达"先时"的方式主要有三种,一是用"毕"位于两个连续发生的动作行为中表示前一动作行为的动词后面,作表示完成义的结果补语。如:

[250] 在平江时,累年用一扇,用毕置架上。(卷一百一十)

[251] 讲毕,教授以下请师座讲说大义。(卷一百六十)

[252] 友仁初参拜毕,出疑问一册,皆大学语孟中庸平日所疑者。(一百一十六)

[253] 有学者每相揖毕,辄缩左手袖中。(卷一百二十一)

很多时候，"毕"后用表示时间顺序词作"后时"标记，如：

　　[254] 谕毕，方厚为之礼而遣之。(卷一百三十三)
　　[255] 说毕又曰："辟异端说话，未要理会，且理会取自家事。"(卷六十二)
　　[256] 亦须待父母食毕，然后可退而食。(卷九十)
　　[257] 语毕，遂讽诵此诗云。(卷一百三十八)

　　这几例中出现的"方""又""然后""遂"都是典型的表示时间顺序的词语，表示其后动作行为为后续行为。
　　《朱子语类》中的这种"毕"还不能看成是"先时"范畴的体标记，一是因为"毕"具有明显的"完结"义，是结果补语，不是动态助词；二是其后续成分中经常出现时间标记词，说明其不具有"示后"的强制性。
　　《朱子语类》中表达"先时"的另外一种方式是用"了"加时间顺序词，如：

　　[258] 若还今日作，明日辍，放下了又拾起，几时得见效！(将十二)
　　[259] 只缘后来把做变诈看了，便道是不好。(卷五十一)
　　[260] 只是服了后，却做得冷做得热底，便是性，便只是仁义礼智。(卷四)
　　[261] 圣人不直截截他，待子路说了，然后从容和缓答他。(卷三十四)
　　[262] 这气消耗尽了方死，岂复更郁结成妖孽！(卷三)
　　[263] 子约为藉田令，多少用意主张，诸礼官都没理会了，遂休。(卷九十)

　　杨永龙(2001)把这类用例中的"了"看作是表先时范畴的标记，实际上这些"了"仅仅是出现在表先时的语境中，表示时间顺序的功能是由其后的"又""便""后""然后""方""遂"等词语承担的，这些用例中的"了"，和通常被认为是表"完成或实现"标记的"了"并无差别。
　　《朱子语类》中第三种表达先时的方式是用"得"做标记，和前两种情况相比，"得"更接近"先时"范畴标记性质，如：

[264] 寺僧又为借得三两条与之。(卷二)

[265] 须是有个心,便收拾得这性,发用出来。(卷四)

[266] 一似借得人来守屋相似,不是自家人,终不属自家使唤。(卷十)

[267] 谓如传得师友些好说话好文字,归与朋友,亦唤做及人。(卷二十)

[268] 只五年间,可以读得经子诸书,迤逦去看史传,无不贯通。(卷一百四十)

不过,《朱子语类》中"得"独自充当"先时"标记的用例占比并不大,多数情况下也有表示时间顺序的词语与其同现,如:

[269] 盖此是万理之原,万事之本,且要先识认得,先存养得,方有下手立脚处耳。(卷六)

[270] 且看大纲识得后,此处用度算方知。(卷二)

[271] 却不是欲这边读得些子,便搬出做那边用。(卷一百二十)

[272] 至于讲诵者,也是都背得,然后从师受学。(卷十)

[273] 而今看一千遍,见得又别;看一万遍,看得又别。(卷十)

这几例中的"方""便""后""然后""又"均为表示后续时间顺序词,例[269]除了使用了表后续时间顺序词"方"外,甚至还同时使用了表先时的时间词"先"。说明这些用例中"得"表示"先时"范畴的作用还不太成熟。

三、元明时期的"先时"范畴

元代"先时"表达方式出现了一些变化,我们在元杂剧中没有发现"毕"出现在先时语境中的用例,"了"和"得"还继续使用,如:

[274] 自宣某到了阙下,不引见官里,有秦桧将某送下大理寺问罪。(地藏王证东窗事犯)

[275] 趁着那哑咿数声橹响离了江口,见明滴溜一点渔灯古渡头。(陈季卿悟道竹叶舟)

[276] 救得我为君有子共妻,我交那里寻同胞兄弟。(楚昭王疏者下船)

[277] 淋的不寻俗,听得便眉舒,不朗朗摇响蛇皮鼓。(张鼎智勘魔

合罗)

值得注意的是例 [274] [275] 中"了"后没有出现"后时"标记词，而是通过语境"意合"表达先后连续动作行为，这样在形式上就模糊了"已然"和"先时"的界线了。

元杂剧中出现了"的"作为先时标记的用例，如：

[278] 俺两个曾麦场上捎了谷穗，树头上摘青梅，倒骑牛背上品羌笛，偷的生瓜来连皮吃。(薛仁贵衣锦还乡)

[279] 忠臣难出贼臣彀，陛下宣的文武公卿讲究。(地藏王证东窗事犯)

[280] 仰天掩泪眼，低首揾啼痕，懒步红尘，倦到山村，入的宅门，愁的是母亲问。(小张屠焚儿救母)

[281] 屈央着野人心，直宣的我入宫来，笑刘文叔，我根前是何相待？(严子陵垂钓七里滩)

这些位于前一动词后的"的"不仅有表示动作"完成"或"实现"功能，还有预示后续动作行为发生的功能，是较为明显的表"先时"范畴的体标记。

到了明代的《金瓶梅词话》中，仍有少量的"的"独立标记"先时"范畴的用例，如：

[282] 推门进来，放下担儿，进的里间，见妇人一双眼哭的红红的，便问道："你和谁闹来？"(第一回)

[283] 妇人道："叔叔画了卯，早些来家吃早饭，休去别处吃了。"武松应的去了。(第二回)

[284] 老妈慌了，寻的他来，多与他酒饭，还秤了一钱银子，央他打水平。(第九回)

但更多的是"的"与表时间顺序的词语共现，如：

[285] 出的门外，妇人便道："叔叔是必上心搬来家里住，若是不搬来，俺两口儿也吃别人笑话。亲兄弟难比别人，与我们争口气，也是好处。"(第一回)

[286] 妇人打发两个丫鬟，教冯妈妈领着先来了，等的回去，方才上轿。(第十九回)

[287] 这东平府尹，姓陈双名文昭，乃河南人氏，极是个清廉的官，听的报来，随即升厅。(第十回)

[288] 待的李娇儿吃过酒，月娘就起身……(第十五回)

这几个用例"先时"动作后用"的"作标记，然后面分别用"便""方才""随即""就"等词语显示动作顺序，这种用法和"了"趋于一致了，如：

[289] 第三日早饭后，王婆只张武大出去了，便走过后后门首叫道："娘子，老身大胆。"(第一回)

[290] 武二听了此言，方才放了手，大叉步飞奔到狮子街来。(第一回)

[291] 翟爹见了爹的书，随即叫长班拿帖儿与朱太尉去说，小的也跟了去。(第七回)

[292] 自从你不在家半个来月，奴白日里只和孟三儿一处做针指，到晚夕早关了房门就睡了。(第二十一回)

这说明，一直到明代，表示"先时"的范畴标记都没有专门化，因此该范畴始终没有发展成熟。

四、"已然"范畴对"先时"范畴的归并

从标记方式来看，到了明代，"先时"范畴和普通"已然"范畴的区别已经不太明显了，《金瓶梅词话》中出现在先时语境中的"了"后不带表示时间顺序词语的用例明显增多，如：

[293] 妇人听了说："干娘休要去，奴酒不多用了。"(第一回)

[294] 话说金莲陪着武松正在楼上说话未了，只见武大买了些肉菜果饼归家。(第一回)

[295] 武大挑了担儿，引着郓哥，到个小酒店里，歇下担儿，拿几个炊饼，买了些肉，讨了一瓶酒，请郓哥吃着。(第一回)

[296] 不多时，王婆买了见成肥鹅烧鸭、熟肉鲜鲊、细巧果子，归来尽把盘碟盛了，摆在房里桌子上。(第一回)

以上几个用例中表示先时的部分使用的动态助词均为"了",其后面划线部分表示后续动作行为的前面均没有如何表示时间顺序的词语,这就意味着,这些有"先时"义句子在表达上已和普通表示"已然"的句子没有说明差别了。

《老乞大》中有两个表达"先时"的用例,下面是它们在四个版本中的表现情况:

[297] A 过的义州,汉儿田地里来,都是汉儿言语。(《古本老乞大》)

B 过的义州,汉儿地面来,都是汉儿言语。(《老乞大谚解》)

C 过了义州,到了中国地方,都是官话。(《老乞大新释》/《重刊老乞大》)

[298] A 你烧的锅滚时,下上豆子,但滚的一霎儿将这切了的草,豆子上盖覆了,休烧火,气休教走了,自然熟也。(《古本老乞大》)

B 你烧的锅滚时,下上豆子,但滚的一霎儿,将这切了的草,豆子上盖覆了,休烧火,休教走了气,自然熟了。(《老乞大谚解》)

C 你把锅烧滚了,下上豆子,但看水开了一会儿,把那铡的草放在豆子上,盖好了锅,不用再烧火,只教不要走了气,自然熟了。(《老乞大新释》)

D 你把锅烧滚了,下上豆子,但看水开了一会儿,把那铡的草放在豆子上,盖了锅子,不用再烧火,别教走了气,自然熟了。(《重刊老乞大》)

如果不考虑动词的替换,仅从范畴标记的变化来看,这两组用例在后来的版本中都是把早期版本中的"的"换成了"了"。这就说明,至少就形式而言,元明时期以"的"作标记的"先时"范畴,到清代和"了"标记的"已然"范畴合二为一了。

至于"先时"范畴归入"已然"范畴的原因,我们认为可以从两个方面得到解释:一是如蒋绍愚(2001)先生所言,汉语先时范畴的产生源于对梵语"绝对分词"的翻译,并不是汉语语言系统本身表达的需要。实际上从汉语"先时"范畴从产生到消亡的整个过程来看,就一直没有形成明确而又独立的标记手段,不但从历时的角度看出现了标记词语的替换,从共时的角度看,也一直和表"已然"标记系统纠缠在一起,早期阶段由于"已然"范畴本身发展还不够成熟,所以二者的区分尚较为明显,至明清时期,"已然"标记词"了"发展成熟,逐渐取代其他词语成为标记"已然"范畴的唯一手段,那么其功能进一步扩大到标记与"已然"纠缠已久的"先时"范畴自然就顺理成章了。二是从语法意义的角度看,"先时"范畴是以"已然"义为基础的,二者的差别仅在于是否表达时间的先后顺序,而自古以来,汉语就有比较发达的时间顺序标记系统,"已然"标记词"了"在完成了语法化以后,配合适当的时间顺序标记就完全胜任表达"先时"的任务,从语言经济原则来看,再保留一套"先时"标记手段已无必要,这样,丧失了独立的标记手段,作为范畴化的"先时"体也就自然消亡了。

第四节　汉语持续范畴的历时发展

现代汉语中"着"标示的范畴,学界一般将其分为"进行"体和"持续"体两种情况:所谓"进行"是指在某个时间段动作行为正在实施,即表示动作开始后,终结前的开展情况;所谓"持续",通常是指动作行为结束后其引起的结果或状态一直存在,即表示动作完成后的存在形态。这种区分是考虑了句子内部所体现出来的时间性因素,汉语是否有"时"范畴,目前学界尚存争议,姑且不论,如果我们抛开动作行为的时间状况,仅从"情貌"角度看,所谓"进行"实际上指的是动作开始后,到终结前(不含终结点)的持续状况,从这个意义上说,动作的进行和状态的持续应该是一样的,因此,我们对二者不作区分,统一看作为"持续"范畴。

关于"持续"范畴的来源,一些学者如王力(1958)、太田辰夫(1958)、梅祖麟(1989)、曹广顺(1986,1995)、孙朝奋(1997)、吴福祥(2003)、蒋绍愚(2006)等均从"着"的语法化角度进行过论述,尽管各家对现代汉语中的持续标记"着"语法化的路径形和成机制的看法不尽一致,但"持续"范畴的形成来自于表附着义的动词"着(著)"的语法化得到了大家的公认,从汉语发展的历时事实来看,这种认识应该没什么大问题,本小节在这个问题上就不打算再作探讨,下面我们主要从不同历史时期"持续"范畴的标记方式变化来考察该范畴的历时发展过程。

一、宋代以前"持续"范畴

目前学界公认,从形式标记的角度来看,魏晋南北朝阶段虽然尚无明确的"持续"范畴出现,但该范畴的萌芽已经出现,蒋绍愚(2006)曾分析了如下几个用例:

[299] 帝闻而恶之,以为狂言,命锁着一室。(拾遗记)

[300] 冻树者,凝霜封着木条也。(齐民要术)

[301] 为身见镜之所惑乱,妄见有我,即便封着,谓是珍宝。(百喻经)

[302] 者善友,我心留在优昙婆罗树上存着,不持将行。(佛本行集经)

[303] 乃至令如马兰根须,而残留着。(佛本行集经)

蒋先生指出,第一例中的"着""只能是'附着'义的补语",第二例中的"着""既可以理解为'附着'义,也可以理解为持续义",后三例中的"着""只能理解为持续义"。

另外,从"范畴"义角度看,下面两个用例"动+地"似乎也具有持续义,如:

[304] 双兔傍地走,安能辨我是雄雌?(木兰辞)

[305] 诸善知识,若在学地者,心若有念起,即便觉照。(神会语录)

例[304]"傍地"可以理解为"傍着",例[305]"学地"也可以理解为"学着"。不过,我们没有找到更多的用例,这里的"地"是不是可以看作持续范畴的标记?如果是,其来源是什么?尚无法找到明确的线索。

到唐代,持续范畴发展逐渐明晰,主要表现为出现了不少"着(著)"明显脱离动词义或介词义的用例,如:

[306] 上贤读我诗,把着满面笑。(寒山诗)

[307] 九野干戈指着心,威福满拳犹未快。(李咸用《富贵曲》)

[308] 竹烟花雨细相和,看着闲书睡更多。(王建《江楼对雨寄杜书记》)

[309] 旧房闲片石,倚着最高松。(贾岛《送慈恩寺霄韵法师谒太原李司空》)

[310] 岐山取得娇凤雏,管中藏着轻轻语。(秦韬玉《吹笙歌》)

[311] 浓香染着洞中霞,此行若遇支机石。(韩∥《甲子岁夏五月自长沙抵醴陵贵就深》)

[312] 莫埋丞相印,留着付玄成。(岑参《故仆射裴公挽歌三首》)

[313] 琴砚共依春酒瓮,云霞覆着破柴篱。(秦系《寄浙东皇甫

中丞》)

[314] 雨来风静绿芜苏,凭着朱阑思浩然。(郑准《题宛陵北楼》)

[315] 朝来乐府长歌曲,唱着君王自作词。(刘禹锡《魏宫词二首》)

尽管以上各例"着"前动词各不相同,所表达的动作行为的时间性也不完全一致,但将这些"着"看作表"持续"的范畴标记,应该没什么大问题。至于这些"着"是动态助词,还是动相补语,学界还存在分歧,我们以为,这是范畴化初期存在的自然现象,没有必要(也不可能)作出非此即彼的划分。

不过唐代表示持续义的不单是"动+着"结构,同时还存在动词和"得""将""取""却"搭配的用例。如:

【得】

[316] 愁来欲奏相思曲,抱得秦筝不忍弹。(崔颢《代闺人答轻薄少年》)

[317] 扶得入罗帏,不肯脱罗衣。(全唐诗·无名氏《醉公子》)

[318] 江上晚来堪画处,渔人披得一蓑归。(郑谷《雪中偶题》)

[319] 平生意气今何在,把得家书泪似珠。(令狐楚《塞下曲二首》)

[320] 青提夫人,虽遭地狱之苦,悭贪究竟未除,见儿将得饭钵来,望风即生悋惜。(《敦煌变文·大目乾连冥间救母变文》)

【将】

[321] 闲地占将真可惜,幽窗分得始为明。(许昼《中秋月》)

[322] 诛剥垒千金,留将与妻子。(拾得诗)

[323] 跨将迎好客,惜不换妖姬。(白居易《十韵》)

[324] 地图龟负出,天诰凤衔将。(陈陶《圣帝击坏歌四十声》)

[325] 有兴多新作,携将大府夸。(齐己《荆门送人自峨嵋游南岳》)

【取】

[326] 神仙既有丹青术,携取何妨入洞天。(卓英英《答玄士》)

[327] 我有一言君记取,世间自取苦人多。(白居易《感兴二首》)

[328] 若为丝不断,留取系郎船。(雍裕之《江边柳》)

[329] 深藏数片将归去,红缕金针绣取看。(刘言史《看山木瓜花二首》)

[330] 朕本意发遣三五十千人,把塔(搭)马索,从头缚取。(《敦煌变文·李陵变文》)

【却】

[331] 留却一枝河畔柳,明朝犹有远行人。(许浑《重别时诸妓同伐》)

[332] 若教得似红儿貌,占却君恩自不疑。(罗虬《比红儿诗》)

[333] 锁却暮愁终不散,添成春醉转难醒。(章碣《雨》)

[334] 双蛾解佩啼相送,五马鸣珂笑却回。(白居易《酬刘和州戏赠》)

[335] 怕见人,拟求属,皱却两眉难敧触,无事徒烦发善心,有灾净处求师卜。(《敦煌变文·无常经讲经文》)

以上用例中加着重号的成分如果都用现代汉语中的"着"来替换,句子表达的基本意义都不会产生太大的改变,说明这些句子都具有一定的"持续"义,但却分别在动词后用了"得""将""取""却"等词语作为标记,对这些标记词的性质,目前学界的看法存在分歧,曹广顺(1995)认为这些出现在持续义用例中的"得""将""取""却"是表示持续的助词;吴福祥(2003)则认为这些标记词(包括"着(著)"),仍只是表结果的动相补语或完成的体助词,句子的持续义的存在是由于这些标记词前的动词义决定的。学者们的这种认识上的分歧,恰恰说明持续体范畴发展的初期存在一定的朦胧性质。

另外,唐代"动+地"表示持续义的用例也稍稍有所增加,如:

[336] 水飞石上迸如雪,立地看天坐地吟。(吕岩《绝句》)

[337] 师教他身边立地。(《祖堂集》)

[338] 瞽叟入到宅门,直到自家房□□□后妻向床上卧地不起。瞽叟问言:"娘子前后见我不归,得甚能欢能喜? 今日见我归家,床上卧不起,为复是邻里相争,为复天行时气?"(《敦煌变文·舜子变》)

[339] 太子遂乃潜身走出城外。……其耕夫遂耕垄土下埋地。口中衔七粒粳米,日食一粒,以济残命。兼衔竹筒,出于土外,与出气息。(《敦煌变文·前汉刘家太子传》)

这几个用例中的"地"主要表示状态的持续。

二、宋代的"持续"范畴

宋代是"持续"范畴的大发展时期,主要表现为"着"的语法化逐渐成熟,功能向体助词方向集中,使用的几率增加,句法分布范围扩大等。我们先来看"着(著)"的具体用例:

[340] 向尊前、闲暇里,敛着眉儿长叹。(柳永《秋夜月》)

[341] 是笑时、媚靥深深,百态千娇,再三偎着,再三香滑。(柳永《仙吕调》)

[342] 若不捏着,一点也无。(《五灯会元》)

[343] 因而有省,作颂曰:"一颗明珠,在我这里,拨着动着,放光动地。"(《五灯会元》)

[344] 守着窗儿,独自怎生得黑! (李清照《声声慢》)

[345] 对好景良辰,皱着眉儿,成甚滋味。(柳永《慢卷袖》)

[346] 怎生得依前,似恁偎香倚暖,抱着日高犹睡。(柳永《陇西行》)

[347] 桥上女儿双笑靥,妖娆,倚着阑干弄柳条(晏几道《南乡子》)

[348] 野鸟飞来,又是一般闲暇。却怪白鸥,觑着人、欲下未下。(《辛弃疾词丑奴儿近博山道中效李易安体》)

[349] 如见阵前杀,擂着鼓,只是向前去,有死无二,莫更回头始得! (《朱子》,卷一二一)

以上诸例中的"着(著)"继承了唐以来的用法,主要用在动词后面,表示动作行为或状态的持续。宋代出现了"着(著)"跟在形容词后面的用例,如:

[350] 然毕竟好仁者终是较得便宜,缘他只低着头自去做了。(《朱子语类》)

[351] 天只是一个大底物,须是大着心肠看他,始得。(《朱子语类》)

[352] 须是软着心,贴就它去做。(《朱子语类》卷四五)

[353] 似担百十斤担相似,须硬着筋骨担! (《朱子语类》)

[354] 幸遇改旦拈出,各请高着眼看。"(《五灯会元》)

这些下划线的形容词带"着(著)"动词化的性质非常明显,"着(著)"在这里不仅具有标记"持续"范畴的作用,还有标示其前面词语动词性的附加功能,说明其已经是成熟的动态助词了。

虽然宋代用"着(著)"标记持续范畴的用例大量增加,但仍有不少使用"得""取""将""却"做标记的用例。如:

【得】

[355] 光拈得拂子,趁至僧堂前,见师乃提起拂子曰:"□黎唤这个作甚么?"(《五灯会元》)

[356] 云门问:"如何是沙门行?"师曰:"吃常住苗稼者是。"曰:"便怎么去时如何?"师曰:"你还畜得么?"曰:"畜得。"(《五灯会元》)

[357] 因述投机颂曰:"昼曾忘食夜忘眠,捧得骊珠欲上天。(《五灯会元》)

[358] 若只是握得一个鹘仑底果子,不知里面是酸,是咸,是苦,是涩。(《朱子语类》)

[359] 孟子不甚细腻,如大匠把得绳墨定,千门万户自在。(《朱子语类》)

【取】

[360] 如无,担取诗书归旧隐,野花啼鸟一般春。(《五灯会元》)

[361] "……山僧怎么道,且道口好作甚么?"良久曰:"嘻!留取吃饭。"(《五灯会元》)

[362] 开心碗子盛将来,无盖盘子合取去。(《五灯会元》)

[363] 他又爱说一般最险绝底话,如引取人到千仞之崖边,猛推一推下去。(《朱子语类》)

[364] 见得是善,从而保养取,自然不肯走在恶上去。(《朱子》,卷一一三)

【将】

[365] 师曰:"把将一片来看。"(《五灯会元》)

[366] 路逢死蛇莫打杀,无底篮子盛将归。"(《五灯会元》)

[367] 若别有奇特,汝且举将来看。(《五灯会元》)

[368] 人有底不信自己佛事，唯凭少许古人影响，相似般若所知境界，定相法门，动即背觉合尘，黏将去，脱不得。(《五灯会元》)

[369] 良久曰："就地撮将黄叶去，入山推出白云来。"(《五灯会元》)

【却】

[370] 殊不知坐却白牛车，更于门外觅三车。(《五灯会元》)

[371] 宽却肚肠须忍辱，豁开心地任从他。(《五灯会元》)

[372] 路逢庞公相借问，六月日头干晒却。"(《五灯会元》)

[373] 师曰："轻嚣道者知机变，拈却招魂拭泪巾。"(《五灯会元》)

[374] 示众云："每日起来，挂却临济棒，吹云门曲，应赵州拍，担仰山锹，驱沩山牛，耕白云田。(《五灯会元》)

以上用例中的"得""取""将""却"基本上是唐代表持续用法的延续。另外，宋代还出现了少量"来""去"表示持续的用例，我们在唐代文献中没有发现此类用法。如

【来】

[375] 三印分明体一同，看来非赤又非红。(《五灯会元》)

[376] 从无入有易，从有入无难。有无俱尽处，且莫自颟顸。举来看，寒山拾得礼丰干。"(《五灯会元》)

[377] 明明古路，不属玄微。觌面擎来，瞥然便过。不居正位，岂落邪途？不蹈大方，那趋小径？(《五灯会元》)

[378] 如鸡抱卵，看来抱得有甚暖气，只被他常常恁地抱得成。(《朱子语类》)

【去】

[379] 师曰："若知有佛法，浑成颠倒。"曰："如何得不颠倒去？"师曰："直须知有佛法。"《五灯会元》)

[380] 气运从来一盛了又一衰，一衰了又一盛，只管恁地循环去，无有衰而不盛者。(《朱子语类》)

[381] 择之问："且涵养去，久之自明。"(《朱子语类》)

[382] 譬如大船有许多器具宝贝,撑去则许多物便都住了,众人便没许多力量。(《朱子语类》)

上面这些用例中的"来""去"若用"着"替换,句子的意义均不会产生明显的改变,可将它们看作表"持续"的标记。不过我们只在宋代文献中见到极少的这类用法,可以认为是持续范畴发展尚不稳定时出现的特殊现象。

宋代仍有用"地"作为"持续"标记的用例,主要是位于"坐""立"这两个动词后面,表示动作的状态,这里各举两例:

[383] 但长连床上稳坐地,十方善知识自来参,上座何不信取,作得如许多难易。(《五灯会元》)

[384] 僧儿指着茶坊道:"恰堵在柜里面打底床铺上坐地的官人,教我把来与小娘子,又不教把与你,你却打我。"(《简贴和尚》)

[385] 而今宰相终年立地,不曾得一日坐,人主或终日不曾得见面。(《朱子语类》)

[386] 我当初从你门前过,见你在帘子下立地,见你生得好,有心在你处。(《简贴和尚》)

从使用频率和使用范围可以看出,"地"做持续标记一直不太活跃。

三、元代的"持续"范畴

元代"持续"范畴发展进入成熟期,主要表现在"着(著)"作为范畴标记处于绝对优势地位,且功能覆盖到现代汉语"着"所有的使用范围,同时一些早期的标记词逐步萎缩,有的退出了标记系统,从而使得"持续"范畴开始朝标记手段单一化方向发展。

从我们掌握的语料来看,宋代"着(著)"主要用于行为动作动词后面,元代的"着(著)"还可以跟在心理动词后面,使用范围进一步扩大,功能也进一步完善。主要有如下几个方面的作用:

A. 跟在具有动态语义特征的行为动词后面,表示该动作在某个时段内持续进行。如:

[387] 我这里劝着,道着,他那里不睬分毫。别人的首级他强要,则你那小心儿里不肯自量度。

[388] 俺随那众老小每出的中都城子来,当日天色又昏暗,刮着大

风,下着大雨。《闺怨佳人拜月亭》

[389] 可怜我伶丁也那伶仃,阁不住两泪盈盈,手拍着胸脯自招承,自感叹,自伤情,自懊悔,自由性。(《倩女离魂》)

[390] 我与你看着门儿,你进去。(《西厢记杂剧》)

[391] 外像儿风流,青春年少;内性儿聪明,冠世才学,扭捏着身子儿百般做作,来往向人前卖弄俊俏。(《西厢记杂剧》)

以上各例中"着(著)"前动词均具有明显的动态义,"着"表示动作行为处于进行的过程中,因此,传统语法学将这种情况下的"着(著)"看作是表"进行"的体标记。

B. "着"跟在具有静态语义特征的行为动词后面,表示该动作处于持续状态。如:

[392] 这几个乔人物,拿着些不曾见的器仗,穿着些大作怪衣服。(《元散曲》)

[393] 常挑着一担愁,准不了三分利,这本钱见他时才算得。(《元散曲》)

[394] 我这里翠帘车先控着,他那里黄金镫懒去挑。(《倩女离魂》)

[395] 见几个年少丫环,口不住手不停;拥着个半死佳人,唤不醒呼不应。(《倩女离魂》)

[396] 偌远地,他在那壁,你在这壁,系着长裙儿,你便怎知他脚儿?(《西厢记杂剧》)

这几个用例中"(著)着"前动词不具有活动性特征,"着(著)"跟在这些动词后面表示在特定时段内,该动词表示的行为或方式持续处于同一种状态。

C. "着(著)"跟在心理动词后边,表示心理活动的持续状况。如:

[397] 我安排着鸳鸯宿锦被香,他盼望着鸾凤鸣琴瑟调。(《倩女离魂》)

[398] 你恋着那奢华,你敢新婚燕尔在他门下?(《倩女离魂》)

[399] 俺小姐想着风清月朗夜深时,使红娘来探尔。(《西厢记杂剧》)

[400] 依着姐姐,可怜见小子只身独自!(《西厢记杂剧》)

[401]非是书生多议论,也堤防着玉石俱焚。(《西厢记杂剧》)

这几个用例中的"盼望、恋、想、依、堤防"等均为心理动词,没有显性的动作或状态特征,因此,这些用例中"着"表示的是一种抽象的语法意义,说明这些"着"已经高度语法化了。这种情况在宋代及以前的文献中比较少见。

D."着(著)"位于动词和结果宾语之间,不表示动作行为的持续,而是表示动作行为产生的结果状态的持续。如:

[402]如何这文书上写着"王大、王二、王三打死平人葛彪"?《包待制三勘蝴蝶梦》

[403]先写下几句寒温序,后题着五言八句诗。(《西厢记杂剧》)

[404]龟大夫在旁边,鳖相公守根前,鼋先锋可怜见,众水族尽皆全,摆列着一圆圈。(李太白贬夜郎)

[405]想绝故事无猜处,画着个奚幸我的闷葫芦。(冤报冤赵氏孤儿)

[406]梳着个霜雪般白鬏髻,怎将这云霞般锦帕兜?《诈妮子调风月》

以上各例画波浪线部分均为由前面动词带来的结果,这些"动词+着(著)+结果"结构表示的都是宾语所代表的事物存在的情状,在以前的文献中我们没有发现类似的用例,应该是"着(著)"的功能在元代的最新发展。

可以看出,现代汉语中持续体范畴标记"着"的所有功能在元代已经出现,且使用频率远远高于其他持续标记,说明该范畴此时发展已基本成熟。不过元代其他持续标记还没有完全退出历史舞台,有的还在继续发展中。我们在元杂剧和散曲中没有发现"却、来、去"等词语作"持续"标记的用例,不过发现"得、取、将、地"仍有作"持续"标记的用法,此外,还增加了一个新的标记形式"的"。下面分别举例考察。

【得】

[407]我手执的是斑竹纶竿,谁秉得你花纹象笏。(严子陵垂钓七里滩)

[408]到晚傍得他被底成双睡。(诈妮子调风月)

[409] 那大汉下的车,众人施礼数。那大汉觑得人如无物。(睢景臣·高祖还乡)

[410] 画船开,红尘外,人从天上,载得春来。(张养浩·普天乐·大明湖泛舟)

[411] 扶持得万乘当今帝,稳坐龙亢金椅。(醉思乡王粲登楼)

【取】

[412] 你每多披取几副甲,剩穿取几层袍。(关大王单刀会)

[413] 现如今新天子守取蟠龙亢。(承明殿霍光鬼谏)

[414] (旦云)你死也,留取这衣服何用?(岳孔目借铁拐李还魂)

[415] 则不如卸罗裾纳象简张良退,学取他枕清风铺明月陈抟睡。(寄生草·闲评)

[416] 还将旧来意,怜取眼前人。(西厢记杂剧)

【将】

[417] 我若烂醉在村乡,着李二公扶将,到草舍茅堂……(严子陵垂钓七里滩)

[418] 我若拿将这汉见楚王去,这汉是文字官,不曾问一句,敢说一堆老婆舌头! 我是个武职将,几时折辨过来?(汉高皇濯足气英布)

[419] 等那穹苍,到那时光,汉室忠良,议论商量,引领刀枪,撞入门墙,拖下龙床,脱了衣裳,木驴牵将,闹市云阳,手脚舒长,六道长钉钉上,咱人家看一场。(严子陵垂钓七里滩)

[420] 我是他亲生的女,又不是买来的奴,遮莫拷的我皮肉烂,炼的我骨髓枯,我怎肯跟那贩茶的冯魁去!《杜蕊娘智赏金线池》

[421] 钱可道也,你情知谢氏是我的心上人,我看你怎么相见?左右的,摆开头踏,怜慢的行将去。《钱大尹智宠谢天香》

【地】

[422] 则不如寻个稳便处闲坐地。(清江引·野兴)

[423] 纳我在交椅上坐地,挪着手脚身起。(好酒赵元遇皇上)

[424][寄生草]卧地观经史,坐地对圣人。(诈妮子调风月)

[425] 山门下立地,看有甚么人来。(《西厢记杂剧》)

[426] 姐姐这湖山下立地,我开了寺里角门儿。(《西厢记杂剧》)

以上用例中的"得、取、将、地"均为表示"持续"的范畴标记,属于旧有用法的保留。元代书面语出现了一个新的"持续"范畴标记形式"的",如:

[427][殿前欢]扶策的我步瑶阶,心怀七里滩钓鱼台。(严子陵垂钓七里滩)

[428][油葫芦]　那几个首户闲官老秀才,他每都很利害,把老夫监押的去游街。

[429] 身穿的缌麻三月服,心怀着今古一天愁。

[430] 他比别人阵面上争功劳,你则会账房里闲坐的。《邓夫人苦痛哭存孝》

[431] 妾身有心跟的姑姑出家,不知姑姑意下何如?《望江亭中秋切鲙》

上面各例中"的"位于可持续动词后面,凸显该动作行为的进行或所处的持续状态,应该是"持续"范畴标记。其来源可能是"得"书面分化的结果。

四、明代以后"持续"范畴的发展

明代是"持续"范畴发展的定型期,主要表现在"着(著)"成为该范畴首要标记手段,元代还存在的标记词"将""得"等完全退出了"持续"范畴的标记系统,"取"则只是偶现,"的""地"使用范围变得极窄。我们对《水浒传》《三国演义》《金瓶梅》《西游记》《封神演义》等小说进行了检索,发现作为持续体标记,"取"只跟在"留"后面,仅在《三国演义》和《金瓶梅》中各出现1例:

[432] 留取尼僧化饭粮!(《金瓶梅》)

[433] 玄德既知能啖父,争如留取害曹瞒?"(《三国演义》)

不难看出,这种用法实际上是由宋元而来残留下来的"化石",从一个侧面说明了该词语实际上已经退出了"持续"范畴的标记系统。

作为持续体标记,"地"主要跟在"坐"后面,也有少数跟在"立"后面的用例。《水浒传》中使用频率最高,《金瓶梅》次之,《三国演义》中用例较少。

[434] 赵员外让鲁达上首坐地,鲁达道,"洒家怎敢。"(《水浒传》)

[435] 到寺前,看见那崔道成、丘小乙两个,兀自在桥上坐地。(《水浒传》)

[436] 吴用就血泊里拽过头把交椅来,便纳林冲坐地,叫道:"如有不伏者,将王伦为例!(《水浒传》)

[437] 脱了油靴,换了一双袜子,穿了暖鞋,掇条杌子自近火边坐地。(《水浒传》)

[438] 你叫那个客人移换那副大座头与我伴当们坐地吃些酒。"(《水浒传》)

[439] 说话中间,武大下楼买酒菜去了,丢下妇人,独自在楼上陪武松坐地。(《金瓶梅》)

[440] 便脱了油靴,换了一双袜子,穿了暖鞋,掇条凳子,自近火盆边坐地。(《金瓶梅》)

[441] 当值的拿了把椅子上来,西门庆朝上作了个揖道:"告坐了。"就西边坐地吃茶。(《金瓶梅》)

[442] 张飞大笑曰:"我们都去厮杀,你却在家里坐地,好自在!"(《三国演义》)

[443] 忽一人指曰:"夫人抱着孩儿,左腿上着了枪,行走不得,只在前面墙缺内坐地。"(《三国演义》)

《水浒传》中还有少量"地"跟在"立"后面的用例,如:

[444] 离了僧房,信步踱出山门外立地,看着五台山,喝采一回。(《水浒传》)

[445] 风又紧,火又猛,众官兵只得钻去,都奔烂泥里立地。(《水浒传》)

《水浒传》是明初时期的作品,受元代语言的影响较大,可能是其保留角度的"地"作"持续"范畴标记的原因。

作为持续体标记,"的"主要出现在《金瓶梅》中,其他作品均未见,大多跟在"坐"后面,如:

[446] 李大姐,你也不管,又教奶子抱他在风里<u>坐</u>的。(《金瓶梅》)

[447] 把西门庆笑的没眼缝儿,连忙接了他酒,搂在怀里膝盖上<u>坐</u>的。(《金瓶梅》)

[448] 吴月娘、李娇儿、孟玉楼、潘金莲、李瓶儿都在屋里<u>坐</u>的听唱。(《金瓶梅》)

[449] 一个不少,都在跟前围着他<u>坐</u>的,听他演诵。(《金瓶梅》)

[450] 因此,婆婆收着两眶眼泪,闷闷<u>坐</u>的。(《金瓶梅》)

《金瓶梅》中还有一个"的"位于"跟"后表示持续的用例:

[451] 小玉拿着枕席<u>跟</u>的去了。(《金瓶梅》)

除《金瓶梅》外,其他作品中均未见"的"作"持续"范畴标记的用例,我们考虑可能是受方言的影响,因此,可以断定,明代共同语中"的"也退出了"持续"范畴的标记系统。

以上这些表"持续"的范畴标记,在明代后期作品《西游记》《封神演义》中均未见有用例出现,这两部作品中持续范畴标记只有唯一标记"着"。如:

[452] 苏护正在厅上<u>坐</u>着,点上蜡烛。(《封神演义》)

[453] 这逆子敢持剑进宫弑父,总是逆种,不可留<u>着</u>。(《封神演义》)

[454] 纣王见喜媚不甚推托,乃以手抹<u>着</u>喜媚胸膛;软绵绵温润润嫩嫩的腹皮。(《封神演义》)

[455] 纣王看<u>着</u>黄妃打妲己。(《封神演义》)

[456] 打的扭<u>着</u>头跳,左右救同黄飞虎。(《封神演义》)

[457] 话说那道童唱<u>着</u>行来,见兴霸打稽首道:"道友请了!"(《封神演义》)

[458] 碣上有一行楷书大字,镌<u>着</u>"花果山福地,水帘洞洞天。"(《西游记》)

[459] 果见门外竖一高竿,竿上有旌旗一面,上写<u>着</u>"齐天大圣"四大字。(《西游记》)

[460] 呆子挑<u>着</u>担,沙僧牵<u>着</u>马,行者领<u>着</u>圣僧,都按下云头,(《西游记》)

　　[461] 忽行至西洋大海,他想着海外必有神仙。(《西游记》)

　　[462] 悟空喜道:"老师父果然注意与我传道,故此开着门也。"(《西游记》)

　　[463] 你既通法性,会得根源,已注神体,却只是防备着"三灾利害"。(《西游记》)

　　从上面的这些用例可以看出,到这个时期,"着"具备了现代汉语的全部语法分布形式,标志着汉语持续范畴发展最终定型。自此,该范畴完成了其发展的全部历程。

第五节　汉语"经历"范畴的历时发展

　　现代汉语中存在由"过"和"来着"标示的范畴,它们的共同特征是表达过去(说话前)经历,因此,目前学界多数学者将其笼统地称为"经历"范畴,只是将前者归为动态助词,将后者归为事态助词以示区别。事实上,从表达意义看,现代汉语中的"过"和"来着"还是存在明显的差别的:"过"主要是突出表达某一行为过程或事件曾经出现或发生,强调一种经验,通常可以和时间副词"曾(经)"共现,不妨称之为"曾经体";"来着"突出表达某一行为过程或事件到说话前已经达成或已成现实,强调事实的存在,有时也可以和时间副词"曾(经)"共现,但更多的是和表示近时的时间词语共现,不妨称之为"曾然体"。不过,从历时发展来看,二者之间存在着非常密切的联系。

一、"经历"范畴的早期发展

　　从历时角度看,助词"过"和"来着"分别是由动词"过"和"来"发展而来的,不过从历史事实来看,"来"的语法化要先于"过"的语法化,因此,要考察"经历"范畴的来源首先要关注"来"虚化和"经历"范畴义的形成与发展的关系。

　　根据梁银峰(2004a,2004b)和龙国富(2005)等人的研究,表示"经历"的"来"的语法化始发于汉魏六朝时期,不过,我们在《颜氏家训》《世说新语》等普通文献中未发现"来"开始语法化为助词的用例,正如龙国富所指出的,最早的可以分析为"经历"范畴标记的"来"主要出现在佛教经籍中。关于"来"的语法化路径和机制,梁银峰和龙国富均已进行过深入的探讨,这里就不打算再作赘述,只考察"来"的虚化与"经历"范畴的关系。

根据梁银峰(2004b)和孙斐(2009)研究,目前可见的最早可分析为体标记的"来"的用例出现在西晋时期:

[464] 诸佛之法,不以肉食,吾已食来,不须复办。(西晋法炬共法立译《法句譬喻经》)

此例中的"来"直接跟在动词"食"后面,动词前有个表示已然的副词"已",分析为表示体范畴标记的助词问题应该不大,但从语境来看,其语法意义却较为模糊,将其理解为现代汉语中的表已然的"了"或表"曾经"的"过"或表"曾然"的"来着"似乎均无不可,这种模糊性说明了此时的作为体标记的"来"处于语法化的初始阶段。

东晋后可分析为体标记的"来"用例稍有增加,但语法意义的明晰度仍然很低。

[465] 世尊知而故问:比丘,汝何处安居来?答言:某处聚落安居。(东晋佛陀跋陀罗共法显译《摩诃僧祇律》)

[466] 生闻梵志遥见卑卢异学来,便问:"婆磋,晨起从何处来?"卑卢异学答曰:"梵志,我见世尊礼事供养来。"(东晋瞿昙僧伽提婆译《中阿含经》)

[467] 诸天既见,皆同青色,生稀有心,迭互各各如是说言:如我先见多种殿来,百千殿来,初未曾见如此山峰毗琉璃宝如是光明。(元魏般若流支译《正法念处经》)

[468] 又彼乐多言语者,复有大过,种种言语,先已闻来,心乐谓乐。(元魏瞿昙般若流支译《正法念处经》)

[469] 真实导师我亲见来,能救能护一切众生能竭苦海,能于此狱与解脱乐。(北凉昙无谶译《大方等大集经》)

[470] 阿难,我于弥勒菩萨之边,种诸善根,求未来世阿褥多罗三藐三菩提,而有偈说:此佛大威德,离欲得寂静。释迦牟尼佛,皆悉供养来。(隋阇那崛多译《佛本行集经》)

上述诸例中的"来"虽然均可以分析为表"经历"的范畴标记,但均不十分明确。如例[465][466][467]中的"来"都可以理解为现代汉语中表示"曾然"的"来着",若将它们仍看作表示移动的动词也能说得通;例[468][469]中的"来"被看作体助词应该没问题,但将它们理解成现代汉语中的

"了""过""来着"均无不可;例[470]中的"来"可优先理解为"来着",但由于其出现在"偈语"中,未必表达已然事件,因此还可以理解成现代汉语中的"着"。

这一时期较为明确的表达"经历"义的"来"多和"曾"共现,如:

[471] 时彼菩萨自忆宿世,曾杀母来,曾杀父来,杀罗汉来,念彼残业,是故心热,不能获得甚深法忍。(元魏瞿昙般若流支译《圣善住意天子所问经》)

[472] 一百七十者曾亲供养贤圣来。(隋菩提灯译《占察善恶业报经》)

[473] 我昔曾闻是事来,现在我身亲自见。(隋阇那崛多译《佛本行集经》)

[474] 自知沙门本在俗时,先共妇女曾行欲来,得欲滋味。(元魏般若流支译《正法念处经》)

[475] 亦曾过去种种愿行悉修习来,一切皆发三菩提心得于三昧。(北凉昙无谶译《大方等大集经》)

例[471][472][473]三例中"来"都位于动词宾语之后,理解为现代汉语中的事态助词"来着"问题不大;例[474][475]中"来"直接位于动词之后,若将其看作动态助词,就相当于现代汉语中的"过";若将其看作事态助词,则相当于现代汉语中的"来着"。

另外,我们还在诗文中发现一个"来"与"曾经"共现的用例:

[476] 绿房千子熟,紫穗百花开。莫言行万里,曾经相识来。(北周·庾信《忽见槟榔》)

该例中"来"的作用和例[474][475]应该相同。

以上用例都是肯定句,若是否定,"来"通常与"未曾"或"不曾"同现,如:

[477] 我在此城边已七十年,我母为我入城求食,未曾一得来。我今饥渴,甚大困厄。(元魏吉迦夜共昙曜译《杂宝藏经》)

[478] 始生天子又复更有第二之相,所谓见物生稀有心,于园林等未曾见来,见则遍看,此第二相。(元魏般若流支译《正法念处经》)

[479] 如是天者,不曾学来,不曾闻来。少智慧故,于欲不知。不能离欲,善法则灭。(元魏瞿昙般若流支译《正法念处经》)

例[477][478]中"来"与"未曾"同现,例[479]中的"来"与"不曾"同现,由于现代汉语中"曾然"体标记"来着"一般不用于否定句,因此,我们不妨认为这几个用例中的"来"和现代汉语中的"曾经"体范畴"过"相当。

到唐代以后,"来"作为助词的用法在普通诗文中开始出现,下面是我们在唐诗中搜集到的部分用例:

[480] 莫言数尺无波水,曾与如花并照来。(罗邺《吴王古宫井二首》)

[481] 至今衣领胭脂在,曾被谪仙痛咬来。(韩偓《自负》)

[482] 虽然未得和羹便,曾与将军止渴来。(罗隐《梅》)

[483] 莫欺零落残牙齿,曾吃红绫饼餤来。(卢延让《冬夜》)

[484] 顷年曾住此中来,今日重游事何哀。(刘驾/一作刘象《涌中感怀》)

[485] 共遇过去人间世,曾作谁家夫妇曾。(白居易《赠韦炼师》)

[486] 结茅曾在碧江隈,多病贫身养拙来。(李中《思九江旧居三首》)

[487] 可怜此际谁曾见,唯有支公尽看来。(皮日休《宿报恩寺水阁》)

[488] 谁与陈君嫁祸来,孔宁行父夏姬媒。(周昙《春秋战国门陈灵公》)

[489] 此地新经杀戮来,墟落无烟空碎瓦。(李涉《潍阳行》)

除例[488][489]外,其余诸例中的"来"均与"曾"同现,且大多出现在同一个句子中,只有例[486][487]出现在上句中,从句意来看,将这些用例中的"来"看作表"经历"的范畴标记应该没什么大问题。从句法分布来看,例[480][481][487]"来"直接跟在动词后面,既可以看作动态助词,也可以看作事态助词,可以理解成现代汉语中的"过"或"来着",其余用例"来"都位于句末动词宾语后面只能看作事态助词,可以理解为现代汉语中的"来着"。可以看出,唐代表"经历"的"来"有明显向事态助词方向发展的倾向。至晚唐五代时,"来"的语法意义更接近于"来着"。我们在《敦煌

变文》和《祖堂集》中搜集到如下几个用例

[490] 一一君亲眼见来，由不悟无常抛暗号。(《无常经讲经文》)

[491] 佛身尊贵因何得？根本曾行孝顺来。(《故圆鉴大师二十四孝押座文》)

[492] 大王闻道太子还宫，遂唤太子问之：“吾从养汝，只是怀愁，昨日游观去来，见于何事？”(《悉达太子修道因缘》)

[493] 应是他方佛尽喜，各将菩萨相看来。(《敦煌变文集新书》)

[494] 师云：“诸人若未曾见知识，则不可。若曾见作者来，便合体取些子意度。……”(《祖堂集》)

[495] 茗溪和尚对师说话去后，师向云¤曰：“茗溪向上曾为节察来。”(《祖堂集》)

[496] 师云：“昔日曹山亦曾与摩来。”(《祖堂集》)

从句意来看，除了例[490]和例[496]中的“来”理解成“过”或“来着”均可外，其余诸例理解成“来着”似乎更合适，说明此时“来”作为“曾然”体标记的功能逐渐明晰。

另外，值得注意的是，在唐至五代的文献中我们没有发现表“经历”的“来”与“不曾、未曾”同现的用例，这可能与此时“来”表“经验”作用减弱有关。

二、“曾经”体标记“过”语法化与“经历”范畴的分化

吕叔湘主编(1980)《现代汉语八百词》将现代汉语中的“过”解释为：1.用在动词后，表示动作完毕。2.用在动词后，表示过去曾经有这样的事情。学界通常将前者称为“过₁”，将后者称为“过₂”。根据刘坚等(1992)、曹广顺(1995)、吴福祥(1996)、杨永龙(2001)研究，“过”开始于唐代，不过“唐代‘过’所表达的意义，主要是动作的‘完结(结束和完成)’”(曹广顺1995)，玄玥(2011)将其称为“完结体”，这种用法应该是现代汉语“过₁”的源头。由于从语法意义来看，“过₁”和“经历”范畴关系不大，本小节只考察“过₂”的演变和发展情况。

俞光中、植田均(1999)指出，“‘过₂’的出现要晚于‘过₁’，可靠的说法是宋代才有‘过₂’。”曹广顺(1995)曾举过一个唐代的用例：

[497] 师曰：“阇黎什么处人？”云：“邓州人”师曰：“老僧行脚时

曾往过来。"（筠州洞山悟本禅师语录，大藏经（卷四七）

认为该用例中的"过"表示"过去曾经有过这样的事情"或"已有的经验"，不过，俞光中、植田均（1999）认为"此例有'来'存在起主要作用，并不是'过'独立表示'至少有过一次'，所以还不能说是'过2'"。我们在《祖堂集》和《敦煌变文》中没有发现"过2"的用例，严宝刚（2011）曾收集到属于该时期的两个用例：

[498] 淋过死灰无力，喻声闻妄修因证果。未淋过死灰有力，喻菩萨道业纯熟，诸恶不染。(《江西马祖道一禅师语录》)

[499] 十年五岁相看过，为道木兰花一朵；九天远地觅将来，移将后院深处坐。(《敦煌歌辞总编·木兰花·春风斩断我》)

根据句意，将这两例中的"过"理解成"过2"应该是没有问题的。不过，直到北宋时期"过2"的用例仍极为少见，我们只在《太平广记》和《景德传灯录》中找到少量可分析为"过2"的用例：

[500] 札曰："侍御今日见过乎，已为地矣。"（太平广记）

[501] 姓华名芙蓉，为六甲至尊所使，从太微紫室仙人，来过旧居。（太平广记）

[502] 雪峰云："古人得恁么老婆心。"玄沙云："山头和尚蹉过古人事也。"（景德传灯录）

[503] 保福拈问招庆："只如岩头出世有何言教过？"（景德传灯录）

不过，这几个用例"过"还不能算是明确的"经历"范畴标记，如将例[500][503] 中的"过"看作"过1"也未尝不可，例[501] 中的"过"还可以理解成表示"造访"义的动词，例[502] 中的"过"也可以理解为"越过"。可见这一时期，"过2"的发展尚处于萌芽阶段。

至南宋时期，明确表示"经历"的"过"的用例逐渐增多，下面是我们在《朱子语类》中收集的用例：

[504] 如孝弟等事数件合先做底，也易晓；夫子也只略略说过。(《朱子语类》)

[505] 孔子实是多学，无一事不理会过。(《朱子语类》)

[506] 伊川易传云"拒之以不信,绝之以不为",当初也匹似闲看过。(《朱子语类》)

[507] "浴沂"一章解,向来亦曾改过,但令寻未见在。(《朱子语类》)

[508] 学者须先读《诗》《书》他经,有个见处,及曾经历过此等事,方可以读之,得其无味之味,此初学者所以未可便可。(《朱子》,卷一百三十三)

[509] 范公尝立一军为"龙猛军",皆是招收前后作过黥配底人,后来甚得其用。(《朱子》,一百三十三)

[510] 草草看过《易传》一遍,后当详读。(《朱子》,卷六十七)

[511] 而今只是那一般合看过底文字也未看,何况其他! (《朱子语类》)

[512] 如今不曾经历得许多事过,都自揍他道理不着。(《朱子语类》)

[513] 子路品格甚高,若打叠得些子过(谓粗暴)。便是曾点气象。(《朱子语类》)

[514] 这道理自是长在天地间,只借圣人来说一遍过。(《朱子语类》)

[515] "上下与天地同流,岂曰小补之哉!"小补,只是逐片逐些子补缀。"上下与天地同流",重新铸一番过相似。(《朱子语类》)

例[504]—[507]中"过"均位于句子或分句的末尾,后不接任何其他成分,其中例[507]中还有"曾"与其共现,句子表达的"曾经"义比较明显。《朱子语类》中此类"过"的用法相对较多,应该是作为"经历"范畴标记的"过"语法化早期的主要用法。例[508]—[511]中"过"位于句中,其中例[511]的"过"位于定语成分之中,其余3例"过"后均接有宾语,从句意来看,这4例中的"过"都可以分析为表"经历"的动态助词,不过只有前两例较为明确,后两例中的"过"如果被看作动相补语也未尝不可,然似乎不够典型,我们在《朱子语类》中只找到这4个"过"位于句中的用例,说明这种用法这个时期只处于发展初期。例[512]—[515]中的"过"位于动词宾语或补语后面,这种用法在现代汉语普通话中已经不存在了,《朱子语类》中这类用例也不多,我们只找到6个用例。值得注意的是例[512][513]中与"过"同现的还有一个表示已然的动态标记词"得",说明这类用例中"过"作为"经历"范畴标记其语法意义还存在一定的模糊性。

另外,我们在《朱子语类》中还发现6个"过"和"来"同现,共同表达"经

历"义的用例,列举如下:

[516] 圣人说底,是他曾经历过来。(《朱子语类》)

[517] 观曾子问中问丧礼之变,曲折无不详尽,便可见曾子当时功夫是一一理会过来。(《朱子语类》)

[518] 圣人事事从手头更历过来,所以都晓得。(《朱子语类》)

[519] 孔子一生贫贱,事事都去理会过来。(《朱子语类》)

[520] 到文王时,世变不好,古来未曾有底事都有了,他一一经历这崎岖万变过来,所以说出那卦辞。(《朱子语类》)

[521] 他却事事理会过来。(《朱子语类》)

曹广顺(1995)认为这种用法体现出"在助词'过'的发展过程中,显示出助词体系对系统内助词功能与发展的一种制约作用,显示出各助词之间互相的影响和限制"。我们认为,和上文的[512][513]一样,这类用例的存在同样体现了"过"作为动态助词在语法化初期其功能意义尚不明确的特点,因此当使用者需要强调"已然"时便加上"得",如例[512][513],而要强调"曾经"时则加上"来"。

元杂剧中表示"曾经"的"过"用例并不太多,但多数位于句中,尤其是带宾语的用例占绝对多数,和《朱子语类》等作品相比,有着明显的发展变化。如:

[522] 这一宗文卷,我为头看过,压在文卷底下,怎生又在这上头?(感天动地窦娥冤)

[523] 不想傅彬贼心,侵使过官钱一万贯,后因事发,问傅彬追征前项赃物;谁想傅彬怀挟前仇,指下家尊三千贯!(山神庙裴度还带)

[524] (周舍云)你曾说过誓嫁我来。(赵盼儿风月救风尘)

[525] 美妇人我见过万千向外,不似这小妮子生得十分愈赖。(感天动地窦娥冤)

[526] 早是十五年光景,如今都应过举,得第了也。(包待制智斩鲁斋郎)

[527] 皂角也使过两个也,水也换了两桶也,乌纱帽擦得光挣挣的。(崔莺莺待月西厢记)

[528] 我当初奏过这一家贤孝,今日这厮却犯下十恶大罪,若是郎主知道呵,俺先耽下个落保的罪了!(救孝子贤母不识尸)

[529] 今日是八月十五日,中秋节令,适才叔父赐过酒宴,已散了也。(张天师断风花雪月)

[530] 今因草寇作乱,着你星夜还朝,将你那在先手下操练过的头目每选拣几个,收捕草寇。(李监军大闹香山会)

[531] 我想,这济南府教坊中人,那一个不是我手下教道过的小妮子? 料必没有强似我的。(杜蕊娘智赏金线池)

[532] 小生为小姐受过的苦,诸人不知,瞒不得你。(崔莺莺待月西厢记)

[533] 圣人可怜,将老夫赔过赃三千贯尽给还老夫,一则上不违朝廷法例,二不费百姓之劳。(山神庙裴度还带)

上面诸例中,只有例 [522] 中"过"后不带其他成分,例 [523]—[529] 中"过"后均带有宾语,学界普遍认为,后带宾语是动态助词发展成熟的标记,例 [530]—[533] 中"过"均位于定语成分之中,可见,元杂剧中"过"作为表"曾经"的动态助词已具有其在现代汉语中的全部分布形态。因此,李讷、石毓智(1997)认为"'过'在元明时期才真正成为一个体标记"是有依据的。

不过,元杂剧中还存在少量现代汉语中消失的表现形式,如:

[534] 虽隔着千里关河,不曾有半个时辰意中撺过。(诸宫调风月紫云亭)

[535] (邹衍云) 住者,贤士不曾饮过哩,须贾,你怎敢先饮? (须贾大夫谇范叔)

[536] 人道财主叫,便是福星照。我也做过财主来,如何今日听人叫。(鲁大夫秋胡戏妻)

例 [534] [535] 中"过"和否定词"不曾"同现,现代汉语中和"过"同现的否定词通常是"没(有)",从某种意义上讲,"不曾"所含的"曾经"义明显强于"没(有)",反衬出元代的"过"的独立标记能力弱于现代汉语中的"过";例 [536] 中"过"和事态助词"来"同现,不过与《朱子语类》中"过"需要和"来"连用不同,该例中"过"位于宾语前,"来"则位于句末,说明"过"的独立性大大增加。以上两种用法均没有保留到现代汉语普通话中来,说明此时"过"还处于发展过程中。

明代"过₂"的用例出现比例有较大的提高,形式上继承了元代的主要

用法,下面是我们在《金瓶梅词话》收集的一些用例:

[537] 他在背地挑唆汉子,俺们这几个谁没吃他排说过? (《金瓶梅》)

[538] 金莲道:"我早对你说过,好歹拣两套上色儿的与我,我难比他们都有,我身上你没与我做什么大衣裳。"(《金瓶梅》)

[539] 西门庆道:"去岁因舍亲在边上纳过些粮草,坐派了些盐引,正派在贵治扬州支盐。(《金瓶梅》)

[540] 况昨日衙门里爹已是打过他,爹胡乱做个处断,放了他罢,也是老大的阴骘。(《金瓶梅》)

[541] 这一来,管教苗青之祸从头上起,西门庆往时做过事,今朝没兴一齐来。(《金瓶梅》)

[542] 他因见春梅灵变,知是西门庆用过的丫头,与了他一副金三事儿。(《金瓶梅》)

这些用例中的"过"均表示"曾经"义,例 [537] [538]"过"位于句末或分句末,例 [539] [540]"过"后均带有宾语,例 [541] [542]"过"均位于定语成分中。这也是元代"过2"的主要分布形式。

《金瓶梅词话》中"过2"与"曾"同现的用例极少,我们只找到 1 例:

[543] 伯爵道:"他曾见过甚么大头面目,比哥那咱的勾当,题起来把他唬杀罢了。"(《金瓶梅》)

同时我们未发现"过2"与"来"同现的用例,说明"过2"的表义的独立性进一步提高。

另外,在《金瓶梅词话》未找到"过2"与"不曾"同现的用例,在其他明代小说中却还有这种用法,下面是我们在《封神演义》中找到的两个用例:

[544] 此时天气甚热,此处不曾到过,只见好景致,熏风荡荡,绿柳依依,观望长空,果然是一轮火盖。(《封神演义》)

[545] 诸妖自不曾吃过这皇封御酒;狐狸量大者,还招架得住,量小的招架不住,都醉了,把尾把都拖下来。(《封神演义》)

值得注意的是,《金瓶梅词话》中出现了这样两个用例:

[546] 西门庆道:"那日空过他。我恐怕晚了他们,客人散了,就打发他来了。"(《金瓶梅》)

[547] 房中也有三四个丫鬟妇女,都是西门庆收用过的。(《金瓶梅》)

例[546]"过"跟在形容词"空"后面,不但表示动态,还起到"类化"作用,使本来是形容词的"空"带上了宾语,将其动词化了;例[547]位于表转指"的"字结构中,说明"过"具有了高度的粘着性。这些是成熟的动态助词所具有的功能,说明这一阶段"过2"的语法化已基本完成。

值得一提的是元杂剧中未见"vo过2"用例,明代作品中有少量出现,如陆晓华(2008)曾在《型世言》中收集到如下5个用例:

[548] 他服事先边老爷过,知事,便留他罢。(第十八回)

[549] 两个都做经纪过的,都老到。(第三十七回)

[550] 良雨倒认得他,是曾医便毒过的习太医,把头低了。(第三十七回)

[551] 家里带两房人来,他道他在宦家过,不甘淡薄,都发回了。(第十八回)

[552] 我老经纪伏事个过的,难道不晓得路数?(第二十一回)

这种结构在《朱子语类》中有少量出现,明中后期小说中又再现,反映了"过2"作为动态助词其句法功能还没有最后稳定下来。现代汉语中也有少量的用例出现,如:

[553] 她从来没有像近来这样关心国事过。(房玉清《实用汉语语法》用例)

不过,元明时期"过2"表示的范畴义比较明确,即表达"某一行为过程或事件曾经出现或发生"。而隋唐时期表达这种意义是"来"的主要功能之一,这就意味着"过2"的产生,必然导致早期"来"所标示的"经历"范畴产生一定的分化,最终造成"经历"范畴内部形成"曾经"和"曾然"的对立。

三、"来"的进一步发展及"来着"的诞生

学界普遍公认,现代汉语中的"来着"是由中古表"经历"助词"来"发展而来,不过从两宋时期的实际用例来看,"来"的标记的范畴义的范围要比"来着"大。

尽管自宋代开始,表"曾经"的"过2"已经出现,但两宋时期"来"仍然是表示"曾经"义的重要手段。我们对北宋时期的文献《景德传灯录》和南宋时期的文献《朱子语类》进行了穷尽性的检索,在前者中收集到可明确判断为"经历"标记的"来"有17例,其中相当于"过2"的2例,相当于"来着"的用例15例;在后者中收集到可明确判断为"经历"标记的"来"有37例,其中相当于"过2"的15例,相当于"来着"的用例22例。下面分别举例说明:

[554] 曰:"和尚所说修行,迢然与大乘别,未审如何。"师曰:"不管他别不别,兼不曾学来。若论看教自有经论座主,他教家实大可畏,尔且不如听去好。"(景德传灯录)

[555] 百灵和尚一日与庞居士路次相逢。师问云:"昔日居士南岳得意句还曾举向人未?"居士云:"曾举来。"师云:"举向什么人?"居士以手自指云。(景德传灯录)

[556] 师又示众曰:"诸人若未曾见知识即不可,若曾见作者来,便合体取些子意度。"(景德传灯录)

[557] 然亦必曾梦见来,故如此说。(朱子语类)

[558] 且如十件事,五件事是自家平生晓得底,或曾做来;那五件平生不曾识,也不曾做,卒然至面前,自家虽不曾做,然既有此道理,便识得破,都处置得下,无不尽得这个道理。(朱子语类)

[559] 典谟之书,恐是曾经史官润色来。(朱子语类)

从语法意义来看,这些用例中的"来"用"过"来替换(值得注意的是例[556]"来"位于宾语后,似乎是"事态助词",然该句是个假设句,不能理解成表"确认"义的"来着"),应该不会产生意义的改变,只是单纯表示"曾经有过的经历"。不过从两部作品中出现的实际用例的比例来看,宋代的"来"的此种用法已经不占优势了。这可能与这一时期"过2"的出现,挤占了其使用几率有关。

下面的这些用例中的"来"应该和现代汉语中的"来着"相当:

[560] 师曰："汝曾见尊宿来耶?"曰："某甲曾参径山和尚来。"(景德传灯录)

[561] 莫道五百生前曾为乐主来,或有疑情请垂见示。(景德传灯录)

[562] 我在南方识伊和尚来,因普请锄草次。(景德传灯录)

[563] 旧尝以此例授潘恭叔,渠亦曾整理数篇来。(朱子语类)

[564] 先生曰："公向道甚切,也曾学禅来。"(朱子语类)

[565] 想是持国曾发此问来,故明道如此说。(朱子语类)

从句意看,以上各例均含有表达过去确实发生或实现了某一动作行为或事件,其中的"来"可以看作表"曾然"的标记。值得注意的是唐代表"曾然"的"来"大多出现在陈述确定发生的事实的句子中,出现在疑问和反问句中的用例极少,两宋时期出现在疑问或反问句中的用例大大增加了,如:

[566] 师住后僧问曰："未作人身已前作个什么来?"(景德传灯录)

[567] 师曰："老僧尚无卓锥之地,什么处聚众来? 老僧无舌何曾劝人来?"(景德传灯录)

[568] 师乃抗声答曰："尔若是佛休更涉疑却问。老僧何处有恁么傍家疑佛来? 老僧且不是佛亦不曾见祖师。尔恁么道自觅祖师去。"(景德传灯录)

[569] 圣人为天下,何曾废刑政来! (朱子语类)

[570] 安于死者便自无,何曾见尧舜做鬼来! (朱子语类)

[571] 天地曷尝有思虑来! (朱子语类)

例 [566] 是一般疑问句,例 [567]—[571] 均为反问句,这些用例中的"来"主要表示"曾然"义,但同时似乎又有加强疑问语气的作用,说明这一时期"来"有向更虚的语气词方向发展的倾向。

元代表"经历"的"来"功能范围缩小,从《元刊杂剧三十种》中的用例来看,"来"主要表示"曾然",未见有明确表示"曾经"的用例。如:

[572](云) 臣等三人每,曾与国家出气力来。(地藏王证东窗事犯)

[573] 我每常几曾和一个男儿一处说话来,今日到这里无奈处也,怎生呵是那? (闺怨佳人拜月亭)

[574] 当得无话休,或一句差,这厮没饭生受时,我曾赍发他盘缠

来!（醉思乡王粲登楼）

　　[575] 本待不烦恼来,觑了这山河形势,不由小生不烦恼。(醉思乡王粲登楼)

　　[576]（云）婆婆见末,这坷儿有人上坟祭奠来。(散家财天赐老生儿)

　　[577] 我几时交你杀了他使命来?（汉高皇濯足气英布）

　　[578]（老孤问了）煞曾勘婚来。(诈妮子调风月)

　　[579][仙吕赏花时] 你叔嫂从来情性乖,因此上将伊曾劝来。(张鼎智勘魔合罗)

　　除例 [576] 理解成"过"或"来着"两可外,其余各例均只能理解成"来着",说明元杂剧中的表"经历"的"来"的功能已经出现了较为明显的专一化特征。

　　明代"来"延续了元代"来"的主要用法,我们在《三国演义》中共找到 8 个"来"表示"经历"的用例:

　　[580] 今曹操屯兵于江汉,有下江南之意。问诸文武,或欲降者,或欲战者。欲待战来,恐寡不敌众;欲待降来,又恐曹操不容:因此犹豫不决。(三国演义)

　　[581] 关公曰:"壮士何处曾识关某来?"(三国演义)

　　[582] 肃与贤弟少得相见;令尊却常会来。(三国演义)

　　[583] 吾乃常山赵子龙也! 奉令特来接军师。你如何来追赶? 本待一箭射死你来,显得两家失了和气。——教你知我手段! (三国演义)

　　[584] 正哭间,有一随行老军,听得哭声不绝,于门外告曰:"夫人休哭,主人现在河北袁绍处。"夫人曰:"汝何由知之?"军曰:"跟关将军出征,有人在阵上说来。"(三国演义)

　　[585] 延曰:"玄德在袁绍处,绍乃丞相仇人,如何容公去?"公曰:"昔日曾言定来。"(三国演义)

　　[586] 操教唤出庆童对证。子服曰:"汝于何处见来?"(三国演义)

　　例 [580]—[580] 中 5 个"来"均可明确认定为"曾然"标记,相当于现代汉语中的"来着";例 [584]—[586] 中 3 个"来"似乎是理解为"过"或"来着"均可。从数量来看,"来"确定性表示"曾然"的用例占绝对优势。说明"来"在明代的功能已基本稳定,这为进一步朝"来着"方向发展提供了可能。

关于"来着"产生的时间,目前尚未发现明确的线索。现有的研究成果都确认清代早期"来着"已经基本上代替"来"有着比较广泛的使用。从"来着"在《红楼梦》和《儿女英雄传》中的表现来看,清代"来着"的发展已经相当成熟了,但此前的文献很难找到体现其发展早期情况的用例,其源头起于何时一直是个迷。从书面表现形式来看,《老乞大》中就出现少量"来"和"着"连用的用例,如:

> [587] A.恁主人家就与俺买去。买着一斤肉者。休要底似肥的,带肋条肉买者。大片儿切着。将来爨者。(古本老乞大)
>
> B.你主人家就与我买去。买一斤肉着。休要十分肥的。带肋条的肉买着。大片儿切着。炒将<u>来着</u>。(老乞大谚解)
>
> C.你主人家就与我买去。买一斤肉。不要十分肥的。带肋条的就好。大片切着。炒来吃罢。(老乞大新译)
>
> D.主人家,你替我买去。买一斤肉。不要十分肥的。带肋条的就好。大片切着。炒来吃罢。(重刊老乞大谚解)
>
> [588] A.恁两个去睡些个。到那里时教那个伴当<u>来着</u>。(古本老乞大)
>
> B.你两个去睡些个。到那里时教那个火伴<u>来着</u>。(老乞大谚解)
>
> C.换你两个去睡一睡。到那时候。教那个火伴来。(老乞大新释)
>
> D.你两个去睡一睡。到那里,就教那个火伴来。(重刊老乞大谚解)
>
> [589] A.恁两个到这里多少时也。俺才到这里。恰待寻恁去来。你却来了。店在那里。兀那西头有。行李都搬入来者。(古本老乞大)
>
> B.你两个到这里多少时。我才到这里。待要寻你去来。你却来了。店在那里。那西头有。行李都搬入<u>来着</u>。(老乞大谚解)
>
> C.你两个到这里多少时候了。我们才到这里。刚要寻你去。你却来了。店在那里。在那西头有。行李都搬进来。(老乞大新译)
>
> D.你两个到这里多少时候。我们才到这里。待要寻你去。你却来了。店在那里。在那西头。行李都搬进来。(重刊老乞大谚解)

这3组例句中的B例均为"来""着"连用,不过,各自对应的A例表现却各不相同,除例[588]外,其余两例并不一致。从例[587]A中"来"和"着"之间插入了一个"爨"来看,"来着"应该是一个松散的结构;例[589]

中对应"着"的位置用的是"者"字,"者"在元杂剧中常用作语气词,表示一种祈使的语气,上述三组例子实际上都是祈使句,依此判断,各组出现在 B 中的"着"应该是独立表祈使的语气词,和后来的表事态的助词"来着"中的"着"关系不大,各组 D、C 用例中相应位置"着"均未出现就说明"着"和其前面的"来"的同现没有强制性,"来"是表示趋向的动词。《金瓶梅词话》中也有类似的用例:

[590] 姑子道:"我知道,等我替你老人家讨了这符药<u>来着</u>。"

[591] 等坐胎之时,你明日稍了朱砂符儿<u>来着</u>,我寻匹绢与你做钟袖。

这两个例句都是表示"未然"的句子,因此句子中的"来着"与"曾然"体标记"来着"仅仅是书面形式上的偶合。从我们手头掌握的元明时期的文献中我们未发现明确的"来着"作为"曾然"标记的用例,只找到两个疑似用例:

[592](正末唱)坏了买卖也,他则一脚踢破我蛇皮鼓。(云)俺哥哥说<u>来着</u>,我忍事饶人。(张月中,王钢主编《全元曲·鲁智深喜赏黄花峪》1996 版)

[593] 小厮道:"还是为那珠子,老爹去求签打卦,都说今日有个贵人送<u>来着</u>。我们四处去迎接,从早到此刻也没见个影儿,叫吃了饭还到大路上去等哩。快些,快些!"(明珠缘第六回)

例 [592] 是元杂剧中的用例,例 [593] 则是出自明末的作品。从句意来看,这两个用例都表示"曾然",不过,例 [593]"来着"中的"来"的趋向义比较明显,表事态范畴义的成分似乎只是"着"(或者勉强解释为"来着"因和前面的"来"重复而省略成"着"),例 [592] 中"来着"按照此种标点方式分析成事态助词应该说没大问题,然而我们又在其他版本中找到了另外的标点方式:

[592]′(正末唱)坏了买卖也,他则一脚踢破我蛇皮鼓。(云)俺哥哥说来,着我忍事饶人。(徐征,张月中,张圣洁,奚海主编《全元戏曲》)

此种标点方式将"来"和"着"分开了,且从语感来看,这样标点似乎更符合元杂剧的语言特点。因此,光有例 [593] [593] 这样的特例还不足以说明元明时期就有"来着"使用的证据。目前,人们在探讨"来着"的历时发展时都只能从清代的用例入手。

从助词发展的系统连贯性来看,"来着"应该是由"来"发展而来的,这是目前学界的共识,我们可以从《老乞大》的版本演变中看出其中的联系。"来着"主要出现在《老乞大新释》中,共四现:

[594] 阿哥你打那里来。我从朝鲜王京来。这回儿那里去。我往北京去。你多站在王京起身来着。我在这个月初一日间离了王京。(老乞大新释)

[595] 你却是朝鲜人。怎么能说我们的官话呢。我在中国人根前学书来着。所以些须知道官话。你跟着谁学书来着。我在中国人学堂里学书来着。(老乞大新释)

例 [594] [595] 中出现的四个"来着"均表示"曾然",其他三个版本中相应的例句为:

[594]′ A.伴当恁从那里来。俺从高丽王京来。如今那里去。俺往大都去。恁几时了王京。俺这月初一日离了王京。(古本老乞大)

B.大哥你从那里来。我从高丽王京来。如今那里去。我往北京去。你几时离了王京。我这月初一日离了王京(老乞大谚解)

D.大哥你从那里来。我从高丽王京来。如今那里去。我往北京去。你几时在王京起身来着。我在这个月初一日离了王京。(重刊老乞大谚解)

[595]′ A.恁是高丽人。却怎么汉儿言语说的好有。俺汉儿人(上) 学文书来的上头。些小汉儿言语省的有。你谁根底(学) 文书来。我在汉儿学堂里学文书来。(古本老乞大)

B.你是高丽人。却怎么汉儿言语说的好。我汉儿人上学文书。因此上。些少汉儿言语省的。你谁根底学文书来。我在汉儿学堂里学文书来。(老乞大谚解)

D.你却是朝鲜人。怎么能说我们的官话。我在中国人根前学书来。所以些须知道官话。你跟着谁学书来。我在中国人学堂里学书来。(重刊老乞大谚解)

例 [594]′ A、B 两例用的都是"已然"的句子,未用"曾然"标记,说明元明时期这两个范畴存在边界不清的状况;例 [595]′ A、D 两例中相应的三个位置均用了"来",B 例中有两个相应位置用了"来",充分说明"来着"是在"来"的基础上发展而来。

与《老乞大新释》处于同一时期的清代前期的北京话作品中,"来着"使用已经十分普遍了,如:

[596] 贾母道:"我刚才听见你叔叔说你对的好对子,师父夸你来着。"(红楼梦)

[597] 我问那道婆来着:'师父怎么不受用?(红楼梦)

[598] 那一遭儿你这么小心来着!(红楼梦)

[599] 二奶奶跟前你也这么没眼色来着?(红楼梦)

[600] 凤姐道:"好的时侯好象空中有人说了几句话似的,却不记得说什么来着。"(红楼梦)

[601] 这书子我不还求大爷你念给我听来着么! 如今我求他去。(儿女英雄传)

[602] 安公子说:"哭了这半日了,方才还像是拌嘴似的来着,我只道是街坊家呢。"(儿女英雄传)

[604] 这公婆自然就同父母一样,你见谁提起爸爸、妈妈来也害羞来着?"(儿女英雄传)

这些用例中的"来着"的用法和现当代汉语中的用法基本一致了,不过我们在《红楼梦》中还找到如下一些用例:

[605] 我问你:老太太那里打发人来说什么来着没有?"(红楼梦)

[606] 宝玉因问道:"妹妹这两日弹琴来着没有?"(红楼梦)

[607] 金桂的母亲接说道:"益发胡说了,若是要药香菱,为什么倒药了自己呢?"宝钗便问道:"香菱,昨日你喝汤来着没有?"(红楼梦)

[608] 后来我也睡了,不知二爷还说来着没有。(红楼梦)

[609] 劈头见了珍珠,说:"你见鸳鸯姐姐来着没有?"珍珠道:"我也找他,太太们等他说话呢。(红楼梦)

这些用例中"来着"后面用"没有"来构成正反问形式,是这一时期特有的用法。我们通过 CCL 语料库对现当代文学作品进行检索,只在老舍20 世纪二三十年代发表的作品中发现两个用例:

[610]"老赵,你别小看人!我问你,昨天你和欧阳在一块儿来着没有?"(赵子曰)

[611]唠着,又把手绢丢了!及至发觉了手绢在手中,便问人家:昨天下雨来着没有?(小坡的生日)

但在当代文学作品中竟无一例这样的用法,这说明从清代至今,"来着"的功能还经历了一个缩减的过程。

四、小 结

通过上文考察,可以看出,汉语的"经历"范畴经历了四个发展阶段:宋代以前为早期阶段,这个阶段中"曾经"义和"曾然"义没有明显的界线,标记手段统一使用"来";宋代为范畴分化期,表现为"曾经"标记"过"的产生,不过"来"仍然是表示"曾经"的主要手段;元明时期为"曾经"和"曾然"对立形成期,这个阶段"来"基本退出"曾经"范畴标记领域,形成了"来"和"过"的功能对立;清代为"经历"范畴的完成期,"来着"代替"来"成为"曾然"范畴的标记,这样现代汉语中出现的"过"和"来着"的对立,在近代末期基本实现。

第六节 结 束 语

以往人们对汉语动态范畴的研究,主要是从形式分析的角度入手,关注动态助词的共时表现或历时的语法化状况,说到底,就是关注各个范畴标记的句法表现。和已有的成果不同,本课题研究重点关注各动态范畴的形成过程,因此以范畴义的形成和发展为主要切入点,关注其与标记手段的互动发展,将动态助词的语法化统一纳入到动态范畴的发展中去考察。我们认为,汉语的动态范畴是从无到有,逐步发展起来的,和所有语法范畴的形成和发展一样,都经历了语法意义的类聚和抽象的过程,同时伴随着语法标记形式的选择和标记手段的语法化,二者相互依存并且互动发展,其中范畴义是核心和相对稳定的因素,形式标记除了受意义的选择性影响之外还要受到语法符号系统自身发展的制约,因而相对活跃,故本研究以语法意义的同一性为观察点,以此来判断形式符号的标记性质。在以往的研究中,研究者多从句法的角度出发,将汉语的动态范畴标记分为动态助词和事态助词两大类。我们认为,动态助词和事态助词的区别仅仅是句法上的管辖范围的问题,从动态范畴标记的角度来考察,重点要看其表达的范畴意义是否具有一致性,如关于"了"的分合问题,学界目前通行的做法是分成"了1"和"了2",将"了1"定义为动态助词、"了2"定义为事态助词,我们认为二者只是句法上的辖域不同而已,"了1"只管辖动词,"了2"则管辖全句,从语法意义来看,二者没有实质的不同。再比如关于"过2"和"来着",学界一般都认为它们是表示"经历"的助词,区别在于"过2"是动态助词,"来着"是事态助词,对二者在语法意义上的差别不再做进一步的深究,我们在考察后发现,虽然同是表"经历",但"过2"表现的是曾经"发生或存在",而"来着"则强调曾经"完成或实现",因此将它们划成"曾经"体和"曾然"体两个次范畴。我们认为以语法意义为基点来考察汉语动态范畴的发展变化情况,可以达到简单性和明确性的统一。

　　汉语发展的历时事实表明,从总体上看,汉语动态范畴萌芽于魏晋时期,经过由唐至宋的发展,到元明时期逐渐成熟。不过从来源来看,各范畴的发展不仅在时间上先后不一,其发展路径也是各不相同的。"经历"范畴出现最早,其来源也较为单一,但发展到宋代以后则出现了分化,到元代则出现了"曾经"和"曾然"的互补对立,经历了由合到分的过程;"已然"范畴在唐初开始萌芽,但早期来源却出现多头并进的情况,从范畴义的形成来看,宋以前的已然范畴标记或多或少带有与来源有关的动相义,因而抽象程度不高,至宋代,由于标记词"了"的发展趋于成熟,该范畴逐渐由多头标记向单一标记靠拢,至元明以后成为意义高度概括、形式标记统一的范畴,经历的是一个由分到合的发展路径;"持续"范畴的发展则一直比较稳定,其发展历程可以通过"着(著)"语法化过程加以描绘,尽管在整个发展过程中出现过别的词语充当标记手段的现象,那都是与这些词语当时语法化尚不成熟以致其功能不明确有关,尚不足以证明"持续"范畴还有另外的来源,同时因为来源稳定,该范畴的发展反而缓慢,直到明代中后期才稳定下来。

　　如果从汉语动态范畴标记的发展来看,几乎所有的标记词都出现过跨范畴充当标记手段的现象,这一方面说明这些词语在语法化过程中自身的功能尚不固定,但同时也恰恰说明,汉语动态范畴的发展长期处于系统调整过程之中,各范畴早期的意义是混沌的,范畴之间边界也是模糊的,经过了长期的发展才成为意义明晰、标记手段明确独立范畴。如果放大视野,则可以把动态范畴的这种系统调整,看成是整个汉语语法体系调整的一部分,从中可以探究出汉语语法发展的一般规律。

　　另外,还有一个有意思的现象是,在汉语动态范畴发展的隋唐以前的早期阶段,我们能找到的语料大多出现在佛经或与佛教有关的白话文献中,而在普通口语文献作品中则非常少见,这是否说明汉语动态范畴的形成并非完全因为自身系统的发展需要而是另有动因？蒋绍愚先生指出，汉语"绝对分词（即我们所说的'先时'范畴）"标记"已"的出现是由于对梵语佛经翻译的需要，那么，汉语动态范畴的形成是否与汉语和梵语的接触有关？还有，纯粹因"翻译的需要"而产生的先时范畴始终发育不良，在后来的发展中消失了，建立在汉语固有词语语法化基础上形成的各动态范畴则大多逐渐发展成熟，是否说明即使汉语动态范畴的发展受到某种外在因素的触动，而其真正的动因仍是满足内在的发展需要，必须符合汉语发展内部机制？对于这些问题，我们目前尚无充分的材料和证据加以说明，但若能进一步进行探讨，可能也是十分有意义的。

参 考 文 献

白钟怡：《〈原来乞老大〉与〈儒林外史〉"了""着""过"比较研究》，黑龙江大学出版社 2012 年版。

鲍红：《安徽安庆方言"着"的虚词用法》，《方言》2007 年第 3 期。

毕艳娟：《"着(zhe)"的意义系统研究》，华东师范大学硕士论文，2011 年。

卞知美：《韩国留学生动态助词"着"的习得情况考察》，复旦大学硕士论文，2012 年。

边美仙：《中高级阶段韩国留学生动态助词"着"的偏误分析》，《语文知识》2012 年第 1 期。

蔡永贵：《关于汉语"时态"的表现形式的分析》，《宁夏教育学院银川师专学报》1996 年第 2 期。

常晓雁：《〈老乞大〉〈朴通事〉两书中的副词"却"》，《怀化师专学报》1997 年第 1 期。

曹茜：《〈正红旗下〉中动态助词"了"计量考察》，《安徽文学》2004 年第 4 期。

曹炜：《〈金瓶梅词话〉中的动态助词》，《古汉语研究》2002 年第 3 期。

曹广顺：《〈祖堂集〉中底(地)却(了)着》，《中国语文》1986 年第 3 期。

曹广顺：《语气词"了"源流浅说》，《语文研究》1987 年第 2 期。

曹广顺：《魏晋南北朝到宋代"动＋将"结构》，《中国语文》1990 年第 2 期。

曹广顺：《近代汉语助词》，语文出版社 1995 年版。

曹广顺：《试论汉语动态助词的形成过程》，《汉语史研究集刊》2002 年第 2 期。

曹小云：《〈型世言〉中的"VO 过"》，《语文研究》2000 年。

曹延杰：《山东庆云方言助词"着"及"的着"》，《德州学院学报》2008 年第 5 期。

巢颖：《〈三遂平妖传〉助词研究》，华东师范大学硕士学位论文，2005 年。

陈刚：《试论"着"的用法及其与英语进行体的比较》，《中国语文》1980 年第 1 期。

陈刚：《关于"没 V 了 1"式》，《中国语文》1985 年第 5 期。

陈刚：《试论"动—了—趋"式和"动—将—趋"式》，《中国语文》1987 年第 4 期。

陈敏：《现代汉语助词"着、了、过"的演变》，《安徽文学》2009 年第 3 期。

陈平：《论现代汉语时间系统的三元结构》，《中国语文》1988 年第 2 期。

陈琴：《动态助词"过"在三套初级对外汉语教材中的编排与分析》，华中师范大学硕士论文，2013 年。

陈姝：《〈明清民歌时调集·山歌〉中的"子"字分析》，《湖南民族职业学院学报》2013 年第 1 期。

陈忠：《"着"的语义特征对其句法分布规律的制约》，《云南师范大学学报》2003 年第 4 期。

陈忠：《图式结构制约下的"过"和"了"功能异同考察》，《东岳论丛》2007 年第 9 期。

陈宝勤：《试论"着"的语法化过程》，《语文研究》2006 年第 1 期。

陈彩蒂：《浅析动态助词"了"的语法意义和句法位置》，《牡丹江大学学报》2007 年第 10 期。

陈春燕：《对外汉语教学助词"了"的选项与排序研究》，暨南大学硕士论文，2011 年。

陈芳芳：《〈红楼梦〉的动态助词研究》，福建师范大学硕士论文，2013 年。

陈凤霞：《现代汉语体范畴研究》，南开大学博士学位论文，2002 年。

陈广艳：《动态助词"着"的对外汉语教学设计》，《池州师专学报》2000 年第 2 期。

陈国良：《现代汉语时制表达及相关问题》，东北师范大学硕士学位论文，2005 年。

陈国亭、陈莉颖：《汉语动词时、体问题思辩》，《语言科学》2005 年第 4 期。

陈静思：《过去时里"了1"使用情况考察》，吉林大学硕士学位论文，2005 年。

陈翰文：《动态助词"过"的次结构与教学语法排序》，《暨南大学华文学院学报》（华文教学与研究）2009 年第 4 期。

陈立民：《汉语时态和时态成分》，《语言研究》2002 年第 3 期。

陈立民：《时间的两种相对切分方式和"着"的语法意义》，《语言教学与研究》2006 年第 6 期。

陈前瑞：《动词重叠的情状特征及其体的地位》，《语言教学与研究》2001 年第 4 期。

陈前瑞：《〈词汇体与语法体的语义和语用模式〉评述》，《当代语言学》2001 年第 3 期。

陈前瑞：《汉语反复体的考察》，商务印书馆 2002 年版。

陈前瑞：《汉语体貌系统研究》，华中师范大学博士学位论文，2003 年。

陈前瑞：《汉语内部视点体的聚焦度与主观性》，《世界汉语教学》2003 年第 4 期。

陈前瑞：《当代体貌理论与汉语四层级的体貌系统》，《汉语学报》2005 年第 3 期。

陈前瑞：《"来着"的发展与主观化》，《中国语文》2005 年第 4 期。

陈前瑞：《"来着"补论》，《汉语学习》2006 年第 1 期。

陈前瑞：《汉语体貌研究的类型学视野》，商务印书馆 2008 年版。

陈前瑞、王继红：《句尾"来"体貌用法的演变》，《语言教学与研究》2009 年第 4 期。

陈前瑞：《完成体与经历体的类型学思考》，《外语教学与研究》2016 年第 6 期。

陈庆汉：《"着""了"连用质疑》，《语文建设》2003 年第 4 期。

陈若蕾：《浅析"了、着、过"在宾语位置上呈现的相对时功能》，《韶关学院学报》2007 年第 11 期。

陈淑萍：《安徽贵池方言中的虚词"着"》，《池州学院学报》2012 年第 4 期。

陈思芮：《汉语实词虚化中的语义俯瞰——以"了"为例》，《天津市经理学院学报》2010 年第 6 期。

陈望道（署名复旦大学语言研究室）：《汉语提带复合谓语的探讨》，上海人民出版社 1973 年版。

陈小红：《助词"过"辨析》，《怀化学院学报》2007 年第 9 期。

陈晓锦、林俐：《广州话的动态助词"过"》，《暨南学报》（哲学社会科学版）2006 年第 4 期。

陈艳阳：《论"着"的语法化》，《株洲师范高等专科学校学报》2004 年第 4 期。

陈泽平：《试论完成貌助词"去"》，《中国语文》1992 年第 2 期。

陈志强：《〈老乞大〉"将"的初探》，《广西师范学院学报》1988 年第 1 期。

楚艳芳：《从敦煌变文看"却"的语法化过程》，《语言应用研究》2008 年第 6 期。

崔红叶、郑敏芳：《汉语助词"了1"的英译》，《重庆三峡学院学报》2015 年第 5 期。

崔山佳：《近代汉语中已有"姓＋了"的说法》，《中国语文》1995 年第 2 期。

崔山佳：《近代汉语中的"VO 过""V 得 O 过"和"V 得 O 着"》，《张家口职业技术学院学报》2001 年第 4 期。

崔希亮：《事件情态和汉语的表态系统》，《第十二次现代汉语语法学术讨论会论文》，2002 年。

戴耀晶：《现代汉语短时体的语义分析》，《语文研究》1993 年第 2 期。

戴耀晶：《"了"在表示未来意义句子中的用法》，语文出版社 1994 年版。

戴耀晶：《动词后的"着"和"过"的语义分析》，河南大学出版社 1995 年版。

戴耀晶：《现代汉语时体系统研究》，浙江教育出版社 1997 年版。

邓守信：《汉语动词的时间结构》，《语言教学与研究》1985 年第 4 期。

邓芸芸：《中高级阶段泰国留学生使用"了"的偏误研究》，广西大学硕士论文，2013 年。

刁晏斌：《近代汉语"把"字句与"将"字句的区别》，《辽宁师范大学学报》1993 年第 1 期。

丁蓉：《动态助词"了"的隐匿规律与对外汉语教学》，湖南师范大学硕士论文，2008 年。

丁丽静：《关于对外汉语教学"了"字的再次研究》，《语言研究》2011 年第 8 期。

丁加勇：《说"着"的持续义》，《常德师范学院学报》2000 年第 3 期。

丁加勇：《汉语方言句末"着"的类型学考察》，《常德师范学院学报》2003 年第 1 期。

丁声树等：《现代汉语语法讲话》，商务印书馆 1961 年版。

董晓娇：《析动词带"过"的"把"字句》，《语文学刊》2012 年第 6 期。

杜道流：《关汉卿杂剧中的动态系统》，《戏曲研究》2007 年第 3 期。

杜道流：《〈金瓶梅词话〉中助词"的"的用法》，《淮北煤炭师范学院学报》2007 年第

6 期。

　　杜家俊：《汉语助词"了"是事态标记》，上海外国语大学硕士论文，2012 年。

　　方梅：《从"V 着"看汉语不完全体的功能特征》，《语法研究和探索》（九），商务印书馆 2000 年版。

　　房玉清：《从外国学生的病句看现代汉语的动态范畴》，《语言教学与研究》1980 年第 3 期。

　　房玉清：《动态助词"了""着""过"的语义特征及其用法比较》，《汉语学习》1992 年第 1 期。

　　房玉清：《实用汉语语法》，北京语言学院出版社 1992 年版。

　　费春元：《说"着"》，《中国语文》1992 年第 2 期。

　　冯爱军：《确山方言动态助词"了"及相关问题研究》，天津师范大学硕士论文，2008 年。

　　冯春田：《近代汉语语法问题研究》，山东教育出版社 1991 年版。

　　冯春田：《〈朱子语类〉"得""了""着"的主要用法分析》，《宋元明汉语研究》，山东教育出版社 1994 年版。

　　冯素文：《美国学生汉语助词"了"的习得过程研究》，南京大学硕士论文，2013 年。

　　傅书灵：《〈歧路灯〉中的动态助词"的"》，《安阳师范学院学报》2006 年第 6 期。

　　盖晓伟：《少数民族学生动态助词"了"的偏误研究》，《现代语文》2009 年第 7 期。

　　干红梅：《再谈"来着"》，《四川师范大学学报》2004 年第 5 期。

　　高霞、曹晓宏：《现代汉语"了"、"着""过"的相关研究综述》，《楚雄师范学院学报》2011 年第 4 期。

　　高霞、曹晓宏：《汉英的时制对比与汉语动态助词"着"》，《楚雄师范学院学报》2013 年第 10 期。

　　高霞、曹晓宏：《汉英的时制对比与汉语动态助词"过"的时间表达》，《楚雄师范学院学报》2014 年第 4 期。

　　高宏伟、孙志祥：《从动态助词"着"的英译看汉语的"时"问题》，《沈阳农业大学学报》（社会科学版）2008 年第 9 期。

　　高名凯：《汉语语法论（1948）》，商务印书馆 1986 年版。

　　高顺全：《体标记"下来""下去"补议》，《汉语学习》2001 年第 3 期。

　　高顺全：《从语法化的角度看语言点的安排——以"了"为例》，《语言教学与研究》2006 年第 5 期。

　　高玉敏、卢冀峰：《汉语里的完成体和动态助词"了"的关系》，《现代语文》2009 年第 7 期。

　　顾阳：《时态、时制理论与汉语时间参照》，《语言科学》2007 年第 4 期。

　　郭锐：《汉语动词的过程结构》，《中国语文》1993 年第 6 期。

郭锐:《过程与非过程——汉语谓词性成分的两种外在时间类型》,《中国语文》1997
年第 3 期。

郭锐:《汉语谓词性成分的时间参照及其句法后果》,《世界汉语教学》2015 年第
4 期。

郭伏良、张素芹:《日本学生学习动态助词"了"的常见偏误与分析》,《日本问题研
究》2007 年第 3 期。

郭燕慧:《祁县话、北京话"了"的研究》,首都师范大学硕士论文,2008 年。

巩磊:《基于对外汉语教学的动态助词"过"的研究》,《商》2014 年第 11 期。

龚千炎:《现代汉语的时制表示和时态表达系统》,《中国语文》1991 年第 4 期。

龚千炎:《汉语的时相时制时态》,商务印书馆 1995 年版。

哈里得:《苏丹学生习得动态助词"了"的偏误分析——基于阿语汉语完成态的对
比》,西北师范大学,2013 年。

何融:《汉语动词词尾"将"的研究》,《中山大学学报》1955 年第 1 期。

何文彬:《试论"了 1"的意义层次》,《哈尔滨师范大学学报》2012 年第 2 期。

贺卫国:《"VV 着"格式的初步考察》,《语言教学与研究》2007 年第 6 期。

胡柳映:《试论动态助词"过"对把字句句式的影响》,《艺术科技》2015 年第 2 期。

胡明扬主编:《汉语方言体貌论文集》,江苏教育出版社 1996 年版。

胡明扬:《〈西游记〉助词》,《语言研究》1989 年第 1 期。

黄革:《〈水浒传〉中的"却"》,《广西师范大学学报》(哲学社会科学版)1998 年第
3 期。

黄小平:《浅析宁都客家话中"掉"与"过"的特殊用法》,《经济与社会发展》2005 年
第 2 期。

黄亚兰:《湖北天门方言里几种特殊的"了"字用法》,《才智》2008 年第 4 期。

侯友兰、徐阳春:《"V1 着 V1 着……V2……"句式语法语义分析》,《语言教学与研
究》2002 年第 5 期。

蒋绍愚:《〈元曲选〉中的把字句》,《语言研究》1999 年第 2 期。

蒋绍愚、江蓝生:《近代汉语研究》,商务印书馆 1999 年版。

蒋绍愚:《〈世说新语〉〈齐民要术〉〈洛阳伽蓝一记〉〈贤愚经〉〈百喻经〉中的
"已""竟""讫""毕"》,《语言研究》2001 年第 1 期。

蒋绍愚:《动态助词"着"的形成过程》,《周口师范学院学报》2006 年第 1 期。

焦迪:《"了 1"与"了 2"共现的句式研究》,吉林大学硕士论文,2007 年。

金昌吉、张小萌:《现代汉语时体研究述评》,《汉语学习》1998 年第 4 期。

金洪臣:《"过"的语法化研究》,黑龙江大学硕士论文,2013 年。

金立鑫:《"S 了"的时体意义及其句法条件》,《语言教学与研究》2003 年第 2 期。

金立鑫:《词尾"了"的时体意义及其句法条件》,《世界汉语教学》2002 年第 5 期。

金立鑫：《动词后"了"的时体意义及其句法条件》，《世界汉语教学》2002年第1期。

金廷恩：《"体"成分的完句作用考察》，《汉语学习》1999年第2期。

靳乐乐：《浅析馆陶方言中与"着"有关的几个问题》，《现代汉语》2014年第1期。

竟成：《谈谈"了"和"过"》，《汉语学习》1985年第4期。

竟成：《关于动态助词"了"的语法意义问题》，《语文研究》1993年第1期。

竟成：《汉语的成句过程和时间概念的表述》，《语文研究》1996年第1期。

竟成主编：《汉语时体系统国际研讨会论文集》，百家出版社2004年版。

康健：《"二拍"中动态助词"着"的功能探析》，《内江师范学院学报》2006年第3期。

康健：《"二拍"中动态助词"着"的句法分布及特殊句式的考察》，《乐山师范学院学报》2005年第9期。

孔令达：《关于动态助词"过1"和"过2"》，《中国语文》1986年第4期。

孔令达：《"VP＋过"的功能》，《安徽师范大学学报》2005年第6期。

寇鑫楠：《对外汉语教材动态助词"着"的考察》，复旦大学硕士论文，2013年。

蓝文思：《助词"着"使用偏误及对外汉语教学设计》，《贵州师范大学学报》2008年第5期。

黎锦熙：《新著国文文法（1924）》，商务印书馆1982年版。

黎天睦：《论"着"的核心意义》，北京语言学院出版社1994年版。

李梅、赵卫东：《现代汉语中体的最简方案分析》，《外国语言文学》2008年第1期。

李泉：《敦煌变文中的助词研究》，《语言研究》1992年第1期。

李蕊：《对留学生"着"习得情况的调查分析》，《云南师范大学学报》2004年第1期。

李迅：《"形容词＋动态助词'了'"结构的多角度研究》，《阿坝师范高等专科学院学报》2004年第3期

李迅：《"形容词＋动态助词'了'"结构的研究》，南京师范大学硕士学位论文，2005年。

李迅：《"形容词＋了"结构的体特征》，《语文学刊》2013年第2期

李妍：《汉语完成体"过"研究》，北京语言大学硕士论文，2006年。

李永：《语法义素的凸显与动词的语法化》，《山东师范大学学报》2005年第5期。

李讷、石毓智：《论汉语体标记诞生的机制》，《中国语文》1997年第2期。

李莹、徐杰：《形式句法框架下的现代汉语体标记研究》，《现代外语》2010年第4期。

李爱红：《"来着"的意义和用法研究》，河南大学硕士学位论文，2003年。

李长丽：《"三言"动态助词研究》，福建师范大学硕士学位论文，2009年。

李崇兴：《〈祖堂集〉中的助词"去"》，《中国语文》1990年第1期。

李崇兴等：《元语言词典》，上海教育出版社1998年版。

李崇兴：《〈元典章·刑部〉中的"了"和"讫"》，《语言研究》2002年第4期。

李春梅：《〈逆录臣〉助词"着、了、过"功能探究》，《淮阴师范学院教育科学论坛》

2007 年第 1 期。

李国芳：《以英语为母语的留学生习得"了"的偏误分析》，华中师范大学硕士论文，2011 年。

李慧慧：《从语义、语法、语用三个层面认识"体"》，《经济与文化》2011 年第 7 期

李会荣：《委烦方言巾前虚词"看"和"了"》，《吕梁教育学院学报》2004 年第 1 期

李讷、石毓智：《论汉语体标记诞生的机制》，《中国语文》1997 年第 2 期

李秋菊：《存现句系列的研究》，首度师范大学硕士论文，2000 年。

李如龙：《〈动词的体〉前言》，香港中文大学吴多泰中国语文研究中心，1996 年。

李守江：《〈儿女英雄传〉动态助词研究》，山东师范大学硕士论文，2008 年。

李淑霞：《〈清平山堂话本〉动态助词研究》，四川师范大学硕士论文，2005 年。

李淑霞：《〈清平山堂话本〉中的动态助词"却"》，《佳木斯大学社会科学学报》2007 年第 2 期。

李泰洙：《〈老乞大〉四种版本语言研究》，语文出版社 2003 年版。

李铁根：《"了1""了2"区别方法的一点商榷》，《中国语文》1992 年第 3 期。

李铁根：《现代汉语时制研究》，辽宁大学出版社 1999 年版。

李铁根：《"了""着""过"与汉语时制的表达》，《语言研究》2002 年第 3 期。

李向农：《现代汉语时点时段研究》，华中师范大学出版社 1997 年版。

李小凡：《现代汉语体貌系统新探》，《载 21 世纪的中国语言学》（一），商务印书馆 2004 年版。

李小平：《河北方言中的语气助词"着"》，《河北师范大学学报》2014 年第 3 期。

李兴亚：《试说动态助词"了"的自由隐现》，《中国语文》1989 年第 5 期。

李艳华：《"V1 着 V2"的形式、关系与功能》，广西师范大学硕士论文，2008 年。

李宇明：《汉语的体与内在视点》，《21 世纪首届现代汉语语法国际研讨会论文》2001 年 2 月。

李宇明：《论"反复"》，《中国语文》2002 年第 3 期。

连晓磊：《二语习得中"了"的使用偏误及其教学策略》，青岛大学硕士论文，2011 年。

梁姣程：《从中古佛教译经看"着"语法化过程中的语法特征》，《铜仁学院学报》2015 年第 3 期。

梁伍镇：《论元代汉语〈老乞大〉的语言特点》，《民族语文》2000 年第 6 期。

梁银峰：《时间方位词"来"对事态助词"来"形成的影响及相关问题》，《语言研究》2004 年第 2 期。

梁银峰：《汉语事态助词"来"的产生时代及其来源》，《中国语文》2004 年第 4 期。

梁银峰：《汉语动相补语"来""去"的形成过程》，《语言科学》2005 年第 6 期。

梁忠东：《玉林话"着"字的意义和用法》，《玉林师范学院学报》2007 年第 6 期。

林恩玉:《对"了"在两套对外汉语教材中编排情况的考察与分析》,北京语言大学硕士论文,2008年。

林若望:《论现代汉语的时制意义》,(台)"国立"交通大学语言与文化研究所,2002年第3期。

林新年:《〈祖堂集〉动态助词研究》,厦门大学硕士论文,2004年。

林新年:《谈〈祖堂集〉"动1+了+动2"格式中"了"的性质》,《古汉语研究》2004年第1期。

林新年:《〈祖堂集〉"着"的语法化等级研究》,《福建师范大学学报》2004年第3期。

林新年:《试析唐宋时期"过"的语法化进程迟缓的原因》,《语言科学》2004年第6期。

刘蕙:《安徽巢湖方言完成体标记研究》,上海大学硕士学位论文,2011年。

刘林:《"来着"的语义性质和句法环境探讨》,《语言研究》2013年第2期。

刘平:《宜春话的语气助词"着"》,《语言研究》2002年第1期。

刘勇:《近代汉语助词"着""了"研究述略》,《泰山学院学报》2012年第4期。

刘春卉:《现代汉语时态歧义结构及时态区分手段》,《宁夏大学学报》2011年第9期。

刘丹青:《东南方言的体貌标记》,载张双庆主编《动词的体》,香港中文大学吴多泰中国语文研究中心,1996年。

刘丹青:《苏州方言的体范畴系统与半虚化体标纪》,载胡明扬主编《汉语方言体貌论文集》,江苏教育出版社1996年版。

刘改霞:《浅议"了"与"过"的几点特征》,《现代语文》2012年第8期。

刘公望:《〈老乞大〉里的"将"及"将"在中古以后的虚化问题》,《宁夏教育学院学报》1989年第3期。

刘公望:《〈老乞大〉里的助词研究》,《延安大学学报》1992年第2期。

刘海燕:《试论存在句中"了"和"着"的互换问题》,《重庆文理学院学报》2006年第1期。

刘坚等编:《近代汉语虚词研究》,语文出版社1992年版。

刘坚、曹广顺、吴福祥:《论诱发汉语词汇语法化的若干因素》,《中国语文》1995年第3期。

刘丽华:《动态助词"着"的对外汉语教学研究》,中南大学硕士论文,2007年。

刘丽萍:《浅析"V+着呢"与"adj+着呢"的语法意义》,《现代语文》2007年第12期。

刘宁生:《论"着"与相关的两个动态范畴》,《语言研究》1985年第2期。

刘宁生:《〈世说新语〉〈敦煌变文集〉中"着"之比较研究》,《南京师范大学学报》1985年第4期。

刘舒婷：《韩国学生汉语动态助词"着"的习得顺序研究》，《商业故事》2015 年第 7 期。

刘祥柏：《汉语方言体貌助词研究与定量分析》，《中国语文》2000 年第 3 期。

刘祥柏：《六安丁集话体貌助词"倒"》，《方言》2000 年第 2 期。

刘晓玲：《〈直说通略〉中的助词》，华中科技大学硕士论文，2004 年。

刘晓玲：《〈直说通略〉中的助词"得"》，《孝感学院学报》2008 年第 1 期。

刘勋宁：《现代汉语句尾"了"的来源》，《方言》1985 年第 2 期。

刘勋宁：《现代汉语词尾"了"的语法意义》，《中国语文》1988 年第 2 期。

刘勋宁：《现代汉语句尾"了"的语法意义及其与词尾"了"的联系》，《世界汉语教学》1990 年第 2 期。

刘勋宁：《现代汉语句尾"了"的语法意义及其解说》，《世界汉语教学》2002 年第 3 期。

刘义青：《句末助词"来（来着）"的演变研究》，河北师范大学硕士学位论文，2004 年。

刘月华等：《实用现代汉语语法》，外语教学与研究出版社 1983 年版。

刘月华：《动态助词"过 2""过 1""了 1"用法比较》，《语文研究》1988 年第 1 期。

刘子瑜：《唐五代时期的处置式》，《语言研究》1995 年第 2 期。

龙国富：《从中古佛经看事态助词"来"及其语法化》，《语言科学》2005 年第 1 期。

卢烈红：《〈古尊宿语要〉代词助词研究》，武汉大学出版社 1998 年版。

卢烈红：《〈全元散曲〉中的动态助词》，《苏州科技学院学报》2009 年第 1 期。

卢英顺：《谈谈"了 1"和"了 2"的区别方法》，《中国语文》1991 年第 4 期。

卢英顺：《现代汉语中的"延续体"》，《安徽师范大学学报》2000 年第 3 期。

陆俭明：《"着（zhe）"字补议》，《中国语文》1999 年第 5 期。

陆晓华：《〈型世言〉"VO 过""V 得 O 过"研究》，《滁州学院学报》2008 年第 2 期。

吕叔湘：《中国文法要略（1942）》，商务印书馆 1982 年（重印）。

吕叔湘主编：《现代汉语八百词》，商务印书馆 2000 年版。

罗国莹：《动态助词"了"在早期使用的异同》，《玉林师专学报》1994 年第 2 期。

马利：《〈歧路灯〉动态助词研究》，山东大学硕士论文，2006 年。

马莹：《对外汉语教学中助词"了"的教材编写内容考察与建议》，《湖北第二师范学院学报》2011 年第 4 期。

马清华：《汉语语法化问题的研究》，《语言研究》2003 年第 2 期。

马庆株：《汉语动词和动词性结构》，北京语言学院出版社 1992 年版。

马新娜：《陕北方言中"了"的特殊用法》，《语文学刊》2009 年第 6 期。

麦宇红：《动态助词"了"隐现缘由探微》，《龙岩师专学报》2003 年第 2 期。

梅祖麟：《现代汉语完成貌句式和词尾的来源》，《语言研究》1981 年（创刊号）。

梅祖麟:《汉语方言里虚词"着"字三种用法的来源》,《中国语言学报》1988年第3期。

梅祖麟:《唐宋处置式的来源》,《中国语文》1990年第3期。

梅祖麟:《梅祖麟语言学论文集》,商务印书馆2000年版。

孟浩:《〈老乞大〉中"将"的语法化研究》,山东大学硕士论文,2009年。

孟琮:《关于"着"的某些用法》,《中国语文》1963年第3期。

木霁弘:《〈朱子语类〉中的时体助词"了"》,《中国语文》1986年第4期。

木霁弘:《"过"字虚化的历史考察》,《思想战线》1989年第2期。

倪立民:《谈现代汉语时态助词"着"的发展趋势》,《杭州大学学报》1980年第4期。

苗东霞:《从维吾尔语反观汉语"着"的特点》,《中央民族大学学报》2009年第2期。

宁会灵:《〈庐山远公话〉"却"字浅析》,《现代语文》(语言研究版)2011年第4期。

潘泰:《现代汉语"没"与句中"了"的时体属性研究》,《武汉大学学报》2009年第3期。

潘维桂、杨天戈:《〈敦煌变文〉和〈景德传灯录〉中"了"字的用法》,载《语言论集(第一辑)》,中国人民大学出版社1980年版。

裴瑞玲:《〈搜神记〉完成体研究》,山西大学硕士学位论文,2004年。

彭睿:《共时关系和历时轨迹的对应——以动态助词"过"的演变为例》,《中国语文》2009年第3期。

彭臻、周小兵:《越南留学生汉语体标记"了1"习得研究——基于情状类型的考察》,《广西民族大学学报》2015年第1期。

彭小川、周芍:《也谈"了2"的语法意义》,《学术交流》2005年第1期。

彭育波:《"V1着V2"结构多角度研究》,华东师范大学硕士论文,2004年。

齐灿:《19世纪末南北京官话介词、助词比较研究》,北京外国语大学硕士论文,2014年。

祁晓倩:《"了1"和"了2"的语义相似性及对外汉语教学》,《乐山师范学院学报》2001年第5期。

乔全生:《山西方言的"V+将+来/去"结构》,《中国语文》1992年第1期。

钱睿:《〈云南农村戏曲集〉动态助词研究》,云南大学硕士论文,2013年。

钱乃荣:《体助词"着"不表示"进行"意义》,《汉语学习》2000年第4期。

钱学烈:《从王梵志诗和寒山诗看"了、得、着"的虚化》,《深圳大学学报》1993年第10期。

瞿建慧:《论"着(着)"语法化的南北差异》,《重庆邮电大学学报》(社会科学版)2007年第1期。

饶宏泉:《从时间推进的三个层面看体标记"了"的篇章功能》,《语言科学》2012年第4期。

任鹰:《静态存在句中"V了"等于"V着"现象解析》,《世界汉语教学》2000年第1期。

森基德玛:《蒙古国学生使用汉语动态助词"着"的偏误分析及其教学对策》,苏州大学硕士论文,2013年。

尚平:《"介词+着"现象考察》,《语言文字应用》2005年第9期。

尚新:《汉语时体研究中的若干问题献疑及对策》,《云南师范大学学报》2006年第1期。

尚来彬:《"进行——持续"范畴中"正(在)""在""着""呢"句法、语用分析》,延边大学硕士论文,2005年。

沈阳、玄玥:《"完结短语"及汉语结果补语的语法化和完成体标记的演变过程》,《汉语学习》2011年第1期。

沈家煊:《"语法化"研究综观》,《外语教学与研究》1994年第4期。

沈家煊:《"有界"与"无界"》,《中国语文》1995年第5期。

沈家煊:《语言的"主观性"和"主观化"》,《外语教学与研究》2001年第4期。

沈开木:《"了"的探索》,《语言教学与研究》1987年第2期。

石锓:《近代汉语中几个特殊的时体助词》,《丝路学刊》1995年第3期。

石锓:《浅谈助词"了"语法化过程中的几个问题》,巴蜀书社2000年版。

石文雯:《汉语"过"的语法化研究》,四川师范大学硕士论文,2013年。

石兴慧:《关于"V着AP"》,延边大学硕士论文,2003年。

石毓智:《论现代汉语的"体"范畴》,《中国社会科学》1992年第6期。

石毓智:《汉语的领有动词与完成体的表达》,《语言研究》2004年第6期。

石毓智:《论汉语的进行体范畴》,《汉语学习》2006年第3期。

石兴慧、王林、董敏:《"V着AP"结构分析》,《唐山学院学报》2007年第4期。

史冠新:《普方古视角下的"了1""了2""了3"研究》,《东方论坛》2006年第3期。

宋金兰:《汉语助词"了""着"与阿尔泰语言的关系》,《民族语文》1991年第6期。

宋玉柱:《关于"着、了、过"语法单位的性质问题》,《语文学习》1983年第5期。

宋玉柱:《经历体存在句》,《汉语学习》1991年第6期。

帅志嵩:《八十年代以来汉语时制研究的新进展》,《汉语学习》2002年第4期。

税昌锡:《基于事件过程结构的"了"语法意义新探》,《汉语学报》2012年第4期。

税昌锡:《汉英事态范畴的类型学比较》,《国际汉语学报》2013年第2期。

税昌锡:《汉语动词的事态结构》,《国际汉语学报》2015年第6期。

税昌锡:《"过"的时体义与经历事态标示功能》,《华文教学与研究》2015年第2期。

苏建军:《甘肃通渭话中的虚词"着"》,《语文学刊》2010年第6期。

孙斐:《浅论事态助词"来"的产生》,《科技信息》2009年第31期。

孙鑫:《对留学生的"了"的习得偏误分析》,上海外国语大学硕士论文,2013年。

孙朝奋:《再论助词"着"的用法及其来源》,《中国语文》1997 年第 2 期。

孙立新:《关中方言"了"字初探》,《唐都学刊》2011 年第 4 期。

孙英杰:《现代汉语体系统研究》,北京语言大学博士学位论文,2006 年。

太田辰夫:《中国历史文法》,北京大学出版社 1987 年版。

谭枝宏:《〈儿女英雄传〉助词"着"的使用》,《安庆师院学报》1987 年第 4 期。

谭枝宏:《〈儿女英雄传〉中的"却"》,《广西师范大学学报》1998 年第 3 期。

陶贞安:《〈红楼梦〉前十回"了"字分析》,《九江学院学报》2007 年第 4 期。

滕小毛:《麻阳话"着"字研究》,湘潭大学硕士论文,2013 年。

田丽娜:《"了"(le) 的几个问题研究综述》,东北师范大学硕士论文,2009 年。

田玉英:《现代汉语常用助词研究》,西北师范大学硕士论文,2009 年。

万波:《现代汉语体范畴研究评述》,《江西师范大学学报》1996 年第 1 期。

万国鹏:《动态助词"着"的英译研究》,《剑南文学》2012 年第 10 期。

王健:《汉语方言中的两种动态范畴》,《方言》2005 年第 3 期。

王健:《从苏皖方言体助词"着"的表现看方言接触的后果和机制》,《中国语文》2008 年第 1 期。

王力:《中国现代语法》,商务印书馆 1981 年版。

王力:《中国语法理论》,中华书局 1957 年版。

王力:《汉语史稿》,中华书局 1980 年版。

王娇:《动态助词"过"的语法化过程》,《现代语文》2008 年第 9 期。

王淇:《〈儒林外史〉动态助词研究》,山东师范大学硕士论文,2014 年。

王倩:《表示动作行为的"过"与动态助词"过"》,《语文学刊》2005 年第 1 期。

王森:《〈金瓶梅词话〉里动词的态》,《古汉语研究》1994 年第 3 期。

王巍:《句尾语气助词"了"研究述评》,《社会科学战线》2009 年第 10 期。

王旭:《浅谈"形容词+了+(一)点(儿)结构中""了"的语法意义》,《品牌》2014 年第 11 期。

王国庆:《动态助词"了1"的时体特点考察》,吉林大学硕士论文,2003 年。

王国栓:《"动+将+趋"式中"将"的性质》,《语文研究》2004 年第 3 期。

王建英:《动态助词"了"的语用功能和翻译形式研究》,《牡丹江大学学报》2008 年第 12 期。

王金艳:《助词"了"在宋代的用法研究》,《语言研究》2015 年第 11 期。

王景丹:《〈祖堂集〉中"将"字句研究》,《殷都学刊》2001 年第 4 期。

王丽红:《"过2"语法化的语义基础和视点模式考察》,北京语言大学硕士论文,2008 年。

王连云、盖馥:《"着""了"用法的疑惑与初解》,《现代语文》2006 年第 8 期。

王松茂:《汉语时体范畴论》,《齐齐哈尔大学学报》1981 年第 3 期。

王世群:《动态助词"过"的语法化历程》,《南京审计学院学报》2011 年第 2 期。

王文格:《试论现代汉语体标记的显着度和主观性》,《语文建设》2012 年第 7 期。

王文胜:《浙江遂昌话的"着3c"》,《浙江外国语学院学报》2012 年第 6 期。

王曦婷:《动态助词"着"和介词"在"的用法和区别》,《剑南文学》2012 年第 3 期。

王晓荔:《从汉语方言看"着"的语法化过程》,《艺术科技》2015 年第 9 期。

王信泰:《〈元曲选〉中动态助词"将"的用法》,《语文学刊》2001 年第 3 期。

王艳芳:《〈元曲选〉中动态助词"将"的用法》,《语文学刊》2001 年第 3 期。

王引之、孙经世:《经传释词》,中华书局 1956 年版。

王振宪:《从〈关大王独赴单刀会〉看"着"字用法》,《语言文字》2013 年第 8 期。

汪小玲:《怀宁方言的动词词尾"着"》,《广西教育学院学报》2008 年第 1 期。

望月圭子:《汉语里的"完成体"》,《汉语学习》2000 年第 1 期。

魏娜娜:《〈长生殿〉助词研究》,曲阜师范大学硕士论文,2014 年。

温冰:《留学生"了"字使用偏误考察》,《现代语文》2011 年第 1 期。

吴云:《"过"引申用法的认知分析》,《汕头大学学报》2004 年第 3 期。

吴春相:《现代汉语时体与连续动作连动式》,延边大学硕士论文 2003 年。

吴福祥:《重谈"动＋了＋宾"格式的来源和完成体助词"了"的产生》,《中国语文》1998 年第 6 期。

吴福祥:《敦煌变文语法研究》,岳麓书社 1996 年版。

吴福祥:《再论处置式的来源》,《语言研究》2003 年第 3 期。

吴福祥:《〈朱子语类辑略〉语法研究》,河南大学出版社 2004 年版。

武果、吕文华:《"了2"句句型场试析》,《世界汉语教学》1998 年第 2 期。

武振玉:《"动＋将＋补"句式的历史演变》,《吉林大学社会科学学报》1991 年第 1 期。

鲜丽霞:《〈拍案惊奇〉中"将"的研究》,《语文学刊》2002 年第 1 期。

肖万萍:《桂北永福官话的"着"》,《语言研究》2010 年第 3 期。

谢晓晖:《〈西游记〉体助词研究》,湖南师范大学硕士学位论文,2005 年。

辛门卷:《现代汉语体语素"了"的相关研究》,华东师范大学硕士学位论文,2015 年。

徐尔茜:《留学生"V着(zhe)"习得研究》,北京语言大学硕士论文,2009 年。

徐晶凝:《情态表达与时体表达的互相渗透》,《汉语学习》2008 年第 1 期。

徐朋彪:《〈李十三十大本〉中的"着"字》,《咸阳师范学院学报》2012 年第 5 期。

玄玥:《经历体"过"语法化过程的生成语法解释》,《社会科学战线》2011 年第 11 期。

玄玥:《"完结短语"假设理论与"着"的语法化过程》,高等教育出版社 2014 年版。

许仰民:《论〈金瓶梅词话〉的助词"着"与"来"》,《信阳师范学院学报》1992 年第 2 期。

薛兰兰：《对外汉语教学中动态助词"了"的偏误分析及教学初探》，《剑南文学》2012 年第 1 期。

雅洪托夫：《汉语的动词范畴》，中华书局 1958 年版。

颜丽：《〈张协状元〉中"了"的语法化层级》，《语言学刊》2008 年第 1 期。

严宝刚：《说"过"》，《长江大学学报》2011 年第 6 期。

杨芳：《枞阳方言中的虚词"着"研究》，安徽大学硕士论文，2014 年。

杨烁：《对外汉语教学中"了"字教学的研究和探讨》，吉林大学硕士论文，2012 年。

杨德峰、弓耀楠、姚骏：《韩国学生动态助词"了"的偏误发展及产生原因分析》，《海外华文教育》2015 年第 4 期。

杨敬宇：《南宁平话的体貌标记"过"》，《方言》2002 年第 4 期。

杨素英：《"体假设"及"了""着"的二语习得》，《世界汉语教学》2016 年第 1 期。

杨素英、黄月圆：《体标记在不同语体中的分布情况考察》，《当代语言学》2013 年第 3 期。

杨素英：《当代动貌理论和汉语》，商务印书馆 2000 年版。

杨永龙：《〈朱子语类〉完成体研究》，河南大学出版社 2001 年版。

杨永龙：《明代以前的"VO 过"例》，《语文研究》2001 年第 4 期。

杨晓芳：《金瓶梅词话动态助词研究》，山东大学硕士论文，2010 年。

杨晓芳：《〈金瓶梅词话〉中动态助词"着"的用法》，《信阳农业高等专科学院学报》2010 年第 1 期。

杨依萍：《现代汉语"了"的多角度考察》，浙江大学硕士论文，2007 年。

杨载武：《〈西游记〉虚词"却"词义探》，《贵州教育学院学报》1994 年第 1 期。

叶兰：《已然类时间副词"已经"与"着""了""过"的共现研究》，安徽师范大学硕士论文，2011 年。

叶南：《"V＋着（zháo）"和"V＋到"的义素分析》，《唐都学刊》2003 年第 3 期。

叶南：《"了"在单句、复句和语段中的时体意义及其分布》，《西南民族大学学报》2006 年第 7 期。

叶蓉：《关于"了"的教学——〈初级汉语课本〉与〈现代汉语教程读写课本〉之比较》，《西南交通大学学报》2000 年第 4 期。

于婧：《"来着"的时态表达与主观化研究》，《语文学刊》2008 年第 5 期。

于璐：《浅述语气词"了"的语法化》，《社科纵横》2010 年第 6 期。

俞光中：《元明白话里的助词"来"》，《中国语文》1985 年第 4 期。

俞光中：《近代汉语中三种"了"》，《上海教育学院学报》1989 年第 1 期。

俞光中：《动词后的"着"及其早期历史考察》，商务印书馆 1992 年版。

余志鸿：《元代汉语的时体系统》，百家出版社 2004 年版。

袁梅：《助词"了"与单音节形容词语法功能的实现》，《运城高等专科学院学报》

2001 年第 5 期。

　　袁卫华：《〈董解元西厢记〉中的动态助词》,《探索与争鸣》2011 年第 8 期。

　　岳立静：《〈醒世姻缘传〉助词研究》,北京语言大学博士学位论文,2006 年。

　　岳秀文：《从〈敦煌变文集〉"V +（X）+ 了"中的"V"看"了 1""了 2"的产生》,《宁夏社会科学》2012 年第 3 期。

　　岳中奇：《时量补语句中"不 2"的语法功能考释》,《韶关学院学报》2006 年第 5 期。

　　曾炜：《"V1 着 V1 着,V2P"与"正 V1 着,V2P"的多维比较》,《长春师范学院学报》2010 年第 5 期。

　　曾常年：《现代汉语动词持续体的反复态》,《华中师范大学学报》1998 年第 5 期。

　　曾静涵：《助词"着"语法意义的动态性考察》,《吉林省教育学院学报》2015 年第 12 期。

　　翟燕：《明清时期动态助词"将"的发展演变及衰亡原因》,《山东师范大学学报》2007 年第 5 期。

　　张赪：《魏晋南北朝时期"着"字的用法》,《中文学刊》2000 年第 2 期。

　　张杰：《助词"了"的语法意义浅析》,《黑龙江生态工程职业学院学报》2014 年第 4 期。

　　张黎：《"界变"论——关于现代汉语"了"及相关现象》,《汉语学习》2003 年第 1 期。

　　张黎：《现代汉语"了"的语法意义的认知类型学解释》,《汉语学习》2010 年第 6 期。

　　张俐：《时间一维性原则与汉语体标记的同现》,《商丘师范学院学报》2013 年第 10 期。

　　张琼：《对外汉语综合教材"了"的考察和分析》,陕西师范大学硕士论文,2009 年。

　　张秀：《汉语动词的"体"和"时制"系统》,中华书局 1957 年版。

　　张燕：《〈朱子语类〉中时体助词"着"用法考察》,《上海大学学报》2015 年第 3 期。

　　张爱民、王媛媛：《"着"虚化问题研究》,《徐州师范大学学报》2004 年第 1 期。

　　张伯江、方梅：《汉语功能语法研究》,江西教育出版社 1996 年版。

　　张国宪：《现代汉语形容词的体及形态化历程》,《中国语文》1998 年第 6 期。

　　张国宪、卢健：《助词"了"再语法化的路径和后果》,《语言科学》2011 年第 4 期。

　　张惠强、黄冬丽：《天水方言"着"的语法化等级浅析》,《甘肃广播电视大学学报》2010 年第 2 期。

　　张济卿：《汉语并非没有时制语法范畴——谈时、体研究中的几个问题》,《语文研究》1996 年第 4 期。

　　张济卿：《对汉语时间系统三元结构的一点看法》,《汉语学习》1998 年第 5 期。

　　张济卿：《论现代汉语的时制与体结构》,《语文研究》1998 年第 3 期。

　　张立昌：《汉语完整体"了"结构的时体合成模型》,复旦大学硕士论文,2014 年。

　　张庆冰：《论中古汉语的完成体结构》,《求索》2010 年第 9 期。

张双庆主编:《动词的体》,香港中文大学吴多泰中国语文研究中心,1996年。

张恬湉:《论动词的可持续性对"过"和"了1"替换的影响》,《现代语文》2008年第5期。

张文光、李晓君、李建红:《唐山方言中的时态助词"着"》,《唐山师范学院学报》2006年第7期。

张晓铃:《试论"过"与"了"的关系》,《语言教学与研究》1986年第1期。

张晓燕:《杨万里诗动态助词研究》,《井冈山师范学院学报》2001年第2期。

张燕来:《〈红楼梦〉中的动＋将＋补结构》,《中国语文》2004年第2期。

张谊生:《略论时制助词"来着"——兼论"来着1"与"的2"以及"来着2"的区别》,《大理师专学报》2000年第4期。

张云徽:《动态助词"了、着"的共享现象》,《现代语文》2012年第5期。

张志军:《俄汉体貌范畴对比研究》,黑龙江大学博士学位论文,2000年。

张子华:《山西方言"了"及相关结构研究》,河北师范大学硕士论文,2013年。

赵伟:《现代汉语"V着(zhao)结构研究"》,上海师范大学硕士论文,2006年。

赵金铭:《敦煌变文中所见的"了"和"着"》,《中国语文》1979年第1期。

赵丽华:《动词带"着"多动句的考察》,北京语言大学硕士论文,2000年。

赵世开、沈家煊:《汉语"了"字跟英语相应的说法》,《语言研究》1984年第1期。

赵元任:《北京、苏州、常州语助词研究》,《清华学报》1926年第2期。

赵元任:《中国话的文法》,香港中文大学出版社1980年版。

郑娇燕:《王实甫〈西厢记〉动态助词研究》,《课程教育研究》2013年第11期。

郑巧斐:《对外汉语教学中"了"的分级教学初探》,《科教文汇》2010年第13期。

郑淑花:《〈朱子语类〉助词"将"结构及功能研究》,《福建工程学院学报》2013年第5期。

钟彩虹:《"过"的助词化演变历程》,《兰州教育学院学报》2013年第2期。

周理:《长沙方言中的"着"研究》,湖南师范大学硕士论文,2012年。

周晓林:《近代汉语语法现象考察》,学林出版社2007年版。

周晓林:《"动＋将＋补"结构补议》,《中国语文》2007年第2期。

周滢照:《从〈朴通事〉两个版本看明初至清初"着"用法的变化》,《清华大学学报》2009年第2期。

朱德熙:《语法讲义》,商务印书馆1982年版。

朱莉莉:《盐城方言助词"着"的用法探析》,《盐城师范学院学报》2010年第6期。

朱衍秀:《汉语零基础留学生"了"字使用偏误分析》,《现代语文》2013年第6期。

祝君:《〈近代汉语语法资料汇编.宋代卷〉动态助词研究》,辽宁师范大学硕士论文,2011年。

邹连:《关于"着"的问题讨论》,《中国校外教育》2013年第3期。

邹仁、尹钟宏：《"了""却"的语法化以及"了""却"的替换》，《湖南人文科技学院学报》2007 年第 5 期。

邹仁：《〈五灯元会〉动态助词研究》，福建师范大学硕士论文，2008 年。

左思民：《汉语时体标记系统的古今类型变化》，《汉语学报》2007 年第 2 期。

左思民：《现代汉语体的再认识》，上海师范大学博士论文，1997 年。

左思民：《现代汉语"体"的研究》，《语文研究》1999 年第 1 期。

Comrie, B. *Aspect.* Cambridge：Cambridge University Press, 1976.

Comrie, B. *Tense.* Cambridge：Cambridge University Press, 1985.

Dahl, Osten. *Tense and Aspect Systems.* Oxford：Blackwell, 1995.

Haspelmath, M. *Why is grammaticalization irreversible* ［J］. Linguistics, 1999（6）.

Hopper. P.J. *Grammaticalization.* Foreign Language Teaching and Research Press & Cambridge University Press, 2001.

Reiehenbach, H. *Elements of symbolic logic.* London：Macmillan, 1947.

Smith, C. *The parameter of aspect.* Dordrecht：Kluwer Academic Publishers, 1991.

Traugott, Elizabeth Closs, and Bernd Heine. *Approaches to Grammaticalization.* Amsterdam：Benjamins, 1991.

Vendler, Z. *Linguistics in Philosophy.* Ihtaca, New York：Comell University Press, 1967.

后　记

　　本书是作者主持的国家社科基金后期资助项目的结项成果，该项目申报时的题目为"基于专书的汉语动态范畴的历时发展研究"，初稿也只有绪论至第五章的内容，立项时国家哲学社会科学规划办公室根据评审专家的意见将题目改为现名，并将材料评审专家的意见反馈给我，要求按照专家的建议开展后期研究。这一改名，对项目的研究提出了更高的要求，不仅大大扩展了语料考察的范围，也改变了我原来的研究思路，增加了研究的难度。我只得调整方案，不仅对原稿进行了适当的改写，而且增加了第六章的内容，最终的结果是在原稿的基础上增加了十多万字的篇幅，形成了现在的书稿。

　　我对汉语动态范畴的发展感兴趣，最初的动因是帮助我的研究生寻找硕士学位论文的选题。大约有五年左右的时间，我的研究生孙景美、孙红、骆庆生、范娟等分别选择一部魏晋以后的口语作品对其中的动态助词或动态范畴的表达方式进行研究，尽管她们的论文都是以断代的共时描写为主，但因为要指导她们的写作，就促使我从历时的角度对有关问题进行了思考，她们的研究也为我开展历时研究奠定了非常丰富的语料基础，因此，本研究成果也有我的研究生们的一份功劳，在此，我首先向她们表达谢意。

　　感谢国家哲学社会科学基金对本课题的经费支持，感谢五位匿名基金评审专家对本课题的初稿提出了重要修改意见，正是他们的意见使得课题的最终成果在研究深度和文稿质量上和原稿相比有了很大的提升。本课题在论证时得到王政教授和任荣博士的大力支持和帮助，课题组成员张义、相宇剑、孙景美三位同仁对该项目成果的最终形成作出了重要贡献，陶秉红女士为确保该项目研究顺利进行作了大量的后勤保障工作，人民出版社王萍女士为本书的出版付出了辛劳，在此一并表示衷心的感谢！

作　者

2019 年 10 月于淮北相山

责任编辑:郭星儿
封面设计:毛　淳　徐　晖

图书在版编目(CIP)数据

汉语动态范畴的历时发展研究/杜道流 著. —北京:人民出版社,2019.12
ISBN 978-7-01-021653-9

Ⅰ.①汉…　Ⅱ.①杜…　Ⅲ.①汉语史-研究　Ⅳ.H1-09

中国版本图书馆 CIP 数据核字(2019)第 297514 号

汉语动态范畴的历时发展研究

HANYU DONGTAI FANCHOU DE LISHI FAZHAN YANJIU

杜道流　著

人民出版社 出版发行
(100706　北京市东城区隆福寺街 99 号)

北京佳末印刷科技有限公司印刷　新华书店经销

2019 年 12 月第 1 版　2019 年 12 月北京第 1 次印刷
开本:710 毫米×1000 毫米 1/16　印张:26.5　字数:487 千字

ISBN 978-7-01-021653-9　定价:72.00 元

邮购地址 100706　北京市东城区隆福寺街 99 号
人民东方图书销售中心　电话 (010)65250042　65289539